Schwarz · David Lewis: Metaphysik und Analyse

Wolfgang Schwarz

David Lewis: Metaphysik und Analyse

mentis
PADERBORN

Gedruckt mit Unterstützung des Förderungs- und Beihilfefonds Wissenschaft der VG Wort.

Einbandabbildung: Foto von David Lewis (mit freundlicher Genehmigung von Stephanie R. Lewis)

Bibliografische Information Der Deutschen Nationalbibliothek

Die Deutsche Nationalbibliothek verzeichnet diese Publikation
in der Deutschen Nationalbibliografie; detaillierte
bibliografische Daten sind im Internet über
http://dnb.d-nb.de abrufbar.

Gedruckt auf umweltfreundlichem, chlorfrei gebleichtem
und alterungsbeständigem Papier ⊚ ISO 9706

© 2009 mentis Verlag GmbH
Schulze-Delitzsch-Straße 19, D-33100 Paderborn
www.mentis.de

Alle Rechte vorbehalten. Dieses Werk sowie einzelne Teile desselben sind urheberrechtlich geschützt.
Jede Verwertung in anderen als den gesetzlich zulässigen Fällen ist ohne vorherige Zustimmung des
Verlages nicht zulässig.

Printed in Germany
Einbandgestaltung: Anna Braungart, Tübingen
Satz: Rhema – Tim Doherty, Münster [ChH] (www.rhema-verlag.de)
Druck: AZ Druck und Datentechnik GmbH, Kempten
ISBN 978-3-89785-617-2

INHALTSVERZEICHNIS

Vorwort 9

1   Ein Überblick 11

1.1 David Lewis 11
1.2 Zwischen Wissenschaft und Common Sense 13
1.3 Die Pixel-Welt und der Canberra-Plan 17

2   Die vierdimensionale Welt 23

2.1 Sein und Zeit 23
2.2 Mereologie: Teile und Summen 28
2.3 Personen und andere vierdimensionale Gegenstände 32
2.4 Argumente für zeitliche Teile 34

3   Mögliche Welten 41

3.1 Möglichkeiten und Welten 41
3.2 Die Vielheit der Welten 44
3.3 Schachteln, Diamanten und kontrafaktische Konditionale 49
3.4 Counterparts: Bewohner anderer Welten 55
3.5 Humphrey und der Haecceitismus 60
3.6 Einwände gegen den modalen Realismus 63
3.7 Alternativen zum modalen Realismus 69

4   Mengen 77

4.1 Mengenlehre auf Mereologisch 77
4.2 Rekonstruktion der Mengenlehre 81
4.3 (Eliminativer) Strukturalismus 84
4.4 Possibilistischer Strukturalismus 86

5   Eigenschaften 91

5.1 Eigenschaften als Klassen 91
5.2 Natürliche, intrinsische und fundamentale Eigenschaften 95
5.3 Größen, strukturelle und unnatürliche Eigenschaften ... 101
5.4 Quidditismus 105

6	Humesche Supervenienz	109
6.1	Das Projekt	109
6.2	Rotierende Kugeln, gesetzlose Welten	113
6.3	Naturgesetze	115
6.4	Stärke, Einfachheit und Natürlichkeit	119
6.5	Objektive Wahrscheinlichkeit	122
7	Kausalität	129
7.1	Der kontrafaktische Ansatz	129
7.2	Ereignisse	131
7.3	Probleme und Reparaturen	134
7.4	Die neue Analyse	140
8	Physikalismus und phänomenale Erfahrung	145
8.1	Die Identität von Körper und Geist	145
8.2	Rollen und Realisierer	149
8.3	Akausale Rollen	153
8.4	Zombies und Mary	155
8.5	A Priori- und A Posteriori-Physikalismus	159
9	Mentaler Gehalt	163
9.1	Alltagspsychologie und Entscheidungstheorie	163
9.2	Wahrnehmung, Normalität und Natürlichkeit	168
9.3	Zentrierter Gehalt	171
9.4	Glauben, »glauben« und logische Allwissenheit	173
9.5	Wissen	181
9.6	Werte	184
10	Sprache	189
10.1	Konventionen	189
10.2	Sprachkonventionen	193
10.3	Semantische Werte	197
10.4	Zweidimensionalismus	204
11	Rückblick: Reduktion und Analyse	211
11.1	Namen und Rollen	211
11.2	Unerfüllte Rollen	217
11.3	Rollen-Ausdrücke und funktionale Eigenschaften	222
11.4	Ontologie und Ideologie	225

11.5 Die These der A Priori-Ableitbarkeit	230
11.6 Modale und begriffliche Verortung	234
11.7 Modaler Realismus und modaler Deflationismus	237
Literaturverzeichnis	243
Personenverzeichnis	261

VORWORT

Die Philosophie – die traditionelle, analytisch-systematische Philosophie – hat in den letzten Jahrzehnten große Fortschritte gemacht. Nicht dass die alten Fragen und Probleme endlich und endgültig gelöst wären; was die Letztbegründung von Moral, die Möglichkeit von Freiheit, die Natur der Zeit oder die Grundkategorien des Seienden angeht, stehen einander die Positionen gegenüber wie eh und je. Aber wir verstehen immer besser, worum es bei diesen Fragen eigentlich geht, was als Antwort in Frage kommt, welche Argumente für und gegen die einzelnen Optionen sprechen, welche Konsequenzen und Voraussetzungen in ihnen stecken, und welche Konsequenzen und Voraussetzungen in den Konsequenzen und Voraussetzungen stecken.

Diese Beschäftigung mit den argumentativen Verästelungen und Hintergründen eines Themas führt dazu, dass Arbeiten in der analytischen Philosophie auf Außenstehende oft einen schalen Eindruck machen. Statt mit der Frage nach dem Leben, dem Universum und dem ganzen Rest beschäftigen sich analytische Philosophen mit den formalen Eigenschaften der Teilbeziehung und den Wahrheitsbedingungen subjunktiver Konditionalsätze.

David Lewis (1941–2001) war ein Meister dieser Disziplin. Er liebte knifflige Details und Paradoxien in den Untiefen der formalen Semantik, der Entscheidungstheorie oder der Universaliendebatte. Seine Arbeiten über die Teilbeziehung und Konditionale, über quantenmechanische Wahrscheinlichkeit, Löcher, Farben und Zeitreisen bilden nicht selten den Ausgangspunkt der neueren Diskussion.

Bei aller Liebe für minutiöse Details war Lewis aber ein äußerst systematischer Denker. Hinter seinen einzelnen Beiträgen steht eine ausgeklügelte und sorgfältig durchdachte Gesamttheorie. Will man Lewis' Thesen über Freiheit und personale Identität richtig verstehen, muss man wissen, was er über Mereologie, Kausalität, Konditionale und die Asymmetrie der Zeit geschrieben hat. Alles hängt irgendwie mit allem zusammen. »I hope the sceptical reader will consider breaking up the package and taking the parts that suit him«, schreibt er im Vorwort zum ersten Band seiner *Philosophical Papers* ([1983e: x]). Leicht hat er uns diese Arbeit aber nicht gemacht. So trifft man heute nicht selten Philosophen, die etwa Lewis' Ansatz in der Sprachphilosophie ablehnen, weil sie fürchten, sich damit den ganzen Rest seines Systems mit einzuhandeln – vor allem den modalen Realismus, der weithin als völlig inakzeptabel gilt.

Diese Arbeit ist eine kritische, aber wohlwollende Übersicht über Lewis' Philosophie, mit Schwerpunkt auf seiner Metaphysik. Ich will klären, wie die Eckpfeiler in Lewis' System aussehen, wie seine verschiedenen Thesen darauf aufbauen, wie sie zusammenhängen, welche Verbindungen wichtig sind und welche verzichtbar, welche Teile man durch andere ersetzen kann, und welche man ersetzen sollte. Ich bin zum Beispiel überzeugt, dass der modale Realismus für Lewis' Philosophie systematisch unbedeutend und in mancher Hinsicht sogar problematisch ist.

Was mich außerdem interessiert, ist Lewis' philosophische Methode. Wenn Lewis argumentiert, dass geistige Zustände nichts anderes sind als Gehirnzustände, Eigenschaften nichts anderes als Mengen, und Naturgesetze nichts als systematische Regularitäten in der Verteilung fundamentaler Eigenschaften, so findet man schnell Ähnlichkeiten in diesen Argumenten. So liegt allen dreien die Auffassung zugrunde, dass mit unseren Begriffen (›geistiger Zustand‹, ›Eigenschaft‹, ›Naturgesetz‹) *Bedingungen* verknüpft sind, die einerseits bestimmen, worauf sie sich beziehen, die uns aber andererseits keinen erschöpfenden Zugang zur Natur der Bezugsobjekte verschaffen. Besonders im letzten Kapitel versuche ich, diese und andere Muster in Lewis' Argumenten zu durchleuchten.

Dies ist keine Einführung in die analytische Metaphysik, noch in die Philosophie von David Lewis. Aber es ist ein bisschen von beidem. Ich habe mich bemüht, keine nennenswerte Bekanntschaft mit den einzelnen Themen oder Lewis' Position vorauszusetzen; dennoch fehlt mir hier der Raum, alle angesprochenen Probleme und Theorien im Detail und von Grund auf zu erläutern und zu motivieren. Ich vermute deshalb, dass dieses Buch besonders für diejenigen von Nutzen sein dürfte, die schon ein wenig mit der jeweiligen Diskussion und idealerweise mit Lewis' Ansatz vertraut sind.

Ich habe versucht, die einzelnen Kapitel einigermaßen geschlossen zu halten, so dass man nicht gleich alles lesen muss, wenn man etwa nur an Lewis' Philosophie der Mathematik interessiert ist. Ich würde aber empfehlen, Kapitel 2 vor Kapitel 3 und Kapitel 5 vor Kapitel 6 zu lesen.

Bei der Arbeit an diesem Buch habe ich viele hilfreiche Anregungen und Hinweise erhalten. Dafür danke ich besonders Ansgar Beckermann, Ralf Busse, David Chalmers, Stephan Leuenberger, Barry Loewer, Magdalena Luz, Fabian Neuhaus, Christian Nimtz, Daniel Nolan, Sam Quigley, Karl Schaefer, Jonathan Schaffer, Robert G. Williams, Christopher Tillman, Brian Weatherson und Clas Weber. Stephanie Lewis sei gedankt für die freundliche Bereitstellung unveröffentlichter Texte, und dem Rektorat der Universität Bielefeld sowie dem Centre for Consciousness an der Australian National University für finanzielle Unterstützung.

1
EIN ÜBERBLICK

1.1 David Lewis

David Kellogg Lewis wurde am 28. September 1941 in Oberlin, Ohio, geboren. 1959 begleitet er seinen Vater, Hochschullehrer am Oberlin College, für ein Jahr nach Oxford, wo er u.a. Vorlesungen von Gilbert Ryle, Paul Grice und John Austin besucht. Diese hinterlassen bei Lewis einen bleibenden Eindruck. Besonders Ryles behavioristische Konzeption des Geistes hat es ihm angetan: »I am an ex-Rylean«, schreibt er 1994, »and I retain some part of the Rylean legacy« [1994b: 412]. Zurück in den USA bricht Lewis sein Chemiestudium ab und wechselt zur Philosophie, zunächst am Swarthmore College in Pennsylvania, dann in Harvard.

In Harvard arbeitet Lewis unter der Aufsicht von W.v.O. Quine an einer Promotion über den Begriff der Sprachkonvention, aus der sein erstes Buch, *Convention* [1969a], hervorgeht. Von Quine übernimmt Lewis den pragmatischen Zugang zu philosophischen Problemen und die Maxime, dass wir an diejenigen Dinge glauben sollten, über die unsere besten Theorien quantifizieren. Später wird Lewis damit die Quine denkbar fern liegende Annahme rechtfertigen, dass es neben der wirklichen Welt unzählige bloß mögliche Welten gibt. Auch in *Convention* erweist sich Lewis als eigenwilliger Denker. Mit Methoden der Spieltheorie entwickelt er hier, Quines berühmten Einwänden zum Trotz, eine konventionale Theorie sprachlicher Bedeutung.

In Harvard trifft Lewis 1963 auch auf Jack Smart, der ihn zum ›australischen Materialismus‹ konvertiert. Geistige Zustände sind demnach durch ihr kausalfunktionales Profil individuierte Zustände unseres Nervensystems. Lewis verteidigt diese Position in einem seiner ersten und einflussreichsten Aufsätze, »An Argument for the Identity Theory« [1966a].

Smarts Graduate-Seminar in Harvard – über das dieser später berichtet, »I taught David Lewis; or rather, David Lewis taught me« – hat auch für Lewis' Privatleben weitreichende Folgen. Hier begegnet er seiner späteren Frau Stephanie, und hier beginnt seine enge Beziehung zu Australien. Von 1971 an verbringen David und Stephanie Lewis fast jeden Sommer in Australien, wo Lewis regelmäßiger Gast in den philosophischen Instituten ist und bald zum Ehrenmitglied der Akademie der Geisteswissenschaften ernannt wird. Nicht nur die australische Philosophie zieht Lewis an; er schätzt auch den Australian-Rule Football – sein Lieblingsclub *Essendon* taucht in zahlreichen seiner Arbeiten auf –, sowie australisches Bier, die australische Vogelwelt und die australische Eisenbahn, in der er oft den ganzen Tag herumfährt und an seinen philosophische Theorien feilt.

Seine erste akademische Anstellung hat Lewis 1966–1970 an der University of California in Los Angeles, damals mit Philosophen wie Rudolf Carnap, David Kaplan und Richard Montague eine Hochburg für die Anwendung formaler Methoden in Sprachphilosophie und Linguistik. Auch Lewis schreibt einige Arbeiten in dieser Tradition, darunter »General Semantics« [1970b], »Adverbs of Quantification« [1975a] und sein zweites Buch, *Counterfactuals* [1973b]. Bis heute gehört Lewis zu den wenigen Sprachphilosophen, die auch in der Linguistik großen Einfluss genießen.

1970 wechselt Lewis nach Princeton, wo er bis zu seinem Tod eine Professur inne hatte. Seine Studenten und Kollegen kennen ihn als herzlichen, aber scheuen Menschen, mit eigentümlichen Kommunikationsformen. Small-Talk schätzte er nicht. Auf Fragen antwortete er stets mit einer langen Pause, gefolgt von einem präzisen und geordneten Vortrag, den man hätte mitschreiben und veröffentlichen können. (Was bei einer Frage wie »möchtest du noch Marmelade?« ein wenig irritierend sein konnte.) Lewis besaß eine legendäre Fähigkeit, in Diskussionen vertrackte Fragestellungen zu klären und Probleme auf den Punkt zu bringen.

In seinen philosophischen Arbeiten wechselt Lewis' Schwerpunkt nach und nach von der Sprachphilosophie zur Metaphysik. Es ist zu einem großen Teil sein Verdienst, dass Metaphysik heute in der analytischen Philosophie wieder ernst genommen wird. »Metaphysik« steht dabei nicht für nebulöses Orakeln über jenseitige Dinge, sondern für die systematische Beschreibung der Realität, für die Bestimmung der grundlegenden Basis, auf der alle Tatsachen beruhen. »I am an old-fashioned analytic metaphysician«, beschreibt sich Lewis einmal selbst (für den Bildband *Philosophers* [Pyke 1995]), »in pursuit of hypotheses about what things are the elements of being, and about how all else may be reduced to patterns of these elements.«

Zu dieser Basis, zu den grundlegenden Elementen des Seienden, gehören aus Lewis' Sicht die mikrophysikalischen Bausteine unseres Universums, sowie die Bausteine anderer, bloß möglicher Universen. Wozu die bloß möglichen Universen gut sind, erklärt Lewis in seinem dritten Buch, *On the Plurality of Worlds* [1986f]; das vierte und letzte, *Parts of Classes* [1991], handelt von mathematischen Gegenständen und ihrem Platz in der Gesamtheit alles Seienden.

Neben diesen vier Monografien veröffentlicht Lewis gut 100 Aufsätze, in fast allen Gebieten der Philosophie: über Vollständigkeitsbeweise in der Modallogik, Paradoxien der Entscheidungstheorie, die Pragmatik von Erlaubnissen, die Natur von Eigenschaften, die Interpretation von Romanen, die Legitimation nuklearer Abschreckung, Konsequenzen der Quantenmechanik, Willensfreiheit, Zeitreisen, Löcher und Gottesbeweise. Auch alten und ausgetretenen Diskussionen wie der Theodizee- und Universalienfrage gibt Lewis eine neue und fruchtbare Wendung.

Dennoch entwickelt er oft nur weiter, was andere angefangen haben. Der Einfluss besonders von Hume, Ramsey, Carnap und Quine ist nicht zu übersehen. Viele seiner Theorien entstehen außerdem in enger Zusammenarbeit mit Freunden und Kollegen wie David Armstrong, Robert Stalnaker, Frank Jackson oder Ned Hall. Bekannt ist Lewis auch dafür, dass er Ideen und Argumente von bis dahin völlig unbekannten Zeitgenossen aufgriff.

Wenn Lewis philosophierte, ging es ihm nicht in erster Linie darum, andere für seine Thesen zu gewinnen und ihre Einwände zu widerlegen. Lewis faszinierten Argumente und Ideen, ihre Konsequenzen, Altenativen und Voraussetzungen – egal, ob er sie teilte oder nicht. Häufig war es Lewis selbst, der die stärksten Einwände und Gegenpositionen zu seinen Ansätzen entwickelte. Einmal veröffentlichte er sogar unter dem Pseudonym Bruce LeCatt (nach seinem Kater Bruce) ein Argument gegen eine seiner eigenen Theorien ([LeCatt 1982]) – ein Argument, das er zwar zurückwies (s. [1986g: 289f.][1]), aber offenbar für interessant und diskussionswürdig hielt.

David Lewis starb am 14. Oktober 2001 kurz nach seinem 60. Geburtstag an den Folgen einer Diabetes-Erkrankung, die ihn sein Leben lang begleitet hatte.

1.2 Zwischen Wissenschaft und Common Sense

In der Metaphysik, sagte ich, geht es um die systematische Beschreibung der Realität, um die grundlegenden Elemente, auf denen alles andere beruht. Auf diesem Gebiet ist die Philosophie aber schon lange nicht mehr allein. Andere Wissenschaften arbeiten ebenfalls an einer systematischen Beschreibung der Realität – oder zumindest gewisser Teile der Realität. Lewis selbst ist der Ansicht, die Welt sei (in einem noch zu präzisierenden Sinn) *vollständig physikalisch*; die Physik, nicht die Philosophie, hat uns zu sagen, woraus sie letzten Endes besteht. Als Philosoph möchte Lewis zeigen, wie alles andere aus der physikalischen Grundlage hervorgeht, wie z. B. sprachliche Bedeutung, Gefühle und moralische Werte durch die Anordnung und Eigenschaften mikrophysikalischer Teilchen und Felder bestimmt sind.

Dabei setzt Lewis voraus, dass es die Teilchen und Felder, von denen die Physik spricht, auch wirklich gibt – dass die Welt im Großen und Ganzen so ist, wie die Wissenschaften es sagen. Dieser *wissenschaftliche Realismus* gehört zu den Grundfesten von Lewis' Philosophie, für die er nie ausführlich argumentiert. Andere sehen in wissenschaftlichen Theorien nur hilfreiche Instrumente zur Vorhersage von Beobachtungen oder zur Konstruktion von Geräten. Für Lewis kommt das nicht in Frage: Wir haben zwar keine Garantie, dass unsere besten Theorien wahr sind – wir können nicht einmal beweisen, dass die Welt nicht erst vor fünf Minuten entstand –, aber solange wir keine konkreten Verdachtsmomente gegen sie haben, sollte uns das nicht davon abhalten, unseren Theorien zu vertrauen und

---

[1] Wenn bei einer Quellenangabe wie hier der Autor fehlt und aus dem Zusammenhang nicht eindeutig hervorgeht, handelt es sich immer um David Lewis.

zu glauben, dass sie die Welt *in etwa*, wenn auch sicher nicht ganz, korrekt erfassen. Woran sollten wir sonst glauben, wenn nicht an unsere besten Theorien: an schlechtere Theorien? Oder an gar nichts?

Lewis' Respekt vor den Wissenschaften kontrastiert mit einer außergewöhnlichen Skepsis gegenüber der eigenen Disziplin, der Philosophie. Wenn philosophische Überlegungen den Ergebnissen etablierter Wissenschaften widersprechen, dann hat für Lewis meist die Philosophie klein beizugeben. Philosophische Überlegungen sind, so Lewis, in der Regel fragwürdiger als wissenschaftliche Ergebnisse. In *Parts of Classes* bringt Lewis das recht amüsant auf den Punkt, als er die Möglichkeit diskutiert, aus philosophischen Gründen die Existenz mathematischer Gegenstände, speziell von Klassen, zu bestreiten:

> Mathematics is an established, going concern. Philosophy is as shaky as can be. To reject mathematics for philosophical reasons would be absurd. [...] Even if we reject mathematics gently – explaining how it can be a most useful fiction, ›good without being true‹ – we still reject it, and that's still absurd. [...] How would *you* like the job of telling the mathematicians that they must change their ways, and abjure countless errors, now that *philosophy* has discovered that there are no classes? Can you tell them, with a straight face, to follow philosophical argument wherever it may lead? If they challenge your credentials, will you boast of philosophy's other great discoveries: that motion is impossible, that a Being than which no greater can be conceived cannot be conceived not to exist, that it is unthinkable that there is anything outside the mind, that time is unreal, that no theory has ever been made at all probable by evidence [...], and so on, and on, *ad nauseam*? Not me! [1991: 58f.]

Mit blindem Vertrauen auf die Wissenschaften hätte man zu anderen Zeiten natürlich auch die Annahme von Ätherwinden und Dämonen rechtfertigen können. Anders als diese Passagen nahe legen, ist auch Lewis nicht bereit, alles zu schlucken, was die Wissenschaften ihm vorsetzen – nicht einmal, wenn es von seiner Lieblingswissenschaft, der Physik kommt. So schreibt er an anderer Stelle über angebliche Konsequenzen der Quantenmechanik:

> I am not ready to take lessons in ontology from quantum physics as it now is. First I must see how it looks when it is purified of instrumentalist frivolity, and dares to say something not just about pointer readings but about the constitution of the world; and when it is purified of doublethinking deviant logic; and – most of all – when it is purified of supernatural tales about the power of the observant mind to make things jump. [1986g: xi][2]

---

[2] Lewis bezieht sich hier auf die Annahme, physikalische Systeme würden speziell bei Messungen von ihrer gewöhnlichen Dynamik abweichen. In der Zwischenzeit wurden Interpretationen der Quantenmechanik vorgestellt, die ohne diese Annahme auskommen, wie die GRW-Interpretation und die ›kollapsfreie‹ Everett-Interpretation (vgl. [Ghirardi 2002], [Albert 1994: Kap. 5]). Mit diesen hat sich Lewis denn auch angefreundet – obschon sie, wie er meint, schreckliche Konsequenzen für unsere Zukunft haben, s. [2004b].

1.2 Zwischen Wissenschaft und Common Sense

Lewis glaubt also nicht, dass sich die Philosophie grundsätzlich den Wissenschaften zu fügen hat. Wenn philosophische Überlegungen mit wissenschaftlichen Theorien in Konflikt treten, muss man abwägen. *In der Regel* sind die philosophischen Überlegungen fragwürdiger als die wissenschaftlichen Theorien, aber nicht immer. Einige angebliche Konsequenzen der Quantenmechanik hielt Lewis für inakzeptabel; für absolut sicher und umstößlich hielt er dagegen die philosophische Annahme, ein Satz könne (unter derselben Interpretation, im selben Kontext) nie zugleich wahr und falsch sein (s. [1982a: 433f.]).

Neben den Wissenschaften sieht sich Lewis vor allem dem gesunden Menschenverstand, dem *Common Sense*, verpflichtet. Lewis spricht in diesem Zusammenhang gern von unserer *Alltagstheorie* (»folk theory«). Damit meint er keine substantiellen Vorstellungen über die Funktionsweise von Elektrogeräten oder die Entstehung von Krankheiten, sondern triviale Annahmen, die wir normalerweise unhinterfragt akzeptieren: dass es Tische und Bäume gibt, dass die Welt nicht erst vor fünf Minuten entstand, dass Leute Wünsche und Meinungen haben, dass Ereignisse gelegentlich andere verursachen, dass unsere Wörter etwas bedeuten, dass Rot Orange ähnlicher ist als Blau.

Besonders zentrale Komponenten der Alltagstheorie bezeichnet Lewis als *Mooresche Tatsachen* (nach [Moore 1925]). Er charakterisiert sie als Tatsachen, deren wir uns sicherer sind als der Prämissen jedes philosophischen Arguments, das man zu ihrer Widerlegung anführen könnte ([1996b: 418]).

Unsere Alltagstheorien sind nicht dasselbe wie die Ansichten, die Leute im Alltag vertreten, besonders nicht, wenn sie philosophieren. Bei wissenschaftlichen Ergebnissen ist es genauso: Wenn Physiker oder Mathematiker anfangen zu philosophieren, bestreiten sie oft die Wahrheit ihrer eigenen Theorien. Eine waghalsige philosophische These wird nicht weniger waghalsig oder philosophisch, nur weil sie kein Philosoph, sondern ein Klempner oder Mathematiker vertritt (vgl. [1986f: 135], [1989b: 85f.], [1994b: 298]).

Eine unter Nicht-Philosophen verbreitete philosophische These ist z.B. die Annahme, die Realität sei mehr oder weniger dasselbe ist wie unsere Meinungen über die Realität – dass es neben ›meiner Welt‹ und ›deiner Welt‹ keine *objektive* Welt gibt, die nicht durch jemandes Meinungen bestimmt wäre. Dieser metaphysische Relativismus ist nicht Teil der Alltagstheorie. Im Gegenteil, er widerspricht allerlei Mooreschen Tatsachen, etwa dass man die Form der Erde nicht verändern kann, indem man nur seine Meinungen ändert. (Lewis bezeichnet diese Art Relativismus als »lunacy« [1994a: 232] und »pernicious nonsense« [1996b: 427].)

Lewis geht es um die objektive Realität, nicht um unser ›Begriffsschema‹ oder die Welt-wie-wir-sie-uns-vorstellen. Ob eine philosophische oder wissenschaftliche Theorie wahr ist, hängt nicht davon ab, ob sie unseren Meinungen oder methodologischen Idealen entspricht, sondern allein davon, ob die Realität wirklich so ist, wie die Theorie es sagt (vgl. [1983e: xi], [1984b]).

Die Autorität der Alltagstheorie in Lewis' Philosophie kann also nicht damit erklärt werden, dass es ihm letztlich nur um eine Systematisierung dieser Theorie geht. Die Erklärung liegt auch nicht darin, dass unsere Alltagsmeinungen besonderen Erkenntnisquellen, unfehlbaren *Intuitionen*, entspringen: »Our ›intuitions‹ are simply opinions; our philosophical theories are the same« [1983e: x] (vgl. [1986f: 134]). Nein, die Erklärung ist einfach, dass eine Theorie nicht glaubhaft sein kann, wenn sie unseren tief verwurzelten Überzeugungen widerspricht. »The proper test, I suggest, is a simple maxim of honesty: never put forward a philosophical theory that you yourself cannot believe in your least philosophical and most commonsensical moments« [1986f: 135].

Dahinter steht auch ein systematischer Grund. Wir können Theorien nicht aus dem Nichts errichten. Es gibt keine cartesische Basis unbezweifelbarer Tatsachen, aus denen man alle anderen Wahrheiten nur noch logisch abzuleiten bräuchte. Wir müssen anfangen, wo wir stehen, bei unseren jetzigen Meinungen und Theorien; nur vor diesem Hintergrund können wir alternative Theorien einschätzen, Argumente entwickeln und Erfahrungen beurteilen (vgl. [1973b: 88], [1983e: x], [1986f: 134]).

Was ist, wenn Wissenschaft und Common Sense einander widersprechen? Ja, haben die Wissenschaften unsere Alltagstheorie nicht in weiten Teilen widerlegt? Zeigen sie nicht, dass, wo wir Tische und Bäume vermuten, in Wahrheit nur Schwärme fremdartiger Teilchen und Felder sind; dass unsere Handlungen ganz andere Gründe haben, als wir immer dachten; dass Entscheidungen, die uns frei erscheinen, in Wahrheit durch Gehirnprozesse bestimmt sind? Wenn dem so wäre, müsste sich Lewis entscheiden: Folgt er den Wissenschaften oder folgt er dem gesunden Menschenverstand?

Hinter vielen von Lewis' Arbeiten kann man den Versuch sehen, diesen scheinbaren Konflikt aufzuheben, den gesunden Menschenverstand mit den Wissenschaften zu versöhnen. Tische und Bäume *sind* Lewis zufolge nichts anderes als Schwärme fremdartiger Teilchen und Felder; freie Entscheidungen *sind* Gehirnprozesse. Die Wissenschaften haben, so Lewis, nicht gezeigt, dass Tische, Bäume, Wünsche und freie Entscheidungen nicht existieren; sie haben vielmehr gezeigt, was diese Dinge sind, woraus sie bestehen und wie sie zustande kommen.

Nur vereinzelt werden Alltagsmeinungen durch wissenschaftliche Erkenntnisse widerlegt, wenn etwa die Relativistätstheorie uns lehrt, dass der zeitliche Abstand zweier Ereignisse von der Wahl eines im Grunde beliebigen Bezugssystems abhängt. Das ist überraschend und vielleicht erst einmal schwer zu glauben. Aber wenn man sich ansieht, was alles für die dahinter stehende Theorie spricht, sind die meisten von uns bereit, ihre Meinungen in diesem kleinen Punkt zu revidieren.

Lewis selbst setzt sich über den Alltagsverstand hinweg, wenn er behauptet, dass es jenseits unseres Universums unzählige weitere, ebenso reale Universen gibt. Auch das ist erst einmal schwer zu glauben, doch, so Lewis, gerechtfertigt durch die Vorteile der dahinter stehenden Theorie. Nur wenige sind Lewis hier gefolgt: Wie elegant und mächtig die Annahme alternativer Universen auch sein mag, für die meisten von uns sind die Kosten an intuitiver Glaubwürdigkeit einfach zu hoch.

Damit kann Lewis leben: Mangels einer cartesischen Basis können wir in der Philosophie, wie auch sonst in den Wissenschaften, Theorien nur selten endgültig beweisen oder widerlegen. Wir können allenfalls die Kosten messen – klären, welche Vor- und Nachteile verschiedene Theorien mit sich bringen.

> [W]hen all is said and done, and all the tricky arguments and distinctions and counterexamples have been discovered, presumably we will still face the question which prices are worth paying, which theories are on balance credible, which are the unacceptably counterintuitive consequences and which are the acceptably counterintuitive ones. On this question we may still differ. And if all is indeed said and done, there will be no hope of discovering still further arguments to settle our differences. [1983e: x] (vgl. [Lewis und Lewis 1970: 8f.])

1.3 Die Pixel-Welt und der Canberra-Plan

Kehren wir noch einmal zurück zu Lewis' Metaphysik. Da die Welt vollkommen physikalisch ist, sind ihre grundlegenden Bausteine nach Lewis mikrophysikalische Teilchen und Felder. Deren Verteilung legt alles andere fest. Das heißt nicht, dass andere Dinge – Bäume, Bananen, Bedeutungen, Gefühle – nicht existieren, oder irgendwie ›weniger real‹ sind. Gemeint ist auch nicht, dass diese höherstufigen Dinge im Vergleich zu Elektronen und Protonen uninteressant oder unwichtig sind, oder dass Fächer wie Biologie und Psychologie, die sich mit ihnen befassen, durch die Physik abgelöst werden könnten, oder gar sollten. Wenn wir fragen, wie Fledermäuse ihre Umgebung, wahrnehmen oder welche Folgen traumatische Schmerzerfahrungen haben, dann wäre eine Antwort, in der nur von Elektronen und Protonen die Rede ist, wenig hilfreich.

Lewis vergleicht höherstufige Eigenschaften mit den Eigenschaften eines aus Milliarden Pixeln zusammengesetzten Bildes ([1994b: 294]). Welche Formen und Farben auf dem Bild zu sehen sind, ist durch die Verteilung der Pixelfarben vollständig bestimmt: Sind die Pixel einmal eingerichtet, stehen auch die abgebildeten Formen und Farbmuster fest. Das macht die Rede von Formen und Farbmustern aber weder falsch noch überflüssig. Wer wissen will, was auf dem Bild zu sehen ist, dem ist mit »ein rotes Quadrat« besser geholfen als mit einer Liste der Milliarden Pixel-Farben, selbst wenn man im Prinzip aus dieser Liste die abgebildeten Formen und Farben berechnen könnte. Die Liste ist auch in keinem vernünftigen Sinn eine *Übersetzung* der höherstufigen Beschreibung in die Sprache der Pixel. Es gibt schließlich Bilder mit roten Quadraten, die nicht, oder nicht auf dieselbe Weise, aus Pixeln zusammengesetzt sind. Wenn wir wissen wollen, was auf einem Bild zu sehen ist, dann interessiert uns das, was diese Bilder gemeinsam haben, nicht die mikrophysikalische Realisierung, die von Bild zu Bild variiert. All dies ändert aber nichts daran, dass die Formen und Farben auf unserem Bild vollständig durch die Pixel-Verteilung bestimmt sind.

Wenn in der Philosophie von *Reduktionismus* die Rede ist, dann sind oft Positionen gemeint, nach denen sich höherstufige Beschreibungen etwa über Bananen und Gefühle in grundlegendere übersetzen lassen, wobei die Übersetzung auch noch irgendwie einfach oder nicht-disjunktiv sein soll (s. etwa [Block und Fodor 1972], [Clapp 2001]). Lewis ist kein Reduktionist in diesem Sinn. Dass Gefühle auf mikrophysikalische Prozesse reduzierbar sind, heißt für Lewis zwar, dass man prinzipiell in mikrophyikalischem Vokabular Bedingungen angeben könnte, die *hinreichend* sind für das Vorliegen eines Gefühls (und andere, die hinreichend sind für sein Nicht-Vorliegen). Aber diese Bedingungen sind weder *notwendig* – Gefühle könnte es auch in einer Welt mit ganz anderer Physik geben, vgl. das Verhältnis zwischen Pixeln und roten Quadraten –, noch müssen sie besonders einfach sein: »the conditions [...] might be complicated and miscellaneous – even infinitely complicated and miscellaneous« [1994b: 295] (vgl. [1966a: 102, Fn. 2]).

Lewis zufolge ist die ganze Welt eine Art Pixel-Bild. »[A]ll there is to the world is a vast mosaic of local matters of particular fact, just one little thing and then another« [1986g: ix]. Die Bausteine des Mosaiks, die Pixel, sind die Punkte unserer Raumzeit, den Pixel-Farben entsprechen fundamentale physikalische Eigenschaften: Ladung, Masse, Spin und dergleichen. Alles andere ist dadurch bestimmt; wenn die Verteilung fundamentaler Eigenschaften einmal eingerichtet ist, steht alles fest. Das heißt, wann immer eine Welt der unseren in der raumzeitlichen Verteilung von Ladung, Masse usw. aufs Haar gleicht, so muss in ihr auch alles andere so sein wie bei uns. In diesem Sinn ist die mikrophysikalische Beschreibung unserer Welt vollständig – nicht, weil es darüber hinaus keine interessanten Tatsachen gibt, sondern weil alle anderen Tatsachen durch die mikrophysikalischen festgelegt sind; weil, bildhaft ausgedrückt, zur Erschaffung unserer Welt nichts weiter nötig wäre als die Einrichtung der mikrophysikalischen Tatsachen.

Stimmt das? Sind alle Tatsachen in unserer Welt das Ergebnis mikrophysikalischer Prozesse? Wie steht es z.B. mit den Eigenschaften bewusster Erlebnisse: wie es sich anfühlt, in eine Zitrone zu beißen oder eine Feuersirene zu hören – ist auch das durch die Mikrophysik bestimmt? Lässt nicht die physikalische Weltbeschreibung völlig offen, wie diese Dinge sich anfühlen, ja, ob sie sich überhaupt irgendwie anfühlen? Man kann sich, so scheint es, eine Welt vorstellen, die physikalisch der unseren genau gleicht, deren Bewohner aber andere, oder gar keine bewussten Erfahrungen machen, wenn sie in eine Zitrone beißen (vgl. [Chalmers 1996a: Kap. 1]).

Oder denken wir an moralische Tatsachen: dass Kinder essen schlecht ist, Gemüse essen aber in Ordnung. Wie soll das aus der Mikrophysik hervorgehen?

Auch hier scheint es Fragen zu geben, die durch die mikrophysikalische Weltbeschreibung grundsätzlich unbeantwortet bleiben (vgl. [Moore 1903: Kap. 1]).

Selbst viele physikalische Tatsachen scheinen über Lewis' Pixel-Grundlage hinauszugehen, etwa Tatsachen über die Naturgesetze. Nach Lewis sind auch diese durch die Verteilung grundlegender Eigenschaften bestimmt. Kann man sich aber nicht eine Welt vorstellen, die unserer in dieser Hinsicht genau gleicht, in der aber alles aus reinem Zufall geschieht und nicht von Naturgesetzen gesteuert (vgl. [Bigelow und Pargetter 1990: § 5.4])?

Wir haben es hier, um einen Ausdruck von Frank Jackson [1998a] zu borgen, mit *Verortungsproblemen* zu tun, mit der Aufgabe, vertraute Tatsachen (über bewusste Erfahrungen, moralische Werte, Naturgesetze) in einer spartanischen metaphysischen Grundlage zu verorten. Irgendwo in der unermesslichen Verteilung mikrophysikalischer Teilchen und Felder in unserer Welt müssen sich nach Lewis die Muster verstecken, auf denen der Charakter bewusster Erlebnisse, moralische Werte und Naturgesetze beruhen. Nur wo?

Verortungsprobleme ergeben sich zwangsläufig, wenn man wissenschaftliche und alltägliche Weltsicht in Einklang bringen will. Wenn wir im Alltag von Tischen, Personen und Wechselkursen reden, so reden wir über Dinge, die in der physikalischen Weltbeschreibung nicht namentlich erwähnt sind. Will man nun weder die physikalische Weltbeschreibung für radikal unvollständig erklären, noch unsere Alltagsmeinungen verwerfen, so muss man zeigen, dass Tatsachen über Tische und Personen in der physikalischen Weltbeschreibung implizit bestimmt sind.

Verortungsprobleme betreffen zunächst einmal *Tatsachen*: Ziel ist eine Erklärung, wie Tatsachen der einen Art durch grundlegendere Tatsachen bestimmt sind. Daraus ergeben sich aber häufig Verortungsprobleme für *Dinge* (und Eigenschaften). Wenn wir erklären wollen, wie das physikalische Mosaik dafür sorgt, dass es Tische und Personen gibt, dann müssen wir in der physikalischen Weltbeschreibung wohl Dinge finden, die als Tische und Personen in Frage kommen. Haben wir einmal herausgefunden, dass Tische nichts anderes sind als bestimmte Ansammlungen von Elementarteilchen, so ist klar, warum die Existenz dieser Ansammlungen die Existenz von Tischen mit sich bringt.

Lewis hat ein generelle Rezept zur Verortung von Dingen einer augenscheinlich höherstufigen Art unter Dingen einer augenscheinlich grundlegenderen Art – den *Canberra-Plan*[3]. Der Plan geht so. Angenommen, wir wollen wissen, was X-Dinge

---

[3] Die Bezeichnung geht zurück auf Huw Price (vgl. [Price und Hawthorne 1996: Fn. 23], [Lewis 2004d: 279f.]) und hängt einerseits damit zusammen, dass die Australian National University eine Hochburg der Canberra-Planer ist, und dass andererseits nach Ansicht von Price dem Plan eine Auffassung von Sprache zugrunde liegt, die alle historisch gewachsenen Winkel und Gassen unseres Sprachgebrauchs ignoriert: Canberra, am Reißbrett entworfen, hat keine historisch gewachsenen Winkel und Gassen.

sind, Tische, Gefühle, Bedeutungen, oder was auch immer. Dann müssen wir erstens klären, worum es genau geht, was X-Dinge kennzeichnet, was »X-Ding« eigentlich heißt. Anschließend können wir in einem zweiten Schritt sehen, ob sich unter den grundlegenden Dingen etwas findet, was diese Kennzeichnung erfüllt.

> In order to say what a meaning *is*, we may first ask what a meaning *does*, and then find something that does that. [1970b: 193]

Wenn wir geeignete Kandidaten finden, können wir schließlich drittens die X-Dinge mit diesen identifizieren.

Nehmen wir Blitze. Blitze kann man näherungsweise bestimmen als Lichterscheinungen am Himmel, die typischerweise bei Gewittern auftreten, sehr hell und heiß sind, mit Donner einhergehen, usw. Empirische Untersuchungen zeigen, dass diese Merkmale auf gewisse Entladungsprozesse zwischen Gewitterwolken (oder zwischen Wolken und dem Erdboden) zutreffen. Folglich können wir Blitze mit jenen Prozessen identifizieren, und auf diese Weise Tatsachen über Blitze auf grundlegendere physikalische Tatsachen zurückführen.

Ähnlich können Lewis zufolge Tische und Personen mit Ansammlungen von (Zeitscheiben von) Elementarteilchen identifiziert werden, weil diese die für Tische und Personen charakteristischen Merkmale aufweisen. Ähnlich sind, wie schon erwähnt, Gefühle für Lewis nichts anderes als Gehirnzustände mit dem dazu passenden kausal-funktionalen Profil.

Ich werde in Kapitel 11 noch ausführlich auf den Canberra-Plan (und seine Beziehung zur Beschreibungstheorie der Referenz) zurück kommen, nachdem wir zuvor seine Anwendung an einigen konkreten Beispielen nachvollzogen haben.

Der Fall sprachlicher Bedeutungen ist interessant, weil Lewis diese nicht etwa mit physikalischen Dingen, sondern mit *Mengen* identifiziert, genauer, mit Mengen möglicher Dinge: Die Bedeutung von »es regnet« ist Lewis zufolge die Menge aller möglichen Situationen, in denen es regnet.

Das führt uns in Erinnerung, dass *Lewis' Ontologie* – die Liste der Dinge, die Lewis zufolge existieren – mehr umfasst als die mikrophysikalischen Bausteine unserer Welt. Darüber hinaus enthält sie erstens, wie schon angedeutet, die Bausteine anderer, bloß möglicher Welten, sowie zweitens beliebige Dinge, die sich aus diesen Elementen zusammensetzen. Dabei gibt es zwei Arten von Zusammensetzung: die *mereologische* (s. Abschnitt 2.2), und die *mengentheoretische* (s. Kap. 4). Tische und Personen setzen sich mereologisch aus Elementarteilchen zusammen; sie enthalten Elektronen, Protonen usw. als echte *Teile*. Mengen dagegen sind abstrakt; sie sind nicht aus materiellen Dingen aufgebaut, sondern enthalten diese höchstens als *Elemente*.

Für reduktionistische Zwecke erweisen sich Mengen als überaus nützlich. In der Mathematik wird praktisch alles offiziell auf Mengen reduziert: Zahlen, Gruppen, Gitter, Räume, Funktionen, Relationen – alles Mengen. Die Reduktion

1.3 Die Pixel-Welt und der Canberra-Plan

folgt dabei zumeist dem Canberra-Plan. Betrachten wir etwa die Identifikation von geordneten Paaren mit Mengen der Form $\{\{x\},\{x,y\}\}$. Ein geordnetes Paar ist eine Struktur aus zwei Dingen, bei der es auf die Reihenfolge ankommt, d. h. das Paar $\langle 1, 2 \rangle$ ist nicht identisch mit dem Paar $\langle 2, 1 \rangle$. Allgemein ist ein Paar $\langle a, b \rangle$ genau dann identisch mit einem Paar $\langle c, d \rangle$, wenn $a = c$ ist und $b = d$. Ferner wird in der Mathematik vorausgesetzt, dass es für praktisch beliebige Dinge x, y ein entsprechendes Paar $\langle x,y \rangle$ gibt. Mehr braucht man für mathematische Zwecke über geordnete Paare nicht zu wissen. Da Mengen der Form $\{\{x\},\{x,y\}\}$ die genannten Bedingungen erfüllen, werden geordnete Paare mit solchen Mengen identifiziert.

Mathematisch angehauchte Philosophen wie Carnap, Montague und Quine haben Mitte des 20. Jahrhunderts Mengen auch für philosophische Reduktionen verwendet, und Lewis setzt diese Tradition fort. Wann immer etwas zu abstrakt ist, um direkt als Ansammlung von Elementarteilchen verstanden zu werden, identifiziert Lewis es mit einer Menge. Bedeutungen, Eigenschaften, Propositionen und Ereignisse z. B. sind nach Lewis Mengen.

Eigentliches Ziel dieser ontologischen Verortung bleibt aber die Verortung von Tatsachen. Um zu den Bedeutung zurückzukehren: Wir wollen wissen, wie Tatsachen über sprachliche Bedeutung aus der Verteilung mikrophysikalischer Eigenschaften in unserer Welt hervorgehen. Die Identifikation von Bedeutungen mit Mengen möglicher Situationen ist hierfür noch nicht allzu hilfreich. Weiter kommen wir, wenn wir uns ansehen, was es Lewis zufolge heißt, dass ein Satz, sagen wir »es regnet«, eine bestimmte Menge als Bedeutung hat. Grob vereinfacht lautet Lewis' Antwort: Ein Satz S hat genau dann eine Menge M als Bedeutung, wenn kompetente Sprecher die Neigung aufweisen, S nur in Situationen aus M zu äußern (s. Kap. 10). Dass »es regnet« als Bedeutung die Menge der Regen-Situationen hat, liegt also (grob vereinfacht) daran, dass kompetente Sprecher des Deutschen die Neigung aufweisen, »es regnet« nur zu äußern, wenn es regnet. Und das lässt sich mit etwas Glück aus der physikalischen Weltbeschreibung ablesen.

Man sollte bei Lewis' ontologischen Reduktionen immer im Auge behalten, dass es letztlich um die Verortung von Tatsachen geht. Andernfalls gerät man schnell ins Grübeln: Sind Bedeutungen wirklich Mengen möglicher Situationen – komplexe mathematische Strukturen, von denen die meisten Leute noch nie etwas gehört haben? Sind geordnete Paare wirklich Mengen von Mengen? (Vgl. etwa [Fine 2003a], [Plantinga 1987: 208f.], [Meixner 2006: Kap. 3].)

Tatsächlich haben diese Identifikationen etwas Künstliches und Beliebiges. Statt mit Mengen der Form $\{\{x\},\{x,y\}\}$ könnte man geordnete Paare ebenso gut mit Mengen der Form $\{\{\{x\},\emptyset\},\{\{y\}\}\}$ identifizieren, denn auch diese erfüllen die angeführten Bedingungen. Ebenso könnte man für Lewis' Zwecke Bedeutungen statt mit Mengen möglicher Situationen auch mit Funktionen von Situationen auf Wahrheitswerte identifizieren, oder sogar mit mereologischen Summen möglicher Situationen. Man sollte diese Identifikation deshalb nicht allzu ernst nehmen.[4]

Wichtig ist zweierlei. Einmal, dass Tatsachen über Bedeutungen usw. auf grundlegendere Tatsachen z.B. über unser Sprachverhalten zurückgeführt werden können. Dafür kommt es auf die Details der *ontologischen* Verortung nicht an. Der andere Punkt ist, dass wir, wenn Lewis Recht hat, keine neuen, grundlegenden Entitäten benötigen, um Aussagen über Bedeutungen und Paaren Sinn abzugewinnen. Wir brauchen nicht anzunehmen, dass es neben den Grundbausteinen möglicher Welten, den mereologischen Summen und den Mengen noch einen ganzen Zoo weiterer metaphysisch grundlegender Dinge gibt: Bedeutungen, Eigenschaften, Propositionen, Ereignisse, Zahlen, Gruppen, Gitter, Relationen, geordnete Paare, usw. Unsere Begriffe dieser Dinge erschöpfen sich in ihrer *theoretischen Rolle*; solange sich unter den Mengen und Summen Kandidaten finden, die jene Rolle erfüllen, brauchen wir keine weiteren Entitäten zu postulieren.

> ▷ Lewis will nachweisen, dass alle Tatsachen in unserer Welt durch die Verteilung mikrophysikalischer Eigenschaften bestimmt sind – auch Tatsachen über Naturgesetze, Bewusstsein und moralische Werte.
>
> ▷ Dabei versucht Lewis, sowohl den Resultaten der etablierten Wissenschaften als auch den Annahmen des gesunden Menschenverstands treu zu bleiben, und so die beiden mit einander zu versöhnen.
>
> ▷ Die Verortung von Tatsachen geht oft einher mit einer Verortung von Gegenständen. Lewis zufolge sind alle Dinge letztlich mereologische oder mengentheoretische Konstruktionen aus elementaren Bestandteilen möglicher Welten.
>
> ▷ Lewis' Standard-Rezept zur Reduktion von Gegenständen auf diese Basis ist der *Canberra-Plan*. Dafür werden zuerst Bedingungen formuliert, die für den fraglichen Gegenstand begrifflich hinreichend sind; anschließend wird unter den grundlegenden Dingen etwas gesucht, was diese Bedingungen erfüllt.

---

[4] Besser: Man sollte sie gar nicht erst machen. Wenn mehrere Kandidaten die mit einem Begriff verknüpften Bedingungen gleichermaßen erfüllen, gibt es keine Rechtfertigung, einen davon gegenüber allen andern zu bevorzugen. Man sollte deshalb besser sagen, dass Ausdrücke wie »Bedeutung« und »geordnetes Paar« referentiell unbestimmt sind zwischen allen passenden Kandidaten; s.u., Abschnitt 11.2.

2
DIE VIERDIMENSIONALE WELT

Die Welt ist, so Lewis, die Gesamtheit der Dinge – genauer, die Gesamtheit all jener Dinge, die in irgendeinem räumlichen, zeitlichen oder raumzeitlichen Abstand zu uns stehen. Die Beschaffenheit dieser Dinge zu ergründen ist Aufgabe der Naturwissenschaften. Dennoch hat Lewis ein paar allgemeine Vorstellungen über die Struktur unserer Welt, die er zwar selten ausführlich diskutiert, deren Kenntnis aber den Zugang zu seinen philosophischen Theorien oft erleichtert.

Es handelt sich bei diesen allgemeinen Vorstellungen um ein Bündel von Thesen, das manchmal als *Vierdimensionalismus* bezeichnet wird. Es setzt sich zusammen aus dem Eternalismus, dem mereologischen Universalismus, und dem Perdurantismus. Der Reihe nach.

2.1 Sein und Zeit

Eternalismus ist die These, dass Vergangenheit und Zukunft ebenso real sind wie die Gegenwart. Die gängigste Alternative hierzu ist der *Präsentismus*, dem zufolge nur die Gegenwart existiert: Das Jahr 2525 gibt es ebenso wenig wie die französische Revolution, ausgestorbene Dinosaurier oder zukünftige Bundestagswahlen. Damit scheint der Präsentismus dem gesunden Menschenverstand (und den Wissenschaften) zu widersprechen; »saying that there are no other times«, lautet denn auch Lewis' Vorwurf, »goes against all we believe« [1986f: 204].

Die Sache ist aber nicht so einfach. Präsentisten berufen sich nämlich ebenfalls auf den gesunden Menschenverstand. Offensichtlich, sagen sie, *ist* nicht mehr, was einmal *war*. Vergangen sein heißt gerade, nicht mehr zu existieren. Dinosaurier *gab* es, aber es *gibt* sie nicht mehr; zukünftige Wahlen *wird* es erst geben.

Nun behauptet auch Lewis nicht, dass Dinosaurier heute noch existieren. Wenn man als Eternalist sagt, dass es Dinosaurier gibt, dann meint man nicht, dass es sie *jetzt* gibt. Es gibt sie nur in der Vergangenheit – das heißt, es *gab* sie. Dies akzeptiert auch der Präsentist. Worin also besteht die Meinungsverschiedenheit?

Sie hat etwas mit dem *Bereich von Quantoren* zu tun. Im Alltag sind unsere Quantoren fast immer beschränkt. Wenn ich nach einem Blick in den Kühlschrank »es gibt kein Bier« sage, dann meine ich nicht, dass es in der ganzen Welt kein Bier gibt. Ich beschränke mich auf einen kleinen Teil der Welt – den Kühlschrank vielleicht, oder die Wohnung –, und behaupte, dass sich dort, in diesem Teil der Welt, kein Bier befindet. Ebenso wenn es bei einer Kabinettssitzung heißt »alle sind da, wir können anfangen«: Gemeint ist nicht, dass sich alle sieben Milliarden Menschen (oder gar alle Lebewesen, oder alle Dinge überhaupt) zur Sitzung eingefunden haben; »alle« bezieht sich nur auf einen kleinen Teil aller Dinge, auf die Mitglieder des Kabinetts wahrscheinlich.

Unbeschränkte Quantoren gehen dagegen über ausnahmslos alles, lassen nichts außen vor. Ihr Bereich, die ganze Realität, ist Thema der Metaphysik (vgl. [Quine 1953b], [Lewis 1990]). Wenn ein Atheist sagt, dass es keinen Gott gibt, dann meint er nicht nur, dass kein Gott im Kühlschrank ist. Er meint, dass auch nirgendwo sonst einer ist, dass die unbeschränkte Gesamtheit aller Dinge keinen Gott enthält. Selbst wenn man, wie einige Philosophen (nicht Lewis, s. [1986f: 2f.]) verschiedene ›Existenzweisen‹ unterscheidet, wenn man sagen will, dass etwa Zahlen ›auf eine andere Weise existieren‹ als Tische, so gibt es immer noch Quantoren, mit denen wir über alles auf einmal quantifizieren können, z.B. wenn wir sagen, dass nicht *alles* auf dieselbe Weise existiert.[1]

Die Meinungsverschiedenheit zwischen Eternalismus und Präsentismus besteht nun darin, dass für den Präsentisten Aussagen darüber, was es jetzt gibt, absolut unbeschränkt sein können (abstrakte und bloß mögliche Gegenstände einmal ausgenommen), während sie aus Sicht des Eternalisten große Bereiche der Realität – Vergangenheit und Zukunft – ignorieren

Die Gegenwartsform in »es gibt keine Dinosaurier« signalisiert für den Eternalisten also, dass wir nicht von allen, sondern nur von den gegenwärtigen Dingen reden. Mit der Vergangenheitsform – »es *gab* einmal Dinosaurier« – quantifizieren wir dagegen über vergangene Teile der Realität, und in »1642 gab es keine Dinosaurier« funktioniert »1642« ganz ähnlich wie »in Australien« oder »auf dem Mond«: Es dient zur weiteren Beschränkung des Qunatifikationsbereichs.

Als Präsentist braucht man eine andere Interpretation von Aussagen über Vergangenheit und Zukunft, eine andere Erklärung, *was solche Aussagen wahr macht*. Das führt zum notorischen *Wahrmacher-Einwand* gegen den Präsentismus (vgl. [1992a: 206f.], [1998b: 217f.], [2001d: 609], sowie [Martin 1996], [Armstrong 1997: Kap. 8]).

Woran liegt es, dass »es gab Dinosaurier« und »Napoleon eroberte Preußen« wahr sind, wenn nicht an den Ereignissen in vergangenen Teilen der Realität? Wenn nur die Gegenwart real ist, muss es *ein Merkmal der Gegenwart* geben, dem diese Sätze ihre Wahrheit verdanken. Doch was für ein Merkmal sollte das sein? Ist die Gegenwart nicht unabhängig von der Vergangenheit: Kann man sich nicht eine Welt vorstellen, die in Bezug auf die Gegenwart genau der unseren gleicht, in der es aber weder Dinosaurier noch Napoleon gab (etwa weil diese Welt erst vor fünf Minuten entstand)?

---

[1] Unbeschränkte Quantoren bringen in der Modelltheorie der Prädikatenlogik gewisse technische Schwierigkeiten mit sich. Das ist aber ein Problem der Modelltheorie, nicht der Quantoren, vgl. [Cartwright 1994]. Die Aussage, man könne nicht unbeschränkt über *alles* quantifizieren, droht sich im Übrigen selbst zu widerlegen (vgl. [1991: 68]).

2.1 Sein und Zeit

Hartgesottene Präsentisten wie Arthur Prior erklären, man erfasse die Gegenwart nicht vollständig, wenn man nur angibt, was für Dinge es *gibt* und welche Eigenschaften sie *haben*. Zur Realität, das heißt zur Gegenwart, gehört für sie auch, was für Dinge es *gab* und *geben wird*. Dass es Dinosaurier gab, ist also nicht wahr, weil es etwas Bestimmtes gibt, sondern eben, weil es etwas Bestimmtes *gab* (nämlich Dinosaurier). Aussagen darüber, was einmal war und irgendwann sein wird, beschreiben grundlegende Eigenschaften der Gegenwart, die ohne die entsprechende Tempusform nicht ausdrückbar sind (vgl. [Prior 1969: Kap. 8], [Prior 2002: Kap. 8]).

Lewis ist kein Freund irreduzibler Wahrheiten dieser Art. Wenn etwas wahr ist, dann muss das nach Lewis immer daran liegen, was für Dinge mit was für Eigenschaften es gibt: »truths are about things, they don't float in a void« [1992a: 206] (s. auch Abschnitt 11.4).

Im Übrigen reichen die einfachen Tempusformen gwöhnlicher Sprachen nicht aus, um alle Wahrheiten über Vergangenheit und Zukunft zu erfassen. Wie ist aus präsentistischer Sicht z. B. »es gibt Philosophen, die vor über 2000 Jahren gelebt haben und heute noch bewundert werden« zu verstehen (vgl. [Sider 2001a: 25–35], [2004c])?

Weniger hartgesottene Präsentisten versuchen, sich die eternalistische Interpretation von Aussagen über Vergangenheit und Zukunft anzueignen, ohne sie metaphysisch ernst zu nehmen. Demnach gibt es zwar Dinge, von denen Aussagen über Zukunft und Vergangenheit handeln und die im Quantifikationsbereich von »es gab 1642« liegen, aber diese Dinge sind ›weniger real‹ und konkret als die Dinge der Gegenwart (vgl. [Zalta 1987], [Bigelow 1996]).

Man könnte andere Zeiten z. B. als Fiktionen verstehen, und ihre Bewohner als darin enthaltene Beschreibungen. Dass es Dinosaurier gab, würde also bedeuten, dass eine bestimmte Fiktion von Dinosauriern erzählt. Diese Form des *zeitlichen Ersatzismus* hat jedoch auch ihre Schwierigkeiten. Was etwa soll die relevante Fiktion sein? Sicher nicht irgendein gedrucktes Werk: Solche Werke sind immer unvollständig und obendrein oft falsch (besonders die über die Zukunft). Es müsste sich also um ein ungeschriebenes Werk handeln, eine bloß mögliche Fiktion. Was unterscheidet dann aber die ›richtige‹ Fiktion von allen anderen, in denen lauter Unwahrheiten über Vergangenheit und Zukunft stehen? (vgl. [2004c: 8 f.] und Abschnitt 3.7).

Zeitliche Ersatzisten fassen andere Zeiten und ihre Bewohner deshalb meist nicht als Fiktionen, sondern als metaphysisch grundlegende Gegenstände auf: Das Wort »Napoleon« bezieht sich weder auf einen Menschen, noch auf eine Beschreibung, sondern auf ein abstraktes Etwas, welches auf eine spezielle Weise mit Eigenschaften wie *Mensch-sein* und *Preußen-erobern* verknüpft ist. Die Verknüpfung besteht natürlich nicht darin, dass Ersatz-Napoleon diese Eigenschaften *hat*. Dass »Napoleon« sich auf einen Menschen bezieht, der Preußen erobert, ist ja gerade die These des Eternalisten. Lewis [2004c: 8–11] bezweifelt, dass sich eine Theorie von Ersatz-Zeiten und Ersatz-Napoleonen entwickeln lässt, in der diese die Bezeichnung »abstrakt« wirklich verdienen.

Ich will an dieser Stelle den Argumenten für und wider den Präsentismus nicht im Detail nachgehen. Wir werden den eben erwähnten Fragen und Antwortmöglichkeiten allerdings im nächsten Kapitel wieder begegnen, wenn es um Aussagen nicht über andere Zeiten, sondern über andere Welten geht. Auch hier wird Lewis argumentieren, dass die beste Interpretation solcher Aussagen davon ausgeht, dass es diese Welten gibt und dass sie von derselben Art sind wie die wirkliche Welt.

Noch ein paar Worte zur *Besonderheit der Gegenwart* und zur Asymmetrie der Zeit. Diese scheint der Präsentismus besser zu erfassen als die eternalistische Alternative. In einem ewigen, vierdimensionalen Block-Universum, in dem die Zeit ebensowenig ›fließt‹ wie die Dimensionen des Raums, ist, so scheint es, die Gegenwart auf keine Weise ausgezeichnet. Man kann sich also nicht wirklich freuen, dass ein schmerzhafter Zahnarztbesuch vorbei ist, dass er *nicht mehr ist*; laut Eternalismus ist er ja immer noch, nur eben in einem anderen Teil der Realität (vgl. [Prior 1959]).

Aus eternalistischer Sicht ist das Hier und Jetzt – besser, *mein* Hier und Jetzt – tatsächlich nur dadurch ausgezeichnet, dass ich (genauer: mein aktueller zeitlicher Teil, s. u.) mich eben zu dieser Zeit an diesem Ort befinde. Das ist keine metaphysische Auszeichnung, die in einer systematischen Beschreibung der objektiven Realität erwähnt werden müsste. Für andere Dinge zu anderen Zeiten und an anderen Orten ist mein Hier und Jetzt ganz uninteressant. Wenn ich froh bin, dass der Zahnarztbesuch vorbei ist, dann bin ich froh, dass er *vergangen* ist, nicht, dass er komplett aus der Realität getilgt wurde. Meine Einstellung ähnelt meiner Erleichterung, dass sich gewisse Ereignisse aus den Nachrichten nicht *hier* ereignen, sondern im Irak.

Soviel ist aber richtig: Es gibt einen wichtigen Unterschied zwischen der Meinung, dass etwas *jetzt* geschieht, und der Meinung, dass es zu diesem und jenem Zeitpunkt geschieht, auch wenn der fragliche Zeitpunkt jetzt ist. Wissen, dass der Zahnarztbesuch um 17:00 Uhr vorbei ist, ist etwas ganz anderes als um 17:00 wissen, dass er *jetzt* vorbei ist: Letzteres ist Grund zur Freude, ersteres nicht unbedingt.

Deswegen muss man aber nicht gleich irreduzible Jetzt-Tatsachen einführen, die im vierdimensionalen Block-Universum fehlen; sonst bräuchte man wohl auch irreduzible Hier-Tatsachen. Besser man baut die raumzeitliche Perspektive in die Einstellung mit ein. Wie Lewis das macht, werde ich in Abschnitt 9.3 erläutern. Die Meinung, dass der Zahnarztbesuch jetzt vorbei ist, hat nach Lewis als Inhalt keine Proposition über die Welt als Ganzes, sondern eine *egozentrische* Proposition über mich und meinen aktuellen Platz in der Welt.

Nicht so einfach zu erklären ist die *Asymmetrie zwischen Vergangenheit und Zukunft*, die in den Dimensionen des Raums keine Entsprechung hat: Die Vergangenheit steht irgendwie fest und kann nicht mehr verändert werden, dagegen ist die Zukunft noch weitgehend offen.

Lewis zufolge liegt diese Offenheit der Zukunft nicht an ihrem metaphysischen Status, etwa daran, dass zukünftige Ereignisse noch gar nicht existieren, oder dass es für jeden Zeitpunkt mehrere gleichermaßen reale Zukünfte gibt, das Universum sich also ständig verzweigt. Beides passt, meint Lewis, nicht zum gesunden Menschenverstand. Im Alltag setzen wir voraus, dass es ein Morgen und ein Übermorgen gibt, und zwar jeweils nur *eins*. Anders hätte es keinen Sinn, zu fragen oder zu diskutieren, was der morgige Tag wohl bringen wird (vgl. [1986f: 207]).[2]

Wieso also können wir nur die Zukunft, nicht aber die Vergangenheit beeinflussen? Nach Lewis liegt das an gewissen statistischen Eigenschaften unserer Welt (s. [1979b]). Wie diese Erklärung genau aussieht, bleibt (mir jedenfalls) etwas unklar; die Grundidee geht aber so: Ereignisse hinterlassen normalerweise in unserer Welt zahlreiche Spuren in der Zukunft, nicht aber in der Vergangenheit. Wenn etwa ein Blitz einen Baum trifft, so ist das im Nachhinein leicht zu erkennen; zahlreiche Spuren zeugen noch Tage später von dem Ereignis. Fast unmöglich ist es dagegen, das Ereignis eine Stunde oder einen Tag im Voraus schon kommen zu sehen. Deshalb wissen wir über die Vergangenheit so viel mehr als über die Zukunft. Wie wir noch sehen werden, folgt nach Lewis' Analyse von Kausalität (Kap. 7) die Verursachungsrichtung der Richtung, in der sich die meisten Spuren finden. Deshalb verursachen in unserer Welt frühere Ereignisse spätere. Und deshalb können wir nur die Zukunft beeinflussen und nicht die Vergangenheit.

All das liegt aber nicht an metaphysischen oder anderweitig notwendigen Prinzipien, sondern an der kontingenten Asymmetrie der Spuren. In »The Paradoxes of Time Travel« [1976b] argumentiert Lewis, dass es bei *Zeitreisen* (in Welten, in denen diese möglich sind) zu lokalen Verstößen gegen die übliche Kausalrichtung kommen kann. Wenn Lewis Recht hat, müsste es auch Welten geben, in denen die Asymmetrie der Spuren generell umgekehrt verläuft, wo also spätere Ereignisse normalerweise frühere verursachen. In einer solchen Welt könnte man die Vergangenheit beeinflussen, aber nicht die Zukunft. Ich habe gewisse Schwierigkeiten, mir dies vorzustellen. Vielleicht sollte man sagen, dass unsere Begriffe von Zukunft und Vergangenheit an die kausal-statistischen Asymmetrien geknüpft ist, dass also der Name »Zukunft« generell den Zeitabschnitt bezeichnet, der kausal von der Gegenwart abhängt. (In Welten, in denen die fraglichen Asymmetrien fehlen, wäre die Zeitrichtung dann freilich undefiniert.)

---

[2] In [2004b] erwägt Lewis jedoch die Möglichkeit, dass sich der gesunde Menschenverstand hier irrt, weil einige Interpretationen der Quantenmechanik tatsächliche eine Art ständige Verzweigung des Universums implizieren.

2.2 Mereologie: Teile und Summen

Wenn es mehr als nur die Gegenwart gibt, ist die Welt nicht drei-, sondern *vierdimensional*; Napoleon ist nicht nur räumlich, sondern auch zeitlich von uns entfernt. Ebenso liegen die Anfangs- und Endstadien Napoleons räumlich und zeitlich auseinander. Die von Napoleon besetzte Raumzeitregion erstreckt sich vom Korsika des Jahres 1769 auf verschlungenen Wegen nach St. Helena im Jahre 1821. In den verschiedenen Teilen dieser wurmartigen Region finden wir Teile Napoleons. Dazu gehören Teile, deren zeitliche Ausdehnung kleiner ist als die des ganzen Napoleon, die sich z. B. nur über einen Tag erstrecken. Solche Teile heißen *zeitliche Teile*.

Bevor ich näher auf zeitliche Teile eingehe, will ich die Gelegenheit nutzen, etwas über Lewis' Theorie von Teilen ganz allgemein zu sagen; wir werden ihr noch öfter begegnen. Es handelt sich um die *klassische extensionale Mereologie*. Sie besteht im Wesentlichen aus einer Handvoll Definitionen und zwei Axiomen.

Der Begriff *Teil* wird in der Mereologie als undefiniert vorausgesetzt, ähnlich wie *identisch* in der Theorie der Identität. (In [1997c: 353, Fn. 21] meint Lewis, nur halb im Scherz, man kenne die Bedeutung von »Teil« durch Offenbarung.) Andere mereologische Begriffe werden nun darüber definiert:

Dinge *überlappen*, wenn es etwas gibt, was Teil von ihnen allen ist; Dinge, die nicht überlappen, heißen *distinkt*.

Ein (*mereologisches*) *Atom* ist etwas, das keine Teile hat – genauer, keine Teile außer sich selbst, denn der formalen Einfachheit halber zählt in der Mereologie jedes Ding als (›unechter‹) Teil seiner selbst.

Eine (*mereologische*) *Summe* irgendwelcher Dinge ist etwas, was genau diese Dinge als Teil hat; d. h.: x ist eine Summe der Ye, wenn jedes der Ye Teil ist von x und kein Teil von x distinkt ist von allen Yen.

Der Tisch, an dem ich sitze, ist z. B. eine Summe aus vier Tischbeinen und einer Tischplatte. Er ist auch eine Summe aus seiner linken und rechten Hälfte, eine Summe unzähliger Moleküle, eine (unechte) Summe von sich selbst und eine (redundante) Summe all seiner Teile.

Nun zu den beiden zentralen Axiomen.

Unbeschränktheit der Komposition: Beliebige Dinge haben stets eine mereologische Summe.

Eindeutigkeit der Komposition: Dieselben Dinge haben nie mehr als eine mereologische Summe.

Zusammengenommen: Beliebige Dinge haben stets *genau eine* mereologische Summe.[3]

All das passt nicht so recht zu unserem Alltagsgebrauch mereologischen Vokabulars. Wir sagen z. B., dass zwei Teppiche überlappen, auch wenn sie gar keinen Teil gemeinsam haben. Und wir sprechen von Auto- oder Fahrradteilen in einem Lager, auch wenn es gar kein Auto oder Fahrrad gibt, von dem sie gerade Teil sind. Entsprechend könnte ich mein Fahrrad in seine Einzelteile zerlegen und daraus, sagen wir, ein Kunstwerk bauen; das Fahrrad und das Kunstwerk bestünden dann aus denselben Teilen – scheinbar im Widerspruch zur Eindeutigkeit der Komposition.

Es mag daher überraschen, dass Lewis die klassische Mereologie als vollkommen unproblematisch und sicher bezeichnet: »I myself take mereology to be perfectly understood, unproblematic, and certain« [1991: 75]. Für Lewis gehört die Mereologie wie die Theorie der Identität im Grunde zur Logik (s. [1991: 62]).[4]

Um daraus Sinn zu gewinnen, muss man zwei Verwendungsweisen von »Teil« unterscheiden. Wenn wir im Alltag von Fahrradteilen reden, meinen wir nicht Teile im streng mereologischen Sinn. Im streng mereologisch Sinn muss, wenn ein Ding x existiert und x Teil eines anderen Dings y ist, auch dieses Ding y existieren. Wenn etwas in diesem Sinn Teil eines Fahrrads ist, kann es nicht existieren, ohne dass das Fahrrad existiert.

Natürlich hören Sattel, Rahmen, Tretlager usw. nicht plötzlich zu existieren auf, wenn man ein Fahrrad zerlegt. Erinnern wir uns: Fahrräder sind, ebenso wie Fahrradsättel und Rahmen, *vierdimensional* ausgedehnte Gegenstände, die sich aus vierdimensionalen Teilen zusammensetzen. Die streng mereologischen Teile des Fahrrads liegen vollständig innerhalb der Region, die das ganze Fahrrad einnimmt. Der raumzeitliche Abschnitt des Sattels, der außerhalb dieser Region liegt, weil zur fraglichen Zeit das Fahrrad schon nicht mehr existiert, ist deshalb

---

[3] Daraus folgt, dass es unmöglich *genau zwei* Dinge geben könnte. Denn wenn es zwei Dinge gibt, muss (wegen der Eindeutigkeit der Komposition) mindestens eins davon einen Teil haben, der distinkt ist von allen Teilen des anderen. Folglich gibt es mindestens zwei distinkte Dinge und damit (wegen der Unbeschränktheit der Komposition) auch eine Summe dieser Dinge. Generell muss die Zahl aller Dinge laut klassischer Mereologie die Form $2^n - 1$ haben (vorausgesetzt, die meisten Dinge sind aus mereologischen Atomen zusammengesetzt). Gabriel Uzquiano [2005] argumentiert, damit widerspreche die klassische Mereologie der Mengenlehre, der zufolge die Zahl aller Dinge *nicht* diese Form haben kann. Uzquiano setzt dabei voraus, dass ausnahmslos *alles* Element irgendwelcher Mengen ist. Das gilt in der Mengentheorie ZFCU, wenn die Quantoren darin absolut unbeschränkt sind, nicht aber in stärkeren Mengentheorien wie der von Lewis (s. Kap. 4). Die Frage, welche Mengentheorie korrekt ist, wenn ihre Quantoren absolut unbeschränkt sind, ist meiner Ansicht nach keine mathematische Frage.

[4] Man kann die Identität sogar als einen Grenzfall der Teilbeziehung verstehen: Großbritannien ist *fast identisch* mit dem Vereinigten Königreich, das Wort »Schiffahrt« fast identisch mit dem Wort »Schifffahrt«; nimmt man Nordirland bzw. ein »f« (an der richtigen Stelle) noch hinzu, sind sie ganz identisch (vgl. [1993c]).

nicht Teil des Fahrrads. Teil des Fahrrads ist nur der zeitliche Abschnitt des Sattels bis zur Zerlegung.

Wie Fahrräder sind auch Personen streng genommen keine Aggregate von Molekülen und Atomen, denn durch unseren Stoffwechsel tauschen wir unsere mikroskopischen Bestandteile laufend aus. Wir sind mereologische Summen *zeitlicher Teile* von Elementarteilchen: »I am my particle-segments« [1988c: 195] (vgl. [1993c: 168], [1976b: 68], [1986f: 204], [1988c: 187–189], [2002a]).

Das zweite Prinzip der klassischen Mereologie, die Unbeschränktheit der Komposition, auch bekannt als *mereologischer Universalismus*, lässt sich nicht so einfach durch terminologische Unterscheidungen rechtfertigen. Nach dem mereologischen Universalismus haben beliebige Dinge stets eine mereologische Summe. Das heißt, es gibt eine Summe aus diesem Tisch und meiner Fahrradklingel, eine Summe absolut aller Dinge, und eine Summe aus meinem linken Schuh, Napoleon und der Zahl 7.

Das beste Argument für diese These sind die Schwierigkeiten, in die man gerät, wenn man sie zu bestreiten versucht. Dinge würden dann nur unter gewissen Bedingungen eine Summe bilden. Unter welchen? *Hinreichende* Bedingungen sind nicht schwer zu finden: Paradigmatische Gegenstände sind zusammenhängend, ohne Lücken und Löcher, aus einheitlichem Material, klar von anderen abgegrenzt und erfüllen als Ganzes eine bestimmte Funktion. Aber nicht alle Dinge sind von dieser Art. Fahrräder und Computer haben Löcher und bestehen aus ganz unterschiedlichen Materialien, Berge und Felsen haben unklare Außengrenzen, Bikinis und gewisse Monde[5] unzusammenhängende Teile.

Wichtiger noch, welche Aggregate wir als Ding akzeptieren und welche nicht, hängt von unseren Interessen und unserer biologischen und sozialen Prägung ab. Dass die verschiedenen Teile meines Computers (Tastatur, Bildschirm usw.) zusammen *ein* Ding bilden, mag jemandem, der mit Computern nicht vertraut ist, nicht unmittelbar einleuchten. Und je nach Kontext zählen wir etwa die Rückwand eines Hauses oder die Gesamtheit der Stelen im Berliner Holocaust-Mahnmal mal als eigenständiges Ding und mal nicht.

Die Annahme, dass nur Aggregate existieren, die wir im Alltag als echte Dinge akzeptieren, würde deshalb zu einer bizarren Form des metaphysischen Relativismus führen, nach der wir allein durch unsere Interessen, durch Beachten und Ignorieren, materielle Gegenstände – Computer, Wände, Holocaust-Mahnmale – erzeugen und vernichten können. In Wirklichkeit verschwinden Wände natürlich nicht, nur weil sie gerade niemand als eigenständiges Ding betrachtet.

Da unsere Urteile kontext- und kulturabhängig sind, können objektive Bedingungen für die Existenz von Aggregaten nicht genau mit unseren Urteilen übereinstimmen. Laut Peter van Inwagen [1990b] z.B. setzen Dinge dann und nur dann

---

[5] Laut einer Pressemitteilung der NASA vom 09.12.2002 ist der Jupitermond Amalthea »a loosely packed pile of rubble«.

einen echten Gegenstand zusammen, wenn der zusammengesetzte Gegenstand ein Lebewesen ist. Menschen, Fische und Katzen also gibt es, Tische, Monde, Computer und Wände dagegen nicht.

Dass es keine Wände gibt, ist aber auch nicht viel plausibler als dass sie durch bloßes Beachten und Ignorieren ständig entstehen und verschwinden. Lewis hat eine bessere Antwort. Er unterscheidet zwei Fragen: *Erstens*, unter welchen Bedingungen haben irgendwelche Dinge eine mereologische Summe? (Antwort: Unter allen.) *Zweitens*, welche dieser Summen zählen wir im Alltag als eigenständiges Ding? (Antwort: Nicht alle.)

Die Summe aus meinem Tisch und meiner Fahrradklingel etwa existiert zwar, wird aber meist ignoriert – sie liegt fast immer *außerhalb des Quantifikationsbereichs*. Diese Beschränkung des Quantifikationsbereichs ist es, was von Kontext zu Kontext und von Kultur zu Kultur variiert. Insofern existieren je nach Kontext und Kultur tatsächlich ganz verschiedene Dinge: Ein Aggregat, das uns heute als echter, eigenständiger Gegenstand erscheint, mag für andere Leute zu anderen Zeiten ein beliebig zusammengewürfeltes und deshalb ignoriertes Unding sein. Kontext- und kulturabhängig ist nicht die Realität, sondern der jeweils beachtete Teil der Realität (vgl. [1986f: 211–213], [1991: 79–81]).

Das aus Lewis' Sicht schlagende Argument für den mereologischen Universalismus ist nicht so sehr die Variabilität als die Vagheit unserer Kriterien für mereologische Summen (s. [1986f: 212f.]). Wenn, wie van Inwagen meint, die einzigen zusammengesetzten Dinge Lebewesen sind, was ist dann mit Dingen am Anfang der Evolutionsgeschichte, die an der Grenze zum Leben stehen? Kein Kriterium für »Lebewesen« ist so präzise, dass es einen vollkommen scharfen Schnitt ziehen würde. (Dasselbe gilt für praktisch jedes andere Kriterium, das man sich ausdenken kann.) Für Lewis ist das kein Problem: Die Konventionen des Deutschen bestimmen eben nicht mit atomarer Genauigkeit, auf welche Aggregate der Ausdruck »Lebewesen« zutrifft und auf welche nicht (vgl. [1986f: 212] und Abschnitt 10.3). Van Inwagen steht diese Erklärung nicht zur Verfügung. Für ihn ist die Grenze zwischen Lebewesen und Nicht-Lebewesen die zwischen Existenz und Nicht-Existenz. Wenn vage ist, was ein Lebewesen ist, dann ist Existenz selbst vage: Manche Dinge sind irgendwie Grenzfälle von Existenz (vgl. [van Inwagen 1990b: Kap. 19]). Lewis hält das für aussichtslos:

> If you say there is something that exists to a diminished degree, once you've said ›there is‹ your game is up. Existence is not some special distinction that befalls some of the things there are. Existence just *means* being one of the things there are, nothing else. [1991: 80f.] (vgl. [1986f: 212f.)

2.3 Personen und andere vierdimensionale Gegenstände

Eine Mauer, die von hier nach dort reicht, hat einen Teil hier und einen anderen Teil dort. Ebenso hat nach Lewis eine Mauer, die gestern und heute existiert, einen Teil gestern und einen heute. Der gestrige Teil der Mauer – ein vierdimensionaler Gegenstand mit einer zeitlichen Ausdehnung von genau 24 Stunden – hat wiederum kleinere Teile. Auf diese Weise sind materielle Gegenstände mereologische Summen sehr vieler raumzeitlich sehr kleiner Teile, womöglich sogar unausgedehnter Punkte.[6]

Doch nicht jede Summe raumzeitlich kleiner Teile ist ein gewöhnlicher Gegenstand. Damit sind wir zurück bei der zweiten Frage aus dem letzten Abschnitt: Was unterscheidet richtige Gegenstände – Häuser, Katzen, Menschen – von beliebig zusammengewürfelten Summen? Woran liegt es, dass die zeitlichen Teile, aus denen ich bestehe, eine Person bilden, die Teile von Napoleon und mir zusammen aber nicht?

Die Frage dürfte Lesern von Science Fiction-Romanen bekannt sein, wenn auch nicht in dieser Form. Angenommen, es gibt ein Verfahren, das meine materielle Zusammensetzung genau analysiert, meinen Körper dann vernichtet und an einem anderen Ort, sagen wir auf dem Mars, aus dortiger Materie wieder aufbaut. Werde ich diese Prozedur überleben? Wird die Person, die auf dem Mars entsteht, *ich* sein? Anders gefragt, gibt es hier *eine* Person, die erst auf der Erde und dann auf dem Mars lebt, die folglich einen zeitlichen Teil auf der Erde hat und einen anderen auf dem Mars, oder ist das Aggregat aus dem Erd- und dem Marsbewohner ein mereologisches Unding wie das Aggregat aus Napoleon und mir?

Es ist das alte Problem der *personalen Identität*. Entgegen der irreführenden Benennung geht es nicht darum, unter welchen Bedingungen zwei Personen miteinander identisch sind (zwei Personen sind *nie* identisch), oder unter welchen Bedingungen eine einzige Person mit sich selbst identisch ist (eine Person ist *immer* mit sich selbst identisch). Die Frage ist vielmehr, unter welchen Bedingungen verschiedene Dinge zeitliche Teile einer einzigen Person sind (vgl. [1976d]).

Lewis' Antwort lautet: Zwei Dinge sind genau dann zeitliche Teile einer Person, wenn sie durch eine Kette von Zwischengliedern verbunden sind, die jeweils auf eine bestimmte Weise mit dem nachfolgenden Glied verknüpft sind. Zu der ›bestimmten Weise‹ gehört unter anderem, dass nachfolgende Kettenglieder i. A.

---

[6] Es gibt zwei Alternativen zu Punkten als kleinsten Teilen: Die kleinsten Teile könnten ausgedehnte mereologische Atome sein (vgl. [Simons 2004] und Braddon-Mitchell und Miller 2006]), oder es könnte überhaupt keine kleinsten Teile geben, weil alles unendlich teilbar ist (vgl. [Arntzenius und Hawthorne 2005] – unendlich teilbare Materie ohne kleinste Teile bezeichnet Lewis als »Gunk«.) Nach Lewis ist eine empirische Frage, welche dieser Möglichkeiten zutrifft.

2.3 Personen und andere vierdimensionale Gegenstände

wissen, was ihre Vorgänger erlebt haben, dass sie weitgehend dieselben Wünsche und Charakterzüge haben, dass sie Spuren von Verletzungen tragen, die ihre Vorgänger sich zuzogen und dass generell ihre Eigenschaften – besonders ihre psychologischen – kausal von denen ihrer Vorgänger abhängen ([1976d: 55f.], [1976b: 70–74], ähnlich [Parfit 1984]).

Nicht verlangt ist, dass nachfolgende Kettenglieder ihren Vorgängern *zeitlich* nachfolgen. Bei einer Zeitreise in die Vergangenheit ist es umgekehrt. Hier taucht irgendwann unvermittelt jemand auf, der weitgehend dieselben Wünsche, Überzeugungen und Charakterzüge hat wie jemand, der *später* unvermittelt verschwindet, wobei die Übereinstimmung kein Zufall ist, sondern auf einer rückwärts laufenden Kausalverbindung beruht (vgl. [1976b]).

Nun sind Menschen aber auch biologische Organismen, und für solche ist ein rein psychologisches Identitätskriterium wenig plausibel (vgl. [Mackie 1995], [Olsen 1997]). Mit einer Gehirntransplantation könnte man z.B. meine Psychologie, aber schwerlich meinen ganzen Organismus transplantieren. Wäre die Person mit dem transplantierten Gehirn also *ich*? Lewis scheint anzunehmen, dass ja. Vielleicht hat diese Frage in Wahrheit aber keine eindeutige Antwort: In *einem* Sinn bin es ich, in einem *anderen* bin ich es nicht (vgl. [1971c] und Abschnitt 3.4). Ähnliche Unbestimmtheiten findet man am Anfang und Ende einer Person: Welche frühen Fötus-Stadien und welche sterbenden Stadien gehören noch zu Napoleon? Es gibt keine eindeutige Antwort. Audrücke wie »Napoleon« oder »ich« greifen nicht auf magische Weise ein ganz bestimmtes Ding mit völlig präzisen Identitätskriterien heraus. Wenn wir über Endstadien oder Fälle von Gehirntransplantation reden, müssen wir erst noch *festlegen*, worauf wir uns beziehen wollen (s.u., Abschnitt 2.4).

Vernünftige Identitätskriterien für Personen oder Organismen erlauben meist *Teilung* und *Verschmelzung*. Bei dem oben geschilderten Transportverfahren könnten z.B. sicherheitshalber *zwei* Duplikate von mir auf dem Mars produziert werden. Die zeitlichen Teile beider Rekonstruktionen stünden dann vermutlich jeweils in der richtigen Beziehung zu meinen Teilen auf der Erde. Sie stünden aber nicht in dieser Beziehungen zu einander: Die eine Rekonstruktion weiß nicht immer, was die andere gerade gemacht hat, sie verdaut nicht deren Nahrung, usw. Wir haben es also mit *zwei* Personen zu tun, die einen zeitlichen Teil – mich auf der Erde – gemeinsam haben.

Solche Fälle bereiten Schwierigkeiten beim Zählen. Wieviele Personen wurden von der Erde auf den Mars transportiert: eine oder zwei? Streng genommen zwei. Beide wurden am selben Tag von meiner Mutter geboren. Es wäre aber irreführend zu sagen, meine Mutter habe damals zwei Kinder zur Welt gebracht. Wenn verschiedene Personen einen zeitlichen Teil gemeinsam haben, dann zählen wir sie offenbar zu diesem Zeitpunkt als eine einzige Person (vgl. [1976d: 63f.], [1986f: 218f.]). Wenn das stimmt, haben wir ein Gegenbeispiel gegen ein auf den ersten Blick sehr einleuchtende Prinzip der Zeitlogik, die *Ewigkeit der Identität*:

$$\forall x \forall y(x = y \rightarrow G(x = y))$$

In Worten: Wenn *x* und *y* jetzt identisch sind, dann sind sie immer identisch. Oder, per Kontraposition: Wenn *x* und *y* irgendwann zwei sind, dann sind sie auch jetzt nicht eins.

2.4 Argumente für zeitliche Teile

Die These, zeitlich ausgedehnte Dinge bestünden aus zeitlichen Teilen, heißt *Perdurantismus*. Die Gegenposition, der *Endurantismus*, besagt, dass Dinge zu jeder Zeit, zu der sie existieren, *ganz* (nicht nur zum Teil) anwesend sind. Diesmal steht der gesunde Menschenverstand anscheinend auf Seiten des Endurantismus. Wie D.H. Mellor bemerkt: »No one else would say that only parts of Sir Edmund Hillary and Tenzing Norgay climed only a part of Everest in 1953« [1998: 86] (vgl. [Haslanger 1989: 119f.], [Hinchliff 1996], [Weatherson 2000: §4.2]).

Wenn wir im Alltag von Edmund Hillarys Teilen reden, haben wir allerdings keine zeitlichen Teile im Sinn. Wer sagt, nur ein Teil von Hillary sei auf dem Everest gewesen, legt deshalb nahe, dass beispielsweise nur sein linkes Bein oben war. Außerdem bestreiten Perdurantisten gar nicht, dass der *ganze* Hillary auf dem Everest war. Auf dem Everest gewesen sein, heißt aus perdurantistischer Sicht: einen vergangenen zeitlichen Teil haben, der auf einem vergangenen Teil des Everest ist. Edmund Hillary, als Ganzes, erfüllt diese Bedingung.

Da ›zeitlicher Teil‹ kein Alltagsbegriff ist, lässt sich die Debatte zwischen Perdurantistismus und Endurantismus durch Verweis auf den gesunden Menschenverstand nicht entscheiden. Es gibt aber eine ganze Palette philosophischer und naturwissenschaftlicher Argumente (etwa aus der Relativitätstheorie) für den Perdurantismus. Ich will mich hier auf eine Auswahl philosophischer Argumente konzentrieren (vgl. auch [Sider 2001a]).

1. »The principle and decisive objection against endurance«, schreibt Lewis, »is the problem of temporary intrinsics« [1986f: 203]. Erinnern wir uns an die eternalistische Interpretation von Temporaloperatoren. »1642 gab es keine Dinosaurier« ist zu verstehen wie »in Australien gibt es keine Dinosaurier«: »1642« verschiebt den Quantifikationsbereich auf Dinge im Jahr 1642. Der Satz ist wahr, wenn es in diesem Teil der Realität keine Dinosaurier gibt. Nehmen wir jetzt den Satz: »Heute früh um drei lag jemand schlafend in meinem Bett«. Da dies wahr ist, müsste es unter den Dingen heute früh um drei eines geben, welches liegt und schläft. Doch das fragliche Ding bin *ich*; ich aber schlafe und liege nicht, sondern sitze hier wach am Tisch. Wie kann ein und dasselbe Ding sowohl sitzen und wachen als auch liegen und schlafen?

Das ist das *Problem der intrinsischen Veränderung* (bzw. der temporären intrinsischen Eigenschaften). Es Bedarf einiger Anstrengung, das Problem überhaupt zu

2.3 Personen und andere vierdimensionale Gegenstände

sehen. Natürlich, möchte man sagen, kann ein und dasselbe Ding sowohl liegen als auch sitzen, nur eben nicht zur selben Zeit. Doch was genau ist damit gemeint? Was genau heißt es, dass ich *um drei Uhr liege* und *um neun Uhr sitze*?

Eine Möglichkeit wäre, dass *Liegen* und *Sitzen*, *Gerade* und *Gekrümmt sein* gar keine einstelligen Eigenschaften sind, sondern Relationen zu Zeiten: Ich stehe in der *Liegen*-Beziehung zu drei Uhr, aber nicht zu neun Uhr. Lewis schließt diese Antwort als unintuitiv aus: »If we know what shape is, we know that it is a property, not a relation« [1986f: 204] (vgl. [1983b: 391], [1988c: 187–189]).

Einige Endurantisten haben vorgeschlagen, an Stelle der Eigenschaften ihre *Instanziierung* zu relativieren: Ich *bin-jetzt* gekrümmt und *war-letzte-Nacht* gestreckt (vgl. [Johnston 1987: §5]). Andere meinen, Zeitangaben seien adverbiale Modifikatoren von Propositionen: Ich bin *auf jetzige Weise* gekrümmt und *auf letzte-nachtige Weise* gestreckt ([Haslanger 1989]). Lewis zufolge machen diese Varianten keinen Unterschied ([1988c: 188 Fn. 1], [2002a]): Auch hier wird bestritten, dass Formeigenschaften Dingen direkt, einfach und selbst zukommen können.

Lewis' Lösung: Veränderung in der Zeit funktioniert genau wie Veränderung im Raum. Wenn eine Mauer an manchen Stellen hoch und rot ist, an anderen niedrig und weiß, dann ist die Mauer als Ganzes weder hoch noch niedrig, weder rot noch weiß. Die Mauer setzt sich vielmehr aus Teilen zusammen, von denen einige hoch – *hoch*, nicht *hoch-an-...* – sind und andere niedrig, einige rot und andere weiß. Ebenso haben Lewis zufolge gewöhnliche Dinge zu verschiedenen Zeiten unterschiedliche Eigenschaften, indem sie sich aus zeitlichen Teilen mit jenen Eigenschaften zusammensetzen.

Lewis hat das Problem, so es denn eins ist, falsch benannt. Es geht gar nicht um *intrinsische*, sondern um *einstellige* Eigenschaften. Die Frage ist, ob »liegen«, »schlafen«, usw. einstellige Eigenschaften ausdrücken oder verkappte Relationen, wie »berühmt« oder »fern«. Fern oder berühmt sind Dinge immer nur relativ zu etwas anderem; von Deutschland aus ist Neuseeland fern, von Australien aus nicht. Es hat keinen Sinn von etwas zu sagen, es sei *an sich*, ohne Bezugspunkt, nah oder fern. Dagegen kann man, so Lewis, durchaus sagen, etwas sei an sich, ohne Bezug auf etwas anderes, wach oder gekrümmt. Ob *wach* oder *gekrümmt* auch noch intrinsisch sind, spielt keine Rolle. (Wahrscheinlich sind sie es nicht. Zum Begriff der intrinsischen Eigenschaften s. Abschnitt 5.2.)

Die Fehlbenennung weist auf den Hintergrund hin, vor dem Lewis das Problem sieht. Lewis ist, wie wir oben lernten, der Überzeugung, dass alle Wahrheiten letztlich darauf beruhen, welche Dinge mit welchen grundlegenden Eigenschaften es gibt. Grundlegende Wahrheiten haben also immer die Form »*a* ist *F*« (oder »*a* steht in *R* zu *b*«, usw.), nicht »*a* ist um drei Uhr *F*«. Und wie wir noch sehen werden, sind grundlegende Eigenschaften *F* nach Lewis immer intrinsisch. Endurantisten müssen diese Eigenschaften dagegen als Relationen zu Zeiten verstehen.

Lewis' »principle and decisive objection« hat nicht viele überzeugt. Sicher sind etwa Formeigenschaften nicht auf dieselbe Art relational wie Berühmtheit oder Entferntheit. Aber steht wirklich fest, dass sie nicht *zeit*-relational sind? Kann es nicht sein, dass wir diese Abhängigkeit, da sie praktisch alle Eigenschaften betrifft, normalerweise ignorieren, wenn wir Formeigenschaften als einstellig oder intrinsisch bezeichnen (vgl. [Haslanger 1989: 123f.], [Jackson 1994b: 142f.], [van Inwagen 1990a: 116])?

Die Debatte zwischen Endurantisten und Perdurantisten ist an dieser Stelle ziemlich festgefahren. Gehen wir weiter zum nächsten Argument.

2. Wie schon erwähnt, verwenden wir »Teil« im Alltag selten für zeitliche Teile. Gelegentlich liest man sogar, »Teil« bedeute einfach *räumlicher Teil*, weshalb die Rede von zeitlichen Teilen gar keinen Sinn ergebe. Doch wir sprechen ohne Umschweife von den Teilen eines Films oder eines Fußballspiels. Diese Teile sind nicht räumlich, sondern zeitlich angeordnet. Wir sprechen auch von den Teilen eines Plans, den Teilen einer Gesellschaft und den Teilen der Mathematik, und meinen damit nicht räumliche Teile. Und selbst wenn »Teil« keine nicht-räumliche Verwendung hätte – wichtig für den Vierdimensionalismus ist, dass es diese Dinge *gibt*, nicht ob sie »zeitliche Teile« heißen oder »Stadien« oder »Counterparts«.

Oder »*Raupen*«. Wenn ein Insekt sich von einer Raupe in einen Schmetterling verwandelt, haben wir es mit drei Dingen zu tun: dem ganzen Insekt, der Raupe und dem Schmetterling. Wie verhält sich die Raupe zum Insekt? Strikt identisch sind die beiden nicht, denn die Raupe existiert nur bis zur Verpuppung, das Insekt lebt danach weiter. Andererseits sind Raupe und Insekt aber auch nicht gänzlich verschieden; sonst gäbe es hier *zwei* Insekten (schließlich sind Raupen Insekten), die zur selben Zeit genau denselben Raum einnehmen. Nein, die Raupe *ist* das Insekt, aber nicht das *ganze* Insekt. Sie ist *das Insekt bis zur Verpuppung*. Mit anderen Worten, sie ist ein zeitlicher Teil des Insekts. Ähnlich sind rote Riesen zeitliche Teile von Sternen und Kinder zeitliche Teile von Menschen.

Man kann diese Fälle sicher anders beschreiben. Man könnte etwa erklären, die Raupe existiere streng genommen auch nach der Verpuppung noch weiter, oder man könnte mit van Inwagen [1990b: 155] behaupten, dass es gar kein Insekt gibt, nichts, was über die Verpuppung hinweg existiert. Ich glaube nicht, dass diese Alternativen völlig abwegig sind. Aber intuitiver als die perdurantistische Beschreibung sind sie auch nicht. Die perdurantische Terminologie mag uns im Alltag fremd sein, die perdurantische Ontologie ist es nicht.

3. Die Existenz zeitlicher Teile folgt unmittelbar aus dem mereologischen Universalismus und dem Eternalismus. Nach dem Universalismus existiert z.B. eine Summe aus Napoleon und dem Eiffelturm. Napoleon ist Teil dieser Summe, und

zwar ein zeitlicher Teil, denn er hört auf zu existieren, bevor der andere Teil, der Eiffelturm, anfängt. (Dazwischen liegen Zeiten, zu denen die Summe gar nicht existiert, wie ein See, der nur zur Regenzeit existiert.[7]) Wer, wie van Inwagen [1981], zeitliche Teile grundsätzlich ablehnt, muss folglich entweder den mereologischen Universalismus radikal beschränken – bestreiten, dass Dinge zu verschiedenen Zeiten je ein Aggregat bilden – oder Präsentist sein. Beides ist, wie wir sahen, mit ernsthaften Schwierigkeiten verbunden.

Akzeptiert man die Summe aus Napoleon und dem Eiffelturm und damit zeitliche Teile, kann man immer noch bestreiten, dass *gewöhnliche* Dinge wie Napoleon selbst zeitliche Teile haben. Auch Lewis behauptet nicht, dass notwendig alles, was über die Zeit hinweg existiert, aus zeitlichen Teilen besteht (vgl. [1986g: x], [1986f: 205], [1994a: §1]; zeitliche Teile sollen also keine *Analyse* zeitüberdauernder Existenz liefern, wie E.J. Lowe [1998: Kap. 5] irrtümlich annimmt).

In [1983e: 76f.] präsentiert Lewis folgendes Argument für die Annahme, dass auch Menschen zeitliche Teile haben (ähnlich [Armstrong 1980: 76]). Stellen wir uns vor, ein Kind, Frieda$_1$, verschwindet im Alter von einem Jahr plötzlich und spurlos, während ein anderes Kind, Frieda$_2$, unvermittelt aus dem Nichts erscheint. Das mag den Naturgesetzen widersprechen, aber logisch möglich ist es. Möglich auch, dass Frieda$_2$ zum Zeitpunkt ihres Auftauchens gerade so ist und aussieht, wie Frieda$_1$ bei ihrem Verschwinden. Und Frieda$_2$ könnte gerade dann und dort auftauchen, wo Frieda$_1$ verschwindet. Niemand würde etwas Auffälliges bemerken. Und zurecht, denn hier gäbe es nichts zu bemerken: Wir hätten ein ganz normales Kind, das Frieda$_1$ und Frieda$_2$ als zeitliche Teile hat. (Jedenfalls, wenn zwischen den beiden auch noch die richtigen Kausalbeziehungen bestehen.)

Als Endurantist wird man die Prämissen dieses Arguments natürlich nicht akzeptieren. Van Inwagen z.B. weist die Annahme zurück, Frieda$_1$ und Frieda$_2$ könnten direkt aneinander gereiht existieren und dennoch verschieden bleiben: »I do not find anything in [the story] that comes to the end of its existence after one year« [van Inwagen 2000: 398] (s. [Wasserman et al. 2004] für andere Reaktionen).

4. Aus einem Stück Lehm wird eine Statue geformt. Da es das Stück Lehm schon vorher gab, ist die Statue nicht identisch mit dem Stück Lehm; schließlich kann ein Ding zu einer bestimmten Zeit nicht sowohl existieren als auch nicht

---

[7] Aus endurantistischer Sicht ist schwer zu verstehen, wie so ein See – oder auch ein Fahrrad, das zwischenzeitlich zerlegt wird – erst existieren, dann nicht mehr existieren, dann aber wieder existieren kann: Wenn ein Ding zwei von einander *entfernte* Regionen ausfüllt, drängt sich doch die Vermutung auf, dass es aus zwei Teilen besteht, von denen eins hier ist und das andere dort. David Wiggins [2001: 92], ein Endurantist, bestreitet deshalb die Möglichkeit temporärer Nicht-Existenz.

existieren. Abgesehen von ihrer Vergangenheit sind sich Statue und Lehm aber verdächtig ähnlich. Sie sehen nicht nur genau gleich aus, sind gleich groß, gleich schwer usw., sie bestehen auch aus genau denselben Molekülen und nehmen genau denselben Raum ein. Wie kann das sein? (Das sind die *Paradoxien der Koinzidenz*.)

Perdurantisten haben eine einfache Erklärung: Die Statue ist ein zeitlicher Teil des Stücks Lehm (genau wie die Raupe ein Teil des Insekts ist). Was wir vor uns sehen, wenn wir die Statue betrachten, ist ein zeitlicher Teil, den Statue und Lehm gemeinsam haben. Der jetzige Teil der Statue ist identisch mit dem jetzigen Teil des Lehms. Kein Wunder also, dass ›die beiden‹ genau gleich aussehen, denselben Raum einnehmen, usw.

Auch hier hilft die räumliche Analogie. Wenn ein Haus an eine Stadtmauer gebaut wird, dient ein Teil der Stadtmauer als Rückwand des Hauses. Die Rückwand ist nicht strikt identisch mit der Stadtmauer: Die eine ist viel kleiner als die andere. Dennoch muss man sich nicht wundern, wie hier dieselben Steine in zwei verschiedenen Mauern stecken können, oder dass hier ein Bild zur selben Zeit an zwei verschiedenen Mauern hängt. Die beiden Mauern sind nicht gänzlich verschieden; sie überlappen; die eine ist Teil der anderen.

Endurantisten können diese Lösung nicht auf den zeitlichen Fall übertragen. Sie akzeptieren daher meist, dass die Statue und das Stück Lehm gänzlich verschiedene, wenn auch verblüffend ähnliche Dinge sind. Das Stück Lehm, sagen sie, *konstituiert* die Statue, und wenn ein Ding ein anderes konstituiert, dann sehen die beiden eben gleich aus, bestehen aus denselben Molekülen, nehmen denselben Ort ein, usw. – aber sind doch gänzlich verschieden.

Für Lewis ist das eine unschöne und unnötige Verdopplung der Dinge. Warum, fragt er, wiegen Statue und Lehm zusammen nicht doppelt so viel ([1986f: 252f.])? Und warum zählt das Stück Lehm nicht selbst als Statue, wo es doch genau wie eine Statue aussieht und aufgebaut ist ([1993c: 167f.])? Für Vierdimensionalisten wie Lewis ist Konstitution nichts anderes als Identität: Materielle Gegenstände *sind* die Materie, aus der sie bestehen.[8]

5. Die meisten Dinge haben mehr oder weniger unbestimmte Außengrenzen. Für Lewis ist das letztlich ein sprachliches Phänomen (vgl. [1986f: 212], [1988g]

---

[8] Nicht alle Endurantisten machen die Unterscheidung zwischen Dingen und der sie konstituierenden Materie. Manche akzeptieren stattdessen, dass die Statue schon existierte, bevor sie geformt wurde ([Chisholm 1976: Kap.3]), oder sagen, das Stück Lehm sei verschwunden, als die Statue zu existieren begann ([Burke 1994]). Laut van Inwagen gibt es natürlich weder Statuen noch Lehmstücke (da beides keine Lebewesen sind), weshalb sich das Problem erst gar nicht stellt. Lewis [1986a: 95] schlägt vor, man könne auch einfach die Identitätsbeziehung durch eine zeit-relative Beziehung ersetzen, entsprechend der generellen endurantistischen Zeit-Relativierung aller Prädikate. Dann kann man sagen, die Statue sei jetzt-identisch mit dem Lehm, aber nicht früher-identisch. (In [1971c: 47] bedient sich Lewis selbst so einer relativen Identität, die er jedoch über zeitliche Teile definiert.)

und Abschnitt 10.3): Die Regeln des Deutschen lassen offen, worauf genau sich »Berlin« oder »der Mount Everest« bezieht; niemand war so verrückt, die Grenzen Berlins oder des Everest bis auf jeden Kieselstein zu bestimmen. Im Prinzip könnte man das sicher tun. Je nachdem, wo man dann die Grenze zöge, hätte man ein leicht anderes Gebiet umschlossen, ein leicht anderes Aggregat von Teilchen. Unsere vagen Ausdrücke beziehen sich nicht auf ein bestimmtes dieser Aggregate, sondern bleiben unbestimmt zwischen vielen, leicht verschiedenen Kandidaten.

Berlin und der Mount Everest haben unscharfe Grenzen nicht nur im Raum, sondern auch in der Zeit. Niemand kann auf die Sekunde genau sagen, seit wann die beiden existieren. Aber nicht, weil niemand es so genau weiß! Hier gibt es nichts zu wissen. Es ist schlicht unbestimmt, ob dieser oder jener Vorläufer des Everest schon als »Everest« zählt.

Als Vierdimensionalist kann Lewis diese Unbestimmtheit genauso erklären wie die räumliche. Je nachdem, welche präzise *raumzeitliche* Grenze man um den Everest zieht, steckt man leicht verschiedene Raumzeitregion ab, leicht verschiedene Aggregate von Punkten. Der Name »Everest« ist unbestimmt zwischen diesen Aggregaten.

Ohne zeitliche Teile ist schwer zu sehen, zwischen welchen Kandidaten unsere Wörter unentschieden sein könnten, welche Festlegung unsere Sprachkonventionen nicht treffen. Als Endurantist muss man wohl annehmen, die Unbestimmtheit zeitlicher Grenzen sei entweder eine Illusion – es gibt einen vollkommen präzisen Zeitpunkt, an dem der Mount Everest zu existieren anfing –, oder sie entstamme nicht unserer Sprache, sondern irgendwie den Dingen selbst (s. [Rosen und Smith 2004] für einen Ansatz in diese Richtung, der illustriert, wie seltsam das wird.

▷ Lewis ist *Eternalist*: Zukunft und Vergangenheit sind ebenso real und konkret wie die Gegenwart; die Besonderheit des *Jetzt* ist wie die des *Hier* nur eine relative Besonderheit für uns.

▷ Der Eternalismus kann erklären, was Aussagen über die Vergangenheit *wahr macht* und ermöglicht eine einfache Interpretation von Temporaloperatoren. Als Präsentist muss man diese als primitiv akzeptieren oder abstrakte Ersatz-Zeiten zu Hilfe nehmen.

▷ Materielle Gegenstände sind für Lewis vierdimensionale Summen raumzeitlich sehr kleiner Teile. Lewis' Hauptargument für zeitliche Teile (den *Perdurantismus*) ist das Argument der intrinsischen Veränderung. Es gibt aber bessere Argumente, etwa die Paradoxien der Koinzidenz und die Unbestimmtheit zeitlicher Grenzen.

▷ Nach dem *mereologischen Universalismus* gibt es für beliebige Dinge etwas, was sie alle zum Teil hat. Das beste Argument hierfür ist die Vagheit und Variabilität unserer Urteile über die Existenz zusammengesetzter Dinge.

▷ Insgesamt ist der Vierdimensionalismus – die Kombination aus Eternalismus, Perdurantismus und Universalismus – eine philosophisch ausgesprochen starke Theorie. Er nimmt jedoch einige Intuitionen weniger ernst als seine Alternativen: dass, was vergangen ist, nicht mehr existiert, dass die Zeit gänzlich anders ist als der Raum, dass ich-heute strikt identisch bin mit ich-gestern, und dass es nichts gibt, was aus Napoleon, meinem Fahrrad und der Zahl 7 besteht.

3
MÖGLICHE WELTEN

Lewis' bekannteste und umstrittenste These ist der *modale Realismus*, nach dem es für jede Weise, wie ein Universum sein könnte, ein Universum gibt, das genau so ist.

Lewis stützt diese These zunächst einmal mit einem Argument für die Existenz möglicher Welten. Mögliche Welten sind, oder repräsentieren, vollständige Weisen wie die Dinge hätten sein können. Die Rede von möglichen Welten hat sich in der Philosophie als überaus fruchtbar erwiesen. Doch was *sind* mögliche Welten? Lewis zufolge versteht man sie am besten als konkrete, raumzeitlich isolierte Universen.

»Modaler Realismus« ist insofern kein glücklicher Name. Der modale Realismus umfasst weit mehr als die Anerkennung modaler Tatsachen oder möglicher Welten; er ist in erster Linie eine Theorie zur Natur dieser Welten.[1]

In den folgenden Abschnitten werde ich den modalen Realismus näher erläutern und einigen Einwänden und Alternativen gegenüber stellen. Ich werde außerdem argumentieren, dass eine der auf den ersten Blick abwegigsten Konsequenzen des modalen Realismus, dass wir in anderen Welten nur in Vertretung durch *Counterparts* existieren, auch für Gegner der Position interessant ist.

3.1 Möglichkeiten und Welten

Die Dinge könnten anders sein als sie sind. Das Wetter könnte besser sein, die Wiesen grüner, die Berge höher. Alternative Möglichkeiten sind aus unseren alltäglichen und wissenschaftlichen Überlegungen nicht wegzudenken. Wenn wir vor einer Wahl stehen, erwägen wir die *möglichen Konsequenzen* der Optionen und versuchen, die beste der *möglichen Entscheidungen* zu treffen; Reiseveranstalter und Kraftwerksbetreiber bereiten sich auf *mögliche Zwischen- und Unglücksfälle* vor; Ärzte identifizieren *mögliche Ursachen* für die Beschwerden ihrer Patienten; Physiker berechnen *mögliche Teilchenbahnen*, Schachspieler *mögliche Züge* ihrer Gegner.

---

[1] Stalnaker [1976] spricht, wie Lewis in [1983e: xi], von »*extremem* modalen Realismus«, William Lycan [1988] von »Mad-dog modal realism« und »Rape-and-loot modal realism«. Van Inwagen verwendet die Bezeichnung »Konkretismus«, die aber angesichts der unklaren Verwendung von »abstrakt« und »konkret« auch nicht hilfreich ist. Zur allgemeinen Verwirrung bezeichnet Plantinga [1987] mit »modalem Realismus« eine *Gegenposition* zu Lewis.

Diese Möglichkeiten – mögliche Entscheidungen, mögliche Konsequenzen, mögliche Spielzüge – sind auf einzelne Bereiche der Welt beschränkt. In einem Schachspiel kommt es auf die Stellung der Schachfiguren an, nicht auf die Blinzelfrequenz der Spieler oder das Balzverhalten der brasilianischen Breitflügelfledermaus. Wenn wir sagen, es gäbe nur eine Möglichkeit, das Spiel zu gewinnen, dann ignorieren wir Unterschiede in irrelevanten Details. Wir unterscheiden nicht zwischen der Möglichkeit, die Dame mit der rechten oder mit der linken Hand nach E2 zu ziehen.

Der philosophische Begriff einer *möglichen Welt* steht dagegen für eine vollständige, bis in jedes Detail bestimmte Weise, wie die Dinge sein könnten. Die im Alltag vertrauten Möglichkeiten kann man als unvollständig beschriebene Teile solcher Welten auffassen. Was wir im Schach als eine einzige Möglichkeit ansehen, sind streng genommen viele mögliche Welten, die in der Stellung der Schachfiguren übereinstimmen.

Mögliche Welten finden in der neueren Philosophie vielfache Anwendung. Bekannt ist die Analyse von Modaloperatoren wie »notwendig« und »möglich«: Notwendig ist, was in allen möglichen Welten der Fall ist; möglich ist, was in wenigstens einer Welt der Fall ist. Noch charakteristischer ist die Modellierung von *Information* über mögliche Welten. Wer Information erhält, der kann vorher offene Möglichkeiten ausschließen; der lernt, dass die Welt *so* ist, und nicht *so* oder *so*. Die Information, dass die Dame auf E2 gezogen wurde, schließt aus, dass sie auf E1 oder E3 oder ... gezogen wurde. Information kann somit ganz ohne Bezug auf sprachliche Repräsentation als ein Schnitt durch den Möglichkeitsraum verstanden werden – oder äquivalent, als eine Klasse möglicher Welten. Der Information, dass die Dame auf E2 steht, entspricht die Klasse von Welten, in denen sie auf E2 steht.

Weitere Anwendungen möglicher Welten werden wir noch kennenlernen. Lewis verwendet sie unter anderem in seiner Theorie von Eigenschaften und Ereignissen, in der Semantik geistiger Zustände und natürlicher Sprachen, in der Wahrnehmungs-, Handlungs- und Entscheidungstheorie, für die Interpretation von Aussagen über Romane und für die Definition von »Wissen«, »Supervenienz« und »Physikalismus«.

Es gibt also im Wesentlichen zwei Gründe, an mögliche Welten zu glauben. Erstens entsprechen sie unseren alltäglichen Meinungen über Alternativen, Optionen und Strategien, darüber, dass es andere Weisen gibt, wie die Dinge hätten sein können. Zweitens verrichten sie nützliche Arbeit in unseren systematischen Theorien. Das ist für Lewis Grund genug:

> Why believe in a plurality or worlds? Because the hypothesis is serviceable, and that is a reason to think that it is true. [1986f: 3]

Lewis stützt sich hier nicht etwa auf eine pragmatische Gleichsetzung von Wahrheit und Nützlichkeit. Er stützt sich vielmehr auf das Prinzip, dass wir glauben sollten, was unsere besten Theorien sagen. Wenn diese Theorien also von Möglichkeiten

3.1 Möglichkeiten und Welten

und möglichen Welten sprechen, dann müssen wir dafür in der Metaphysik einen Platz schaffen.

Besonders in seinen frühen Arbeiten scheint Lewis anzunehmen, dass dies als Rechtfertigung des modalen Realismus genügt: Wir haben Grund, an die Existenz möglicher Welten zu glauben; eine Welt ist ein konkretes Universum (siehe die wirkliche Welt); folglich haben wir Grund, an die Existenz von Universen jenseits des unseren zu glauben.

Doch so einfach geht es nicht. Wieso muss es sich bei den möglichen Welten um konkrete Universen handeln? Die Bezeichnung »Welt« mag dies nahelegen, aber vielleicht ist der Name in diesem Punkt einfach irreführend. Die Bestimmung möglicher Welten als vollständige *Weisen, wie die Dinge sein könnten* legt z. B. nahe, dass es sich bei diesen nicht um konkrete Universen handelt, sondern eher um so etwas wie *Eigenschaften* (vgl. [Richards 1975: 106f.], [Stalnaker 1976: 66–68], [van Inwagen 1980]). – Lewis sagt deshalb später auch nur noch, dass die Welten den Weisen *entsprechen* ([1986f: 86f.]).[2]

Der generelle Punkt ist, dass man aus der theoretischen Rolle möglicher Welten über die Natur dieser Welten noch wenig erfährt. Lewis benötigt daher einen guten Grund, warum es sich um reale Universen handeln soll, und nicht z. B. um abstrakte Eigenschaften ([Stalnaker 1976]), Propositionen ([Adams 1974]), Sachverhalte ([Plantinga 1974: Kap. 4]), oder Satzmengen ([Jeffrey 1965: 196f.]). Dass *in* einer Welt Esel sprechen können, hieße nach diesen Vorschlägen natürlich nicht, dass die fragliche Welt echte sprechende Esel beherbergt – abstrakte Sachverhalte oder Satzmengen enthalten ja keine Esel. Nach Plantinga etwa bedeutet es vielmehr, dass Esel sprechen *könnten, wenn* der fragliche Sachverhalt bestünde. Nach Jeffrey bedeutet es, dass die fragliche Satzmenge den Satz »es gibt sprechende Esel« enthält.

Diese Vorschläge entsprechen dem ›zeitlichen Ersatzismus‹ aus dem letzten Kapitel (Abschnitt 2.1), dem zufolge Vergangenheit und Zukunft von ganz anderer Art sind als die Gegenwart. (Mehr dazu in Abschnitt 3.7.) Der modale Realismus entspricht dagegen dem Eternalismus: Andere Welten sind ebenso real und konkret wie die wirkliche Welt.

> If asked what sort of thing they are, I cannot give the kind of reply my questioner probably expects: that is, a proposal to reduce possible worlds to something else. I can only ask him to admit that he knows what sort of thing our actual world is, and then explain that other worlds are more things of *that* sort [...]. [1973b: 85]

Dass es in einer Welt sprechende Esel gibt, heißt nach Lewis, dass diese Welt sprechende Esel als echte *Teile* hat. So wie die wirkliche Welt die mereologische Summe aller Dinge ist, die in irgendeinem räumlichen oder zeitlichen Abstand

---

[2] Maximal spezifische und vollständige Eigenschaften sind nach Lewis' Eigenschaftstheorie Einermengen möglicher Welten. Damit entsprechen die Weisen in der Tat sehr direkt den Welten.

von uns existieren (s. Kap. 2), ist auch jede andere Welt eine Summe raumzeitlich verbundener Dinge. Damit kann Lewis mögliche Welten völlig ohne modales Vokabular bestimmen: Eine mögliche Welt ist nichts anderes als eine *raumzeitlich maximale mereologische Summe* ([1986f: 1-3, 69-73]).

D. h., zwei Dinge bewohnen genau dann dieselbe Welt, wenn es einen raumzeitlichen Weg vom einen zum andern gibt. Die anderen Welten sind folglich nicht etwa *weit weg*, sondern raumzeitlich ganz von uns isoliert. Nach Lewis' Analyse von Kausalität (s. Kap. 7) kann es deshalb auch keine Kausalbeziehungen zwischen Welten geben: Ereignisse in einer Welt verursachen nie Ereignisse in einer anderen (vgl. [1986f: 78-80]). Die anderen Welten wurden also weder von uns geschaffen, noch können wir sie sehen, messen oder besuchen ([1986f: 3, 80f.]). In dieser Hinsicht ähneln sie abstrakten Entitäten wie Zahlen und Propositionen. Lewis ist es gleichgültig, ob man seine Welten »konkret« nennt oder »abstrakt«. Diese Unterscheidung, meint er, hat sowieso keinen klaren Sinn (s. [1986f: §1.7], [2004c: 8-11]).[3]

Was macht nun die Besonderheit der wirklichen Welt aus? Was unterscheidet unser eigenes Universum von all den anderen? Nicht seine Natur oder Konkretheit, sondern nur die Tatsache, dass wir nun einmal diese Welt bewohnen. Objektiv ist die wirkliche Welt ebenso wenig ausgezeichnet wie die Erde oder die Gegenwart. Diese sind nur *für uns* speziell, weil wir uns eben hier befinden. »Wirklich« (»actual«) ist für Lewis ein indexikalischer Ausdruck wie »jetzt« und »hier«; jede Welt ist aus Sicht ihrer Bewohner die wirkliche Welt. Das erklärt, warum wir uns nicht sinnvoll sorgen oder fragen können, ob wir eigentlich in der wirklichen Welt leben oder in einer der bloß möglichen. Das wäre ebenso unsinnig wie die Frage, ob wir eigentlich in der Gegenwart leben oder nicht vielleicht in der Zukunft (s. [1970a: §9], [1973b: 85f.], [1986f: §1.9] und oben, Abschnitt 2.1).[4]

3.2 Die Vielheit der Welten

Die Existenz raumzeitlich maximaler Gegenstände jenseits unseres Universums reicht für die Wahrheit des modalen Realismus noch nicht aus. Entscheidend ist, dass die raumzeitlich maximalen Gegenständen auch die Rollen möglicher Welten erfüllen.

Angenommen etwa, es gibt genau vier weitere Universen, von denen, sagen wir, keines Planeten aus Schokolade enthält. Nach der Mögliche Welten-Analyse

---

[3] Man sollte Lewis' Welten nicht mit den ›vielen Welten‹ in der Everett-Interpretation der Quantenmechanik verwechselt. Diese sind nach Lewis alle Teil einer einzigen Welt, da sie durch Verzweigung aus einer gemeinsamen Vergangenheit hervorgehen.

[4] Lewis' indexikalische Analyse von »wirklich« kann man natürlich auch als Ersatzist vertreten; für Einwände gegen die Analyse siehe [van Inwagen 1980] und [Bricker 2001].

modaler Aussagen würde folgen, dass solche Planeten unmöglich sind. Schlimmer noch, nach Lewis' Theorien mentalen und sprachlichen Gehalts (s. Kap. 9 u. 10) könnte man nicht einmal *glauben*, dass es solche Planeten gibt, und der Satz »es gibt keine Schokoladenplaneten« wäre analytisch. In Wirklichkeit ist die Existenz von Schokoladenplaneten natürlich weder absolut unmöglich noch unglaubbar oder analytisch ausgeschlossen. Die vier Zusatz-Universen könnten daher die theoretischen Aufgaben möglicher Welten nicht erfüllen.

Um als mögliche Welten in Frage zu kommen, müssen die Zusatz-Universen so vielfältig sein, wie es die philosophischen Anwendungen verlangen. Für jede *Möglichkeit*, für jede Weise, wie eine Welt sein könnte, muss es ein entsprechendes Universum geben. Auch für epistemische Möglichkeiten: Wann immer wir nicht ausschließen können, dass die Dinge so-und-so stehen, muss es ein Universum geben, in dem die Dinge so stehen.

Die u.a. von Kripke [1980] propagierte scharfe Trennung zwischen epistemischer und metaphysischer Möglichkeit hat Lewis nie sonderlich beeindruckt. Kripkes Beispiele von A posteriori-Notwendigkeiten zeigen aus Lewis' Sicht nicht, dass es Tatsachen über mögliche Welten gibt, die wir erst durch Erfahrung entdecken können – gleichsam durch direkte Einsicht in den logischen Raum. Wenn etwa »Wasser ist H_2O« notwendig und a posteriori ist, so liegt das Lewis zufolge daran, dass der Satz *zwei* Inhalte ausdrückt: einmal die kontingente, empirische Tatsache, dass der Stoff in unseren Bächen und Seen H_2O ist, und ferner die notwendige und triviale Tatsache, dass H_2O H_2O ist. Wenn wir nicht mit Sicherheit ausschließen können, dass Wasser XYZ ist, dann deshalb, weil der erste Inhalt in vielen Welten falsch ist; weil es Welten gibt, in denen der Stoff in unseren Bächen und Seen XYZ ist (s. [1982a: §2], [1983b: 375, Fn. 2], [1986f: 30–36], [1994b: 296f.], [2002b] und unten, Abschnitte 10.4 und 11.7).

Wann immer die Dinge so-und-so stehen könnten, muss es ein entsprechendes Universum geben, in dem sie so-und-so stehen. Was wird aus dieser Bedingung, wenn man modale Aussagen mit Hilfe möglicher Welten analysiert – wenn »die Dinge könnten so-und-so stehen« interpretiert wird als: Es gibt ein Universum, in dem sie so-und-so stehen? Wird die Bedingung damit nicht trivial (wie Lewis meint, s. [1986f: 86f.])?

Nein. Die Analyse modaler Aussagen ist keine stipulative Definition. Als *Analyse* muss sie unsere voranalytischen Urteile ebenso respektieren wie eine Analyse von »Wissen« unser Urteil, dass in Gettier-Fällen kein Wissen vorliegt. Zu diesen voranalytischen Urteilen gehört, dass Schokoladenplaneten nicht absolut unmöglich sind. Die Anforderung an eine Klasse von Dingen, dass es unter ihnen für jede Möglichkeit ein entsprechendes Ding gibt, ist deshalb alles andere als trivial. (Die Münzen in meiner Brieftasche z.B. erfüllen sie nicht.)

Wie dem auch sei, Lewis findet einen anderen Weg, Lücken im logische Raum zu verhindern: das *Rekombinationsprinzip*. Nach diesem können beliebige Teile beliebiger Welten stets zu einer neuen Welt rekombiniert werden. Wenn es eine

Welt mit einem Drachen gibt und eine mit einem Berg, dann gibt es auch eine Welt, die sowohl Drache als auch Berg enthält; und umgekehrt, wenn es eine Welt mit Drache und Berg gibt, so gibt es auch eine mit Drache und ohne Berg, und eine mit Berg und ohne Drache. ›Notwendige Beziehungen zwischen distinkten Entitäten‹ sind verboten (s. [1986f: 88f.], [1983e: 77], [1986a: 101f.], [2008: 6], vgl. Hume, *Treatise*, Buch I, Teil III, § XII).

Das Prinzip muss aber sorgfältig formuliert werden. Wenn Menschen z.B. ihre Vorfahren essentiell haben, gibt es keine Welt, die nur aus Saul Kripke und einem Glas Bier besteht. Was es gibt, sind allenfalls Welten, die eine perfekte *Kopie* von Kripke zusammen mit einem Glas Bier enthalten, und sonst nichts. Eine perfekte Kopie ist ein Gegenstand, der dem Original in allen qualitativen, intrinsischen Merkmalen exakt gleicht. Eine perfekte Kopie der Mona Lisa z.B. wäre ein Bild, das mit dem Original Atom für Atom übereinstimmt. Die beiden müssen sich dadurch aber noch nicht in *allen* Merkmalen gleichen; sie könnten an unterschiedlichen Orten liegen, unterschiedliche Besitzer haben und einen unterschiedlichen Wert. Diese Eigenschaften sind nicht intrinsisch, sondern kommen erst durch Beziehungen zu anderen Dingen zustande. (Mehr dazu in Abschnitt 5.2.[5])

Nach dem Rekombinationsprinzip gibt es nun also für beliebige Dinge aus beliebigen Welten stets eine Welt, die eine *Kopie* all dieser Dinge enthält. Zudem sollen Mehrfach-Kopien erlaubt sein: Es gibt eine Welt mit einer Drachen-Kopie, aber auch eine mit zwei, zwei Millionen oder $\aleph_2$ Kopien. Und jede Drachen-Anzahl soll mit jeder Berg-Anzahl kombinierbar sein. In erster Näherung könnte man das etwa so formulieren (vgl. [Nolan 1996]):

> *Rekombinationsprinzip für Individuen:* Für beliebige Dinge aus beliebigen Welten gibt es eine Welt, die beliebig viele Kopien jener Dinge enthält.

Das ist aber noch nicht ganz richtig. Es gibt z.B. keine Welt, die drei Kopien von Berlin enthält, aber nur zwei von Kreuzberg. Jede Berlin-Kopie hat ja eine Kreuzberg-Kopie als Teil. Eine befriedigende Formulierung des Prinzips ist ohne gewissen technischen Aufwand meines Wissens leider nicht möglich.[6]

---

[5] Lewis' dort vorgestellte Definitionen von »intrinsisch« machen auch das Rekombinationsprinzip praktisch gehaltlos. Das ist aber ebenso unproblematisch wie im Fall des modalen Kriteriums, da wir ein vortheoretisches Verständnis einer perfekten Kopie haben.

[6] In der Tat gibt es in der mir bekannten Literatur keine befriedigende Formulierung. Hier mein eigener Versuch:

> Für beliebige Paare X aus einer Zahl und einem Ding aus irgendeiner Welt gibt es eine Welt, deren Bewohner sich vollständig in distinkte Teile Y untergliedern lassen, so dass es eine 1:1-Beziehung von den Yen zu den Xen gibt, welche jedem Y ein X zuweist, dessen Nicht-Zahl-Komponente es kopiert.

Die Variablen X und Y hier sind Plural-Variablen (s. Abschnitt 4.2), die Zahlen sind Ordinalzahlen und dienen lediglich der Erlaubnis von Wiederholungen. Um eine Welt mit einer Berlin-Kopie und zwei zusätzlichen Kreuzberg-Kopien und sonst nichts zu erhalten, kann man z.B. ausgehen von den

Viele Möglichkeiten lassen sich ohnehin nicht durch Rekombination von Individuen erreichen. Wenn z. B. zufällig kein rotes Ding auf einem blauen liegt, sagt uns das Prinzip nicht, dass dies möglich wäre: Es verrät uns nur, was für Dinge mit welchen anderen ko-existieren können, in welcher Anordnung auch immer. Ebensowenig sagt es uns, was für Kombinationen von Masse und Ladung es geben kann: Wenn zufällig kein Gegenstand in unserer Welt eine Ladung von −1 und eine Masse von 13.782 g hat, lässt das Prinzip die Möglichkeit einer solchen Kombination im Dunkeln.

Was wir hier brauchen, ist ein Rekombinationsprinzip für Eigenschaften und Relationen, nach dem Eigenschaften wie Ladung, Masse und raumzeitlicher Abstand beliebig in einer Welt verteilt sein können (vgl. [1986f: 91 f.], [1998b: 216], [2008: §4]). Auch hier muss man die Eigenschaften wieder auf intrinsische beschränken: Ob jemand die Eigenschaft hat, Onkel zu sein, ist nicht unabhängig davon, was sonst noch in seiner Welt der Fall ist. Außerdem muss die fragliche Klasse von Eigenschaften insofern nicht-redundant sein, als ihre Verteilung in einer Welt nicht schon durch die Verteilung einer Teilklasse von ihr bestimmt ist, wie die Verteilung der Eigenschaft *Nicht-Rot* durch die Verteilung von *Rot*. In Lewis' Metaphysik sind die ›fundamentale Eigenschaften‹ gute Kandidaten für eine solche Klasse (s. u., Kap. 5). Wir könnten also sagen:

Rekombinationsprinzip für Eigenschaften: Für jedes Verteilungsmuster fundamentaler Eigenschaften und Relationen gibt es eine Welt, die dieses Muster instanziiert.

Ein *Verteilungsmuster* kann hier als so etwas wie ein Satz aufgefasst werden, der beschreibt, wie die fundamentalen Eigenschaften und Relationen verteilt sind, z. B.: $\exists x \exists y (Fx \wedge Gx \wedge Gy \wedge Rxy)$. Eine Welt *instanziiert* ein solches Muster, wenn sie den Satz erfüllt.[7]

Paaren $\langle 1, \text{Berlin} \rangle$, $\langle 1, \text{Kreuzberg} \rangle$, $\langle 2, \text{Kreuzberg} \rangle$. Im Gegensatz zu Nolans Vorschlag in [Nolan 1996] impliziert meine Formulierung, dass es auch Welten mit *genau zwei* Berlin-Kopien gibt, und Welten ganz *ohne* Berlin-Kopien.

[7] Genauer sollte die Welt den Satz *minimal* erfüllen, d. h. ohne Dinge oder Sachverhalte zu enthalten, die im Satz nicht erwähnt sind. Auch hier kommt uns wieder die Mereologie in die Quere. Es gibt z. B. keine Welt mit genau zwei Individuen, die $\exists x \exists y (Fx \wedge \neg Gy)$ erfüllt, denn nach dem mereologischen Universalismus gibt es überhaupt keine Welt mit genau zwei Individuen (s. o., S. 29, Fn. 3). Wir sollten deshalb annehmen, dass die Existenzquantoren nur über distinkte (nicht-überlappende) Dinge gehen, wobei im Verteilungsmuster außerdem etwas über die Eigenschaften von Summen gesagt wird: $\exists x \exists y (Fx \wedge Gy \wedge Fx + y)$.

Diese Sätze sind offensichtlich nicht Sätze einer existierenden Sprache, schon allein, weil sie Namen für alle fundamentalen Eigenschaften enthalten und oft unendlich lang sind. Man sollte Verteilungsmuster deshalb besser mit abstrakteren mathematischen Strukturen identifizieren. Ein Verteilungsmuster könnte z. B. eine partielle Abbildung von Sequenzen von Mengen von Ordinalzahlen in die Potenzmenge der fundamentalen Eigenschaften sein. Die Ordinalzahlen repräsentieren distinkte Teile einer Welt, Mengen von Ordinalzahlen entsprechende Summen dieser Teile. Die Abbildung

Lewis ist, was das Rekombinationsprinzip für Eigenschaften angeht, weniger zuversichtlich als bei Individuen (besonders in [1986f]; in [2008] scheint er es zu bejahen). Wie man leicht sieht, ist das Eigenschaftsprinzip ohne Beschränkung mit dem modalem Realismus auch nicht vereinbar. Wenn mögliche Welten nämlich raumzeitlich maximale Strukturen sind, müssen alle Bewohner einer Welt raumzeitlich verbunden sein. Die (fundamentalen) Raumzeit-Beziehungen kann man folglich nicht beliebig auf den Dingen in einer Welt verteilen.

In [1986f: 89f.] schränkt Lewis aus einem analogen Grund sogar das Rekombinationsprinzip für Individuen ein. Es könnte, meint er, eine Grenze für die Größe möglicher Raumzeiten geben, und damit eine Grenze für die Zahl von Dingen, die darin Platz haben. Eine solche Grenze würde auch ausschließen, dass es Welten gibt, die Kopien aller Welten, *einschließlich ihrer selbst* enthalten (vgl. [Forrest und Armstrong 1984], [Lewis 1986f: 102f.]).

Daniel Nolan [1996] hat aber gezeigt, dass die Annahme solcher Welten durchaus konsistent ist. Zudem führt er gute Argumente gegen die Größenbeschränkung an (vgl. auch [Bricker 1991], [Black 2000: 96f.]). So impliziert diese eine absolute Obergrenze für die Zahl der Instanzen fast aller Eigenschaften und Relationen: Gäbe es eine begrenzte Zahl x von Drachen, die in einer Welt Platz finden (x muss keine endliche Zahl sein), so wäre absolut unmöglich, dass es 2^x Drachen gibt. Aber wieso sollte das unmöglich sein? Schließlich ist »es gibt 2^x Drachen« nicht widersprüchlich, und es scheint sich auch nicht um eine A posteriori-Unmöglichkeit wie »Wasser ist XYZ« zu handeln.

Wenn die Rekombinationsprinzipien unbeschränkt gelten, bilden die Welten mengentheoretisch gesprochen eine *äußere Klasse*, eine Klasse ohne Kardinalität. Lewis hat dies später akzeptiert: »Nolan [1996] has made a fairly persuasive case that there are more possibilia than I used to think, in fact proper-class many« [2002a: 8] (ähnlich [2001b: 396, Fn. 13], [2004c: 7, Fn. 7]).

Für die meisten Anwendungen des modalen Realismus ist aber nicht entscheidend, ob es *so* viele Welten gibt. In [1973b: 90, Fn.] hatte Lewis selbst ihre Zahl noch auf $\beth_2$ geschätzt, die Kardinalität der Potenzmenge der reellen Zahlen. Einige Anwendungen möglicher Welten werden durch weniger Welten sogar erleichtert, weil dann mengentheoretische Konstruktionen zur Verfügung stehen, die es nicht gibt, wenn die Possibilia in keine Menge passen (vgl. [2002a: 9, Fn. 5], [Nolan

---

$\{\langle\langle\{0\}\rangle,\{F,G\}\rangle,\langle\langle\{1\}\rangle,\{F\}\rangle,\langle\langle\{0,1\},0\rangle,\{R\}\rangle\}$ z.B. würde einer Welt mit zwei distinkten Teilen (repräsentiert durch 0 und 1) entsprechen, von denen eines F ist, das andere G, und deren Summe in der Beziehung R zum ersten Teil steht. Allgemein *instanziiert* eine Welt w ein Verteilungsmuster m genau dann, wenn sich die Bewohner von w vollständig in distinkte Teile X untergliedern lassen, so dass es eine Bijektion b von den X in die Ordinalzahlen in den Sequenzen im Definitionsbereich von m gibt, für die gilt: Individuen $y_1, ..., y_n$ haben in w genau dann die n-stellige Eigenschaft F, wenn jedes y_i die Summe der Elemente einer Menge x_i von Dingen aus X ist und F Element ist von $m(b(x_1), ..., b(x_n)))$.

1996: §3]).⁸ Wenn es aber keine Welt mit mehr als $\beth_2$ (oder $\beth_{\aleph_2}$, oder wieviel auch immer) Drachen gibt, dann sollte an der Vorstellung einer solchen Welt etwas inkohärent sein, wie an der Vorstellung einer Welt, in der jemand genau diejenigen rasiert, die sich nicht selbst rasieren. Einfach unentschuldigt fehlen dürfen mögliche Welten nicht. (Mehr dazu in Abschnitt 11.7.)

3.3 Schachteln, Diamanten und kontrafaktische Konditionale

Nun ein paar Worte zur Anwendung möglicher Welten in der Analyse modaler Aussagen. Modale Aussagen sind Aussagen darüber, was sein *könnte*, was sein *muss*, und was unter den-und-den Bedingungen der Fall *wäre*. Anders als etwa für Quine steht für Lewis außer Frage, dass Aussagen dieser Art in seiner Philosophie einen Platz finden müssen – und nicht nur, weil man sie in der Analyse von Dispositionen und Kausalität benötigt: »Among my common opinions that philosophy must respect [...] are not only my naive belief in tables and chairs, but also my naive belief that these tables and chairs might have been otherwise arranged« [1973b: 88].

Traditionell werden modale Aussagen in der Philosophie mit Hilfe von Schachteln und Diamanten formalisiert. Die Schachtel, □, ist ein Satzoperator für »notwendig«, der Diamant, ◊, für »möglich«. Aus »es könnte regnen« wird also »◊ es regnet«.

Manche Philosophen machen hier Schluss: Schachteln und Diamanten sind nicht weiter analysierbar; Aussagen darüber, was sein *könnte* und sein *muss*, drücken grundlegende Tatsachen aus, die nicht auf Aussagen darüber, was *ist*, reduziert werden können. Lewis lehnt dies ebenso ab wie die präsentistische Annahme, es gäbe grundlegende Tatsachen darüber, was *war* und sein *wird* (s.o., Abschnitt 2.1). Alle Wahrheiten, so Lewis, beruhen letztlich darauf, was für Dinge mit was für Eigenschaften es *gibt*.

Wie im zeitlichen Fall reichen auch im modalen die beiden Operatoren längst nicht aus, alle einschlägigen Wahrheiten zu erfassen. »Es gibt mehrere Möglichkeiten, dieses Spiel zu gewinnen«, oder »es könnte etwas geben, das vollkommener ist als alles, was es tatsächlich gibt« bekommt man z.B. mit □ und ◊ nicht in den Griff. Anhänger von Schachteln und Diamanten müssen hier weitere unanalysierte Operatoren einführen. Um an die Ausdrucksstärke der expliziten Quantifikation

---

⁸ Wenn die Welten keine Kardinalität haben, bricht auch die übliche, iterative Konzeption von Mengen zusammen, nach der es für beliebige Individuen stets eine Menge gibt, die sie alle enthält. Auch Lewis' eigene Konzeption von Mengen hat, wie ich in Kap. 4 erklären werde, damit gewisse Schwierigkeiten (die sich aber überwinden lassen). Dort werden wir außerdem eine Anwendung möglicher Welten kennen lernen, die *verlangt*, dass diese in keine Menge passen.

über Möglichkeiten heranzukommen, benötigt man nicht nur drei oder vier, sondern *unendlich viele* primitive Operatoren (s. [Hazen 1976], [Burgess 1994], [Lewis 1986f: 10-17, 253f.]).

Aus Lewis' Sicht funktionieren Modaloperatoren wie Orts- und Zeit-Operatoren: Sie verschieben den Bereich von Quantoren. Wenn wir sagen, dass es (tatsächlich) keine sprechenden Esel gibt, quantifizieren wir nur über Dinge in unserer Welt. Wenn wir sagen, dass es sprechende Esel geben *könnte*, quantifizieren wir auch über Dinge in anderen Welten. Mit »in den-und-den Welten gibt es sprechende Esel« quantifizieren wir über die Bewohner der fraglichen Welten, analog zu »in Australien« oder »in der Steinzeit« ([1986f: 5f.], vgl. [1968: §2]).[9]

In »Counterpart Theory and Quantified Modal Logic« [1968] gibt Lewis Regeln an, nach denen man Sätze aus der traditionellen Formalisierung mit □ und ◊ in gewöhnliche prädikatenlogische Sätze übersetzen kann, die stattdessen über mögliche Welten und ihre Bewohner quantifizieren (vgl. [1968: 31f.], [1983e: 44f.], [1986f: 5-13], [Hazen 1979] , [Forbes 1982], [Ramachandran 1989] für mögliche Korrekturen). Den Axiomen der quantifizierten Modallogik entsprechen dann bestimmte Thesen über mögliche Welten. Ob Lewis' eigene Thesen, die er als *Counterpart-Theorie* bezeichnet, genau mit den (übersetzten) Axiomen bzw. Theoremen dieser oder jener Modallogik zusammenfallen, ist ihm allerdings egal. »If counterpart theory calls for the rejection of some popular modal principles, that needn't worry us« [1983e: 45]. Wie die ›Ewigkeit der Identität‹ in der Analyse temporaler Aussagen (s.o., Abschnitt 2.3) erweist sich z.B. die ›Notwendigkeit der Identität‹

---

[9] Man liest hin und wieder, Lewis vertrete in [1986f] eine andere Interpretation von »in der-und-der Welt« als in [1968]. Ein viel diskutierter Einwand ([Brock 1993], [Rosen 1993]) gegen den Rosenschen Fiktionalismus (s.u., Abschnitt 3.7) z.B. beruht auf der Annahme, in Lewis' Metaphysik gelte

S) In allen Welten gibt es viele Welten.

Nach dem Rosenschen Fiktionalismus ist □*p* genau dann wahr, wenn gemäß Lewis' Metaphysik in allen Welten *p* der Fall ist; für *p* = »es gibt viele Welten« müsste der Fiktionalist also »□ es gibt viele Welten« als wahr akzeptieren. Harold Noonan [1994] entgegnet (korrekt), nach Lewis' Analyse in [1968] sei (S) überhaupt nicht wahr, weil keine Welt *in* einer anderen existiert. In der nachfolgenden Debatte wird weitgehend angenommen, dies entspreche *nicht* Lewis' Auffassung in [1986f] (vgl. [Rosen 1995b: 68], [Nolan 2002: §3.1]). Doch Lewis macht in [1986f: 5-7] sehr deutlich, dass »*x* existiert in Welt *w*« streng genommen nur wahr ist, wenn *x* ein *Teil* von *w* ist. Daher [1986f: 16]: »there is no world wherein two worlds do anything. At any one world *W*, there is only the single world *W*«. (Allerdings lässt Lewis in [1986f: 6] pragmatisch bestimmte Aufhebungen der Quantifikationsbeschränkung zu, so dass man z.B. sagen kann, in *w* sei die Zahl der Planeten 10, auch wenn die Zahl 10 kein Teil von *w* ist. Die Aussage, Zahlen und Welten existierten notwendig, kann man deshalb auch als wahr interpretieren – der Modaloperator ist unter dieser Interpretation funktionslos; vgl. auch [1983e: 40].)

3.3 Schachteln, Diamanten und kontrafaktische Konditionale 51

$$\forall x \forall y (x = y \rightarrow \Box(x = y))$$

bei Lewis nicht als universell gültig.[10]

Für Lewis ist die Sprache der Schachteln und Diamanten eine künstliche Erfindung, die der Vielfalt und Komplexität modaler Aussagen nicht gerecht wird. So ist die Notwendigkeit der Existenz, $\forall x \Box \exists y (x = y)$, ein Theorem aller klassischen (nicht-freien) Modallogiken, und seine Übersetzung ein Theorem der Counterpart-Theorie (vgl. [1968: 31 f.]). Deswegen glaubt Lewis aber nicht, dass alle Dinge notwendig (in allen möglichen Welten) existieren. Wenn sich das mit Schachteln und Diamanten nicht sagen lässt, umso schlimmer für die Schachteln und Diamanten.

Die Annahme, umgangssprachliche Modaloperatoren verschöben den Bereich von Quantoren, erklärt die charakteristische Vagheit und Kontextabhängigkeit modaler Aussagen: Es handelt sich um die altbekannte Vagheit und Kontextabhängigkeit von Quantoren (s. o., Abschnitt 2.1). Wenn wir sagen, dies und jenes sei möglich, beschränken wir uns in der Regel auf einen kleinen Teil aller Welten, so wie wir uns auf einen Teil dieser Welt beschränken, wenn wir sagen, dass es kein Bier gibt (vgl. [1986f: 7f.]).

Man kann z. B. unmöglich in nur einer Stunde von Berlin nach Bielefeld reisen. – Aber nur, wenn wir abwegige Möglichkeiten ignorieren. Mit einem schnellen Flugzeug wäre die Strecke locker in einer Stunde zu schaffen. Wirklich unmöglich ist dagegen eine Reisedauer von nur einer *Minute*. – Jedenfalls wenn wir die Möglichkeit ganz neuartiger Transportmittel ignorieren. Solche Transportmittel sind aber möglich, im Gegensatz zu einer Technik, mit der man für die 400 km nur eine *Millisekunde* bräuchte. Das wären 400 000 km/s, schneller als Licht, und das ist unmöglich. – Wenn wir einmal ignorieren, dass die Naturgesetze auch anders sein könnten. Ziehen wir solche Möglichkeiten in Betracht, sind wohl auch Reisen mit 400 000 km/s möglich. Immer noch unmöglich sind aber Reisen mit 400 000 km/s, bei denen man nur 100 km in der Stunde zurücklegt (relativ zum selben Bezugsrahmen). Und hier ist Schluss: Diesmal gibt es keine ignorierten Möglichkeiten mehr. Reisen dieser Art sind absolut, *logisch* bzw. *metaphysisch unmöglich*.[11]

---

[10] Ein anderes bekanntes Prinzip, das in der Counterpart-Theorie nicht mehr gültig ist, ist K: $\Box(p \rightarrow q) \rightarrow \Box p \rightarrow \Box q$ (vgl. [Ramachandran 1989], [Cresswell 2004]). Wenn man sich die jeweiligen Gegenbeispiele ansieht, scheinen mir diese Konsequenzen nicht wirklich problematisch. Gegenbeispiele gegen die Notwendigkeit der Identität erhält man z. B. leicht aus den in Abschnitt 2.3 erwähnten Gegenbeispielen gegen die Ewigkeit der Identität. Dasselbe gilt für das Prinzip $\neg ACTp \leftrightarrow ACT \neg p$, wobei »ACT« der »actually«-Operator ist, dessen Verletzung Fara und Williamson [2005] der Counterpart-Theorie zur Last legen.

[11] Manche Philosophen verwenden »logisch möglich« für »widerspricht nicht den Gesetzen der Prädikatenlogik erster Stufe«. In diesem Sinn sind die angegebenen Reisen logisch möglich, da hier von der Bedeutung der Ausdrücke einfach abgesehen wird. In diesem Sinn sind auch verhei-

Wenn wir sagen, die Dinge könnten oder müssten so-und-so sein, dann beziehen wir uns häufig auf die uns verfügbare Information: »Fred kann unmöglich in Bielefeld sein, ich habe ihn eben auf dem Helmholtzplatz gesehen«. Auch das ist für Lewis beschränkte Quantifikation über mögliche Welten: Wir beschränken uns auf Möglichkeiten, die mit unseren Meinungen oder unserem Wissen vereinbar sind. Ähnlich bei der Verwendung modalen Vokabulars zum Ausdruck sozialer oder moralischer Normen. Wenn wir sagen, eine Handlung *müsse* getan werden, beschränken wir uns auf Möglichkeiten, in denen gewisse Normen befolgt werden – in all diesen Welten wird die Handlung getan (vgl. [1968: §V], [1973b: §5.1], [1974c], [1979a], [1979e]).

Ein besonders flexibles und verbreitetes Mittel zur Verschiebung des Quantifikationsbereichs auf andere Möglichkeiten sind *kontrafaktische Konditionale*, also Konditionale der Form »wäre A, dann B« (kurz, $A \square\!\!\rightarrow B$): »Hätte Hubert Humphrey 1968 die Wahl gewonnen, wäre er 1972 wieder angetreten«; »wäre der Mond kleiner, dann wären die Gezeiten schwächer«. Konditionale dieser Art sind in unseren alltäglichen und wissenschaftlichen Überlegungen allgegenwärtig. Selbst wo sie nicht ausdrücklich vorkommen, sind sie oft nicht weit. Wenn wir z. B. sagen, ein Zuckerwürfel sei wasserlöslich, dann meinen wir (in etwa), dass er sich auflösen *würde*, *wenn* er in Wasser geworfen würde (s. [1997b] für die Einschränkung »in etwa«).

Die Beziehung zwischen dem Vorderglied (der kontrafaktischen Annahme) und dem Hinterglied eines Konditionals ist i. A. kontingent. Es hätte durchaus sein können, dass Humphrey 1968 gewinnt, aber 1972 nicht mehr antritt. Die Welt hätte ja 1970 untergehen oder Humphrey von Außerirdischen entführt werden können. Wenn wir uns fragen, was unter den-und-den Bedingungen der Fall wäre, interessieren wir uns nicht für *alle* möglichen Welten, in denen die Bedingungen erfüllt sind, sondern nur für Welten, die der unseren möglichst weit ähneln – soweit es die kontrafaktische Annahme, das Vorderglied des Konditionals, eben erlaubt.

Auf dieser Idee beruht die Analyse, die David Lewis und Robert Stalnaker unabhängig voneinander Ende der 60er Jahre entwickelten: $A \square\!\!\rightarrow B$ heißt demnach, dass in der nächsten möglichen Welt, in der A der Fall ist, auch B der Fall ist. Die ›nächste‹ Welt, in der A der Fall ist, ist dabei diejenige unter den A-Welten, die unserer Welt am meisten ähnelt.

Wenn es gar keine A-Welten gibt, wie bei »wäre die Prädikatenlogik entscheidbar, so wäre das Halteproblem lösbar«, ist nach Stalnaker und Lewis $A \square\!\!\rightarrow B$ immer wahr. Demnach ist auch wahr, dass Schweine fliegen könnten,

---

ratete Junggesellen möglich, weil der Satz »es gibt verheiratete Junggesellen« wahr wäre, wenn er etwas ganz anderes bedeuten würde, etwa dass es schwarze Katzen gibt. Das ist offenbar eine völlig andere Verwendung von »möglich« als die bisherige, bei der es immer um mögliche Situationen ging, in denen der betrachtete Satz *in seiner tatsächlichen Bedeutung* wahr ist.

3.3 Schachteln, Diamanten und kontrafaktische Konditionale

wenn die Prädikatenlogik entscheidbar wäre. Das klingt zwar merkwürdig, aber Merkwürdigkeit tut nichts zur Sache. Die Frage ist, ob es eindeutig *falsch* ist, und das ist zumindest verhandelbar (s. [1973b: 24–28], [1973c: 19], [Williamson 2008: Kap. 5]).

Die bisherige Analyse, die ungefähr Stalnakers [1968] Vorschlag entspricht, sagt nichts über Fälle, in denen es *die* nächste *A*-Welt nicht gibt, etwa weil mehrere *A*-Welten unserer gleichermaßen (und am meisten) ähneln, oder weil es zu jeder *A*-Welt eine andere gibt, die unserer noch ähnlicher ist, wie vielleicht bei »wenn ich über 1,90 groß wäre ...«: Für jede Welt, in der ich 1,90+ε groß bin, gibt es eine Welt, in der ich lediglich 1,90+$\frac{\varepsilon}{2}$ groß bin (vgl. [1973c: 9]). In *Counterfactuals* [1973b] präsentiert Lewis deshalb die folgende Variante:

»*A* □→ *B*« ist genau dann wahr, wenn entweder *A* unmöglich ist oder mindestens eine Welt, in der *A* und *B* beide der Fall sind, unserer Welt ähnlicher ist als jede Welt, in der *A*, aber nicht *B* der Fall ist.

Bei mehreren ähnlichsten *A*-Welten ist das Konditional also nur wahr, wenn *B* in ihnen allen wahr ist; generell muss es ein Ähnlichkeits-Level geben, innerhalb dessen in allen *A*-Welten auch *B* gilt.

Ähnlichkeit ist eine ausgesprochen vage und kontextabhängige Sache. Wie sehr zwei Dinge – Welten oder Personen oder was auch immer – einander ähneln, hängt davon ab, wie man ihre Merkmale, ihre Unterschiede und Gemeinsamkeiten, gewichtet. Lewis räumt den resultierenden Mangel an Präzision ein, sieht darin aber keinen Nachteil seiner Analyse: »Imprecise it may be; but that is all to the good. Counterfactuals are imprecise too« [1973c: 6].

Je nachdem, welche *Ähnlichkeitskriterien* wir anlegen, können wir z. B. sagen, »würde das Thermometer 0°C anzeigen, müssten wir heizen« oder »würde das Thermometer 0°C anzeigen, wäre es kaputt«. Im ersten Fall zählt das Funktionieren des Thermometers als wichtigeres Merkmal als das aktuelle Wetter, im zweiten umgekehrt (vgl. [1979b: 32–35]).

Kit Fine [1975] und andere haben aber darauf hingewiesen, dass Lewis' Analyse selbst mit unseren vagen intuitiven Ähnlichkeitsstandards eindeutig falsche Ergebnisse liefert: »Hätte Nixon den roten Knopf gedrückt, wäre es zum Atomkrieg gekommen.« – Nach Lewis' Analyse müsste eine Welt, in der Nixon den Knopf drückte und ein Atomkrieg ausbrach, unserer ähnlicher sein als eine, in der Nixon zwar den Knopf drückte, aber der Mechanismus versagte und der Atomkrieg ausblieb. Doch ist das so? Ist eine Welt ohne Atomkrieg und mit kaputtem Mechanismus unserer nicht viel ähnlicher als eine Welt mit Atomkrieg und funktionierendem Mechanismus?

Lewis entgegnet, hier würden falsche Ähnlichkeitskriterien verwendet. Die richtigen Kriterien seien nämlich diejenigen, unter denen seine Analyse sich als korrekt erweist: »we must use what we know about the truth and falsity of counterfactuals to see if we can find some sort of similarity relation [...] that combines with [the analysis] to yield the proper truth conditions« [1979b: 43] (ähnlich [1986g: 211]).

Lewis' Analyse ist also weniger eine ausformulierte Theorie kontrafaktischer Konditionale als ein Rahmen für solche Theorien: »While not devoid of testable content – it settles some questions of logic – it does little to predict the truth value of particular counterfactuals in particular contexts. [...] [It] is only a skeleton« [1979b: 41]. Die Analyse sagt uns, welche *Art* von Tatsachen kontrafaktische Konditionale wahr machen, aber nicht, welche Tatsachen das für bestimmte Konditionale in bestimmten Kontexten genau sind.

Manchmal, etwa wenn Lewis Dispositionen und Kausalität über kontrafaktische Konditionale analysiert (s. Kap. 7), kommt es aber genau darauf an. Hier reicht es nicht zu sagen, die relevante Ähnlichkeitsbeziehung sei einfach diejenige, unter der die Analyse sich als korrekt erweist. Dann könnte man auch gleich sagen, »*A* verursacht *B*« sei genau dann wahr, wenn die im jeweiligen Kontext relevanten Dinge in der jeweils relevanten Beziehung zu einander stehen. Das stimmt, aber es ist völlig uninformativ. Für die bei Kausalaussagen relevante Ähnlichkeit zwischen einer kontrafaktischen Welt und der unseren gibt Lewis deshalb explizite Kriterien an:

(1) It is of the first importance to avoid big, widespread, diverse violations of law.[12]
(2) It is of the second importance to maximize the spatio-temporal region throughout which perfect match of particular fact prevails.
(3) It is of the third importance to avoid even small, localized, simple violations of law.
(4) It is of little or no importance to secure approximate similarity of particular fact, even in matters that concern us greatly.[13] [1979b: 47f.] (ähnlich [1973b: 75–77])

Nehmen wir noch einmal den Nixon-Satz. Welche Welt ist unserer ähnlicher: eine, wo der Atomkrieg ausbricht, oder eine, wo der Mechanismus versagt? Beide Kandidate stimmen, so wollen wir einmal annehmen, bis zum Knopfdruck exakt mit unserer Welt überein. Dann geschieht ein ›Wunder‹: Nixon entscheidet sich, den Knopf zu drücken. In der zweiten Welt geschieht noch ein Wunder: Der Knopf funktioniert nicht. Von da an geht die erste Welt, die mit dem Atomkrieg, einen völlig anderen Gang als die unsere. Die zweite, mit dem zusätzlichen Wunder, ähnelt weiterhin der unseren. Bloße Ähnlichkeit ist aber laut Bedingung (4) nicht von Bedeutung. Die Frage ist, ob die Zukunft jener Welt *exakt* der unse-

---

[12] Mit ›violations of law‹ meint Lewis Verletzungen der Naturgesetze *unserer* Welt, nicht der Welt, in der die Verletzung stattfindet.
[13] Little or no? »Different cases come out differently«, sagt Lewis, »and I would like to know why« [1986g: 48]. Die richtige Antwort ist m. E. »no«: Ungefähre Ähnlichkeit in Bezug auf Einzeltatsachen hat keinerlei Gewicht. Die Fälle – allesamt in indeterministischen Welten –, die Lewis mit Bedingung (4) in den Griff bekommen will, verlangen einen ganz anderen Ansatz. Die Ausweitung von Lewis' Standards auf indeterministische Welten ist nach wie vor ein offenes Problem (s. u.).

ren gleicht (Bedingung 2), denn das würde ein kleines Wunder (Verletzung von Bedingung 3) wett machen. Für exakte Übereinstimmung reicht aber nicht aus, dass der Mechanismus versagt. Der Knopfdruck darf überhaupt keine Spuren hinterlassen – weder Fingerabdrücke auf dem Knopf, noch Erhitzung der Drähte, noch irgendwelche Geräusche, noch Erinnerungen in Nixon. Um all diese Spuren zu beseitigen, wäre ein großes, vielfältiges Wunder nötig, das die exakte Übereinstimmung aber nicht ausgleicht (Bedingung 1). Nach Lewis' Kriterien wäre also wie erwünscht tatsächlich ein Atomkrieg ausgebrochen, wenn Nixon den Knopf gedrückt hätte (vgl. [1973b: 76f.], [1979b: 43–48], [1986g: 55f.]).

Andere Schwierigkeiten bleiben bestehen. In einer indeterministischen Welt z. B. könnten durch reinen Zufall alle Spuren des Knopfdrucks verschwinden, ohne dass hierfür auch nur ein Gesetz verletzt werden muss. Bei »wäre ich größer, bräuchte ich keine Leiter« sind nur Welten gefragt, in denen ich *signifikant* größer bin; ähnlich kommt es bei »wäre der Zug 5 oder 10 Minuten früher gekommen, hätten wir ihn trotzdem erreicht« nicht nur auf die 5 Minuten-Welt an, obwohl diese der Wirklichkeit wohl am nächsten ist. (Zu möglichen Reaktionen s. etwa [Loewer 1976], [von Fintel 2001], [Bennett 2003], [Hawthorne 2005], [Kment 2006].)

3.4 Counterparts: Bewohner anderer Welten

Lewis' mögliche Welten sind reale, raumzeitlich isolierte Universen – ein bisschen wie Galaxien, nur ohne Raumzeit dazwischen. Genau wie wir nur diese eine Galaxie bewohnen (die Milchstraße), bewohnen wir Lewis zufolge auch nur diese eine mögliche Welt.

Wie ist es dann zu verstehen, dass Hubert Humphrey 1968 die Wahl hätte gewinnen können? Muss es dazu nicht eine Welt geben, in der Humphrey die Wahl gewinnt, und folglich existiert?

Hier kommt Lewis' *Counterpart-Analyse* von *De re*-Modalität ins Spiel (vgl. [1986f: 199–202], [1993a]). Dass Humphrey die Wahl hätte gewinnen können, heißt nach Lewis, dass es Welten gibt, in denen *jemand, der Humphrey hinreichend ähnelt*, die Wahl gewinnt. Humphrey selbst existiert also nur in unserer Welt; die Humphreys in anderen möglichen Welten sind streng genommen nur Humphrey-Stellvertreter – *Counterparts*; es sind Leute, die Humphrey in relevanter Sicht hinreichend ähneln.

Diese Analyse reflektiert Lewis' Skepsis gegenüber *De re*-Modalität – gegenüber Aussagen, in denen von wesentlichen und nicht-wesentlichen Eigenschaften eines Gegenstands die Rede ist.

Nehmen wir diese Tasse hier. Sicher hätte sie andere Eigenschaften haben können als sie tatsächlich hat. Sie hätte z. B. gestern zerbrechen oder mit Gin gefüllt werden können. Hätte sie auch eine andere Farbe haben können oder eine andere Form, einen zweiten Henkel? Hätte sie aus einer anderen Fabrik stammen können? Hätte sie eine Espressotasse sein können? ein Eimer? ein Rührei?

Derlei Fragen haben intuitiv oft keine klare Antwort. Nicht nur das, es ist nicht einmal klar, was man eigentlich anstellen müsste, um die Antwort zu finden. Welche empirische Entdeckung würde uns zeigen, dass die Tasse wesentlich einhenkelig ist? Welche Entdeckung würde die Annahme widerlegen? Wie kann man vermitteln, wenn Philosophen hierzu unterschiedlicher Meinung sind?

Soviel ist klar: In der Fabrik, in der meine Tasse hergestellt wurde, hätte zur selben Zeit aus demselben Material auch eine Tasse mit zwei Henkeln geformt werden können. Und diese Tasse hätte in etwa derselben Weise ihren Weg auf meinen Tisch finden können, wie meine Tasse in der wirklichen Welt. Ist damit nicht alles gesagt? Welchen philosophischen (oder außer-philosophischen) Punkt hat es, weiter auf der Frage herumzureiten, ob diese kontrafaktische Tasse nun dieselbe ist wie meine tatsächliche – d.h., ob meine Tasse dieses kontrafaktische Schicksal gehabt haben könnte?

Wenn die Eigenschaften der kontrafaktischen und der tatsächlichen Tasse einmal feststehen, dann steht auch fest, inwiefern die eine der anderen ähnelt. Genug, um als ihr Stellvertreter zu dienen? Was liegt daran? Für manche Zwecke vielleicht ja, für andere nein.

Lewis' Verortung materieller Gegenstände in anderen Welten erinnert an die vierdimensionale Auffassung materieller Gegenstände als mereologische Summen zeitlicher Teile (s. Kap. 2). Laut Vierdimensionalismus ist mein gestriger Teil nicht identisch mit meinem heutigen; wenn ich sage, dass ich gestern müde war, so schreibe ich folglich einem gewissen Vorgänger meines aktuellen zeitlichen Teils die Eigenschaft Müdigkeit zu. Unsere Counterparts in anderen Welten entsprechen unseren Vorgängern und Nachfolgern in anderen Zeiten.

Es gibt aber einen Unterschied: Während ich selbst Lewis zufolge die mereologische Summe all meiner Vorgänger und Nachfolger bin, bin ich nicht die mereologische Summe all meiner Counterparts. Ich bin nur der hiesige Teil dieser Summe. Lewis begründet diese Ungleichbehandlung damit, dass die Beziehung zwischen uns und unseren Counterparts viel unordentlicher sei als die Beziehung zwischen unseren zeitlichen Teilen (s. [1971c: 52], [1983e: 41], [1986f: 217–220]). Warum das relevant ist, verstehe ich zwar nicht. Letztlich ist der Unterschied aber ohne tiefe Bedeutung: Es gibt in Lewis' Ontologie sowohl die einzelnen Individuen in den einzelnen Welten als auch ihre mereologischen Summen ([1983e: 39], [1986f: 69f.]); die Frage ist nur, ob wir uns mit »Personen« oder »ich« nun auf die einen oder die anderen beziehen.[14]

---

[14] Ted Sider hat in [Sider 1996] und [Sider 2001a: 188–208] die Counterpart-Analyse auf die Philosophie der Zeit übertragen: Für Sider bin ich mein jetziger zeitlicher Teil; was gestern müde war, ist kein zeitlicher Teil von mir, sondern ein *zeitlicher Counterpart*.

3.4 Counterparts: Bewohner anderer Welten

Welche Eigenschaften qualifizieren ein Ding in einer anderen Welt als Stellvertreter eines hiesigen Dings? Im zeitlichen Fall spielten Kausalbeziehungen eine wichtige Rolle: Mein heutiger Teil ist mit meinem gestrigen kausal verbunden (s. Abschnitt 2.3). Im modalen Fall scheiden Kausalbeziehungen aus, da sie über Welten hinweg nicht möglich sind. Die Beziehung zwischen uns und unseren Counterparts ist deshalb nach Lewis eine reine Ähnlichkeitsbeziehung.

Erneut sind intuitive Ähnlichkeitsurteile aber nicht das richtige Maß (s. [1986f: 254f.]). Wie die Analyse kontrafaktischer Konditionale ist Lewis' Counterpart-Analyse weniger eine Theorie von *De re*-Modalität als ein Rahmen für so eine Theorie, der auf ganz verschiedene Weise gefüllt werden kann. Ist man z. B. mit Kripke der Ansicht, dass Personen ihre Herkunft essentiell haben, dann ist Ähnlichkeit in Bezug auf die Herkunft eben besonders stark zu gewichten.

Die vielleicht größte Gemeinsamkeit der Counterpart-Analyse mit der Theorie zeitlicher Teile liegt in den metaphysischen Problemen, deren man damit Herr wird. Ein paar dieser Anwendungen seien kurz vorgestellt.

1. Zuerst das *Problem der akzidentellen intrinsischen Eigenschaften*. Hubert Humphrey hätte drei Arme haben können. Ohne die Counterpart-Analyse würde das verlangen, dass sich unter den Bewohnern einer anderen Welt jemand findet, der a) Hubert Humphrey ist und b) drei Arme hat. Doch die einzige Person, die Bedingung (a) erfüllt, ist Hubert Humphrey, und Humphrey erfüllt Bedingung (b) nicht.

Das Problem entspricht dem ›Problem der intrinsischen Veränderung‹ aus Abschnitt 2.4. (Wieder hat es Lewis falsch benannt: Es geht um *einstellige*, nicht um intrinsische Eigenschaften.) Dort war die Frage, wie Dinge zu unterschiedlichen Zeiten unvereinbare Eigenschaften haben können; nun geht es darum, wie das in unterschiedlichen Welten möglich ist. Wieder könnte man entgegnen, Dinge hätten ihre Eigenschaften eben generell nur relativ zu möglichen Welten: *In dieser Welt zwei Arme haben* ist nicht unvereinbar mit *in jener Welt drei haben*. Lewis zufolge hieße das, einfache Eigenschaften als Relationen zu Welten zu verstehen. *Zwei Arme haben* ist aber, so Lewis, keine Relation. Wie sähe der Gegenstand aus, der in all diesen Relationen zu verschiedenen Welten steht? Er hätte weder zwei Arme noch drei, wäre weder groß noch klein, weder dick noch dünn; er wäre nur groß-in-Welt-*A* und dünn-in-Welt-*B*. Die einzigen Eigenschaften, die ihm nicht-relational zukämen, wären Eigenschaften, die er in jeder Welt hat. Er wäre »if not quite a bare particular, at least pretty scantily clad« [1986f: 242] (vgl. [1986f: 199–202, 228]).

Counterparts bieten einen Ausweg: Dass Humphrey drei Arme haben könnte, verlangt gar nicht, dass Humphrey selbst in einer anderen Welt drei Arme hat. Es reicht, wenn ein Counterpart von Humphrey diese Aufgabe übernimmt. Humphrey kann also voll und ganz und nicht-relational zwei Arme haben.

Das Problem der akzidentellen intrinsischen Eigenschaften ist ebenso schwer zu fassen wie das Problem der intrinsischen Veränderung. Dazu kommt, dass es sich diesmal eigentlich nur für Lewis stellt. Wenn andere Welten nämlich keine realen Universen, sondern z. B. abstrakte Fiktionen sind, kann Humphrey selbstverständlich *gemäß* einer Welt drei Arme haben, obwohl er in Wirklichkeit (nichtrelational) nur zwei hat.

2. Der meiner Ansicht nach größte Vorteil der Counterpart-Analyse ist die darin eingebaute *Flexibilität*. Die Counterpart-Analyse kann erklären, warum es so schwer ist, die wesentlichen Eigenschaften meiner Tasse genau zu bestimmen, und warum manche Fragen nach wesentlichen Eigenschaften keine Antwort haben: Die relevante Ähnlichkeitsbeziehung ist nicht vollständig bestimmt; unsere Sprachkonventionen, die regeln, auf welche Dinge in welchen Welten wir uns in einem gegebenen Kontext mit »diese Tasse« beziehen, lassen viele Fälle offen (s. [1973b: 41], [1983e: 42], [1986f: 251], und oben, Abschnitt 2.4).

Wenn meine Tasse dagegen strikt identisch in anderen Welten existiert, muss ihr jede ihrer Eigenschaften eindeutig entweder wesentlich oder nicht-wesentlich sein: Entweder die Tasse stammt in allen Welten aus derselben Fabrik oder sie tut es nicht; entweder sie hat in allen Welten weniger als acht Henkel oder nicht; für Grenzfälle ist kein Platz.

Wichtiger noch: Welche Eigenschaften wir als wesentlich erachten, ändert sich je nach Betrachtungskontext. Bei der Lektüre von *Naming and Necessity* [Kripke 1980] erscheint vielen die These, Herkunft und biologische Art seien uns Menschen wesentlich, durchaus plausibel. In anderen Kontexten kann man dagegen ohne Weiteres fragen, was wäre, wenn wir andere Eltern hätten oder einer anderen Art angehörten. Wenn essentielle Eigenschaften ein für alle mal feststehen, machen wir in dem einen oder dem anderen Kontext systematisch und bewusst einen Fehler. Mit Counterparts kann man dagegen sagen, dass die relevanten Ähnlichkeitsstandards eben von Kontext zu Kontext schwanken (s. [1971c: 53f.], [1973b: 41], [1983e: 42f.], [1986f: 251f.], [2003: §2]).

Daraus folgt nicht, wie etwa Meixner [2006: 49] annimmt, dass modale Eigenschaften nicht objektiv sind, oder dass wir uns nie über sie irren könnten. Auch Glatzköpfigkeit ist vage und kontextabhängig, aber deswegen nicht weniger objektiv und real.

Lewis selbst ist, was Schwankungen der Counterpartbeziehung angeht, liberal:

> [A]ny halfway reasonable statement will tend to create a context that (partially) resolves the vagueness of the counterpart relation in such a way as to make the statement true in that context. So almost anything goes. [1983e: 42]

Almost. In [2003: §5] schließt Lewis eine Counterpartbeziehung aus, unter der nur Dinge als Counterparts einer gewissen Katze zählen, in deren Welten es keine Einhörner gibt. Ich bin nicht sicher, ob nicht sogar das möglich ist. Könnte nicht ein existentialistischer Atheist nicht die Ansicht vertreten, es sei uns wesentlich, eine gottlose Welt zu bewohnen? Und wenn das mit Göttern geht, warum dann nicht auch mit Einhörnern? Im nächsten Abschnitt werden wir sehen, dass es sogar Gründe gibt, irreflexive und nicht-qualitative Counterpartbeziehungen in Betracht zu ziehen.

3. Die Variabilität der Counterpart-Beziehung erklärt, wieso unsere Urteile oft davon abhängen, wie der fragliche Gegenstand herausgegriffen, beschrieben oder bezeichnet wird. Dass Wassermoleküle drei Wasserstoffatome haben könnten, erscheint plausibler als dass H_2O-Moleküle drei H-Atome haben könnten: Der Ausdruck »Wassermolekül« legt andere Ähnlichkeitsstandards nahe als der Ausdruck »H_2O-Molekül« (außer vielleicht bei Philosophen, denen »Wasser = H_2O« in Fleisch und Blut übergegangen ist; siehe [1986f: 248f.] für ein weniger vorbelastetes Beispiel).

Damit haben wir eine Antwort auf weitere *Paradoxien der Koinzidenz*. Erinnern wir uns an das Stück Lehm und die daraus geformte Statue aus Abschnitt 2.4. Es wäre schön, wenn wir diese nicht als *zwei* Dinge begreifen müssten – zwei Dinge, die es trotz ihrer materiellen Natur schaffen, zur selben Zeit genau am selben Ort zu sein, die genau gleich viel wiegen (aber zusammen nicht doppelt so viel!), gleich aussehen und gleich verwendet werden, von denen aber trotzdem nur eins eine Statue ist. Sagt man aber, Statue und Lehmstück seien identisch, bekommt man Ärger mit ihren modalen Eigenschaften: Das Stück Lehm hätte auch ganz anders geformt sein können, als Teller vielleicht, die Statue aber nicht; dafür hätte die Statue vielleicht aus Gold bestehen können, nicht aber der Lehm. Mit Hilfe von Counterparts kann das mit der Identität versöhnt werden. Die relevante Ähnlichkeitsbeziehung hängt eben davon ab, wie wir auf das eine Ding Bezug nehmen, ob als »Statue« oder als »Stück Lehm« (s. [1971c], [1983b: 378f.], [1986f: 252f.], [2003], vgl. [Robinson 1982]).

4. Die Counterpart-Beziehung kann – im Gegensatz etwa zur Identität – nicht nur vage und variabel, sondern auch asymmetrisch und intransitiv sein. Das löst u. a. *Chisholms Paradox* ([Chisholm 1967]): Nehmen wir an, Kripke könnte unmöglich ein Rührei sein. Aber sicher könnte er ein wenig *rühreiartiger* sein, ein wenig kleiner und gelber zum Beispiel. Und *wäre* Kripke ein wenig rühreiartiger, dann könnte er doch sicher *noch* ein wenig rühreiartiger sein – es wäre doch seltsam, wenn der Kripke in jener anderen Welt unmöglich auch nur minimal kleiner oder gelber sein könnte. Man sieht schon, dass wir auf diese Weise eine lange Kette bekommen, die uns von Kripke zu einem Rührei führt. Weil die Counterpart-Beziehung intransitiv ist, folgt daraus aber nicht, dass Kripke am Ende doch ein Rührei hätte sein können: Ein Counterpart eines Counterparts von Kripke muss nicht selbst ein Counterpart von Kripke sein (s. 1968: 28f.], [1986f: 243–246]).

Diese Vorteile der Counterpart-Analyse sind nicht an Lewis' Theorie zur Natur möglicher Welten gebunden. Versteht man Welten z. B. als Satzmengen oder Erzählungen, kann man als Counterpart-Analytiker alle Eigennamen aus den Ersatz-Welten streichen und durch qualitative Beschreibungen ersetzen. Dass

Humphrey in einer Welt drei Arme hat, hieße dann, dass gemäß der Geschichte jemand, der unserem Humphrey hinreichend ähnelt, drei Arme hat (vgl. etwa [Hazen 1979], [Stalnaker 1987a], [Heller 1998], [Sider 2002], sowie [Lewis 1986f: 237f., 259f.]).

3.5 Humphrey und der Haecceitismus

Im letzten Abschnitt habe ich Vorteile der Counterpart-Analyse angeführt. Auf der Kostenseite sind vor allem Verstöße gegen die gegenwärtige philosophische Orthodoxie zu verbuchen. So werden mit Counterparts aus *starren Bezeichnern*, die ›in jeder möglichen Welt dasselbe bezeichnen‹, Ausdrücke, die in jeder Welt einen Counterpart ihres tatsächlichen Referenten bezeichnen. (Lewis [1986f: 256] spricht von *quasi-starren* Bezeichnern, im Gegensatz zu *strikt starren* Bezeichnern, deren Referenten in allen Welten numerisch identisch sind.)

Wenn eine Welt mehrere Counterparts eines Dings in unserer Welt enthalten kann, gibt es folglich kontingente Identitätsaussagen mit starren Bezeichnern; aus »Wasser = H$_2$O« folgt nicht mehr »□ Wasser = H$_2$O«, da in manchen Welten womöglich zwei verschiedene Stoffe in der durch »Wasser« bzw. »H$_2$O« nahe gelegten Counterpartbeziehung zu Wasser stehen. Das ist nicht unbedingt von Nachteil – genau das löst uns das Statue-und-Lehm-Problem –, aber es erschwert die Kommunikation mit Philosophen, denen die ›Notwendigkeit der Identität‹ als unantastbar gilt (vgl. [1983e: 45f.], [1986f: 256f., 263] und oben, S. 51).

Andere Einwände gegen Counterparts beruhen auf einem verbreiteten Missverständnis der Analyse. Alvin Plantinga ([1974: 115f.], [1987: 209]) etwa beschwert sich, nach Lewis hätten letztlich alle Dinge all ihre Eigenschaften essentiell: Es gibt keine Welt, in der *wir selbst*, nicht nur irgendwelche Stellvertreter von uns, existieren, aber andere Eigenschaften haben. Die bekannteste Form dieses Arguments ist Kripkes Humphrey-Einwand:

> [According to Lewis], if we say ›Humphrey might have won the election (if only he had done such-and-such)‹, we are not talking about something that might have happened to *Humphrey*, but to someone *else*, a ›counterpart‹. Probably, however, Humphrey could not care less whether someone else, no matter how much resembling him, would have been victorious in another possible world. [Kripke 1980: 44f.]

All das ist, wie gesagt, ein Missverständnis. Lewis behauptet nicht, dass Humphrey selbst die Wahl nicht hätte gewinnen können. Im Gegenteil, »hätte die Wahl gewinnen können« steht für eine Eigenschaft, die jemand genau dann hat, wenn einer seiner Counterparts die Wahl gewinnt. Diese Eigenschaft hat Humphrey. »Humphrey himself, in virtue of his own qualitative character, is such as to have some winners for counterparts« [1983e: 42] (vgl. [1986f: §4.1]).

3.5 Humphrey und der Haecceitismus

Die eigentliche Meinungsverschiedenheit zwischen Lewis und Plantinga bzw. Kripke betrifft nicht die Frage, *ob* Humphrey in anderen Welten die Wahl gewinnt, sondern *wie* er das macht – was es *heißt*, dass er in der-und-der Welt die Wahl gewinnt. Heißt es, dass diese Welt einen gewinnenden Counterpart von Humphrey als Teil hat, oder heißt es, wie Plantinga meint, dass Humphrey gewonnen hätte, wenn dieser Welt (diesem Sachverhalt) die irreduzible Eigenschaft des Bestehens zukäme? Diese Frage hat mit den Intuitionen, auf die sich Kripke und Plantinga berufen, nichts zu tun. Wie Lewis in einem ähnlichen Zusammenhang sagt, »if naive intuition claims to decide such a recondite matter, we ought to tell it to hold its tongue« [1986f: 246] (vgl. [Hazen 1979: 320–324]).

Lewis ist an den verbreiteten Missverständnissen seiner Position selbst schuld, da er »in der-und-der Welt existieren« fast immer im Sinn von »Teil dieser Welt sein« verwendet (z. B. in [1968: 27f.], [1983e: 39f.]). In diesem Sinn existiert Humphrey tatsächlich nur in unserer Welt. In einem anderen, viel gewöhnlicheren Sinn, existiert er durchaus in vielen anderen Welten – so wie er dort Wahlen gewinnt und drei Arme hat: indem er entsprechende Counterparts hat.

Wenn Lewis sagt, Humphrey existiere nicht in anderen Welten, dann meint er also, dass Humphrey kein mereologischer Teil anderer Welten sei. Plantinga und Kripke *teilen* diese Ansicht (s. [McDaniel 2004] für eine echte Gegenposition). Mögliche Welten sind aus ihrer Sicht ja abstrakt und haben keine konkreten Teile. Andere Welten *repräsentieren* lediglich, dass Humphrey existiert. Das tun Lewis' Welten aber auch: Sie repräsentieren, dass Humphrey existiert, indem sie einen Humphrey-Counterpart als Teil haben (vgl. [1986f: 193–196]).

Simon Blackburn [1984: §6.5] und Gideon Rosen [1990: §9] haben versucht, den Humphrey-Einwand durch Umdeutung zu retten. Die Counterpart-Analyse, so nun der Vorwurf, mache aus unserer emotionalen Verbundenheit mit kontrafaktischen Tatsachen ein Rätsel: Warum sollten wir uns darum sorgen, was anderen Leuten in anderen Universen widerfährt? Mir scheint, auch hier steht Lewis nicht schlechter da als seine Gegner. Warum sollten wir uns um die Elemente maximal konsistenter Satzmengen sorgen, oder um die kontrafaktischen Eigenschaften abstrakter Sachverhalte? Vielleicht steht Lewis hier sogar besser da: *Ein* Grund, warum uns interessiert, was hätte geschehen können, ist z. B., dass wir künftig in ähnlichen Situationen Fehler vermeiden wollen. Um in einer bestimmten Situation Fehler zu vermeiden, ist aber sicher gut zu wissen, was ähnlichen Leuten in ähnlichen Situationen widerfährt (vgl. [Bennett 1988: 62]).

Da die Counterpartbeziehung eine Ähnlichkeitsbeziehung ist, hängt, was eine Welt über ein Individuum repräsentiert, allein von der dortigen Verteilung qualitativer Eigenschaften ab. Das bedeutet nicht, dass wir, wenn wir von anderen Möglichkeiten reden, diese erst rein qualitativ bestimmen, um anschließend die uns bekannten Dinge darin zu verorten. Wie Kripke in [1980] betont, charakterisieren wie alternative Möglichkeiten in der Regel direkt z. B. als Möglichkeiten, in denen *Hubert Humphrey* die Wahl gewann. Lewis [1986f: 222, 226f.] ist völlig einverstanden: Eine rein qualitative Bestimmung wäre nicht nur viel zu umständlich, oft fehlt uns auch das nötige Wissen über die tatsächlichen Eigenschaften eines Objekts, um es in einer qualitativ gegebenen Welt zu verorten.

Die Counterpart-Analyse impliziert allerdings, dass Welten, die in der Verteilung qualitativer Eigenschaften exakt übereinstimmen, stets auch darin übereinstimmen, was sie über einzelne Individuen repräsentieren. (Hierzu bleibt Kripke [1980: 18], ebenso wie Plantinga [1974: 100f.], neutral.) Nach dem *Haecceitismus* gibt es dagegen Welten, die beispielsweise der unseren qualitativ genau gleichen, in denen aber trotzdem Humphrey die Wahl gewann – weil Humphrey nämlich genau so hätte sein können wie Nixon tatsächlich war, und Nixon genau wie Humphrey. *Genau*: Die Idee ist nicht, dass jemand mit der Herkunft, der DNA oder dem Charakter von Humphrey ein Leben wie Nixon hätte führen können; Humphrey hätte vielmehr in absolut *jeder* (qualitativen) Hinsicht exakt wie Nixon sein können.

Stimmt das? Hätte Humphrey genau wie Nixon sein können? Ich weiß nicht. Eine vielleicht bessere Stützung haecceitistischer Intuitionen mag folgende Überlegung bieten. Stellen wir uns eine Welt mit unendlich vielen Drachen vor: Drache 1, Drache 2, usw., angeordnet in einer langen Reihe. Die Drachen gleichen einander wie ein Ei dem anderen. Wäre es (in dieser Welt) möglich, dass Drache 1, am Anfang der Reihe, nicht existiert und alle anderen einen Platz weiter vorne stehen? Die resultierende Welt wäre dann eine perfekte Kopie der ursprünglichen Welt. Wenn der Haecceitismus falsch ist, gibt es keinen Unterschied zwischen den beiden. Das heißt, es wäre absolut unmöglich, dass Drache 1 fehlt und alle anderen etwas weiter vorne stehen.

Haecceitismus und Counterpart-Analyse sind unvereinbar, solange die Counterpartbeziehung eine Beziehung qualitativer Ähnlichkeit ist (vgl. [1986f: §4.4], [2008: 7–9]).[15] Um haecceitistischen Intuitionen trotzdem Rechnung zu tragen, erlaubt Lewis innerweltliche Counterparts. Wenn etwa (der tatsächliche) Nixon in einem bestimmten Kontext als Counterpart von Humphrey zählt, und Humphrey als Counterpart von Nixon, dann hätte Humphrey tatsächlich genau so sein können wie Nixon: Es gibt eine Welt (nämlich unsere), in der ein Humphrey-Counterpart (nämlich Nixon) genau so ist wie unser Nixon (s. [1983b: §6f.], [1986f: 230–235]).

Das reicht aber nicht aus, wenn wir wollen, dass Humphrey genau wie Nixon hätte sein können *und nicht genau wie Humphrey*. Dazu dürfte Humphrey kein Counterpart seiner selbst sein. (Irreflexive Counterpartbeziehungen braucht Lewis auch für doxastische Counterparts, s. Abschnitt 9.3.) Ohne Refle-

---

[15] *Qualitativer* Ähnlichkeit, nicht *intrinsischer*: Nach Lewis können je nach Kontext Dinge Counterparts von einander sein, weil sie dieselbe Herkunft haben ([1983e: 43], [1986f: 244f., 252]), dieselbe theoretische Rolle spielen ([2003: §5]) oder in derselben epistemischen Beziehung zu einem Subjekt stehen ([1983b: §2]).

xivität wäre die Counterpartbeziehung keine eigentliche Ähnlichkeitsbeziehung mehr – denn egal welche Aspekte man betont, Humphrey wird Nixon nie ähnlicher sein als sich selbst. Wenn man einmal fast beliebige Relationen als potentielle Counterpartbeziehungen akzeptiert, könnte man natürlich auch nicht-qualitative Beziehungen verwenden, wie in Stalnakers Variante der Counterpart-Analyse ([Stalnaker 1987a]). Damit lassen sich Counterparts sogar mit dem Haecceitismus versöhnen.[16]

Für Lewis kommt das aber nicht in Frage: Alle Wahrheiten, einschließlich der modalen Wahrheiten, müssen darauf beruhen, was für Dinge es gibt (hier und in anderen Welten) und welche *qualitativen* Eigenschaften sie haben.

3.6 Einwände gegen den modalen Realismus

In *Counterfactuals* [1973b: 86] beschwert sich Lewis, seinem modalen Realismus werde meist nur ungläubiges Starren entgegen gebracht, keine Argumente. Das hat sich geändert. Inzwischen gibt es eine lange Liste von Argumenten, die zeigen sollen, dass der modale Realismus nicht nur unplausibel, sondern inkonsistent und unverständlich ist, keinen theoretischen Nutzen bringt, das Wesen von Modalität verkennt, sowie Skeptizismus, Nihilismus und allgemeinem moralischen Verfall den Boden bereitet. Ein paar dieser Einwände habe ich schon erwähnt, etwa den Humphrey-Einwand und die scheinbare Paradoxie einer Welt, die Kopien aller Welten als Teil hat. In diesem Abschnitt möchte ich einige weitere diskutieren.

Der größte Nachteil des modalen Realismus kommt im ungläubigen Starren von Lewis' Kollegen aber vielleicht besser zum Ausdruck als in ihren Argumenten: Dass all diese konkreten Universen real existieren, ist einfach schwer zu glauben. Der modale Realismus widerspricht radikal unseren alltäglichen Ansichten darüber, was es gibt und was es nicht gibt. Wir glauben eben nicht, dass es sprechende Esel, goldene Berge und Planeten aus Schokolade gibt, erst recht nicht so viele davon, dass sie in keine Menge passen. Selbst wenn diese Ansichten argumentativ kaum gestützt werden können, ist der Widerspruch mit dem *Common Sense* für Lewis ein ernstes Problem. Lewis stimmt zu: »I take this to be a fair and serious objection, but outweighed by the systematic benefits that acceptance of modal realism brings« [1986f: vii] (vgl. [1986f: §2.8]).

Milderung sucht Lewis einmal mehr in der Beschränktheit unserer Quantoren: Wenn wir darüber reden, was es gibt und was nicht, beschränken wir uns fast

---

16 Wenn man sich daran stößt, dass bei Lewis die ›Notwendigkeit der Identität‹ nicht gilt, könnte man nun auch festlegen, dass ein Ding stets nur einen Counterpart pro Welt hat. Mit qualitativen Counterpartbeziehungen ist das schlecht möglich, da immer Fälle denkbar sind, in denen mehrere Dinge – etwa in einer völlig symmetrischen Welt – einem Ding in einer anderen Welt in jeder Hinsicht genau gleich stark ähneln.

immer auf Dinge in unserer Welt, meist sogar auf Dinge in der Gegenwart, in unserem Sonnensystem oder unserem Kühlschrank. Deshalb haben wir in normalen Kontexten völlig recht, wenn wir sagen, dass es keine sprechenden Esel gibt: In unserer Welt gibt es wirklich keine ([1986f: 3]).

Nun zu den Argumenten.

1. Lewis' modaler Realismus verspricht eine Analyse modaler Aussagen in vollständig nicht-modalem Vokabular: Etwas ist möglich, wenn es einen raumzeitlich maximalen Gegenstand gibt, in dem es der Fall ist. Dennoch liest man hin und wieder, Lewis habe *keine reduktive Analyse von Modalität*, weil er auf die Frage, was für Welten es gibt, nur sagen kann: »alle möglichen«. Das Rekombinationsprinzip sichert zwar einige Welten, lässt aber immer noch Fragen offen. Es sagt uns z. B. nicht, ob es Welten mit fremdartigen fundamentalen Eigenschaften gibt (vgl. [Lycan 1991a], [Lycan 1991b: 224f.], [Divers und Melia 2002: §3]).

Für eine reduktive Analyse modaler Wahrheiten ist das aber nicht nötig. Dafür reicht es, wenn man die Wahrheit jedes modalen Satzes mechanisch entscheiden *könnte*, *wenn* man alle Wahrheiten über alternative Universen zur Verfügung hätte. Ein Entscheidungsverfahren für Wahrheiten der zweiten Art ist nicht erforderlich. Ein analytischer Behaviorist, der Aussagen über mentale Eigenschaften auf Aussagen über Verhaltensdispositionen reduziert, braucht schließlich auch kein Entscheidungsverfahren für alle Fragen über Verhaltensdispositionen, ein Platonist in der Philosophie der Mathematik kein Entscheidungsverfahren für die Arithmetik.

Modalität wäre vorausgesetzt, wenn Lewis die *möglichen* Welten von anderen, *unmöglichen* Welten abgrenzen müsste, d. h. wenn es raumzeitlich maximale Universen gäbe, in denen sich Unmögliches abspielt. Hier kommt Lewis sein schwacher Möglichkeitsbegriff zu Hilfe. Alles, was kohärent beschreib- oder vorstellbar ist, ist im weitesten Sinn möglich. Absolut unmöglich sind daher nur Welten, die z. B. sowohl Drachen als auch keine Drachen enthalten. Wenn Welten konkrete Universen sind, ist klar, dass es solche Welten nicht gibt: Ein Universum kann nicht sowohl Drachen enthalten als auch keine Drachen enthalten (vgl. [1983e: 21f.]).

2. Daran schließt sich ein anderer Einwand an. Verlangen Lewis' theoretische Aufgaben für mögliche Welten nicht auch die Existenz derart *unmöglicher Welten* (vgl. [Lycan 1991b: 224f.], [Forrest 1992], [Nolan 1997])? Dann wären konkrete Universen weniger geeignet als z. B. Satzmengen; eine Satzmenge kann ohne Weiteres sowohl »es gibt Drachen« als auch »es gibt keine Drachen« enthalten.

Wozu unmögliche Welten? Vielleicht für die Modellierung epistemischer Möglichkeit, insofern diese über metaphysische Möglichkeit hinausgeht. Manche glauben, Wasser sei nicht H_2O, oder Fermats letztes Theorem sei falsch. Was ist der Inhalt dieser Überzeugungen, was für Situationen können hier nicht ausgeschlossen werden? Es sind, so scheint es, *unmögliche* Situationen, in denen Wasser XYZ ist und Fermats Theorem falsch.

Wie schon erwähnt hat Lewis eine andere Erklärung für unsere Unkenntnis von A posteriori-Notwendigkeiten: Der epistemischen Möglichkeit, dass Wasser nicht H_2O ist, entsprechen ganz gewöhnliche Welten, in denen der Stoff in unseren Bächen und Seen nicht H_2O ist. Auch für logisches und mathematisches Nicht-Wissen sind unmögliche Welten nicht unbedingt die beste Wahl (mehr dazu in Kap. 9).

Die Lage ist hier aber sicher nicht eindeutig, und für manche Anwendungen scheinen unmögliche Welten tatsächlich von Nutzen. Denken wir etwa an wissenschaftliche Theorien: Wenn unsere besten Theorien, wie die Relativitätstheorie und die Quantenphysik, einander widersprechen, können wir sie nicht guten Gewissens als wahr akzeptieren. Wir sollten stattdessen annehmen, dass sie die Welt *annähernd* richtig beschreiben; d.h., dass die tatsächliche Welt der von ihnen beschriebenen (unmöglichen) Welten in gewisser Hinsicht ähnelt. Ohne unmögliche Welten ist die Antwort hier zumindest weniger einfach.

3. Viele stoßen sich an der *epistemischen Unzugänglichkeit* von Lewis' Welten. Parallel-Universen kann man weder sehen noch hören, noch hinterlassen sie irgendwelche Spuren, aus denen man auf sie schließen könnte. Woher wissen wir dann, dass es sie gibt? Und woher wissen wir, dass in manchen von ihnen sprechende Esel leben? Selbst wenn es isolierte Universen außerhalb unserer Raumzeit gibt – was ja sein mag –, wir scheinen prinzipiell nichts über sie erfahren zu können.

Dieser Einwand setzt voraus, dass Wissen eine Kausalverbindung zu den betroffenen Gegenständen erfordert. Das kann aber, entgegnet Lewis, nicht stimmen, sonst hätten wir auch kein mathematisches Wissen: »Causal accounts of knowledge are all very well in their place, but if they are put forward as *general* theories, then mathematics refutes them« [1986f: 109].

Das wäre eine gute Entgegnung, wenn der mathematische Platonismus allgemein akzeptiert wäre. Philosophen, die sich um die Unzugänglichkeit von Lewis' Welten sorgen, lehnen aber wahrscheinlich auch den Platonismus ab. Bestenfalls kann Lewis also darauf verweisen, dass er mit der Annahme nicht-kausalen Wissens wenigstens nicht allein ist.

Die Frage nach den Quellen unseres modalen Wissens betrifft natürlich nicht nur Lewis. Jeder, der modale Wahrheiten nicht rundheraus ablehnt, muss erklären, wie wir diese erkennen. Der modale Realismus scheint das Problem nur zu verschärfen, indem er eine Antwort nahe legt, die er dann nicht einlöst: dass Wissen über andere Welten ungefähr so funktioniert wie Wissen über andere Galaxien.

Ich habe in Abschnitt 3.2 schon angedeutet, dass man sich Lewis' mögliche Welten in dieser Hinsicht besser nicht nach dem Modell anderer Galaxien vorstellt. (Mehr dazu in Abschnitt 11.7.) Mögliche Welten sind kein Teil der Wirklichkeit, sie könnten nicht anders sein als sie sind. Könnten die Welten *so* oder *so* sein, dann bräuchten wir Zugang zu ihnen, um herauszufinden, wie sie denn nun sind; wir müssten erklären, wie die Korrelation zwischen unseren modalen Ansichten und der modalen Wirklichkeit zustande kommt. Es gibt aber von vorn herein nur eine Weise, wie der logische Raum sein könnte. Wo keine alternativen Möglichkeiten sind, stellt sich auch nicht die Frage, woher wir wissen, dass sie nicht bestehen (vgl. [1986f: 111f.]).

Hier liegt die eigentliche Parallele zur Mathematik: In beiden Fällen könnten die gewussten Tatsachen nicht anders sein. Logische und analytische Wahrheiten gehören ebenfalls in diese Gruppe. Auch hier gibt es keine offenen Möglichkeiten und damit keine eigentliche *Information* (s. o., S. 42). Dass 34 die Wurzel aus 1156 ist; dass es niemanden gibt, der genau die rasiert, die sich nicht selbst rasieren – das sagt uns nichts über die Welt. Deshalb brauchen wir auch nicht in die Welt (oder sonstwohin) zu sehen, um es zu erkennen.

Worin genau unser Erkenntnisfortschritt in so einem Fall besteht, ist eine schwierige Frage. Stalnaker hat vorgeschlagen, wir lernten hier in erster Linie etwas über *Sätze*, etwa über die Widersprüchlichkeit von »es gibt jemanden, der genau die rasiert, die sich nicht selbst rasieren«. Diese Tatsache ist kontingent, denn der Satz hätte etwas anderes bedeuten und konsistent sein können. Wenn wir uns fragen, ob Katzen notwendig Tiere sind, fragen wir uns entsprechend vielleicht nur, wie die Ausdrücke »Katze« und »Tier« genau zu verwenden sind (vgl. [Stalnaker 1991], [Stalnaker 1996], [Lewis 1986f: 36] und unten, Abschnitt 9.4).

Ich glaube aber nicht, dass Stalnakers Vorschlag generell funktioniert. Um kontingente Information zu erwerben, muss man immer in die Welt sehen. Der Witz an logischen, mathematischen und modalen Wahrheiten ist aber gerade, dass wir sie oft *ohne* neuen Kontakt mit der Welt erkennen. In so einem Fall lernen wir eigentlich gar nichts; wir erwerben keine neue Information. Wir organisieren nur um, was wir ohnehin schon wussten, machen uns Konsequenzen unseres Wissens bewusst.

Lewis sagt, unser modales Wissen beruhe auf der Anwendung allgemeiner Regeln wie des Rekombinationsprinzips ([1986f: 113f.], s.o., Abschnitt 3.2). Introspektiv ist das nicht abwegig: Wenn man mich fragt, ob es Katzen geben könnte, die keine Tiere sind oder Flächen, die gleichzeitig ganz grün und ganz rot sind, versuche ich, mir diverse Anordnungen vertrauter Dinge und Eigenschaften vorzustellen und überlege, ob sich einige dieser Möglichkeiten so beschreiben lassen. Dabei erwerbe ich keine neue Information. Die Regeln, die ich verwende, sind wie logische oder mathematische Regeln keine Fernrohre, mit denen wir Zugang zu neuen Tatsachen erhalten, sondern Anweisungen zur Explikation von vorher schon Bekanntem.

Wie auch immer eine befriedigende Erkenntnistheorie der Modalität am Ende aussieht – es bleibt der Verdacht, dass Lewis' raumzeitliche Universen darin keine Rolle spielen, aber doch spielen sollten: Sollten die Universen nicht irgendwie in die Genese und Rechtfertigung modaler Urteile verwickelt sein, wenn diese

3.6 Einwände gegen den modalen Realismus

Urteile doch von ihnen handeln? Es ist schwer, Lewis aus diesem vagen Verdacht einen Strick zu drehen. Modale Urteile handeln eben nicht im selben Sinn von anderen Universen wie gewöhnliche Urteile über Esel von Eseln handeln – in dem Sinn, dass ihre Wahrheit davon abhängt, wie es um die fraglichen Gegenstände steht (vgl. [1988e]). Da modale Urteile nicht-kontingent sind, hängt ihre Wahrheit (in diesem Sinn) *von gar nichts* ab.

4. Man liest gelegentlich, Lewis' Parallel-Universen müssten Teil der Wirklichkeit sein, weil »Wirklichkeit«, »Welt« und »Realität« synonyme Ausdrücke für die Gesamtheit aller Dinge sind: Alles, was existiert, ist trivialerweise Teil der Wirklichkeit. Die Behauptung, es gäbe Dinge außerhalb unserer Welt – Dinge, die es nicht *wirklich* gibt – ist folglich inkonsistent (vgl. [Plantinga 1976: 256f.], [Lycan 1979: 290]).

Das ist aber eine bloß terminologische Schwierigkeit. Sicher ist Lewis' Unterscheidung zwischen ›wirklicher Welt‹ und ›Realität‹ ein wenig ungewohnt. Wenn man aber klärt, dass Lewis mit »die (wirkliche) Welt« einen kleinen Teil aller Dinge bezeichnet – einen von unzähligen raumzeitlich maximalen Gegenständen –, lösen sich die Widersprüche auf. Die Behauptung, dass es neben unserem Universum weitere raumzeitlich maximale Gegenstände gibt, ist durchaus konsistent.

Formuliert man den modalen Realismus auf diese neutrale Weise, rückt ein anderer Verdacht in den Vordergrund: dass die raumzeitlich maximalen Gegenstände *mit Modalität nichts zu tun* haben. Wenn wir fragen, wie *unsere* Welt *hätte sein können*, dann fragen wir nicht, wie irgendwelche von uns isolierten Dinge *sind* (s. [van Inwagen 1985: 119], [van Inwagen 1986: 226], [Plantinga 1987]).

Das ist zunächst nicht mehr als die These, modale Aussagen seien nicht reduktiv analysierbar. Lewis deshalb trocken: »I have often explained what these things have to do with modality, for instance by saying that the modal operators are quantifiers over them« [1986f: 98].

5. Der Einwand geht aber tiefer. Nehmen wir den Satz »es gibt genau 183 raumzeitlich maximale Gegenstände«. Der Satz ist weder analytisch falsch noch ein plausibler Kandidat für eine A posteriori-Unmöglichkeit. D.h. die Dinge *könnten* so stehen, wie der Satz es sagt. Sie könnten aber auch anders stehen. Es könnte auch nur einen oder zwei raumzeitliche maximale Gegenstände geben, oder ebenso viele wie Mengen. Letzteres scheint Lewis zu behaupten. Damit ist aber passiert, was Lewis um jeden Preis vermeiden muss: Der logische Raum ist kontingent geworden.

Lewis muss das nicht nur vermeiden, weil sonst die epistemischen Bedenken wieder zuschlagen, sondern vor allem, weil er Kontingenz ja über Welten analysieren will. Dass die Dinge so-und-so stehen könnten, soll *heißen*, dass sie in irgendeiner Welt so-und-so stehen. Die Gesamtheit der Welten existiert aber nicht in einzelnen Welten, und kann folglich nicht anders sein als sie ist: »There is but one totality of worlds; it is not a world; it could not have been different« [1986f:

80] (vgl. [1986f: 100f. Fn. 1]). Unbeschränkte Aussagen über mögliche Welten sind unbeschränkte modale Aussagen und entziehen sich als solche dem Einfluss von Modaloperatoren. Wenn es eine Welt mit Schokoladenplaneten *geben könnte*, dann *gibt* es so eine Welt.

Diese Nicht-Kontingenz des logischen Raums kollidiert aber mit ihrer Charakterisierung als Parallel-Universen. Wieviele raumzeitlich maximale Dinge es gibt, ist eine Frage, auf die die Antwort nicht trivialerweise »eins« oder »unendlich viele« lautet, je nachdem, ob wir nur über wirkliche Dinge oder auch über bloß mögliche quantifizieren.

Eine besonders anschauliche Form dieses Problems ist die Möglichkeit von *Insel-Universen*. Laut Relativitätstheorie könnte unser Universum aus zwei Teilen bestehen, die nur für kurze Zeit durch ein ›Wurmloch‹ verknüpft sind. Angenommen, dem ist so. Ob dieses Wurmloch auftaucht, scheint nun eine kontingente Angelegenheit zu sein. Wäre die Welt ein wenig anders, hätte sie z.B. früher geendet, so gäbe es kein Wurmloch; die Welt bestünde aus zwei raumzeitlich isolierten Teilen. Lewis zufolge ist genau das aber absolut und a priori ausgeschlossen (vgl. [1986f: 71f.], [1992a: 213f.]).[17]

Lewis [1986f: 72] bietet ein paar Ersatz-Möglichkeiten an. Sein Ansatz erlaubt z.B. Welten, in denen mehrere vierdimensionale Universen nur entlang einer zusätzlichen, fünften Raumzeit-Dimensionen verbunden sind, was man leicht mit einer Welt mit Raumzeit-Inseln verwechseln könnte. Für den Fall, dass derartige Vorschläge nicht ausreichen, lockert Lewis das Kriterium der raumzeitlichen Verbundenheit. Er schlägt zwei Alternativen vor ([1986f: 74–48]). Nach der ersten sind Welten Summen von Dingen, die in einer zu raumzeitlichem Abstand *analogen* Beziehung zu einander stehen. (Was das heißt, buchstabiert er noch ein wenig aus.) Nach der zweiten stehen die Bewohner einer Welt zu einander in beliebigen *perfekt natürlichen, externen Relationen*. In Kapitel 5 werde ich erklären, was perfekt natürliche, externe Relationen sind. Raumzeitlicher Abstand wird das einzig klare Beispiel dafür bleiben.

Die generelle Schwierigkeit ist auf diese Weise aber nicht zu beheben: Solange die Gesamtheit der Welten in nicht-modalem Vokabular beschrieben werden kann, ob als raumzeitlich maximale Universen oder als maximal perfekt-natürlich-extern verbundene Gegenstände, oder sonst irgendwie – man möchte immer sagen, dass diese Gegenstände gerade so, aber eben auch anders sein könnten.

---

[17] Das Problem der Inseluniversen geht zurück auf [Richards 1975: 107f.]; die hier vorgestellte Version stammt von [Bigelow und Pargetter 1987]. Eine ganz andere Version findet sich in [Bricker 2001: 35–39]: Nach dem Rekombinationsprinzip gibt es eine Welt *w*, die ein Duplikat der mereologischen Summe aus David Hume und David Lewis enthält und sonst *nichts* – auch keine Raumzeit zwischen dem Hume-Duplikat und dem Lewis-Duplikat; folglich enthält *w* zwei raumzeitlich isolierte Teile. Dieses Argument setzt jedoch voraus, dass raumzeitliche Relationen notwendig substantielle Raumzeit erfordern.

3.7 Alternativen zum modalen Realismus

Wäre der modale Realismus die einzig kohärente Interpretation der Rede von Möglichkeiten bzw. möglichen Welten, würden viele lieber ganz darauf verzichten: So alltäglich diese Rede auch ist, so hilfreich sie in der Philosophie auch sein mag, den Preis der Parallel-Universen ist sie nicht wert. Zum Glück gibt es eine ganze Reihe von Alternativen. Mögliche Welten und modaler Realismus sind zwei paar Stiefel.

Die Alternativen haben ebenfalls ihren Preis. In der Regel leisten sie nicht alles, was der modale Realismus leistet. Manche liefern nur einen Ersatz für Lewis' Welten in der Interpretation der Modaloperatoren; andere akzeptieren umgekehrt diese Operatoren als primitiv und versuchen, mit ihrer Hilfe Quantifikation über Welten loszuwerden.

Ganz grob kann man zwei Ansätze unterscheiden: Im *modalen Ersatzismus* werden Lewis' Welten durch harmlosere Entitäten wie Satzmengen oder Sachverhalte ersetzt; im *Fiktionalismus* kommen dagegen bei der Interpretation von Sätzen über mögliche Welten gar keine speziellen Entitäten ins Spiel.

Fangen wir mit dem *Ersatzismus* an. Mögliche Welten sind demnach abstrakte Satzmengen oder Sachverhalte oder dergleichen, die nicht aus konkreten Drachen, Bergen und Eseln bestehen. Was heißt es dann, dass in einer solchen Welt sprechende Esel leben? Je nach Antwort unterscheidet Lewis in *On the Plurality of Worlds* [1986f] drei Spielarten des Ersatzismus: sprachlichen Ersatzismus, bildhaften Ersatzismus und magischen Ersatzismus.

Nach dem *sprachlichen Ersatzismus*, zu dem Jeffreys Vorschlag mit den Satzmengen gehört, ist in einer Welt genau das der Fall, was die Sätze beschreiben, aus denen die Welt besteht. Nach dem *bildhafte Ersatzismus*, den meines Wissens nur Philip Bricker [2001] vertritt, sind die anderen Welten so etwas wie Bilder oder Modelle; dass in einer Welt Esel sprechen können, heißt demnach, dass die Welt ein Modell eines sprechenden Esels enthält. Eine echte Alternative zu Lewis' Realismus ist das nicht, weil die Modelle absolut detailgetreu sein müssen; und was unterscheidet ein 1:1-Modell eines Universums mit sprechenden Eseln von einem echten Universum mit sprechenden Eseln (vgl. [1986f: §3.3])? Nach dem *magischen Ersatzismus* schließlich sind Welten abstrakte Entitäten, die auf eine nicht weiter erklärbare Weise repräsentieren, was in ihnen der Fall ist.

Ein klassisches Beispiel für magischen Ersatzismus ist Plantingas [1976, 1974] Konzeption von Welten als maximale mögliche Sachverhalte.[18] Sachverhalte sind nach Plantinga abstrakte Entitäten, über deren Struktur sich nicht viel

---

[18] [Stalnaker 1976] und [Rescher 1973] dürften ebenfalls in diese Kategorie fallen. Oft lassen Ersatzisten im Dunkeln, woran es genau liegt, dass dies oder jenes in einer Welt der Fall ist. Eine offene Verteidigung des magischen Ersatzismus ist [van Inwagen 1986]; siehe [1991: §2.2] und [2002a: §5] für Lewis' Antwort.

sagen lässt – jedenfalls handelt es sich nicht um reale Universen oder sonstige Konstruktionen aus gewöhnlichen Dingen. Manche dieser abstrakten Entitäten haben die Eigenschaft, zu *bestehen*. Das ist eine grundlegende Eigenschaft, die ebenfalls nicht weiter analysiert werden kann. Andere Sachverhalte bestehen zwar nicht, aber könnten bestehen; das sind die *möglichen* Sachverhalte. *Maximal* ist ein Sachverhalt, wenn sein Bestehen für jeden anderen Sachverhalt entweder dessen Bestehen oder Nicht-Bestehen impliziert. *Mögliche Welten* schließlich sind maximale mögliche Sachverhalte. Dass *in* einer möglichen Welt Esel sprechen können, heißt, dass Esel sprechen *könnten*, *wenn* der Sachverhalt die Eigenschaft des Bestehens hätte. Dieser Zusammenhang zwischen einer primitiven Eigenschaft abstrakter Entitäten und der Existenz sprechender Esel muss als unerklärbar akzeptiert werden. Mit der Struktur oder Zusammensetzung der abstrakten Entität hat er jedenfalls nichts zu tun: Die Entität enthält weder einen sprechenden Esel noch ein Bild oder Modell eines Esels, noch einen Satz oder ein Zeichen, das irgendwie sprechende Esel repräsentiert.

Lewis gefallen diese unerklärlichen Eigenschaften und Zusammenhänge nicht: Warum kann die abstrakte Entität nicht diese primitive Eigenschaft haben, obwohl es keine sprechenden Esel gibt? Woher diese notwendige Beziehung zwischen distinkten Entitäten? Auch eine Reduktion modaler Wahrheiten ist bei Plantinga offensichtlich nicht möglich. Sowohl in der Charakterisierung möglicher Welten als auch davon, was ›in‹ einer Welt geschieht, setzt Plantinga ganz offen Modalität voraus (vgl. [1986f: §3.4], [1991: §2.2]).

Dazu kommt, dass wir in der Philosophie oft nicht nur über mögliche Welten, sondern auch über deren Bewohner reden wollen. Da Plantinga nicht an Sherlock Holmes und sprechende Esel glaubt, bietet er abermals irreduzible Ersatz-Entitäten an: *Wesenheiten* (vgl. [Plantinga 1976: 262–272]). Dabei handelt es sich um nicht-qualitative (haecceitistische) Eigenschaften. Die Sherlock-Holmes-Wesenheit ist z.B. eine Eigenschaft, die notwendig genau dann von einem Gegenstand x instanziiert wird, wenn x Sherlock Holmes ist. Wo Lewis' Ontologie also neben gewöhnlichen, materiellen Dingen unzählige bloß mögliche Dinge enthält, finden wir bei Plantinga unzählige Wesenheiten bloß möglicher Dinge. Man kann sich fragen, ob damit viel gewonnen ist (vgl. [McMichael 1983], [Lewis 2004c: 8–11] und oben, S. 26).

Eine weniger mysteriöse Interpretation verspricht der *sprachliche Ersatzismus*. In einigen frühen Arbeiten beschwert sich Lewis, Welten könnten keine Satzmengen sein, weil die wirkliche Welt nun mal keine ist ([1973b: 16, 90], [1983e: 21]). Ersatzisten bestreiten aber ja gerade, dass andere Welten Dinge derselben Art sind wie die wirkliche Welt. (Später zieht Lewis diesen Einwand auch zurück, s. [1992a: 211] und S. 148 im bibliographischen Anhang zum Nachdruck (1986) von *Counterfactuals*.)

Besser ist Lewis' Einwand, gewöhnliche Sprachen hätten viel zu wenig Sätze, um für jede Weise, wie eine Welt sein könnte, eine mögliche Welt zu konstru-

3.7 Alternativen zum modalen Realismus

ieren. Wenn Sätze endliche Zeichenketten aus einem endlichen Alphabet sind, gibt es höchstens $\beth_1$ viele Satzmengen, so viele wie reelle Zahlen. Wie oben (in Abschnitt 3.2) erklärt, gibt es aber viel mehr Weisen, wie eine Welt sein könnte – mindestens $\beth_2$, wenn nicht gar so viele wie Mengen (vgl. [1973b: 90], [1986f: 143]).

Eine elegante Antwort hierauf bietet der *lagadonische Ersatzismus* oder *Kombinatorialismus*. Zur Konstruktion der Ersatz-Welten wird hier eine neue, unendliche Sprache eingeführt: Lagadonisch. Das lagadonische Grundvokabular umfasst alle (tatsächlich existierenden) Dinge und Eigenschaften. Diese dienen als Namen für sich selbst. Sätze sind mengentheoretische Konstruktionen aus diesen Namen. Dem Satz »Kripke ist Philosoph« könnte etwa das geordnete Paar aus Kripke und der Eigenschaft *Philosoph* entsprechen. Eine mögliche Welt wäre dann eine maximal konsistente Menge solcher Sätze (vgl. [Quine 1969b], [Skyrms 1981], [Armstrong 1986], [Lewis 1986f: 145f.], [Black 2000], [Sider 2002]).

Erinnern wir uns an die in Abschnitt 3.2 (S. 47) vorgestellten *Verteilungsmuster* fundamentaler Eigenschaften: abstrakte mathematische Strukturen, die repräsentieren, wie fundamentale Eigenschaften und Relationen in einer Welt verteilt sein können. Nach dem Rekombinationsprinzip entspricht jedem dieser Muster eine mögliche Welt. Umgekehrt entspricht jeder Welt ein Verteilungsmuster fundamentaler Eigenschaften. Warum dann nicht einfach die Welten mit den Verteilungsmustern identifizieren?

Wie Lewis bemerkt, setzt dieser Ansatz voraus, dass uns Ressourcen zur vollständigen Beschreibung aller Möglichkeiten zur Verfügung stehen, was nicht selbstverständlich ist. Es ist z.B. nicht ausgeschlossen, dass es in anderen Welten fundamentale Eigenschaften gibt, die bei uns nirgendwo vorkommen. Auch diese Eigenschaften können beliebig verteilt sein. D.h. es gibt eine Welt, in der ein einsames Teilchen eine fremdartige Eigenschaft A hat, und eine andere, in der ein einsames Teilchen eine andere Eigenschaft B hat. Diese Welten lassen sich auf Deutsch oder Lagadonisch nicht unterscheiden – jedenfalls nicht, sofern die Eigenschaften A und B nicht in unserer Welt existieren (vgl. [1986f: 158–165], [2008: 9f.], [Hazen 1996]).

Als Ersatzist könnte man erwidern, dass es neben den in unserer Welt instanziierten Eigenschaften auch *nicht-instanziierte* Eigenschaften gibt, die in der Konstruktion möglicher Welten eine Rolle spielen. Alternativ könnte man den angeblichen Unterschied bestreiten und sagen, alle Dinge in allen Welten seien durch das uns verfügbare ›Vokabular‹ individuiert: Wenn sich das A-Teilchen in der einen Welt genauso verhält wie das B-Teilchen in der anderen, dann ist A dieselbe Eigenschaft wie B (s. [Heller 1998]); die Identität einer Eigenschaft wäre demnach z.B. bestimmt durch ihre kausale Rolle, genau wie die Identität einer Person durch ihre qualitativen Eigenschaften bestimmt ist (s. Abschnitt 5.4.). Schließlich kann man drittens Welten mit fremdartigen Eigenschaften auch einfach ablehnen (s. [Armstrong 1986: §4]).

Ähnliche Probleme gibt es mit Aussagen über einzelne Bewohner möglicher Welten. Diese werden nun zu so etwas wie maximalen Sätzen mit einer freien Variable. Damit wird es schwer, Dinge auseinander zu halten, die qualitativ exakt übereinstimmen. In einer völlig symmetrischen Welt etwa kann es zwei Drachen geben, die genau dieselbe Beschreibung erfüllen. Die Beschreibungen sind identisch, die Drachen nicht; folglich sind die Drachen nicht die Beschreibungen (s. [1986f: 157f.]).

Lewis wendet ferner ein, der sprachliche Ersatzismus setze wie der magische Modalität schon voraus. Denn nicht jeder Satzmenge entspricht eine Möglichkeit. Wenn Kripke notwendig ein Mensch ist und nichts zur selben Zeit ganz rot und ganz grün sein kann, müssen Satzmengen, in denen Gegenteiliges behauptet wird, irgendwie ausgeschlossen werden. Dasselbe gilt für Satzmengen, in denen erst die Verteilung mikrophysikalischer Teilchen und Felder in meiner Umgebung beschrieben und anschließend behauptet wird, hier stünde ein Esel – was mit der mikrophysikalischen Verteilung nicht vereinbar ist.

Dieses Problem lässt sich vielleicht umgehen, indem man eine besonders ausdrucksarme Sprache verwendet. Bei den fundamentalen Eigenschaften z.B. besteht Hoffnung, dass hier – anders als etwa bei Farben – tatsächlich jede Kombination möglich ist (vgl. [Armstrong 1986: §7], aber auch [1986a: 85], [Heller 1998]). Damit verschiebt sich das Problem jedoch, so Lewis, auf die *Interpretation* der Welten: Wann repräsentiert ein Verteilungsmuster fundamentaler Eigenschaften, dass es Esel gibt? Offenbar genau dann, wenn es Esel geben *muss*, sofern das Muster instanziiert ist ([1986f: 150–157], vgl. [1973b: 85]) – womit Modalität wieder vorausgesetzt ist. Man könnte hier aber hoffen, dass die Beziehung zwischen der Verteilung fundamentaler Eigenschaften und allen anderen Wahrheiten *analytisch* ist und daher ohne primitives modales Vokabular charakterisiert werden kann (pace [1992a: 209], vgl. [2002b], [Heller 1996] und Kapitel 11).

Viele Ersatzisten akzeptieren auch einfach, dass ihr Ansatz keine reduktive Analyse von Modalität enthält (z.B. [Sider 2002]).

Gehen wir weiter zum *Fiktionalismus*. Nach diesem funktionieren Sätze über Möglichkeiten und mögliche Welten wie Sätze über Sherlock Holmes oder den durchschnittlichen Studenten: Sie können wahr sein, obwohl die Gegenstände, von denen sie der Grammatik nach zu handeln scheinen, gar nicht existieren. Wenn wir sagen, der durchschnittliche Student studiere 8,3 Semester, dann setzen wir nicht voraus, dass es eine bestimmte Person namens »durchschnittlicher Student« gibt, die genau 8,3 Semester lang studiert. Es reicht, wenn die Zahl der Studiensemester aller Studenten geteilt durch die Zahl der Studenten 8,3 ergibt. Ähnlich wenn wir sagen, dass Sherlock Holmes Kokain nahm. Damit setzen wir nicht voraus, dass es einen echten Menschen aus Fleisch und Blut gibt, der »Sherlock Holmes« hieß und Kokain nahm; wir meinen nur, dass dies *gemäß den Erzählungen von Conan Doyle* so ist.

3.7 Alternativen zum modalen Realismus

Vielleicht lassen sich Aussagen über mögliche Welten ebenso weganalysieren. Man könnte z. B. die übliche Analyse der Modaloperatoren einfach umdrehen: »Es gibt eine Welt, in der Esel sprechen können« hieße demnach, dass *möglicherweise* Esel sprechen können. Modalität wäre hier natürlich offen vorausgesetzt. Der Vorschlag ist außerdem nur auf Aussagen anwendbar, die sich in die Sprache der Schachteln und Diamanten übersetzen lassen.

Vielversprechender ist die Idee, Aussagen über mögliche Welten und Dinge ganz analog zu Aussagen über Sherlock Holmes zu verstehen. Das liegt nahe, da Sherlock Holmes ja selbst ein mögliches Ding ist.[19] »Es gibt eine Welt, in der Esel sprechen können« ist folglich wahr, wenn gemäß einer gewissen Fiktion eine Welt mit sprechenden Eseln existiert. Was ist hierbei die Fiktion? Nicht die Erzählungen Conan Doyles, in denen von möglichen Welten und sprechenden Eseln ja nicht die Rede ist. Gideon Rosen [1990] wählt stattdessen Lewis' ›Erzählungen‹ über mögliche Welten (zusammen mit einer Beschreibung der wirklichen Welt). Dass es eine Welt gibt, in der Esel sprechen können, heißt also, dass *gemäß Lewis* ein Universum mit sprechenden Eseln existiert.

Leider findet sich bei Lewis aber keine vollständige Beschreibung aller Welten; einige Fragen über sie lässt er sogar absichtlich offen. Nach Rosens Interpretation wären alle Sätze über mögliche Welten, denen Lewis nicht ausdrücklich zustimmt, falsch: Da Lewis nicht sagt, dass es eine 17-dimensionale Welt gibt, ist es nicht der Fall, dass gemäß Lewis eine 17-dimensionale Welt existiert; folglich ist nach Rosens Interpretation »es gibt eine 17-dimensionale Welt« falsch – ebenso wie »es gibt *keine* 17-dimensionale Welt« (vgl. [Rosen 1990: §7], [Sider 2002: 312–315]).

Man könnte versuchen, dem Fiktions-Operator »gemäß Lewis« mehr Arbeit zuzuweisen. Lewis sagt zwar nicht *explizit*, dass es eine 17-dimensionale Welt gibt – explizit sagt er nicht einmal, dass es eine Welt mit 17 Kühen gibt –, aber aus seinen Texten wird klar, dass er daran wohl glaubte. Der Fiktions-Operator sollte auch liefern, was Lewis' Texte nur *implizit* sagen. Je weiter allerdings »gemäß Lewis« über »aus Lewis' Texten folgt logisch« hinaus geht, desto mysteriöser wird dieser Operator (vgl. [Rosen 1990: §8], [Lewis 1992a: 212–213], [Sider 2002: 312]).

Ohnehin ist es doch absurd, Lewis' Ansichten über mögliche Welten in die Semantik des Mögliche-Welten-Jargons einzubauen. Warum sollte ausgerechnet *David Lewis* entscheiden dürfen, ob es eine 17-dimensionale Welt gibt? Die richtige Fiktion sollte eine Theorie sein, die nicht nur vollständig ist, sondern auch genau den modalen Tatsachen entspricht, also genau diejenigen Welten beschreibt, die einer Weise entsprechen, wie die Dinge sein könnten. Es scheint mir daher besser,

---

[19] Es gibt verschiedene Spielarten dieses Fiktionalismus, manche einfach ([Rosen 1990], [Sider 2002]), andere verschachtelt ([Armstrong 1989a]). Ich beschränke mich hier auf die einfachen. Eine Zwischenform zur eben vorgeschlagenen Umkehrung der Semantik der Modaloperatoren vertritt Kit Fine [1976: Postscript, 2003b]. Danach werden Aussagen der Form »es gibt eine Welt, in der —« interpretiert als »es ist möglich, dass es eine Welt gibt, in der —«.

als Fiktion eine idealisierte, nirgendwo gedruckte Beschreibung möglicher Welten zu verwenden – wie die einzelnen Welten im sprachlichen Ersatzismus, die auch nirgendwo gedruckt sind. Der Fiktionalismus ersetzt dann lediglich die vielen Fiktionen einzelner Welten durch eine einzige Fiktion vieler Welten (vgl. [1992a: 210]).

Aus dieser Perspektive empfiehlt sich auch, die Sprache der Fiktion wieder durch eine lagadonische Sprache zu ersetzen. Anders als mit den vielen Fiktionen einzelner Welten können diesmal Welten mit fremdartigen Dingen und Eigenschaften unterschieden werden: Die Fiktion kann sagen, dass eine fremdartige Eigenschaften A in Welt 1 genau dieselbe Rolle spielt wie eine andere fremdartige Eigenschaft B in Welt 2 (vgl. [Sider 2002]). Die vorausgesetzte Modalität bleibt aber ein Problem: Es gibt lagadonische Riesen-Geschichten von allerlei unmöglichen Welten. Die richtige Fiktion müsste eine sein, die genau alle Möglichkeiten umfasst.

Neue Schwierigkeiten kommen hinzu. Nehmen wir etwa die Verwendung möglicher Welten zur Analyse von Information oder Bedeutung: Der Informationsgehalt eines Satzes ist eine Klasse möglicher Welten. Wie ist das zu verstehen? Doch wohl nicht als »gemäß der-und-der Fiktion ist der Informationsgehalt eines Satzes eine Klasse möglicher Welten«! Selbst wenn die fragliche Fiktion (was seltsam wäre) eine Theorie von Information enthält, wollten wir unsere eigene Theorie vorstellen, nicht eine Theorie in irgendeiner Fiktion. Generell kann man, wenn man bestreitet, dass es mögliche Welten gibt, nicht mehr gut wie Lewis allerlei andere Dinge – Informationen, Bedeutungen, Propositionen, Eigenschaften, Ereignisse, usw. –, über mögliche Welten definieren, es sei, denn, man sieht auch diese nur als Fiktionen an. (Für weitere Schwierigkeiten des Fiktionalismus siehe [Nolan 2002: §3f.].)

Ich glaube, die Alternativen zum modalen Realismus haben ihre beste Form noch nicht gefunden. Selbst wenn sie am Ende nicht alles leisten, was der modale Realismus leistet: Für viele Anwendungen reichen sie völlig aus. Lewis selbst weist in seinen späteren Arbeiten oft darauf hin, man möge, wenn er von möglichen Welten spricht, nicht gleich den modalen Realismus sehen (vgl. [1993b: 122], [1994b: 324], [2008: 8–11]).

Wer von möglichen Welten redet, der handelt sich eine Verpflichtung ein, der legt sich darauf fest, dass diese Rede irgendwie Sinn hat. Diese Verpflichtung hat man aber ohnehin, wenn man unsere alltäglichen Meinungen über mögliche Optionen, mögliche Entwicklungen, mögliche Spielzüge nicht rundheraus ablehnt. Wie man die Verpflichtung am besten einlöst, ist eine Frage, zu der man sich auch guten Gewissens enthalten kann. Wer in der Semantik von Mengen spricht oder im Supermarkt sein Wechselgeld zählt, braucht deswegen auch keine ausgefeilte Metaphysik von Mengen und Zahlen parat zu haben (vgl. [Jackson 1998a: 11]).

3.7 Alternativen zum modalen Realismus

▷ Nach Lewis' *modalem Realismus* gibt es für jede Weise, wie eine Welt sein könnte, ein reales, raumzeitliches Universum, das genau so ist.

▷ Lewis' Argument für den modalen Realismus hat zwei Teile: 1. Aussagen über mögliche Welten und ihre Bewohner spielen im Alltag und unseren besten Theorien eine wichtige Rolle; 2. der modale Realismus ermöglicht die beste Interpretation dieser Aussagen.

▷ Es gibt aber durchaus alternative Interpretationen, nach denen mögliche Welten beispielsweise Satzmengen sind oder nach denen Aussagen über mögliche Welten ganz weganalysiert werden können.

▷ All diese Interpretationen haben ihre Probleme. Der modale Realismus etwa ist nicht nur intuitiv unglaubwürdig, sondern macht auch seine eigene Notwendigkeit unverständlich.

▷ Nach Lewis' *Counterpart-Analyse* modaler Aussagen sind gewöhnliche Dinge nur Teil einer einzigen Welt; in anderen Welten werden sie durch Counterparts vertreten.

▷ Die Counterpart-Analyse löst wie die Theorie zeitlicher Teile ohne nennenswerte Kosten eine ganze Reihe metaphysischer Probleme und ist deshalb auch für Gegner des modalen Realismus zu empfehlen.

4
MENGEN

Die Mathematik handelt von seltsamen Dingen: Zahlen, Funktionen, Gruppen, Mengen, usw. Was sind das für Dinge? Woraus bestehen sie? Wo sind sie? Woher wissen wir von ihnen? Oder gibt es diese Dinge gar nicht wirklich – irren wir uns, wenn wir meinen, es gäbe Primzahlen kleiner als 10?

Für Lewis kommt das nicht in Frage. Ergebnisse der etablierten Wissenschaften, auch der Mathematik, sind zu respektieren. »To reject mathematics for philosophical reasons would be absurd« [1991: 58] (vgl. [1993d: 218], [1986f: 109] und oben, Abschnitt 1.2). Lewis sieht daher keinen Anlass, mathematische Dinge irgendwie wegzuerklären oder gar im Sinne von Hartry Field [1980] die Wissenschaften von der Mathematik zu befreien. Lewis geht es um etwas anderes. Er sucht eine möglichst einfache, klare und systematische Beschreibung des mathematischen Teils der Realität.

Für dieses Unterfangen kommt die neuere Reduktion fast aller mathematischen Disziplinen auf die Mengenlehre sehr gelegen: Aussagen über Zahlen, Funktionen, Gruppen usw. können allesamt auf Aussagen über Mengen reduziert werden. Bleiben nur noch die Mengen selbst.

Mengen, heißt es, sind Zusammenfassungen wohlunterschiedener Dinge zu einem Ganzen. Sind Mengen also einfach mereologische Summen? In *Parts of Classes* [1991] geht Lewis dieser Vermutung nach. Die Mengenlehre erweist sich dabei als eine Art mereologisch erweiterte Arithmetik, deren Grundrelation, entsprechend der arithmetischen Nachfolgerrelation, die Einermengenbeziehung zwischen einem Ding A und seiner Einermenge $\{A\}$ ist. Mit einer strukturalistischen Analyse dieser Relation führt Lewis am Ende die ganze Mathematik auf die Annahme zurück, dass es sehr viele Dinge gibt. Über die Natur dieser Dinge hält sich Lewis bedeckt. Der modale Realismus legt aber eine attraktive Antwort nahe: Vielleicht handeln mathematische Theorien von gewöhnlichen Bewohnern möglicher Welten.

4.1 Mengenlehre auf Mereologisch

Nach der klassischen Vorstellung der Mengenlehre bilden die Mengen eine hierarchische Struktur, die *kumulative* oder *iterative Hierarchie*. Auf der untersten Stufe stehen alle Dinge, die keine Mengen sind, *Individuen* oder *Urelemente* genannt. In der *reinen* Mengenlehre ist diese Stufe leer. Auf allen weiteren Stufen, ›über‹ oder ›nach‹ den Individuen, befinden sich Mengen, und zwar erscheint eine Menge genau dann auf einer Stufe, wenn all ihre Elemente bereits auf einer niedrigeren

Stufe vorkamen. Direkt über den Individuen finden wir also Mengen, deren Elemente Individuen sind. In der reinen Mengenlehre ist das nur ∅, die leere Menge. Die Mengen auf der nächsten Stufe enthalten dann sowohl Individuen als auch Mengen von Stufe 1. (In der reinen Mengenlehre ∅ und {∅}.) Und so geht es weiter, über unendlich viele Stufen, von denen jede mehr Mengen umfasst als die vorherige. Über all diesen unendlich vielen Stufen liegt eine weitere Stufe, die Stufe ω. Auf ω liegen alle Mengen, deren Elemente auf einer der endlichen Stufen vorkommen. Dann geht es weiter wie bisher: Auf $\omega + 1$ gibt es Mengen, deren Elemente auf ω oder darunter liegen; es folgen $\omega + 2$, $\omega + 3$, ..., und irgendwann $\omega + \omega$ ($= \omega \cdot 2$), gefolgt von $\omega \cdot 2 + 1$, $\omega \cdot 2 + 2$, usw. Noch weiter oben gibt es die Stufen $\omega \cdot 3$, $\omega \cdot 4$, ..., $\omega \cdot \omega$ ($= \omega^2$), ω^3, ..., ω^ω, ..., ω^{ω^ω}, und so weiter, ohne Ende.

Der Aufbau der Hierarchie schließt Mengen, die sich selbst enthalten, aus: Eine solche Menge müsste bereits auf einer Stufe unterhalb der Stufe, auf der sie zum ersten mal vorkommt, vorgekommen sein, was nicht geht. Eine Menge aller Mengen gibt es folglich ebensowenig wie eine Menge aller Mengen, die sich nicht selbst enthalten (was nichts anderes wäre als die Menge aller Mengen). Generell fehlen in der klassischen Mengenlehre die allzu ›großen‹ Mengen, die in der naiven Mengenlehre zu den bekannten Paradoxien führen. Die naive Mengenlehre geht davon aus, dass beliebige Dinge stets eine Menge bilden. In der neueren Mengenlehre bilden Dinge dagegen nur dann (und genau dann) eine Menge, wenn sie nicht zu viele sind, wenn sie nicht eins zu eins mit allen Mengen korrespondieren. Dieses Prinzip der Größenbeschränkung kann neben dem hierarchischen Aufbau als zweiter Grundgedanke der Mengenlehre verstanden werden. (Er motiviert das Auswahl- und das Ersetzungsaxiom; vgl. [Boolos 1989]).

Um über größere Gesamtheiten, etwa die Gesamtheit aller Mengen, zu reden, werden in manchen Mengentheorien *äußere Klassen* (›proper classes‹) eingeführt (vgl. [Fraenkel et al. 1973: §II.7]). Diese sind nicht Bestandteil der kumulativen Hierarchie und damit nie Element irgendwelcher Mengen oder Klassen. Eine äußere Klasse bilden genau diejenigen Dinge, die eins zu eins mit allen Mengen korrespondieren. Weil die äußeren Klassen folglich alle gleich groß sind, verwendet Lewis manchmal »proper-class many« als (*sehr* große) Zahlangabe, etwa für die Anzahl der möglichen Welten (s.o., Abschnitt 3.2). Ob äußere Klassen in der Mathematik zu irgendwas gut sind, ist umstritten; bei Lewis ist ihre Existenz ein Nebenprodukt seiner Konzeption von Mengen. (Im nächsten Kapitel werden wir außerdem eine philosophische Anwendung äußerer Klassen kennenlernen.)

Auf die Frage, was Mengen und Klassen eigentlich sind, gibt die formale Mengenlehre keine Antwort; »Menge« bzw. »Elementschaft« wird undefiniert vorausgesetzt. Man findet allenfalls informelle Erklärungen, nach denen eine Menge, wie Cantor [1895: 207] es ausdrückt, eine »Zusammenfassung M von bestimmten wohlunterschiedenen Objekten [...] (welche die ›Elemente‹ von M genannt

4.1 Mengenlehre auf Mereologisch

werden) zu einem Ganzen« ist. Als Beispiele werden manchmal Schafherden und Vogelschwärme angeführt.

Ist das aber nicht eine Charakterisierung von *mereologischen Summen* und ihren Teilen? Auch mereologische Summen sind Zusammenfassungen wohlunterschiedener Objekte zu einem Ganzen, und Schafherden oder Vogelschwärme kann man gut als mereologische Summen von Schafen bzw. Vögeln verstehen. Tatsächlich wurden in den Anfangstagen der Mengenlehre Mengen regelmäßig mit den entsprechenden Summen verwechselt (wie schon Frege [1895] bemerkte).

Als ich in Abschnitt 2.2 die klassische Mereologie vorstellte, habe ich mich hauptsächlich auf materielle Dinge bezogen. Nach Lewis ist die Mereologie aber die Theorie von Teilen und Ganzen ganz allgemein, nicht nur von *materiellen* oder *räumlichen* Teilen und Ganzen. Tische und Fahrräder haben Teile, aber auch Regionen und Epochen, Romane und Sinfonien, Aufgaben und Pläne, Reisen und Spiele, Firmen und Gesellschaften, Regierungen und Fachbereiche. Die Wiedervereinigung ist Teil der deutschen Geschichte, Neukölln ist Teil von Berlin, die Arithmetik Teil der Mathematik.

Sind Mengen nun also einfach mereologische Summen? Nein, jedenfalls nicht die Summen ihrer Elemente. Die Summe eines einzelnen Dings A ist z. B. nichts anderes als A selbst, die Einermenge $\{A\}$ von A hingegen ist nie identisch ist mit A; auch gibt es in der Mereologie keine Entsprechung zur leeren Menge, kein Ding, was überhaupt keine Teile hat, nicht einmal sich selbst.

Interessanterweise versagen die informellen Erklärungen von Mengen gerade da, wo sich die Mengenlehre von der Mereologie unterscheidet: In welchem Sinn ist die leere Menge $\emptyset$ oder die Einermenge $\{\emptyset\}$ eine *Zusammenfassung wohlunterschiedener Objekte*? (Vgl. [1991: 30].)

Im ersten Teil von *Parts of Classes* sucht Lewis nach dem *mereologischen Kern in der Mengenlehre*. Mengen (und allgemein Klassen) sind nach Lewis sehr wohl mereologische Summen. Ihre Teile sind aber nicht ihre Elemente, sondern – wie der Name schon andeutet – ihre Teilmengen (bzw. -klassen). Das ist Lewis' »main thesis« ([1991: §1.3], [1993d: 208]):

> MT) x ist genau dann Teilklasse von y, wenn y eine Klasse ist und x Teil ist von y.

Klassen setzen sich demnach mereologisch allein aus ihren Teilklassen zusammen. Lewis ist außerdem der Ansicht, dass auch Individuen, Katzen und Steine zum Beispiel, nur aus Individuen und nicht aus Klassen, bestehen. So verstanden bedeutet »Individuum« also nicht dasselbe wie »Nicht-Klasse«. Denn nach dem mereologischen Prinzip der unbeschränkten Komposition gibt es auch *gemischte Summen* aus Individuen und Klassen, etwa die Summe aus Sokrates und der Menge $\{\emptyset\}$. Diese Summe ist nach Lewis' Verständnis weder Klasse noch Individuum. Weil derlei Summen zu nichts nutze sind, dürfen wir sie meist ignorieren: »They can be left out of the domains of all but our most unrestricted quantifying« [1991: 8].

Ernste Schwierigkeiten bereitet Lewis die leere Menge Ø. Da sie Teilklasse jeder Einermenge { A } ist, müsste sie (MT) zufolge auch Teil von { A } sein. Was ist dann der Rest von { A }, die mereologische Differenz { A } − Ø? Nicht { A } selbst, sonst wäre { A } ein *echter* Teil seiner selbst, was mereologisch unmöglich ist; auch nicht Ø, denn die Summe aus Ø und Ø ist Ø, nicht { A }. Doch { A } und Ø sind die einzigen Teilklassen von { A } und müssen daher laut (MT) ihre einzigen Teile sein!

(MT) kann also in seiner Allgemeinheit nicht aufrecht erhalten werden. Lewis schränkt das Prinzip auf *nicht-leere Klassen* ein: Nicht-leere Klassen setzen sich mereologisch aus ihren nicht-leeren Teilklassen zusammen. Die kleinsten Teile einer nicht-leeren Klasse sind die Einermengen ihrer Elemente. Einermengen selbst sind atomar, haben keine echten Teile. – Hier folgt Lewis, ohne es zu wissen, Ernst Zermelo, der schreibt: »Eine gleichzeitig von Ø und M verschiedene Untermenge von M wird als › *Teil*‹ von M bezeichnet. Die Mengen Ø und { a } besitzen keine Teile« [Zermelo 1908: 263].

Als mereologische Atome können Einermengen mereologisch nicht weiter analysiert werden. Akzeptiert man den Einermengenbegriff aber als primitiv, lassen sich alle anderen mengentheoretischen Begriffe darauf reduzieren ([1991: §1.5–1.7], [1993d: 212]). Zunächst definiert Lewis hierzu eine *Klasse* als eine Summe von Einermengen und ein *Individuum* als etwas, was keine Einermenge als Teil hat.

Da die leere Menge keine Einermenge als Teil(menge) hat, zählt sie folglich bei Lewis als Individuum, nicht als Klasse. (Weshalb (MT) wieder uneingeschränkt gilt.) Die mereologische Natur der leeren Menge ist unerheblich, solange nur keine Einermengen darin vorkommen. Der Eindeutigkeit halber, und um keine weiteren mathematischen Entitäten einzuführen, definiert Lewis die leere Menge etwas dreist als die mereologische Summe aller Individuen. Wir alle sind also Teil der leeren Menge ([1991: §1.4], [1993d: 210f.]).

Dem üblichen Prädikat »Klasse«, unter das auch die leere Menge fällt, entspricht in Lewis' Terminologie »leere Menge oder Klasse«. Analog definiert Lewis »*Menge*« als »leere Menge oder Klasse, die eine Einermenge hat«; Klassen, die keine Mengen sind, sind *äußere Klassen*; Schließlich ist x genau dann *Element von* y, wenn y eine Klasse ist, welche die Einermenge von x als Teil hat.

Die Analyse von Klassen als mereologische Summen ihrer Teilklassen entspricht nicht nur unserem Sprachgebrauch, wenn wir etwa die Menge der Primzahlen als *Teil* der Menge der natürlichen Zahlen bezeichnen, sie bringt vor allem die beiden Arten ›Zusammenfassung wohlunterschiedener Objekte‹ zusammen, die mereologische und die mengentheoretische:

> [T]he generation of classes is not an unmereological sort of composition. In so far as it is unmereological, it isn't composition; in so far as it is composition, it is mereological. When something is a member of a class, first the thing is a member of its singleton – that part is not composition at all. Then its singleton is part of the class – that part is mereological. [1991: 40] (vgl. [1986a: 95])

4.2 Rekonstruktion der Mengenlehre

Die traditionelle Mengenlehre wird in der Regel über Axiome eingeführt, die grundlegende Annahmen über Mengen und Elementschaft ausdrücken. Bei Lewis werden daraus grundlegende Annahmen über die Einermengenbeziehung.

Hierfür definiert Lewis erst einmal ein paar Begriffe, die ihm erlauben, ohne Rückgriff auf die Mathematik über Anzahl und Größe von Dingen zu reden ([1993d: 221]):

Ein Ding ist *groß* (andernfalls *klein*), wenn seine Atome eins zu eins mit allen Atomen korrespondieren.

Mehrere Dinge sind *wenige* (andernfalls *viele*), wenn sie eins zu eins mit einigen, aber nicht allen Atomen korrespondieren.

Ein Ding ist *unendlich* (andernfalls *endlich*), wenn einige seiner Atome, zu denen aber nicht alle seine Atome gehören, eins zu eins mit allen seinen Atomen korrespondieren.

Die Plural-Konstruktionen sind hier entscheidend. Das Prädikat »— sind wenige« etwa ist, wie »— sind miteinander verwandt« oder »— feiern gemeinsam Weihnachten«, durch einen pluralen Term zu ergänzen, durch »Paul und Paula« z. B., oder »die Schmidts«, oder »die Zahlen«. Entsprechend ist der Quantor »einige Atome« in der Definition von »unendlich« ein Plural-Quantor, dessen Variablen die Position pluraler Terme einnehmen, wie der äußere Quantor in »es gibt Literaturkritiker, die nur bewundern, wer zu ihnen gehört«. Solche Plural-Konstruktionen sind in natürlichen Sprachen weit verbreitet, fehlen aber in der Prädikatenlogik erster Stufe. Dort müssen sie umständlich durch Singular-Konstruktionen ersetzt werden: »die Zahlen« muss in »die Klasse der Zahlen« umgewandelt werden, und »sind wenige« würde eine Eigenschaft dieser Klasse ausdrücken. Einige Philosophen (etwa Michael Resnik [1988]) meinen, dies sei auch die korrekte Interpretation der umgangssprachlichen Plurale. Lewis [1991: 65–68] weist, wie George Boolos [1984, 1985] und van Inwagen [1990b: 22–29], diesen Vorschlag zurück, unter anderem weil »die Klassen« ein unproblematischer pluraler Term ist, es aber keine Klasse aller Klassen gibt.

Die Plurale in Lewis' Definitionen dürfen also nicht als verkappte Aussagen über Klassen verstanden werden. Sonst könnte man die so definierten Vokabeln auch nicht gut in einer nicht-zirkulären Rekonstruktion der Mengenlehre verwenden.

Wie steht es da mit der Rede von Eins-zu-eins-Korrespondenz? Nach der üblichen Definition heißt, dass die Xe eins zu eins mit den Yen korrespondieren (Plural-Variablen!), nichts anderes als dass es eine eineindeutige Abbildung zwischen den Xen und den Yen gibt. Und eineindeutige Abbildungen sind Relationen, also Klassen geordneter Paare. Wird in Lewis' Definitionen also doch versteckt über Klassen quantifiziert?

Im Anhang zu *Parts of Classes* zeigt Lewis, zusammen mit John Burgess und Allen Hazen, wie man Quantifikation über Relationen allein mit Mereologie und Plural-Quantifikation simulieren kann. Die Grundidee ist, statt im Singular über Mengen geordneter Paare plural über die Paare selbst zu quantifizieren, wobei die ›Paare‹ rein mereologisch definiert werden. Die Details dieser mereologischen Definition sind etwas vertrackt und tun hier nichts zur Sache. [1]

Nun endlich zu den Axiomen in Lewis' Einermengenlehre. Es sind vier. Erstens ist die die Einermengenbeziehung (wie die Nachfolgerbeziehung zwischen natürlichen Zahlen) injektiv und funktional:

1) Jedes Ding hat höchstens eine Einermenge, und keine zwei Dinge haben dieselbe Einermenge.

Die zweite Annahme bestimmt die mereologische Natur des Wertebereichs, und folgt den Überlegungen aus dem letzten Abschnitt:

2) Alle Einermengen sind mereologische Atome.

Drittens soll bestimmt werden, welche Dinge Einermengen haben. Dazu gehören alle Individuen, aber auch einige Klassen, nämlich gerade diejenigen Klassen, die Mengen sind. In Anbetracht der Definition von »Menge« als »Klasse, die eine Einermenge hat«, bringt uns das aber keinen Schritt weiter. Wir brauchen eine unabhängige Eigenschaft F, die Mengen gegenüber äußeren Klassen auszeichnet, so dass wir sagen können: Alle Klassen, die F sind, haben eine Einermenge. F ist die eben definierte Eigenschaft *Klein*.

Um zu sehen, warum, betrachten wir einmal die mereologische Summe aller Einermengen. Deren Existenz ist durch die Unbeschränktheit mereologischer Komposition garantiert. Nach Lewis' Definition ist diese Summe eine Klasse. Sie darf aber keine Menge sein, sonst hätte sie eine Einermenge und wäre Element ihrer selbst. Die Summe aller Einermengen ist folglich eine äußere Klasse. Da die äußeren Klassen alle gleich groß sind, kann man äußere Klassen somit charakterisieren als Klassen, deren Atome eins zu eins mit den Einermengen korrespondieren. Lewis nimmt ferner an, dass die Einermengen eins zu eins mit *allen* Atomen korrespondieren. Das heißt nicht, dass alle Atome Einermengen sind: Die Primzahlen korrespondieren eins zu eins mit allen (natürlichen) Zahlen, obwohl nicht alle Zahlen Primzahlen sind. (Diese Eigenschaft der Unendlichkeit steckt hinter Lewis' Definition von »unendlich«). Was Lewis annimmt ist lediglich, dass es nicht *strikt mehr* individuelle Atome gibt – Atome, die keine Einermen-

---

[1] In [1991: §3.7], wo Lewis die Burgess-Hazen-Lewis-Technik noch unbekannt war, gibt er etwas kompliziertere Definitionen von »groß«, »wenige« und »unendlich«, die ohne Eins-zu-eins-Korrespondenz auskommen.

4.2 Rekonstruktion der Mengenlehre

gen sind – als Einermengen. Unter dieser Annahme sind die Mengen genau die ›kleinen‹ Klassen. Also:

3) Alle Individuen und alle kleinen Klassen haben eine Einermenge.

Die vierte und letzte Annahme ist ein Induktionsprinzip, wieder eng verwandt dem arithmetischen Induktionsaxiom, nach dem alle Dinge durch Anwendung der Operationen *Einermenge* und *mereologische Summe* auf die Individuen erreicht werden können (vgl. oben, S. 20):

4) Wenn zu irgendwelchen Xen jedes Individuum gehört, und wenn jede Einermenge jedes der Xe ebenfalls eins der Xe ist, und wenn jede Summe beliebiger der Xe ebenfalls eins der Xe ist, dann ist jedes Ding eins der Xe.[2]

Das schließt zum einen die Existenz von Dingen aus, die weder Individuum noch Klasse noch gemischte Summe sind. Zum andern legt es fest, dass alle Klassen letztlich in Individuen *fundiert* sind, wie die natürlichen Zahlen in der Zahl Null: Zwar können die Elemente einer Klasse selbst Klassen sein, und die Elemente dieser Klassen wieder Klassen, aber irgendwann muss so eine $\in$-Kette enden. Am Ende der Kette stehen Klassen, deren Elemente Individuen sind.

Die Annahmen (1)–(4) reichen für die Rekonstruktion der Mengenlehre nicht ganz aus. Sie wären damit vereinbar, dass es nur abzählbar unendlich viele Einermengen gibt, viel zu wenig für die klassische Mengenhierarchie. Was Lewis zusätzlich benötigt, ist ein Postulat, dem zufolge es *viele Einermengen* gibt. Unter der schon erwähnten Annahme, dass es nicht mehr individuelle Atome als Einermengen gibt, kann das sehr hübsch durch die folgenden, in neutralem Vokabular formulierten Thesen ausgedrückt werden, die an die mengentheoretischen Axiome der Vereinigungsmengen, der Potenzmengen und der Unendlichkeit erinnern:

V) Jede Summe weniger kleiner Dinge ist klein.

P) Kleine Dinge haben wenige Teile.

U) Es gibt ein kleines unendliches Ding.

Aus (V), (P) und (U) folgt, dass die Zahl der Atome nicht nur unendlich, sondern *stark unerreichbar* ist (vgl. [1993d: 228]). Zusammen mit (V), (P) und (U) lassen sich nun aus (1)–(4) alle Axiome der klassischen Mengenlehre ziemlich einfach herleiten (vgl. [Lewis 1993d: 227f.]).[3] Zur Veranschaulichung mögen hier das Aussonderungs- und das Potenzmengenaxiom genügen.

---

[2] Hier ersetzt Plural-Quantifikation die bei Induktionsaxiomen übliche Quantifikation zweiter Stufe.

[3] Den Annahmen (1)–(4) entsprechen in [1993d: 220] die Annahmen (0)–(2). Bei Lewis sind das nur drei, weil er statt von einer Einermengenbeziehung direkt von einer *eineindeutigen Einermengenfunktion* spricht, was meine Annahme (1) impliziert. (V), (P) und (U) heißen in [1993d: 224] »(U)«,

Nach dem Aussonderungsaxiom ist jede Teilklasse T einer Menge M selbst eine Menge. Nach Lewis' Definition von »Teilklasse« ist T ein mereologischer Teil von M. Aufgrund der Transitivität der Teilbeziehung (eine logisch-mereologische Wahrheit) kann T daher nicht mehr Atome haben als M. Weil M eine Menge und folglich klein ist, muss deshalb auch T klein sein. Also hat T gemäß (3) eine Einermenge und ist eine Menge.

Nach dem Potenzmengenaxiom ist die Klasse P aller Teilklassen einer Menge M ebenfalls eine Menge. Wie wir eben sahen, sind alle Teilklassen von M klein und haben eine Einermenge. Nach dem Prinzip der unbeschränkten Komposition existiert die mereologische Summe dieser Einermengen. Sie ist die Klasse P aller Teilklassen von M. Da die Menge M klein ist, besteht sie laut (P) aus wenigen Teilen. Nach Annahme (1) korrespondieren diese Teile eins zu eins mit den Atomen der Klasse P, welche folglich ebenfalls klein ist und daher gemäß (3) eine Menge.

4.3 (Eliminativer) Strukturalismus

Lewis präsentiert uns folgendes Bild: Die Realität zerfällt in zwei distinkte Teile. Der eine Teil, etwas unpassend »leere Menge« genannt, besteht aus Individuen, der andere aus Klassen. Die Klassen sind aus atomaren Bestandteilen aufgebaut, den Einermengen. Jedem Individuum auf der einen Seite der Realität entspricht eindeutig eine Einermenge auf der anderen. Darüber hinaus gibt es Einermengen von bestimmten Klassen, nämlich genau denjenigen (den ›kleinen‹), deren atomare Bestandteile nicht eins zu eins mit allen Atomen korrespondieren.

Über die Natur der Einermengen, der Atome jenes anderen Teils der Realität, ist uns wenig bekannt. Wir wissen auch wenig über die Beziehung, in der sie zu ihren ›Elementen‹ stehen: Woran liegt es, dass diese Einermenge gerade jenes Element hat? An der inneren Struktur der Einermenge kann es nicht liegen, denn Atome haben keine innere Struktur. Was haben die beiden miteinander zu tun? Diesen nicht-mereologischen Teil der Mengenlehre lässt Lewis' Theorie ebenso im Dunkeln wie die Lehrbücher der klassischen Mengenlehre.

Einige Autoren haben versucht, Einermengen – und damit nach Lewis' Vorarbeit die ganze Mathematik – auf heimischere Dinge wie Universalien ([Bigelow

---

»(P)« und »(I)«. (In [1991: §3.7–4.1] finden sich kompliziertere Formulierungen ohne Verwendung von Eins-zu-eins-Korrespondenz.)

(V) kommt in Lewis' Beweisen nicht vor, weil es aus (1)–(4) bereits folgt (s. [1993d: 227f.]). Ich führe es als eigene Bedingung an, weil so die Existenzannahmen der Mengenlehre – ausgedrückt durch die neutral formulierten (V), (P) und (U) – von den Annahmen über die Einermengenbeziehung klar getrennt sind. Das wird im nächsten Abschnitt von Bedeutung sein.

Die Mengenlehre, die Lewis rekonstruiert, ist übrigens erheblich stärker als ZFC. Sie entspricht der imprädikativen Morse-Kelley-Theorie zweiter Stufe mit Urelementen.

1990]) oder Sachverhalte ([Armstrong 1991]) zurückzuführen. Diese Projekte stehen aber vor erheblichen Schwierigkeiten (vgl. [Oliver 1992] und [Rosen 1995a]), so dass sie inzwischen weitgehend verlassen wurden. Lewis diskutiert solche und andere Vorschläge zur Interpretation des Einermengenbegriffs in Kapitel 2 von *Parts of Classes*, verwirft sie jedoch aus verschiedenen Gründen alle als ungangbar. Andererseits gibt es ohne Einermengen keine Mengenlehre. Deshalb akzeptiert Lewis, mit sichtlichem Widerwillen, Einermengen als primitiv: »And so I have to say, gritting my teeth, that somehow, I know not how, we do understand what it means to speak of singletons« [1991: 59].

Einer der Auswege, den Lewis in *Parts of Classes* ursprünglich verwarf, erwies sich jedoch überraschend als gar nicht so problematisch. Zwei Jahre später, in »Mathematics is Megethology« [1993d], hat sich Lewis diese Position, den *eliminativen mengentheoretischen Strukturalismus*, zu eigen gemacht. (In [2002a: §5] bekennt er sich immer noch dazu.)

Eliminativer Strukturalismus ist eine generelle Strategie zur Reduktion mathematischer Theorien. Nehmen wir die Reduktion der Arithmetik auf die Mengenlehre. Die Axiome der Arithmetik umfassen eine Handvoll Annahmen über die Nachfolgerbeziehung. Dem eliminativen Strukturalismus liegt die Idee zugrunde, dass diese Axiome alles enthalten, was wir über die Nachfolgerbeziehung wissen: »Nachfolger« ist, wenn man so will, implizit durch die Peano-Axiome definiert. Das heißt, wenn eine mengentheoretische Relation nur den Peano-Axiomen genügt, qualifiziert sie damit als Nachfolgerbeziehung.

In der Tat gibt es eine mengentheoretische Relation, die den Peano-Axiomen genügt – sogar unendlich viele davon. Eine ist die Relation, in der $\emptyset$ zu $\{\emptyset\}$ steht, $\{\emptyset\}$ zu $\{\{\emptyset\}\}$, usw. Identifiziert man die Nachfolgerbeziehung mit dieser Relation, sind die Zahlen – die Relata der Nachfolgerbeziehung – nichts anderes als die Mengen $\emptyset, \{\emptyset\}, \{\{\emptyset\}\}$, usw. (die ›endlichen Zermelo-Ordinalzahlen‹). Unter einer anderen Relation, die ebenfalls die Peano-Axiome erfüllt, sind die Zahlen dagegen die Mengen $\emptyset, \{\emptyset\}, \{\emptyset, \{\emptyset\}\}$, usw. (die ›endlichen von Neumann-Ordinalzahlen‹). Nach dem eliminativen Strukturalismus ist jede dieser Identifikationen ebenso gut wie die andere, da sie jeweils alle Anforderungen an die Nachfolgerbeziehung erfüllen. *Die* Nachfolgerbeziehung gibt es also nicht; arithmetische Aussagen handeln nicht von einer bestimmten Relation mit ganz bestimmten Relata, sondern von dem, was allen passenden Relationen gemeinsam ist. Die Aussage »2+2=4« ist wahr, weil sie wahr ist, egal welche Relation man als ›Nachfolger‹ wählt, solange sie nur die Peano-Axiome erfüllt. Der in der Arithmetik undefinierte Nachfolgerbegriff funktioniert damit wie eine allquantifizierte Variable: »Für jede Beziehung R (›Nachfolger‹), die diese und jene Bedingungen (die Peano-Axiome) erfüllt, gilt —«.[4]

---

[4] Neben dem eliminativen Strukturalismus gibt es in der Philosophie der Mathematik auch einen *nichteliminativen Strukturalismus*, dem zufolge mathematische Theorien von abstrakten ›Strukturen‹ han-

Lewis' mengentheoretischer Strukturalismus überträgt diese Idee auf die Mengenlehre: *Die* Einermengenbeziehung gibt es nicht; jede Relation, die (1)–(4) erfüllt, qualifiziert gleichermaßen als Einermengenbeziehung. Eine mengentheoretische Aussage ist wahr, wenn sie von all diesen Relationen erfüllt wird.

Streng genommen darf in der strukturalistischen Interpretation natürlich nicht über mengentheoretische Relationen quantifiziert werden (vgl. [1991: 51f.]). Die Quantifikation über Relationen ist mit Hilfe der Burgess-Hazen-Lewis-Technik durch Plural-Quantifikation über mereologische Ersatz-Paare zu ersetzen, was zumindest technisch keine großen Schwierigkeiten bereitet (vgl. [1993d: 222–224]).

Der strukturalistische Ansatz setzt auch voraus, dass es wenigstens eine ›Relation‹ gibt, die (1)–(4) erfüllt. Andernfalls ist die Quantifikation »für alle Relationen ...« leer. Lewis zeigt, dass die Erfüllung von (1)–(4) aus (V), (P) und (U) folgt, sofern es nicht mehr Individuen gibt als Mengen ([1993d: 224–226]).

Für die Zwecke der strukturalistischen Interpretation ergänzt Lewis (1)–(4) noch um eine fünfte Bedingung. Denn (1)–(4) enthalten nicht ganz alles, was wir über Mengen wissen: Wir wissen auch, so Lewis, dass gewöhnliche Dinge wie Katzen, Bierkrüge und Julius Caesar keine Mengen sind. Lewis' fünfte Annahme besagt deshalb, reichlich vage, dass gewöhnliche materielle Dinge keine Mengen sind ([1993d: 221]).

In der strukturalistischen Analyse sind die fünf Annahmen keine eigentlichen Annahmen mehr, sondern Vorderglieder in einem quantifizierten Konditional. Als echte Annahmen bleiben nur (V), (P) und (U), die ganz ohne mathematisches Vokabular etwas über die Zahl der Atome, über die Größe der Realität sagen. John Burgess hat für Thesen dieser Art die Bezeichnung *Megethologie* (von »megethos«, *Größe*) vorgeschlagen. Daher der Titel von [1993d]: »Mathematics is Megethology«.

4.4 Possibilistischer Strukturalismus

Zum Zeitpunkt von [1991] und [1993d] ging Lewis davon aus, dass es deutlich weniger Bewohner möglicher Welten (Possibilia) gibt als Mengen. Für die Mengenlehre mussten also in jedem Fall *zusätzliche* Entitäten neben all den Possibilia angenommen werden. Es liegt dann nahe, dass es sich bei diesen zusätzlichen

---

deln, die Arithmetik z.B. von einer Struktur, die alle mengentheoretischen Nachfolgerbeziehungen ›realisieren‹, vgl. [Parsons 1990], [Shapiro 1997]. Der eliminative Strukturalismus sollte auch nicht verwechselt werden mit dem *Deduktivismus*, nach dem eine mathematische Aussage genau dann als wahr anzusehen ist, wenn sie aus den entsprechenden Axiomen ableitbar ist, ganz egal, ob die Axiome erfüllt sind oder nicht. (Anders als der Deduktivismus hat der eliminative Strukturalismus keine Schwierigkeiten mit Gödels Unvollständigkeitstheoremen.)

Entitäten gerade um die Mengen (und Klassen) handelt, wie mit Lewis' fünfter Bedingung verlangt.

In Abschnitt 3.2 habe ich aber Gründe angeführt, warum es mindestens so viele mögliche Dinge gibt wie Mengen, was Lewis später auch akzeptierte. Damit stellt sich die Frage, ob man auf die zusätzlichen mathematischen Entitäten nicht einfach verzichten kann.[5] Die fünfte Bedingung muss dann natürlich gestrichen werden.

Das muss sie ohnehin, wenn es unbeschränkt viele Possibilia gibt, selbst wenn man zusätzliche mathematische Entitäten annimmt: Einige (genauer, ›viele‹) Bewohner möglicher Welten müssen dann Mengen sein. Denn wie ich oben gelegentlich anmerkte, setzt Lewis' Mengenlehre voraus, dass es *mehr* Mengen gibt als Individuen.[6] Wenn die Possibilia keine Kardinalität haben, können nicht alle Possibilia Individuen sein. Die Einführung zusätzlicher mathematischer Entitäten erscheint nun ziemlich unmotiviert: Mathematische Aussagen handeln ohnehin nicht exklusiv von diesen, sondern wenigstens teilweise auch von Bewohnern möglicher Welten. Warum dann nicht nur von diesen?

Dieser *possibilistische Strukturalismus* hat einige attraktive Konsequenzen. Einmal kommt er nicht nur ganz ohne primitives mathematisches Vokabular, sondern auch ohne primitive mathematische Ontologie aus. Natur und Herkunft mathematischer Entitäten erledigen sich ebenso wie die Frage nach unserem epistemischen Zugang zu diesen. Außerdem reflektiert der possibilistische Strukturalismus eine sehr natürliche Einstellung, nach der die Mathematik von allen *möglichen* Strukturen handelt: Für die Mathematik ist es unerheblich, ob *tatsächlich* irgendwelche Dinge die Axiome dieser oder jener mathematischen Theorie erfüllen; es reicht, wenn es solche Dinge geben *könnte*. Insofern ist Widerspruchsfreiheit, wie Hilbert orakelte, in der Mathematik tatsächlich ein Kriterium für Existenz. Sie ist ein Kriterium für Existenz im Bereich des Möglichen. Drittens erklärt der possibilistische Strukturalismus die Notwendigkeit mathematischer Wahrheiten. Aus platonistischer Sicht ist diese schwer zu verstehen (vgl. [Rosen 2002]): Wieso könnten die Dinge im mathematischen Teil der Realität nicht anders sein? Warum könnte es dort nicht weniger geben oder mehr? Handeln mathematische Aussagen von Possibilia, ergibt sich ihr modaler Status aus der Logik unbeschränkter

---

[5] Daniel Nolan teilt mir mit, dass Lewis dies in privater Korrespondenz als eine der attraktivsten Konsequenzen der Annahme unbeschränkt vieler Possibilia bezeichnet hat.

[6] Hier ein einfacher Grund: Wenn es ›viele‹ Individuen gibt, dann gibt es gemäß der klassischen Mereologie auch ›viele‹ individuelle Atome, Atome von Individuen. (Ich ignoriere in diesem Abschnitt der Einfachheit halber die Möglichkeit von Dingen, die nicht aus mereologischen Atomen bestehen.) Es gibt aber *mehr* Summen individueller Atome – Individuen – als individuelle Atome: Die einen korrespondieren nicht eins zu eins mit den andern. Folglich gibt es auch mehr Individuen als Atome überhaupt, und damit nach den Bedingungen (1) und (3) mehr Einermengen als Atome, im Widerspruch zu (2).

Modalität: Für unbeschränkt modale Aussagen fallen Wahrheit, Möglichkeit und Notwendigkeit zusammen (vgl. Abschnitt 3.6).

Leider kann man in Lewis' Mengenlehre die Annahme spezieller mathematischer Entitäten aber nicht einfach streichen. Schwierigkeiten bereiten vor allem die gemischten Summen: Wenn unter einer bestimmten Wahl der Einermengenbeziehung einige Atome in Caesars Gehirn als Einermengen eingestuft werden und einige andere als Individuen, dann ist Caesar (relativ zu dieser Einermengenbeziehung) eine gemischte Summe aus Klassen und Individuen. Gemischte Summen sind aber selbst weder Individuen noch Klassen – zur Erinnerung: eine Klasse ist eine Summe von Einermengen; ein Individuum ist etwas, was keine Klassen als Teil hat – und folglich nach Bedingung (3) der Einermengenbeziehung auch nicht Element irgendwelcher Klassen. Das heißt, nicht unter jeder Einermengenbeziehung gibt es eine Einermenge von Julius Caesar. Das ist schlecht.[7]

Es gibt mehrere Auswege. Eine nahe liegende Idee wäre, Bedingung (3) so zu ändern, dass auch gemischten Summen eine Einermenge zugestanden wird. Das funktioniert aber nicht, denn es gibt *mehr* gemischte Summen als Einermengen. (Jede Summe aus einer beliebigen Klasse mit der leeren Menge ist zum Beispiel eine gemischte Summe, und es gibt mehr Klassen als Einermengen.) Man könnte aber fordern, dass alle ›kleinen‹ gemischten Summen eine Einermenge haben.

Eleganter wäre, wenn man die gemischten Summen einfach dadurch erledigen könnte, dass man Individuen aus der Mengenlehre verbannt: Wenn Klassen mit gewöhnlichen Possibilia identifiziert werden, könnte man einfach *jedes* Atom als Einermenge behandeln. Julius Caesar wäre dann in jedem Fall eine Klasse, seine Einermenge Gegenstand der *reinen* Mengenlehre. Auch das funktioniert in Lewis' Mengenlehre (anders als in einem possibilistischen Strukturalismus auf Basis etwa der ZFC-Axiome, à la [Fitzgerald 1976]) aber nicht. Denn wir brauchen mindestens ein Individuum als leere Menge. Da ein einziges individuelles Atom hierzu aber ausreicht, könnte man an Stelle von (1)–(3) Einermengenbeziehungen auch bestimmen als beliebige eineindeutige Abbildungen von den kleinen Dingen in alle Atome außer einem; dieses eine Atom ist dann die leere Menge relativ zur jeweiligen Einermengenbeziehung (und wie Zermelo forderte, hat die leere Menge keine echten Teile).

Einen anderen Ausweg hat Daniel Nolan [2001: Kap.7, 2004], entwickelt. Im Gegensatz zu Lewis und Zermelo fasst Nolan die leere Menge als echten Teil von Einermengen auf: { A } besteht aus ∅ und einem Ding { A } – ∅, welches Nolan als »Esingleton« von A bezeichnet. Für Esingletons gelten ähnliche Annahmen wie bei Lewis für Einermengen. Das Problem der gemischten Summen wird zu einem

---

[7] In Lewis' Originalsystem sind gemischte Summen ebenfalls nicht Elemente irgendwelcher Mengen, was aber weniger auffällt, weil wir gemischte Summen ja meist ignorieren ([1993d: 208f.]). Dennoch erscheint die Beschränkung mengentheoretisch unmotiviert: Nach der iterativen Auffassung von Mengen hat *absolut alles* eine Einermenge, mit Ausnahme höchstens von sehr großen Klassen.

Problem für Summen aus ∅ und Atomen, die keine Esingletons sind: Diese sind bei Nolan nie Elemente von Mengen. Um gewöhnlichen Dingen dieses Schicksal zu ersparen, bestimmt Nolan [2004: §4], dass nur (gewisse) ›große‹ Dinge als ∅ in Frage kommen. Wie in den obigen Vorschlägen werden also alle ›kleinen‹ Dinge als Elemente von Klassen erlaubt. Bei Nolan sind außerdem gewöhnliche ›kleine‹ Dinge unter allen Esingleton-Beziehungen Individuen.

Völlig makellos sind all diese Ansätze nicht. Besonders die Behandlung der leeren Menge wirkt immer etwas künstlich. Das gilt auch für Lewis' ursprünglichen Ansatz, wo die leere Menge ohne guten Grund mit der Summe aller Individuen identifiziert wird und die üblichen mengentheoretischen Begriffe wie »Teilmenge« im Grunde disjunktiv definiert sind, einmal für Klassen und einmal für die leere Menge.

Dennoch ist der possibilistische Strukturalismus meiner Ansicht nach eine philosophisch ausgesprochen attraktive Position. Sein größter Nachteil ist vielleicht, dass er mengentheoretische Konstruktionen möglicher Welten – etwa als Satzmengen – verhindert: Wenn Wahrheiten über Mengen auf Wahrheiten über Possibilia reduziert werden, kann man Possibilia nicht mehr gut auf Mengen reduzieren.

▷ Lewis ist *kompositionaler Monist*: Es gibt nur eine Art ›Zusammenfassung wohlunterschiedener Dinge zu einem Ganzen‹, nämlich die mereologische.

▷ Mengen, und allgemeiner Klassen, sind nach Lewis mereologische Summen ihrer Einermengen.

▷ Mit Hilfe von Mereologie und Plural-Quantifikation ist die Mengenlehre damit reduzierbar auf einige grundlegende Annahmen über die Einermengen-Beziehung sowie die These, dass es sehr viele Dinge gibt.

▷ Der *eliminative Strukturalismus* erlaubt es, die grundlegende Einermengen-Beziehung und die entsprechenden Annahmen ersatzlos zu streichen.

▷ Lewis' Mengenlehre, in der die Mengen jenseits aller möglichen Individuen existieren, ist unvereinbar mit seiner späteren Annahme, dass es so viele mögliche Individuen gibt wie Mengen.

▷ Interpretiert man die strukturalistischen Quantoren als Quantoren über Possibilia, erhält man eine attraktive Theorie der Mathematik, die dieses Problem umgeht.

5
EIGENSCHAFTEN

In Lewis' Metaphysik gibt es neben gewöhnlichen und bloß möglichen Einzeldingen auch Eigenschaften – Entitäten, die von Einzeldingen irgendwie instanziiert werden: Rote Dinge instanziieren die Eigenschaft *Rot*, Esel die Eigenschaft *Esel*, usw.

Warum nicht nur Einzeldinge? Weil viele unserer Ansichten zumindest dem Anschein nach von Eigenschaften handeln, und sich dieser Anschein nicht leicht wegerklären lässt (s. [Jackson 1977], [Lewis 1983d: 16–19]). Ich glaube z.B., dass der erste Weltkrieg und mein linker Schuh nur wenige Eigenschaften gemeinsam haben, und Lewis glaubt, dass alle kontingenten Wahrheiten durch die raumzeitliche Verteilung fundamentaler Eigenschaften bestimmt sind. Es sollte Dinge geben, auf die wir uns hier mit »Eigenschaften« beziehen.

Bevor man Eigenschaften als neue ontologische Kategorie akzeptiert, könnte man aber sehen, ob sich nicht schon in den alten Kategorien Dinge finden, die als Eigenschaften in Frage kommen – die zumindest manche der Rollen von Eigenschaften spielen können.

> [I]t is wrong to speak of *the* role associated with the word ›property‹, as if it were fully and uncontroversially settled. [...] The question worth asking is: which entities, if any, among those we should believe in, can occupy which versions of the property role? [1986f: 55]

5.1 Eigenschaften als Klassen

Zu den Dingen, an die Lewis ohnehin schon glaubt, gehören Mengen bzw. Klassen. Es bietet sich daher an, Eigenschaften mit Klassen zu identifizieren: Die Eigenschaft *Rot* ist die Klasse aller roten Dinge, die Eigenschaft *Esel* die Klasse aller Esel. Relationen wie *Verheiratet* wären dann Klassen geordneter Paare, und höherstufige Eigenschaften wie *Intrinsisch* Klassen von Klassen (s. [1986f: 50f.]). Dass ein Gegenstand A eine Eigenschaft F hat, hieße, dass A Element ist von F.

Ein altes Problem dabei ist, dass augenscheinlich verschiedene Eigenschaften mitunter auf genau dieselben Dinge zutreffen. Die Klasse der behaarten Tiere etwa ist identisch mit der Klasse der Säugetiere, trotzdem sind die Eigenschaften *behaartes Tier* und *Säugetier* verschieden. Lewis kann diese Schwierigkeit umgehen, indem er bloß mögliche Instanzen in die Klassen aufnimmt: Die Eigenschaft *Säugetier* ist die Klasse *aller* Säugetiere, in allen möglichen Welten. Da einige dieser Säugetiere keine Haare haben – es ist nicht absolut unmöglich, dass ein Säugetier keine Haare hat –, fallen die beiden Eigenschaften wie gewünscht auseinander.

Lediglich Eigenschaften, die *notwendig* genau denselben Dingen zukommen, sind bei Lewis identisch. Das, meint er, gehe in Ordnung: Es gibt einen guten Sinn, in dem »gleichseitiges Dreieck« und »gleichwinkliges Dreieck«, oder »Ochse« und »kastriertes männliches Rind« dieselbe Eigenschaft ausdrücken. Für Situationen, in denen man trotzdem dazwischen unterscheiden will, schlägt Lewis vor, Eigenschaften als komplexere mengentheoretische Konstruktionen aufzufassen, die z. B. die Eigenschaft *Gleichseitig* als Element enthalten können ([1986f: 55–57]).

Eine andere Schwierigkeit mit Eigenschaften als Klassen ist, dass Dinge ihre Eigenschaften oft nur vorübergehend und kontingent haben. Dagegen ist zu jeder Zeit und in jeder Welt *a* Element der Klasse { *a*, *b*, *c*, … }.

Lewis erwidert, Eigenschaften, die man nur relativ zu etwas anderem hat, und sei es relativ zu einer Welt, seien streng genommen Relationen. Wenn Dinge beispielsweise nur relativ zu einer Welt und einer Zeit rot sind, dann ist *Rot* eine Relation zwischen Dingen, Welten und Zeiten. Oder äquivalent[1], eine Funktion, die jeder Welt und jedem Zeitpunkt die Klasse der Dinge zuweist, die in dieser Welt zu dieser Zeit rot sind.

Lewis selbst besteht, wie wir in Abschnitt 2.4 und 3.4 sahen, darauf, dass nicht alle Eigenschaften Relationen dieser Art sind. Manche Eigenschaften kommen Dingen einfach so und direkt zu, nicht nur relativ zu etwas anderem. Das erreicht Lewis mit zeitlichen Teilen und modalen Counterparts. *Rund* z. B. ist nach Lewis keine Relation, sondern eine Klasse von Zeitscheiben weltgebundener Dinge (vgl. [1986f: 51f.]). Sicher versteht Lewis aber nicht *alle* scheinbaren Eigenschaften als einfache Klassen, wie [Egan 2004] annimmt; *Berühmt sein*, *Größer sein*, oder *Jemandes Lieblingseigenschaft sein* sind auch nach Lewis verkappte Relationen (vgl. [1986f: 52]).

Für Lewis' Metaphysik von Eigenschaften ist unerheblich, ob es echte, einstellige Eigenschaften in diesem Sinn überhaupt gibt. Counterparts und zeitliche Teile sind deshalb hier nicht zwingend vorausgesetzt. Dasselbe gilt für den modalen Realismus. Wenn man Eigenschaften mit Klassen möglicher Dinge identifiziert, muss es diese Dinge geben – sie brauchen aber nicht konkret und materiell zu sein. Statt echter Esel kann es sich auch um abstrakte Esel-Repräsentationen handeln. Schwierig wird es nur, wenn diese Repräsentationen, wie im kombinatorischen Ersatzismus (Abschnitt 3.7) selbst aus Eigenschaften konstruiert werden; dann wären Eigenschaften Bestandteile ihrer eigenen Elemente. Im Kombinatorialismus sollte man also zumindest die *fundamentalen* Eigenschaften, aus denen mögliche Dinge konstruiert werden, besser nicht als Klassen möglicher Dinge verstehen.

---

[1] Der Wert der Funktion für eine Welt *w* und eine Zeit *t* ist die Klasse der Dinge *x*, für die (*w*, *t*, *x*) in der Relation ist; umkehrt ist die Relation die Klasse der (*w*, *t*, *x*), für die *x* im Wert der Funktion für *w* und *t* liegt.

5.1 Eigenschaften als Klassen

Komplizierter wird es für den Fiktionalismus (Abschnitt 3.7), der Aussagen über bloß mögliche Dinge ganz weganalysieren möchte. Wenn Eigenschaften Klassen von Possibilia sind, wären dann auch Aussagen über Eigenschaften fiktionalistisch umzudeuten. Mit seiner Interpretation der Mengenlehre (Kap. 4) steckt Lewis jedoch in einer ganz ähnlichen Lage: Lewis zufolge bezieht sich ein mengentheoretischer Ausdruck wie »{ a, b, c }« nicht auf ein bestimmtes Ding, *die* Klasse aus *a*, *b* und *c*; Aussagen über Klassen – und damit auch über Eigenschaften – sind vielmehr versteckte Plural-Quantifikationen über Einermengenbeziehungen (vgl. [2002a: §5], [1986f: 52, Fn. 39]).

Offenbar spielte Lewis auch mit der Idee, die Rede von Klassen und Eigenschaften gleich ganz durch Plural-Konstruktionen zu ersetzen (vgl. [1986f: 50f., Fn. 37], [2002a: 9f.], [Black 2000: 97f.]). Quantifikation über Eigenschaften wäre dann Plural-Quantifikation über Einzeldinge; dass ein Ding die Eigenschaft *Rot* hat, hieße einfach, dass es eins der roten Dinge ist (zur Plural-Quantifikation s. o., S. 81f.). Wie das im Detail funktionieren soll, und wie damit Relationen und höherstufige Eigenschaften zu erfassen wären, sagt Lewis leider nicht.

Dieser Ansatz hätte den Vorteil, dass er den formalen Paradoxien entgeht, die Eigenschaften als Entitäten anhaften, etwa die Paradoxie der Eigenschaft, die auf genau diejenigen Eigenschaften zutrifft, die nicht auf sich selbst zutreffen. Die Mengenlehre umgeht solche Paradoxien, indem sie bestimmte Klassen verbietet. Es gibt keine Klasse aller sich nicht selbst enthaltenden Klassen. Es gibt auch keine Klasse aller Klassen, keine Klasse aller Nicht-Katzen, keine Klasse, die für jedes Ding *a* das Paar ⟨ *a*, *a* ⟩ enthält, und keine Klasse, die für alle *a*, *b* mit *a*∈*b* das Paar ⟨ *a*, *b* ⟩ enthält. Wenn Eigenschaften Klassen sind, gibt es folglich keine Eigenschaft *Klasse*, keine Eigenschaft *Nicht Katze sein*, keine *Identität* und keine *Elementschaft* (vgl. [1990: 163, Fn. 15], [2002a: 8]).

Das ist unschön. Können wir nicht über derlei Eigenschaften reden, wenn wir etwa sagen, Identität sei transitiv und Elementschaft nicht? Solche Sätze muss Lewis umdeuten: »Identität ist transitiv« heißt vielleicht nur, dass immer wenn *a* = *b* und *b* = *c*, dann auch *a* = *c* ist. Damit fällt Lewis' Vorwurf gegen Nominalisten, die *alle* Sätze über Eigenschaften irgendwie umdeuten wollen, in eingeschränktem Ausmaß auf ihn selbst zurück: »even if such paraphrases sometimes exist – even if they *always* exist, which seems unlikely – they work piecemeal and frustrate any systematic approach to semantics« [1983d: 16f.].

Doch wie gesagt, *jeder*, der eine konsistente Eigenschaftstheorie will, steht vor diesem Problem. Es hilft z. B. nicht, Eigenschaften statt als Klassen möglicher Dinge als irreduzible abstrakte Entitäten aufzufassen. Auch dann kann die Russell-Eigenschaft nicht existieren.

Formale Schwierigkeiten bereiten Lewis auch Klassen, die so viele Elemente haben, dass sie keine Menge mehr bilden. Diese können dann weder Element anderer Klassen – höherstufiger Eigenschaften – sein, noch in komplexere mengentheoretische Konstruktionen eingebaut werden, etwa in die feinkörnige Variante von *gleichseitiges Dreieck*. In [1986f] beschränkt Lewis Eigenschaften daher auf Mengen. Das funktioniert aber nicht mehr, wenn, wie in Abschnitt 3.2 erklärt, schon die Klasse der Esel keine Menge mehr ist (vgl. [2002a: 9, Fn. 5]).

Manche haben ganz andere Bauchschmerzen bei der Identifikation von Eigenschaften mit Klassen möglicher Dinge. Uwe Meixner [2006: 40f.] etwa beschwert sich, Eigenschaften würden dadurch »unüberlickbar und unerfassbar« für uns endliche Wesen. Sicher kann man etwa Vertrautheit mit einer Eigenschaft nicht sinnvoll als Vertrautheit mit einer Klasse erklären. Für die ontologische Reduktion ist das nicht nötig (s.o., Abschnitt 1.3). Mit einer Eigenschaft vertraut sein, heißt so etwas wie: Dingen mit dieser Eigenschaft begegnet sein und sie als solche erkennen. Ob es sich bei der Eigenschaft um eine Klasse handelt, spielt keine Rolle.

Dasselbe gilt für die Beziehung zwischen Dingen und ihren Eigenschaften. »To have a property«, sagt Lewis, »is to be a member of the class« [1983d: 10] (und [2002a: 7]). Lässt sich also die Tatsache, dass Tomaten rot sind, dadurch erklären, dass sie Element einer bestimmten Klasse sind, der Klasse der roten Dinge? Wohl kaum. Eher noch scheinen sie umgekehrt Element dieser Klasse zu sein, weil sie rot sind (vgl. [Armstrong 1978a: §2.5, §2.7]).

Lewis will mit seiner Theorie nicht erklären, was es heißt oder woran es liegt, dass Dinge die Eigenschaften haben, die sie haben. Man findet bei Lewis sehr wohl Erklärungen dafür, was es heißt und woran es liegt, dass etwas z.B. rot ist, oder dass jemand Schmerzen hat (s. [1997c], [1980b]); von Elementschaft ist da nicht die Rede. Eine Erklärung des Habens von Eigenschaften ganz allgemein kann es Lewis zufolge nicht geben. Das würde bekanntlich auch nur in einen Regress führen: Sagt man, »*a* ist *F*« sei generell wahr, weil das Ding *a* in der-und-der Beziehung zur Eigenschaft *F* steht, müsste »*a* steht in der-und-der Beziehung zur Eigenschaft *F*« ja wiederum wahr sein, weil *a* und *F* in der-und-der Beziehung zur Relation *in der-und-der Beziehung stehen* stehen, usw. »Having [a property] is not a relation, whatever grammer may suggest. What is it then? I don't know what more can be said« [2002a: 6] (vgl. [1983d: 20–24], [1998b: 219–203]).

Wenn Lewis Eigenschaften mit Klassen identifiziert, dann soll das also weder unseren epistemischen Zugang zu Eigenschaften aufhellen, noch soll es erklären, warum Dinge Eigenschaften haben. Lewis meint lediglich, dass man Aussagen, in denen explizit von Eigenschaften die Rede ist, oft ganz gut als Aussagen über Klassen verstehen kann.

5.2 Natürliche, intrinsische und fundamentale Eigenschaften

Der erste Weltkrieg und mein linker Schuh, sagte ich, haben nur wenige Eigenschaften gemeinsam. Es gibt aber unzählige Klassen, die beide enthalten – z.B. die Klasse aus dem Schuh, dem Krieg und der Zahl 183. Lewis zufolge ist jede dieser Klassen eine Eigenschaft. Und tatsächlich haben die drei Dinge ja etwas gemeinsam: Alle drei sind Element der Klasse { Schuh, Krieg, 183 }. Solche Eigenschaften hatte ich nicht im Sinn, als ich sagte, mein Schuh und der Krieg hätten nicht viel gemeinsam. Ich dachte an *natürliche* Eigenschaften wie Farbe, Masse, Größe und ontologische Kategorie.

Bis etwa 1980 nahm Lewis an, diese intuitive Unterscheidung zwischen natürlichen und nicht-natürlichen Eigenschaften sei ebenso wie die zwischen gewöhnlichen Dingen und beliebigen mereologischen Summen (Abschnitt 2.3) allein unseren Interessen und unserer biologischen oder sozialen Prägung zu verdanken: Objektiv sind alle Eigenschaften gleich (vgl. Quinton 1973: 263–265], [Taylor 1993: §4] für ähnliche Positionen).

Mit »New Work for a Theory of Universals« [1983d] ändert er seine Meinung. (Lewis spricht von einem »big turning point in my philosophical position« [1999a: 1].) Die Annahme einer objektiven Grenze zwischen natürlichen und nicht-natürlichen Eigenschaften, argumentiert er nun, ist nicht nur intuitiv einleuchtend, sondern leistet zudem unverzichtbare philosophische Arbeit, z.B. in der Theorie mentalen Gehalts, in der Analyse von Kausalität und bei der Reduktion von Naturgesetzen und objektiver Wahrscheinlichkeit.

Bevor ich darauf eingehe, will ich erst einmal klären, was Lewis genau unter natürlichen Eigenschaften versteht. Dafür ist eine andere Anwendung besonders aufschlussreich: die Analyse *intrinsischer Eigenschaften*.

Intrinsischen Eigenschaften sind wir in Abschnitt 3.2 schon begegnet, als es um den Begriff einer *perfekten Kopie* ging. Eine perfekte Kopie eines Gegenstandes ist etwas, was dem Original nicht nur von weitem ungefähr ähnelt, sondern auch in keinem Labor vom Original zu unterscheiden wäre. Eine perfekte Kopie hat dieselbe Größe, dasselbe Gewicht, dieselbe Farbe, dieselben Kratzer, denselben atomaren Aufbau wie das Original. Dennoch können sich Original und Kopie in vielerlei Hinsicht unterscheiden. Vielleicht ist das Original im Louvre, die Kopie in Shanghai; und sicher ist das Original Element der Klasse { Original, mein linker Schuh }, nicht aber die Kopie.

Die Eigenschaften, in denen perfekte Kopien (oder: Duplikate) stets übereinstimmen, sind *intrinsisch* und *qualitativ*. Qualitativ ist eine Eigenschaft, wenn sie nicht mit Bezug auf einzelne Individuen bestimmt ist. *In einem Museum hängen*, *ein Gemälde sein* usw. sind z.B. qualitativ, *die Mona Lisa sein* und *die Mona Lisa besitzen* sind es nicht. Je mehr etwas der Mona Lisa ähnelt, desto größer die Übereinstimmung in qualitativen Eigenschaften.

Qualitative Eigenschaften können wiederum *intrinsisch* oder *extrinsisch* sein. Extrinsisch sind Eigenschaften wie *wertvoll sein, in einem Museum hängen, von so- und-so vielen Leuten im Jahr gesehen werden*. Diese Eigenschaften sind qualitativ, betreffen aber in einem gewissen Sinn nicht nur das Gemälde selbst, sondern auch seine Beziehungen zu anderen Dingen. Eine perfekte Kopie der Mona Lisa muss diese Eigenschaften nicht teilen.

Diese Bestimmung intrinsischer Eigenschaften ist intuitiv und vage, und kann auf verschiedene Weise präzisiert werden.[2] Lewis hat hierzu gleich eine ganze Reihe von Vorschlägen. In [Lewis und Langton 1998] definiert er intrinsische Eigenschaften in erster Näherung als Eigenschaften, deren Instanziierung unabhängig ist davon, ob der Träger allein ist in seiner Welt oder nicht. Nehmen wir *Rund*: Etwas kann 1) einsam und rund sein, aber auch 2) einsam und nicht-rund, 3) nicht- einsam und rund, oder 4) nicht-einsam und nicht-rund. Alle vier Kombinationen sind möglich. Anders bei der Eigenschaft *von mehr als 100 Leuten im Jahr gesehen werden*. Ein Ding, das ganz allein ist in seiner Welt, kann diese Eigenschaft nicht haben.

Diese Definition funktioniert i. A. ganz gut, aber nicht immer. *Rund und einsam oder nicht rund und nicht einsam* ist intuitiv extrinsisch, aber, wie man leicht nachprüfen kann, unabhängig von Einsamkeit. Um solche Eigenschaften auszuschließen, schränken Lewis und Langton die Definition auf nicht-disjunktive (und nicht-negiert-disjunktive) Eigenschaften ein. Dabei gilt eine Eigenschaft als disjunktiv, wenn sie äquivalent ist mit einer Disjunktion zweier Eigenschaften, die jeweils deutlich natürlicher sind als ihre Disjunktion (vgl. [Lewis und Langton 2001]).[3]

In [2001b] macht Lewis einen anderen Vorschlag, nach dem eine Eigenschaft F genau dann intrinsisch ist, wenn sie erstens unabhängig von Einsamkeit ist und zweitens sowohl F *und einsam* als auch F *und nicht einsam* unnatürlicher ist als F selbst. Bei $F =$ *Rund und einsam oder nicht rund und nicht einsam* ist F *und einsam* z. B. äquivalent mit *Rund* und daher nicht unnatürlicher als F selbst.

Wie man sieht, setzt Lewis in beiden Definitionen eine Unterscheidung zwischen natürlicheren und weniger natürlichen Eigenschaften voraus (und zwar eine recht spezifische Unterscheidung, vgl. [Marshall und Parsons 2001], [Sider

---

[2] Das sorgt nicht selten für terminologischen Wirrwarr. Es gibt z.B. Philosophen, die auch nicht- qualitative Merkmale als intrinsisch einstufen, oder die »intrinsisch« gar als gleichbedeutend mit »essentiell« verwenden; vgl. [Sider 1993], [Humberstone 1996] für Versuche einer terminologischen Entwirrung.

[3] *Rund oder Quadratisch* wäre nach diesem Vorschlag nicht intrinsisch. Lewis und Langton erweitern ihre Definition deshalb so, dass beliebige boolesche Kombinationen intrinsischer Eigenschaften ebenfalls als intrinsisch zählen ([Lewis und Langton 1998: §4]).

5.2 Natürliche, intrinsische und fundamentale Eigenschaften

2001b]). Noch deutlicher ist das bei Lewis' erster und einfachster Definition, in [1983a: §1] und [1983d: 25f.]. Hier bestimmt Lewis intrinsische Eigenschaften einfach als Eigenschaften, die sich nie zwischen perfekten Kopien unterscheiden. Perfekte Kopien können dann natürlich nicht mehr informativ bestimmt werden als Dinge, die einander in allen intrinsischen Eigenschaften gleichen. Lewis bestimmt sie stattdessen als Dinge mit genau derselben Verteilung perfekt natürlicher Eigenschaften ([1986f: 61f.]).[4]

Wenn man wissen will, was Lewis unter perfekt natürlichen Eigenschaften versteht, dreht man diese Definition am besten um: Perfekt natürliche Eigenschaften sind Eigenschaften, auf deren Instanziierung alle qualitativen, intrinsischen Unterschiede zwischen Dingen beruhen. D. h., wann immer zwei Dinge einander nicht gleichen wie ein Ei dem anderen, wann immer sie keine perfekten Kopien von einander sind, instanziieren sie oder ihre Teile unterschiedliche perfekt natürliche Eigenschaften. Und umgekehrt, wann immer zwei Dinge sich in der Verteilung perfekt natürlicher Eigenschaften unterscheiden, gleichen sie einander nicht wie ein Ei dem anderen.

Perfekt natürlichen Eigenschaften bilden also eine Basis für qualitative, intrinsische Unterschiede – und zwar eine möglichst kleine und einfache Basis: »there are only just enough of them to characterize things completely and without redundancy« [1986f: 60]. Lewis spricht statt von perfekt natürlichen Eigenschaften deshalb auch oft, und gleichbedeutend, von *fundamentalen Eigenschaften* (vgl. [Lewis und Langton 1998: 131], [1994a: 225], [1994b: 291f.], [2008: 2]).

Disjunktive Eigenschaften wie *Rot oder Rund* sind z. B. nicht fundamental: Ob etwas rot oder rund ist, ist durch die Instanziierung der einfacheren Eigenschaften *Rot* und *Rund* schon bestimmt; die disjunktive Eigenschaft braucht deshalb in den Kreis der perfekt natürlichen nicht aufgenommen zu werden.[5] Ebenso für negative, konjunktive und strukturelle Eigenschaften (s. u., Abschnitt 5.3).

Was für Dinge im Allgemeinen gilt, gilt insbesondere für raumzeitlich maximale Dinge – mögliche Welten. Wann immer zwei Welten keine perfekten Duplikate sind, wann immer sie einander nicht gleichen wie ein Ei dem anderen, muss der

---

[4] Zwei Dinge haben dieselbe Verteilung perfekt natürlicher Eigenschaften, wenn sie selbst dieselben perfekt natürlichen Eigenschaften instanziieren und die Teile des einen den Teilen des anderen so zugeordnet werden können, dass einander zugeordnete Teile ebenfalls dieselben perfekt natürlichen Eigenschaften (und Relationen) instanziieren. In [1983d: 27] fehlt die zweite Bedingung. Wenn nur Elementarteilchen perfekt natürliche Eigenschaften instanziieren, wären nach der dortigen Definition alle anderen Dinge, der Mount Everest und die Mona Lisa z. B., perfekte Duplikate.

[5] Waren disjunktive Eigenschaften nicht über Natürlichkeit definiert? Ja. Ich versuche hier, mit unserem *intuitiven* Verständnis disjunktiver, qualitativer und intrinsischer Eigenschaften Lewis' Begriff der perfekt natürlichen Eigenschaften zu erläutern. Lewis' offizielle Definition geht in allen drei Fällen in die entgegengesetzte Richtung. (Für »qualitativ« s. [2003: 26], [2008: 11].)

Unterschied auf einer unterschiedlichen Verteilung perfekt natürlicher Eigenschaften beruhen. Alle qualitativen Wahrheiten über alle Welten beruhen folglich auf der Verteilung perfekt natürlicher Eigenschaften:

> I hold, as an *a priori* principle, that every contingent truth must be made true, somehow, by the pattern of coinstantiation of fundamental properties and relations. [1994b: 291f.] (vgl. [1992a: 207], [1994a: 225], [2003: 25f.])

Lewis schließt hier auch Wahrheiten über extrinsische Eigenschaften ein. Wenn Fred z.B. der Größte in seiner Familie ist, dann liegt das zwar nicht allein an seinen intrinsischen Eigenschaften – ein perfektes Fred-Duplikat muss nicht der Größte in *seiner* Familie sein –; dennoch liegt es nur an der Verteilung intrinsischer Eigenschaften, nämlich in Freds Familie. Wenn wir mit Fred auch seine ganze Familie oder Welt duplizieren, muss das Fred-Duplikat auch der Größte in seiner Familie sein. Lewis hat allerdings nicht ganz Recht, wenn er in [2008: 12] sagt, die extrinsischen Eigenschaften eines Dings seien stets durch die intrinsischen Eigenschaften eines umfassenderen Dings bestimmt, im Zweifelsfall der ganzen Welt. Freds Eigenschaft, eine Welt ohne Einhörner zu bewohnen, kann ihm z.B. selbst bei Duplikation der ganzen Welt abhanden kommen – wenn das Welt-Duplikat nämlich Teil einer größeren Welt ist, die auch Einhörner enthält (vgl. [2003: §4]). Trotzdem ist auch diese Eigenschaft insofern durch die Verteilung intrinsischer Eigenschaften bestimmt, als sie Fred (bzw. seinem Duplikat) in jeder Welt zukommt, die genau dasselbe *Verteilungsmuster* fundamentaler intrinsischer Eigenschaften aufweist (s.o., S. 47).

Perfekt natürliche Eigenschaften müssen nicht einstellig sein. Lewis spricht nicht ohne Grund von »properties and relations«. Auch bei *Relationen* unterscheidet er intrinsisch und extrinsisch. Die Größer-Relation ist z.B. intrinsisch: Ob ein Ding größer ist als ein anderes, ist eine private Angelegenheit zwischen den beiden, unabhängig von der Existenz und den Eigenschaften anderer Dinge. Die Beziehung *Großmutter-von* ist dagegen extrinsisch: Wenn jemand Großmutter von jemand anderem ist, dann muss zwangsläufig eine dritte Person neben den beiden existieren.

Relationen wie *Größer*, deren Instanziierung allein von den intrinsischen Eigenschaften der Relata abhängt, bezeichnet Lewis als *intern* ([1986f: 62], [Lewis und Langton 1998: §8]; in [1983d: 26, Fn. 16] sagt er »intrinsisch in Bezug auf die Relata«). Interne Relationen sind immer auf einstellige intrinsische Eigenschaften reduzierbar. Es gibt aber intrinsische Relationen, für die das nicht gilt: *externe* Relationen (»intrinsisch in Bezug auf die Paare«). Lewis' Beispiel sind raumzeitliche Relationen. Die Entfernung zwischen zwei Bildern etwa scheint nicht auf deren intrinsischen Eigenschaften zu beruhen: Zwei andere Bilder könnten intrinsisch den beiden exakt gleichen, aber weiter oder weniger weit voneinander entfernt sein. Andererseits hängt die Entfernung aber auch nicht von der Existenz und den Eigenschaften anderer Dinge ab.

5.2 Natürliche, intrinsische und fundamentale Eigenschaften

Lewis betrachtet die Relationen raumzeitlichen Abstands als fundamental. Er vermutet, dass es zumindest in unserer Welt die einzigen Relationen dieser Art sind ([1986f: 67, 77]).[6] D.h., in unserer Welt sind alle Wahrheiten durch die *raumzeitliche* Verteilung einstelliger fundamentaler Eigenschaften bestimmt.

Genauer, alle *qualitativen* Wahrheiten (vgl. [2003: 25f.], [2008: 11]): Selbst wenn Fred und sein Duplikat perfekte Duplikat-Welten bewohnen, unterscheiden die beiden sich immer noch in Hinblick auf ihre Elementschaft in allerlei Klassen. Diese Einschränkung ist für Lewis aber unbedeutend, da für ihn alle gewöhnlichen Wahrheiten über eine Welt qualitativ sind – selbst Wahrheiten wie »Humphrey verlor 1968 die Wahl«: Wenn zwei Welten perfekte Duplikate sind, müssen sie auch darin übereinstimmen, ob in ihnen Humphrey die Wahl gewann (s. Abschnitt 3.5).

Was kommt als Beispiel für einstellige fundamentale Eigenschaften in Frage? *Tisch* oder *Tiger* wohl nicht: Ob etwas ein Tisch ist oder ein Tiger, ist durch die Anordnung und Eigenschaften seiner Teile und seine Beziehungen zu anderen Dingen bestimmt. Dasselbe gilt für gewöhnliche Farb- und Formeigenschaften: Wenn etwas rot und rund ist, dann liegt das an der Anordnung und den Eigenschaften seiner Teile. Fundamentale Eigenschaften sollen dagegen weder auf die Eigenschaften kleinerer Teile reduzierbar sein, noch von externen Beziehungen abhängen. (Perfekte Duplikate sollen sich ja in ihren perfekt natürlichen Eigenschaften nie unterscheiden.) Als gute Kandidaten nennt Lewis Masse, Ladung und Spin von Elementarteilchen ([1983d: 27, 38], [1984b: 66], [1986f: 60], [1994b: 292], vgl. [Armstrong 1989b: 87]).

Damit ist klar, dass die Bestimmung der fundamentalen Eigenschaften in unserer Welt keine Aufgabe der Philosophie ist. Ob etwa die Ladung eines Elektrons auf noch grundlegendere Eigenschaften und Beziehungen reduziert werden kann, ist eine physikalische, keine philosophische Frage. Tatsächlich geht für Lewis das Aufspüren der grundlegenden Naturgesetze Hand in Hand mit dem Aufspüren fundamentaler Eigenschaften, denn Naturgesetze sind Lewis zufolge nichts anderes als systematische Regularitäten in der Verteilung fundamentaler Eigenschaften (s. Kap. 6).

---

[6] In [1986f: 67, Fn. 47] erwähnt er als weitere Kandidaten für fundamentale Relationen die Teilbeziehung, Identität (im Widerspruch zu [1986f: 77]) und mengentheoretische Elementschaft. (Dummerweise existieren diese Relationen alle nicht, s.o., S. 93.) Lewis' Schwanken scheint mir daran zu liegen, dass er sich nicht ganz im Klaren ist, ob die fundamentalen Eigenschaften eine begriffliche Basis bilden sollen, auf die alle Prädikate reduzierbar sind, oder nur in die grundlegenden Tatsachen eingehen, die alles andere implizieren; vgl. Abschnitt 11.6.

Gute Kandidaten für fundamentale Relationen sind auch quantenmechanische Beziehungen zwischen verschränkten Teilchen. Fasst man, weil man Counterparts und zeitliche Teile ablehnt, alle Eigenschaften als verkappte Relationen zu Zeiten und Welten auf, gibt es natürlich sehr viel mehr fundamentale Relationen.

Die Physik kann aber nicht *alle* perfekt natürlichen Eigenschaften entdecken. Zum einen ist unwahrscheinlich, dass alle fundamentalen Eigenschaften überhaupt in unserer Welt instanziiert sind. Fremdartige Eigenschaften, auf denen z.B. das Treiben von immateriellen Geistern und Göttern in anderen Welten beruht, gehen unsere Physik nichts an. Und selbst wenn eine fundamentale Eigenschaft in unserer Welt instanziiert ist, könnte ihr keine eigene kausale Rolle zukommen, so dass alle beobachtbaren Phänomene ebensogut ohne sie erklärbar wären (vgl. [1983d: 34], [2008: 10f.],).

Ihre Rolle in den Naturgesetzen unterstreicht die Objektivität perfekt natürlicher Eigenschaften. Wenn Physiker Ladung als fundamental klassifizieren, dann machen sie keine Aussage über unsere Psychologie; die Naturgesetze sind nicht Regularitäten, die uns zufällig gerade interessieren, sondern Regularitäten, die *objektiv* grundlegender sind als andere (vgl. [1994a: 232f.], [1983d: 54f.], [1984b: 66f.]).

Wenn Eigenschaften Klassen möglicher Dinge sind, was zeichnet dann ontologisch die perfekt natürlichen gegenüber den anderen aus? Lewis betrachtet diesen Unterschied zumeist als nicht weiter erklärbar. Intuitiv ist das ein wenig unbefriedigend. Die Natürlichkeit einer Klasse, möchte man sagen, beruht auf der Natur ihrer Elemente, nicht umgekehrt.

Lewis schlägt vor, man könne perfekt natürliche Klassen auch definieren als Klassen, deren Elemente in einer grundlegenden Hinsicht übereinstimmen. Das (plurale) Prädikat *in einer grundlegenden Hinsicht übereinstimmen* (oder *vom selben Typ sein*) muss nun als primitiv akzeptiert werden. Auch das mag unbefriedigend erscheinen: Wenn zwei Dinge in einer bestimmten Hinsicht übereinstimmen, dann scheint das daran zu liegen, dass sie eine Eigenschaften teilen, nicht umgekehrt.

Lewis hat einen dritten Vorschlag, nach dem perfekt natürliche Klassen maximale Klassen von Dingen sind, die eine *Universalie* teilen, wobei Universalien keine Klassen sind, sondern grundlegende Entitäten, die genau den perfekt natürlichen Eigenschaften entsprechen. (Eine Universalientheorie dieser Art entwickelt Armstrong in [1978b] und v.a. [1989b].) Schließlich könnte man viertens an Stelle primitiver Universalien auch primitive *Tropen* verwendet – eigenschaftsartige Entitäten, die im Gegensatz zu Universalien immer nur einem einzigen Ding zukommen. Perfekt natürliche Klassen wären dann maximale Klassen von Dingen, die perfekte Duplikate eines Tropos teilen. (Eine passende Tropentheorie wäre etwa [Williams 1953].

Lewis gibt sich zwischen diesen vier Vorschlägen offiziell neutral ([1983d: 13–15], [1986f: 63–68], [1986a: 79f.], [Lewis und Langton 2001: 354, Fn. 3]).[7]

---

[7] Die Möglichkeit mit Tropen fehlt in [1983d]. Ausführlich auseinandergesetzt hat sich Lewis nur mit der Universalientheorie, gegen die er in [1986a] und [1986f: 68] ernste Bedenken anmeldet.

Objektiv natürliche Eigenschaften, meint er, sind unverzichtbar, egal ob und wie ihr Status weiter erklärt werden kann: »We are entitled to reject [egalitarianism about properties] without owing any developed alternative« [1986g: 54].

5.3 Grössen, strukturelle und unnatürliche Eigenschaften

Die fundamentalen Eigenschaften sollen eine minimale Basis für alle qualitativen, intrinsischen Unterschiede bilden. Die Klasse der fundamentalen Eigenschaften sollte also insofern *vollständig* sein, als alle qualitativen Unterschiede zwischen Dingen auf Unterschiede in der Verteilung fundamentaler Eigenschaften zurückgeführt werden können. Und sie soll insofern *minimal* sein als keine echte Teilklasse von ihr vollständig ist. Es sollte also keine fundamentale Eigenschaft F geben, deren Verteilung metaphysisch (nicht nur naturgesetzlich) bereits festgelegt ist durch die Verteilung anderer fundamentaler Eigenschaften G, H, usw.

Die Minimalitätsbedingung schließt nicht aus, dass die Instanziierung einer fundamentalen Eigenschaft F die Instanziierung einer anderen Eigenschaft G notwendig mit sich bringt (solange es auch Gs gibt, die nicht F sind). Will man auch das verhindern, sollten die fundamentalen Eigenschaften nicht nur nicht-redundant sein, sondern *unabhängig* von einander – *beliebig rekombinierbar* (vgl. Abschnitt 3.2 und [2008: §4]).

Die Anforderungen der Unabhängigkeit und Nicht-Redundanz implizieren, dass fundamentale Eigenschaft nie durch Konjunktion, Disjunktion, Negation usw. aus anderen hervorgehen. Ebenso ausgeschlossen sind determinierbare fundamentale Eigenschaften, deren Instanziierung durch die Instanziierung entsprechender determinierter Eigenschaften bestimmt wäre: Wenn feststeht, welche Dinge exakt welche Farbschattierungen haben, dann steht auch die Verteilung der determinierbaren Eigenschaft *Farbig* fest. Ausgeschlossen sind schließlich auch *strukturelle* fundamentale Eigenschaften, deren Vorliegen durch grundlegende Eigenschaften der Teile ihrer Träger bestimmt wäre. Die strukturelle Eigenschaft, ein Methan-Molekül zu sein, kommt Dingen z. B. genau dann zu, wenn ihre Teile andere, mindestens ebenso natürliche Eigenschaften und Relationen instanziieren: ein Kohlenstoffatom sein, eine kovalente Bindung eingehen, usw. Ein Methan-Molekül zu sein ist folglich nicht fundamental. »Fundamental properties [...] are not at all disjunctive or determinable, or negative. [...] They are not conjunctive or structural« [2008: 2]. All das sind für Lewis keine substantiellen metaphysischen Thesen, sondern Aspekte der Bestimmung fundamentaler Eigenschaften.

Leider passen diese Aspekte nicht immer zusammen. Probleme gibt es z. B. mit unendlich strukturellen Eigenschaften. Methan-Moleküle enthalten Kohlenstoff-

Atome, Kohlenstoff-Atome enthalten Protonen, und man kann sich vorstellen, dass so eine Kette im Prinzip unendlich weiter gehen könnte: »Maybe there is no end to this complexity. Maybe there are no simples, just structures of structures *ad infinitum*« [1986a: 86] (vgl. [1983d: 12, 37], [Armstrong 1978b: §15.1, §18.3, §19.3], [Armstrong 1993: §2], [Armstrong 1997: §3.4.1]).

Lewis hält diese Vorstellung zwar für »weit hergeholt« ([2008: Fn. 4], vgl. [Sosa 2000: 303]), aber nicht unmöglich. Wenn unendlich strukturelle Eigenschaften aber möglich sind, können Wahrheiten über entsprechende Welten nicht allein durch die Verteilung nicht-struktureller fundamentaler Eigenschaften bestimmt sein. Lewis erwähnt diese Schwierigkeit kurz in Fußnote 4 von »Ramseyan Humility« [2008], und schlägt vor, hier zwischen *perfekt* und *annähernd* fundamentalen Eigenschaften zu unterscheiden. Perfekt fundamentale (also ›perfekt perfekt natürliche‹) Eigenschaften sind nicht-strukturell und beliebig kombinierbar; manche Tatsachen in manchen Welten beruhen aber nicht auf der Verteilung perfekt fundamentaler Eigenschaften, sondern nur auf der Verteilung annähernd fundamentaler.

Gegen die Unabhängigkeit fundamentaler Eigenschaften scheint auch zu sprechen, dass gute Kandidaten für fundamentale Eigenschaften überwiegend (deterministische) *Größen* wie Massen und Ladungen sind, bei denen zumindest prima facie nicht jede Kombination möglich ist: Kann etwas gleichzeitig 10 kg und 20 kg wiegen? Können zwei Dinge (relativ zum selben Bezugsrahmen) gleichzeitig sowohl 10 m als auch 20 m von einander entfernt sein?

Auf ein anderes Problem mit Größen weist [Hawthorne 2006] hin. Naturgesetze sind, wie erwähnt, für Lewis systematische Regularitäten in der Verteilung fundamentaler Eigenschaften. Genauer, ein Naturgesetz ist etwas, was aus der einfachsten und informativsten Beschreibung der Verteilung fundamentaler Eigenschaften in unserer Welt folgt. Nehmen wir nun an, Newtons Gravitationsgesetz, nach dem die Gravitationskraft zwischen zwei Gegenständen Gm_1m_2/r^2 beträgt, sei ein grundlegendes Naturgesetz. (Das sollte zumindest *möglich* sein.) G ist hier eine Konstante, m_1 und m_2 die beiden Massen und r der Abstand. Wie müsste man dieses Gesetz formulieren, wenn nur einzelne, determinierte Massen und Abstände fundamental sind, und man nur Prädikate für diese einzelnen Eigenschaften verwenden darf: als Konjunktion (überabzählbar) unendlich vieler Gesetze für die einzelnen Werte? Derart komplizierte Gesetze kann es nach Lewis nicht geben (s. Abschnitt 6.3). Da in unserer Welt außerdem nicht alle einzelnen Massen und Abstände instanziiert sind, könnte man das Gesetz durch Weglassen einiger Konjunktionsglieder vereinfachen: Newtons Gesetz würde dann etwa für Massen zwischen 79,1362 und 79,1367 kg nicht gelten.

Diese Schwierigkeiten ließen sich umgehen, wenn Größen allesamt strukturell wären (vgl. [Armstrong 1989a]). Wenn z.B. alle Dinge aus Elementarteilchen mit einer fundamentalen Einheitsmasse von 1 mg bestünden, wäre 100 g nicht mehr fundamental. Es wäre vielmehr die strukturelle Eigenschaft, aus 100 000 Teilen mit der Einheitsmasse zu bestehen. In Naturgesetzen bräuchte man dann auch nur die Einheitsmasse zu erwähnen: »Wann immer ein Ding aus *n* Teilchen mit Einheitsmasse besteht und ein anderes aus *m* Teilchen, dann ...«.

Dieser Vorschlag mag bei Ladungen vielleicht funktionieren, bei Massen und erst recht raumzeitlichem Abstand ist er aber aussichtslos. Ein besserer Ausweg ist daher, als fundamentale Eigenschaften nicht nur Ja-Nein-Eigenschaften zuzulassen, sondern auch Eigenschaften, die Dingen kompliziertere Werte zuordnen: reelle Zahlen z.B. oder Vektoren (vgl. [Weatherson 2006]). Es gäbe demnach nur *eine* fundamentale Masse-Eigenschaft. Diese wäre aber nicht etwas, was man einfach hat oder nicht hat, sondern etwas, wovon man einen bestimmten Wert hat, und zwar immer nur einen. Das würde erklären, warum Masse-Werte nicht beliebig kombinierbar sind.[8] Lewis scheint diesem Vorschlag nicht abgeneigt:

> I speak of ›fundamental properties‹ for short, but they fall into several categories. There are all-or-nothing monadic properties. There are all-or-nothing n-adic relations, at least for smallish n. There are properties that admit of degree, that is, magnitudes; more generally, there are scalar-valued, vector-valued, tensor-valued, ... magnitudes. There are relational magnitudes. Maybe my list is too long; maybe the magnitudes could somehow be reduced to all-or-nothing properties and relations, but that is a question I shall not take up here. [2008: 2f.]

Die Bezeichnung »perfekt natürlich« deutet schon an, dass Lewis auch an *halbwegs natürliche Eigenschaften* glaubt. Die braucht er z.B., wenn er annimmt, dass *Rund* natürlicher ist als *Rund und einsam oder nicht rund und nicht einsam* (s.o., S. 96), oder wenn er erklären will, warum mein linker und mein rechter Schuh mehr Eigenschaften gemeinsam haben als mein linker Schuh und der erste Weltkrieg. Unsere alltägliche Rede über Eigenschaften ist auf natürliche, aber selten auf *perfekt* natürliche Eigenschaften beschränkt.

Lewis hat mehrere Vorschläge zur Bestimmung relativer Natürlichkeit. In [1986f: 61, 63, 67] und [1984b: 66] sagt er, die Natürlichkeit einer Eigenschaft sei durch die Komplexität oder Länge ihrer Definition durch perfekt natürliche Eigenschaften bestimmt. Allerdings wäre eine Definition von *Rot* oder *Frühstück* über fundamentale Eigenschaften sicher enorm kompliziert, viel komplizierter als *Hat Ladung −1 oder eine Masse, dessen Wert in kg eine Primzahl ist*. Sollte diese Eigenschaft aber nicht die unnatürlichere sein?

---

[8] Damit kann man perfekt natürliche Klassen allerdings nicht mehr bestimmen als Klassen von Dingen, die einander in einer Hinsicht perfekt ähneln. S. [Busse 2007] für einen anderen Ansatz zur Behandlung von Größen in einer Lewis'schen Metaphysik, der das erlauben könnte.

In [1983d: 49] sagt Lewis, eine Eigenschaft sei umso natürlicher, je mehr sie wohlumgrenzten Dingen zukommt. Als alleiniges Kriterium taugt das auch nicht, da sonst *Wolke* weniger natürlich wäre als etwa *Tisch in der Umgebung eines Kernkraftwerks oder Uhr, die 7 : 23 anzeigt.*

In [1983d: 13f.] schlägt Lewis vor, Natürlichkeit auf Ähnlichkeit zwischen Eigenschaften zurückzuführen: Eine Klasse ist umso natürlicher, je mehr die Eigenschaften ihrer Elemente einander ähneln. Zur hierbei vorausgesetzten Ähnlichkeitsbeziehung verweist er auf Armstrongs Ansätze zur Ähnlichkeit zwischen Universalien (s. [1978b: § 16.2, § 21f.], [1989b: § 5.11], [1997: § 4.1]). Leider hat Lewis selbst in [1986a] diese Ansätze gründlich demontiert – weshalb Armstrong sich in seinen neueren Arbeiten auch eher skeptisch gibt: »Where I do see trouble for a Universals theory is the question of resemblance of universals« [1989b: 137].

Da Ähnlichkeitsbeziehungen zwischen Eigenschaften besonders bei verschiedenen Werten einer Größe plausibel sind (*12 g* ist *11 g* ähnlicher als *75 kg*, *Orange* ist *Rot* ähnlicher als *Blau*; aber ist *11 g Orange* ähnlicher als *Ladung – 1*?), könnte man die Ähnlichkeit vielleicht über die Ordnung der relevanten Werte bestimmen, etwa so: Dinge bilden eine umso natürlichere Klasse, je kleiner der Bereich an Werten, den ihnen fundamentale Eigenschaften zuweisen.

Ausgeklügelter ist das Kriterium, das Lewis in [2001b: § 4, § 6] einführt. Etwas vereinfacht gesagt erstellt man dazu ein zweidimensionales Koordinatensystem aller möglichen Dinge, die in der einen Achse nach intrinsischer und in der anderen nach extrinsischer Ähnlichkeit geordnet werden. Eine Eigenschaft ist dann umso natürlicher, je kompakter und dichter die entsprechende Region in der Matrix ist, das heißt, je mehr ihre Instanzen einander intrinsisch und extrinsisch ähneln und je unähnlicher die Nicht-Instanzen den Instanzen sind. Graduelle intrinsische und extrinsische Ähnlichkeit setzt Lewis dabei einfach voraus. Zumindest die intrinsische Ähnlichkeit ließe sich aber vielleicht über Größen in den Griff bekommen.

Bei all diesen Versuchen sollte man im Hinterkopf behalten, dass der Anspruch einer allgemeinen Charakterisierung relativ natürlicher Eigenschaften ohnehin verfehlt sein könnte. Vielleicht werden in verschiedenen Anwendungen ja *verschiedene Standards* benötigt. In dem eben vorgestellten Matrix-Test kommen z. B. die perfekt natürlichen Eigenschaften als ziemlich *unnatürlich* heraus, denn die Instanzen einer prefekt natürlichen Eigenschaft gleichen einander keineswegs wie ein Ei dem anderen: Wenn etwa *Ladung – 1* perfekt natürlich ist, dann bilden alle Dinge mit dieser Ladung eine perfekt natürliche Klasse, egal wie unähnlich sie einander sonst sind.

Lewis führt gute Gründe an, warum man in verschiedenen Bereichen der Philosophie zwischen natürlichen und weniger natürlichen Eigenschaften unterscheiden sollte. Er zeigt aber nicht, dass die benötigte Unterscheidung immer dieselbe ist. Denkbar z. B., dass die für mentalen Gehalt oder unsere alltägliche

Quantifikation relevante Natürlichkeit von unseren Interessen abhängt und daher allenfalls am Rande mit den objektiv fundamentalen Eigenschaften zu tun hat, die in Lewis' Analyse von Naturgesetzen vorkommen. Die verschiedenen Arten von Natürlichkeit mögen trotzdem alle – auf verschiedene Weise – durch perfekte Natürlichkeit bestimmt sein. Das heißt aber nicht viel; schließlich ist *alles* durch die Verteilung dieser Eigenschaften bestimmt.

5.4 Quidditismus

Lewis' fundamentale Eigenschaften sind per Definition intrinsisch. Welche fundamentalen Eigenschaften ein Gegenstand hat, ist folglich unabhängig von seiner Interaktion mit anderen Dingen.

Nehmen wir z.B. an, *Ladung −1* ist fundamental. In unserer Welt zeichnen sich Dinge mit dieser Eigenschaft u.a. dadurch aus, dass sie einander abstoßen. Dieser Zusammenhang zwischen Ladung und raumzeitlichem Abstand ist nach Lewis aber kontingent. Wenn Ladung −1 fundamental ist, folgt *metaphysisch* noch gar nichts aus der Tatsache, dass etwas die Eigenschaft hat. Es gibt mögliche Dinge mit Ladung −1, die sich genauso verhalten wie bei uns Dinge mit neutraler Ladung (s. [1986f: 162], [2008]).

Fundamentale Eigenschaften sind also metaphysisch unabhängig von der Rolle, die sie in den Naturgesetzen spielen, und damit auch von Kausalbeziehungen zu anderen Eigenschaften. David Armstrong gab dieser These den Namen *Quidditismus*. Am anderen Ende des Spektrums liegt der (Eigenschafts-)*Strukturalismus*, dem zufolge fundamentale Eigenschaften durch ihre kausale und nomologische Rolle bestimmt sind (vgl. z.B. [Hawthorne 2001]).

Der Quidditismus ähnelt dem Haecceitismus (Abschnitt 3.5). Laut Haecceitismus ist die Identität von Einzeldingen unabhängig von ihren qualitativen Eigenschaften. Entsprechend ist laut Quidditismus die Identität von Eigenschaften wiederum unabhängig von ihrer kausal-nomologischen Rolle.

Wie der Haecceitismus hat der Quidditismus gewisse intuitive Plausibilität. Man kann sich z.B. eine Welt vorstellen, in der nur ein einsames Elektron mit negativer Ladung existiert. Und man kann sich eine Welt vorstellen, in der nur ein einsames Positron mit positiver Ladung existiert. Diese beiden Möglichkeiten unterscheiden sich nur in der Verteilung fundamentaler Eigenschaften, nicht im Verhalten ihrer Träger oder ihren Beziehungen zu anderen Dingen (vgl. [2008: 7], [Robinson 1993: 23f.]).

Andererseits ist die Vorstellung auch eigenartig, ein Ding mit Ladung −1 könnte sich genau so verhalten könnte wie normalerweise Dinge mit Masse 1 g (vgl. z.B. [Black 2000: 95f.]). Ist nicht der Begriff »Ladung −1« über seine Rolle in unseren physikalischen Theorien definiert? *Heißt* Ladung −1 haben nicht schlicht, die entsprechende Rolle zu spielen?

Man darf hier aber *metaphysische und begriffliche Abhängigkeit* nicht verwechseln. Lewis glaubt ebenfalls, dass unsere Namen für fundamentale Eigenschaften über theoretische Rollen bestimmt sind (s. Abschnitt 11.1). Diese Rollen dienen aber nur dazu, die Eigenschaften *in unserer Welt* herauszugreifen: Um die Bezeichnung »Ladung −1« zu verdienen, muss eine Eigenschaft *bei uns* die passende Rolle spielen. In anderen Welten kann ihre Rolle ganz anders sein. Dass Ladung −1 diese Rolle spielt, ist folglich a priori, aber kontingent.

Ich bin nicht sicher, ob Lewis hier Recht hat. »Ladung −1« könnte auch in jeder Welt das herausgreifen, was *dort* die Rolle spielt. Dass Ladung −1 die Rolle spielt, wäre dann notwendig und a priori. Trotzdem gäbe es Welten, die einander kausal-nomologisch genau gleichen, sich aber in der Verteilung intrinsischer Eigenschaften unterscheiden. Wir hätten nur keine einfachen Namen mehr für diese Eigenschaften. Strukturalismus wäre das noch nicht.

Laut Strukturalismus legt die kausal-nomologische Struktur einer Welt alles andere fest: Welten mit derselben Struktur stimmen auch in jeder anderen Hinsicht perfekt überein. Damit werden Naturgesetze, die z.B. angeben, welche Rolle Ladung spielt, unter Umständen absolut notwendig: Wenn Ladung notwendig genau das ist, was die Rolle spielt, dann gibt es keine Welt, in der Ladung nicht diese Rolle spielt (vgl. [Shoemaker 1980], [Swoyer 1982]). Man kann die Position aber auch dahingehend abschwächen, dass nur ein *Teil* der kausal-nomologischen Rolle eine Eigenschaft als solche auszeichnet. Ein hübscher Ansatz hierfür ist die Übertragung der Counterpart-Theorie auf Eigenschaften (vgl. [2008: 8], [Heller 1998], [Black 2000]).

In Lewis' Terminologie ergibt die These, fundamentale Eigenschaften seien an Wechselwirkungen mit anderen Eigenschaften gebunden, allerdings keinen Sinn. Die fundamentalen Eigenschaften sind ja gerade bestimmt als minimale Basis aller *intrinsischen*, also von Wechselwirkungen unabhängigen Eigenschaften. Tatsächlich sind die ›fundamentalen‹ Eigenschaften im Strukturalismus insofern nicht grundlegend, als ihre Verteilung durch die kausal-nomologische Struktur einer Welt schon bestimmt ist. Fundamental im Lewis'schen Sinn sind demnach hier nur die Eigenschaften, die in die Struktur eingehen: die Kausalbeziehung vielleicht, oder die Beziehung der nomologischen Abhängigkeit – oder womöglich nur abstrakte mathematische Eigenschaften (vgl. [Black 2000]).

Quidditismus und Strukturalismus unterscheiden sich damit letztlich in Hinblick auf die Frage, *welche* Eigenschaften im Lewis'schen Sinn fundamental sind und als Grundlage aller Tatsachen (in allen Welten) dienen: Sind es Eigenschaften wie Ladung und Masse, oder sind es strukturelle Beziehungen wie Kausalität und nomologische Abhängigkeit – die Lewis auf Eigenschaften der ersten Art reduziert (s. Kap. 6, 7)?

In »Ramseyan Humility« [2008] argumentiert Lewis, wir könnten in einem gewissen Sinn nie herausfinden, welche fundamentalen Eigenschaften in unserer Welt an welcher Stelle instanziiert sind. Betrachten wir z.B. eine Welt w_2, die

5.4 Quidditismus

genau so ist wie unsere Welt w_1, nur dass positive und negative Ladung ihren Platz getauscht haben. Egal, was für Messungen und Beobachtungen wir anstellen, wir werden, so Lewis, nie erfahren, in welcher dieser Welten wir uns befinden. Denn mit Messungen und Beobachtungen testen wir nur, wie eine Eigenschaft mit anderen wechselwirkt, welche Rolle sie spielt. »No amount of knowledge about what roles are occupied will tell us which properties occupy which roles« [2008: 2].

Diese prinzipielle Unkenntnis ist, wie Lewis zugibt, nur Unkenntnis in einem sehr speziellen Sinn. Im Alltagssinn verlangt »wissen, welche Eigenschaft die Rolle spielt« nicht viel mehr als eine hinreichend informative Beschreibung der fraglichen Eigenschaft zu kennen. In diesem Sinn können wir durchaus wissen, welche Eigenschaften welche Rollen spielen. Was Lewis meint ist lediglich, dass Möglichkeiten, die strukturell der Wirklichkeit genau gleichen, aber intrinsisch anders sind, epistemisch für uns immer offen bleiben.

Mehr noch, nicht nur können wir nicht *wissen*, dass wir nicht in w_2 sind, wir können es nicht einmal *glauben* oder *denken*. In diesem Punkt unterscheidet sich Lewis' quidditistische Skepsis von der Außenwelts- oder Induktionsskepsis, wo wir wenigstens die fraglichen Meinungen haben, diese aber nur schwer rechtfertigen können. (Deshalb helfen die üblichen anti-skeptischen Strategien hier auch nicht weiter, pace [Langton 2004] und [Schaffer 2004].)

Dass wir quidditistische Alternativen epistemisch (und doxastisch) nie ausschließen können, folgt allerdings nicht allein aus dem Quidditismus, wie Lewis anzunehmen scheint. Man braucht außerdem Lewis' stark internalistische Auffassung mentalen Gehalts, nach der der Inhalt unseres Wissens und Meinens – die Klasse der Möglichkeiten, die wir nicht ausschließen können – unabhängig ist von der Natur der Dinge, mit denen wir in Kontakt stehen (s. Kap. 9). Außerdem setzt Lewis voraus, dass wir fundamentale Eigenschaften nur über ihre Rolle kennen, und dass quidditistische Unterschiede automatisch auch epistemische Unterschiede machen, d.h. dass aus der Vereinbarkeit unserer Meinungen mit mehreren metaphysischen Möglichkeiten folgt, dass es etwas gibt, was wir nicht wissen. All dies versteht sich keineswegs von selbst.

▷ Lewis identifiziert Eigenschaften mit Klassen möglicher Individuen; die Eigenschaft *Rund* z.B. ist die Klasse aller runden Dinge in allen möglichen Welten.

▷ Klassen möglicher Individuen können viele der Rollen übernehmen, die unsere alltäglichen und philosophischen Theorien an Eigenschaften stellen. Einige Rollen muss Lewis dabei aber zurückweisen, etwa die Annahme, dass wir mit Eigenschaften in einem direkten Sinn vertraut sein können.

▷ Manche Eigenschaften sind natürlicher als andere. *Perfekt natürlich* sind Eigenschaften, deren Instanzen einander in einer grundlegenden Hinsicht vollkommen gleichen. Die perfekt natürlichen Eigenschaften bilden eine minimale Basis für alle (qualitativen) Ähnlichkeiten und Unterschiede zwischen Dingen: Wann immer Dinge keine perfekten Kopien von einander sind, unterscheiden sie sich in der Verteilung perfekt natürlicher Eigenschaften.

▷ Lewis' Anforderungen an perfekt natürliche Eigenschaften sind nicht immer vereinbar. Konflikte drohen bei unendlich strukturellen Eigenschaften und bei physikalischen Größen. Auch Lewis' Bestimmung *halbwegs* natürlicher Eigenschaften ist problematisch.

▷ Da perfekt natürliche Eigenschaften nach Lewis stets intrinsisch sind, kann man aus den Wechselwirkungen eines Dings mit seiner Umgebung nicht auf seine fundamentalen Eigenschaften schließen: Dinge mit *Ladung −1* können sich genau so verhalten wie Dinge ohne Ladung.

6
HUMESCHE SUPERVENIENZ

»Humesche Supervenienz« ist Lewis' Name für sein großes reduktionistisches Programm. Alle kontingenten Tatsachen, vom Rauschen der Wälder über das Schwanken des Dollars bis zum Inhalt unserer Wünsche – all das ist nach der Humeschen Supervenienz zurückzuführen auf die raumzeitliche Verteilung fundamentaler Punkt-Eigenschaften in unserer Welt.

Die These ist eng verwandt mit dem *Physikalismus*, dem zufolge alles durch die Verteilung physikalischer Eigenschaften bestimmt ist. In der Tat sind nach Lewis die fundamentalen Punkt-Eigenschaften in unserer Welt allesamt physikalisch. Insofern ist die Humesche Supervenienz eine Verschärfung des Physikalismus: »The point of defending Humean Supervenience is [...] to resist philosophical arguments that there are more things in heaven and earth than physics has dreamt of« [1994a: 226].

Eine Verschärfung ist sie zum einen, weil laut Humescher Supervenienz auch z.B. die grundlegenden Naturgesetze durch die Verteilung lokaler Eigenschaften bestimmt sind. Als Physikalist kann man diese getrost als irreduzibel ansehen. Zum andern ist man als Physikalist nicht darauf festgelegt, dass die fundamentalen Eigenschaften allesamt *Punkt*-Eigenschaften sind (und die fundamentalen Relationen Raumzeit-Relationen). Wenigstens in dieser zweiten Hinsicht, gibt Lewis zu, ist die These der Humeschen Supervenienz womöglich falsch.

6.1 Das Projekt

> Humean Supervenience [...] is the doctrine that all there is to the world is a vast mosaic of local matters of particular fact, just one little thing and then another. [...] We have geometry: a system of external relations of spatiotemporal distance between points. [...] And at those points we have local qualities; perfectly natural intrinsic properties which need nothing bigger than a point at which to be instantiated. For short: we have an arrangement of qualities. And that is all. [...] All else supervenes on that. [1986g: ix-x]

Die Grundbestandteile der Welt sind gemäß der Humeschen Supervenienz also räumlich und zeitlich unausgedehnte Punkte – entweder Raumzeitpunkte selbst oder punktgroße Bewohner von Raumzeitpunkten (Lewis zieht ersteres vor; s. [1986f: 76, Fn. 55]). Bäume, Bananen, Planeten und Personen sind vierdimensionale mereologische Summen solcher Punkte (s. Abschnitt 2.3), ihre Eigenschaften, ihre Formen, Farben usw. vollständig durch die Verteilung intrinsischer Punkt-Eigenschaften bestimmt.

Die fundamentalen Punkt-Eigenschaften können, da sie intrinsisch sind, beliebig angeordnet sein. Es gibt keine notwendigen Beziehungen zwischen ihnen, die verlangen würden, dass Punkten mit den-und-den Eigenschaften stets Punkte mit diesen und jenen zeitlich folgen. Nichts verhindert, dass sich aufeinander treffende Billardkugeln in Tiger verwandeln, oder dass morgen früh alle Delphine spurlos verschwinden.[1] Es ist eine kontingente Eigenschaft unserer Welt, dass so etwas hier nicht passiert, dass – soweit wir wissen – die Punkt-Eigenschaften bei uns ziemlich regelmäßig angeordnet sind, so dass wir das Verhalten aufeinander treffender Billardkugeln vorhersagen und allgemein beschreiben können. Was wir als Naturgesetze bezeichnen, sind Lewis zufolge nichts als kontingente Regularitäten in der Verteilung fundamentaler Eigenschaften. Auf diese Weise supervenieren auch die Naturgesetze auf der Verteilung der Punkt-Eigenschaften.

Supervenienz ist modale Abhängigkeit: Die *B*-Tatsachen supervenieren auf den *A*-Tatsachen, wenn die *A*-Tatsachen die *B*-Tatsachen festlegen; d.h., wenn zwei Welten, die in allen *A*-Tatsachen übereinstimmen, stets auch in allen *B*-Tatsachen übereinstimmen. Regen-Tatsachen supervenieren z. B. auf Wetter-Tatsachen: Wenn zwei Möglichkeiten in Bezug auf das Wetter exakt übereinstimme, ist ausgeschlossen, dass es in der einen regnet und in der anderen nicht.

Die Abhängigkeit aller Tatsachen von der Verteilung fundamentaler Punkt-Eigenschaften ist für Lewis kontingent. Es gibt durchaus Welten, in denen etwa Geister oder Bananen fremdartige Eigenschaften haben, die nicht durch die Verteilung von Punkt-Eigenschaften bestimmt sind. – »It is not, alas, unintelligible that there might be suchlike rubbish« [1986g: x]. (Dass diese Dinge zwar vorstellbar, aber dennoch unmöglich sein könnten, zieht Lewis nicht in Betracht, s. Abschnitt 11.7.) Lewis schränkt die Supervenienz-These deshalb ein auf Welten, in denen keine fremdartigen Eigenschaften instanziiert sind, d.h., keine fundamentalen Eigenschaften, die in unserer Welt nicht vorkommen (s. [1983d: 33–39], [1986g: x], [1988h: 275], [1994b: 293]).

Wir können die *These der Humeschen Supervenienz* also wie folgt zusammenfassen:

> Wenn zwei Welten, in denen keine fremdartigen fundamentalen Eigenschaften vorkommen, in der raumzeitlichen Verteilung intrinsischer Punkt-Eigenschaften exakt übereinstimmen, so stimmen sie auch in jeder anderen (qualitativen) Hinsicht exakt überein.

Dabei setzt Lewis voraus, dass eine fundamentale Eigenschaft, die bei uns durch Punkte instanziiert wird, dies auch in jeder anderen Welt tut. Das versteht sich nicht von selbst (s. Abschnitt 5.4). Vielleicht sollte man die These besser auf Welten

---

[1] Beliebig rekombinierbar sind wohlgemerkt nicht die Punkte, sondern ihre Eigenschaften, bzw. *intrinsische Duplikate* der Punkte. Lewis' Humesche Metaphysik schließt nicht aus, dass Punktteilchen ihre dispositionalen Eigenschaften essentiell haben (wie Brian Ellis und Caroline Lierse [1994] meinen): Die Counterpart-Beziehung ist keine Beziehung intrinsischer Ähnlichkeit; vgl. Abschnitt 3.2 und 3.4.

beschränken, in denen nicht nur keine fremdartigen Eigenschaften vorkommen, sondern außerdem alle tatsächlichen Punkt-Eigenschaften weiterhin Punkt-Eigenschaften sind. Ähnlich (aber schwächer) nimmt Lewis in [1994a: 226f.] Welten von der These aus, in denen es zeitlich ausgedehnten Dinge ohne zeitliche Teile gibt: Deren Eigenschaften können nicht auf ihren Punkt-Teilen beruhen, da sie keine Punkt-Teile haben.

Eine Minimal-Version der Humeschen Supervenienz könnte man auch so bestimmen (vgl. die analoge Definition des Physikalismus in [Jackson 1994a: §2]) und [Chalmers 1996b: 38–41]):

> Wann immer eine Welt, in der keine fremdartigen Eigenschaften vorkommen, in der raumzeitlichen Verteilung intrinsischer Punkt-Eigenschaften exakt der unseren gleicht, so gleicht sie ihr auch in jeder anderen (qualitativen) Hinsicht.[2]

Da die Humesche Supervenienz kontingent ist, gibt es für ihre Wahrheit keine philosophische Garantie. Tatsächlich sieht es nach dem derzeitigen Stand der Quantenmechanik nicht danach aus, als seien die grundlegenden physikalischen Eigenschaften allesamt Punkt-Eigenschaften und die grundlegenden Relationen raumzeitlich. Die Eigenschaften verschränkter Teilchenpaare etwa scheinen nicht auf lokalen Punkt-Eigenschaften zu beruhen. Lewis ist sich darüber im Klaren. Es komme ihm, erklärt er, auf die *Wahrheit* der Humeschen Supervenienz auch gar nicht an:

> Really, what I uphold is not so much the truth of Humean Supervenience as the *tenability* of it. If physics itself were to teach me that it is false, I wouldn't grieve. [...] What I want to fight are *philosophical* arguments against Humean Supervenience. [1986g: xi]

Wozu die Verteidigung einer These, die physikalisch schon widerlegt ist? Lewis ging offenbar davon aus, dass es für die philosophischen Thesen, die er zur Verteidigung der Humeschen Supervenienz anbringt, auf die Details der physikalischen Grundlage nicht ankommt: »if I defend the *philosophical* tenability of Humean

---

[2] Was wird aus der Humeschen Supervenienz, wenn es keine fundamentalen, einstelligen Eigenschaften gibt, weil entweder alle Eigenschaften irgendwie welt- oder zeitrelativ sind (vgl. S. 34f. und 57f.) oder weil den grundlegenden physikalischen Eigenschaften ihre kausal-nomologische Rolle wesentlich ist (Abschnitt 5.4)? Die fundamentalen Eigenschaften in Lewis' Sinn wären dann allesamt Relationen – zwischen Punkten und anderen Punkten oder zwischen Punkten und Welten und Zeiten. Die Welt- und Zeit-Relativierung ist unproblematisch: Man kann immer noch sagen, dass alle Wahrheiten über Welten wie die unsere auf der Instanziierung physikalischer Eigenschaften *an* Raumzeitpunkten supervenieren – wobei *an* heißt, dass etwas die Eigenschaft *relativ zu* dieser Zeit, diesem Ort und dieser Welt instanziiert.

Wenn den grundlegenden physikalischen Eigenschaften ihre kausal-nomologische Rolle wesentlich ist (und sie folglich nicht beliebig rekombinierbar sind), ändert sich das Bild. Diese Eigenschaften sind dann, wie in Abschnitt 5.4 erklärt, nicht mehr fundamental in Lewis' Sinn. Fundamental wären vielleicht nur noch die kausal-nomologischen und raumzeitlichen Relationen: Aus deren Instanziierung müsste alles andere folgen. Lewis legt dagegen großen Wert auf die umgekehrte Reduktion kausal-nomologischer Relationen auf die Verteilung intrinsischer Punkt-Eigenschaften.

6. Humesche Supervenienz

Supervenience, that defence can doubtless be adapted to whatever better supervenience thesis may emerge from better physics« [1994a: 226].

Woher Lewis diese Zuversicht (»doubtless«) nimmt, ist nicht ganz klar; völlig unbegründet ist sein Optimismus aber nicht. Lewis' Strategie zur Verteidigung der Humeschen Supervenienz besteht nämlich überwiegend darin, Aussagen über Naturgesetze, Bewusstsein, Kausalität usw. *durch Begriffsanalyse* auf grundlegendere Aussagen zurückzuführen, von denen man sehen kann, wie sie durch die Verteilung fundamentaler physikalischer Eigenschaften und Relationen bestimmt sein mögen – wie auch immer diese Verteilung im Detail aussieht.

Ein paar Bausteine dieses Programms kennen wir schon: Lewis' Theorie personaler Identität (Abschnitt 2.3) etwa impliziert, dass meine zeitlichen Grenzen – ob ich morgen noch existiere, und wer ich morgen bin –, durch die qualitativen Eigenschaften und Kausalbeziehungen zwischen zeitlichen Personenteilen bestimmt sind. D.h., wenn zwei Welten in der Verteilung dieser Eigenschaften und Beziehungen genau übereinstimmen, können sie sich nicht darin unterscheiden, ob ich morgen noch existiere. Tatsachen über personale Identität sind auf grundlegendere Tatsachen reduziert.

Ein anderer zentraler Baustein ist Lewis' Analyse kontrafaktischer Konditionale (Abschnitt 3.3): Hätte Nixon den roten Knopf gedrückt, wäre ein Atomkrieg ausgebrochen. Nach Lewis bedeutet dies, dass einige Welten, in denen Nixon den Knopf drückt und ein Atomkrieg ausbricht, unserer Welt ähnlicher sind als alle Welten, in denen Nixon den Knopf drückt und der Krieg ausbleibt. Generell hängt die Wahrheit kontrafaktischer Konditionale von qualitativen Ähnlichkeitsbeziehungen zwischen möglichen Welten ab, und damit von der Verteilung gewöhnlicher, qualitativer Eigenschaften: Wenn zwei Welten qualitativ exakt übereinstimmen, kann die eine einer dritten nicht ähnlicher sein als die andere; folglich müssen in beiden dieselben Konditionale gelten.[3]

Andere Bausteine von Lewis' Projekt werden wir noch kennenlernen: die reduktive Analyse von Naturgesetzen, von Kausalität und Bewusstsein, von intentionalen Einstellungen, moralischen Werten, Konventionen und sprachlicher Bedeutung. Bevor ich mit den Naturgesetzen anfange, will ich zwei Überlegungen voranstellen, die das Projekt von vorn herein in Zweifel ziehen.

---

[3] Bei der Präzisierung der relevanten Ähnlichkeitsstandards (s. S. 54f.) setzt Lewis allerdings voraus, dass die grundlegenden Eigenschaften zumindest einigermaßen lokal sind; andernfalls hat es wenig Sinn, davon zu sprechen, dass einander ähnliche Welten *über einen möglichst großen Zeitraum* qualitativ genau übereinstimmen sollten.

6.2 Rotierende Kugeln, gesetzlose Welten

Zuerst das *Problem der rotierenden Kugeln*. Denken wir uns zwei Welten w_1 und w_2, die jeweils eine Kugel aus vollkommem homogenem Material enthalten, d.h. ohne abgegrenzte Teile wie Moleküle oder Atome. In w_1 rotiert die Kugel, in w_2 steht sie still. Ansonsten sind die Welten genau gleich. Wir haben damit zwei Welten, die in der raumzeitlichen Verteilung von Punkt-Eigenschaften exakt übereinstimmen, in denen aber Verschiedenes der Fall ist – im Widerspruch zur Humeschen Supervenienz (vgl. [Armstrong 1980], [Haslanger 1994], [Zimmerman 1998]).

Ein Widerspruch zur Humeschen Supervenienz wird daraus natürlich nur, wenn diese Geschichte kohärent ist, und das ist nicht offensichtlich (vgl. [Callender 2001], [Teller 2002]): Was heißt es, dass die Kugel in w_1 rotiert? Dazu müssen die äußeren räumlichen Teile der Kugel um ihr Zentrum kreisen. Und dazu muss es eine privilegierte Weise geben, diese Teile über die Zeit hinweg zu identifizieren. Die gibt es aber nicht, wenn die Kugel aus völlig homogenem Material besteht. Auch an den üblichen Auswirkungen der Drehkräfte kann sich die Drehung nicht zeigen, denn nach Voraussetzung unterscheiden sich die beiden Welten in nichts als der Drehung. Hat es dann wirklich Sinn zu sagen, die Kugel in w_1 rotiere und die in w_2 nicht?

Lewis ist im Bestreiten scheinbarer Möglichkeiten stets vorsichtig. Vielleicht, meint er, beruht der Unterschied zwischen den Kugeln auf der Verteilung irgendwelcher fremdartiger Eigenschaften ([1986g: xiii, Fn. 5]). Dass fremdartige Eigenschaften im Spiel sind, liegt ohnehin nahe, da es in unserer Welt weder homogene Materie gibt noch Drehungen, die keinerlei Effekt auf die Verteilung von Materie haben. Humesche Supervenienz ist aber beschränkt auf Welten ohne fremdartige Eigenschaften.

Sally Haslanger [1994] entgegnet, der Unterschied zwischen den beiden Kugeln könne auch daran liegen, dass ihre räumlichen Teile identisch über die Zeit hinweg existieren, ohne in zeitliche Teile zu zerfallen. Dann bedarf es keiner qualitativen Merkmale, um sie über die Zeit hinweg zu verfolgen. Deshalb schränkt Lewis, wie schon erwähnt, die Humesche Supervenienz auf Welten ein, in denen es keine zeitlich ausgedehnten materiellen Dinge ohne zeitliche Teile gibt ([1994a: §1]).

In [1999c] schlägt Lewis vor, man könne den Unterschied zwischen w_1 und w_2 auch auf Humesche Weise erklären, nämlich mit fundamentalen, durch Punkte instanziierten Richtungseigenschaften. Dass es sich um Richtungseigenschaften handelt, heißt, dass die Eigenschaften in entsprechenden Naturgesetzen vorkommen. Die beiden Kugeln könnten sich in der Verteilung solcher Eeigenschaften unterscheiden. (Die Idee stammt von [Robinson 1989].)

Insgesamt glaube ich nicht, dass rotierende Kugeln der Humeschen Supervenienz viel anhaben können. Schwerer wiegen die folgenden Überlegungen, die zeigen sollen, dass nomologische und kontrafaktische Wahrheiten nicht auf der Verteilung lokaler Eigenschaften supervenieren.

Angenommen, es gibt ein grundlegendes Naturgesetz, nach dem bei einem Zusammentreffen von X- und Y-Teilchen stets ein Z-Teilchen entsteht. Rein zufällig treffen X- und Y-Teilchen aber nie zusammen. Könnte ja sein. Die Welt, nennen wir sie wieder w_1, sähe dann, was Verhalten und Anordnung ihrer Teilchen angeht, genau gleich aus wie eine Welt w_2, in der das angegebene Naturgesetz fehlt. Wir haben also zwei Welten, die in der Verteilung lokaler Eigenschaften exakt übereinstimmen, sich aber in ihren Naturgesetzen und kontrafaktischen Eigenschaften unterscheiden: Würde in w_1 ein X-Teilchen mit einem Y-Teilchen kollidieren, entstünde ein Z-Teilchen; in w_2 dagegen nicht (vgl. [Tooley 1977: 669–671], [Tooley 2003: §4], [Armstrong 1983: §5.4], [Carroll 1994: §3.1] für Beispiele dieser Art).

Allgemein könnte, so die Idee, in der einen Welt rein zufällig geschehen, was in einer anderen durch die Naturgesetze diktiert ist. Vielleicht kann man sich sogar eine Welt denken, die überhaupt keinen Naturgesetzen unterliegt, in der aber durch enormen Zufall die raumzeitliche Verteilung fundamentaler Eigenschaften genau so ist wie bei uns (vgl. [Bigelow und Pargetter 1990: 242f.]; diese ›Hume-Welt‹ ist für Naturgesetze, was die ›Zombie-Welt‹ für Bewusstsein ist, s. Kap. 8).

Andererseits: Sind die Naturgesetze wirklich noch völlig offen, wenn die Position jedes einzelnen Teilchens zu jeder Zeit in der ganzen Weltgeschichte einmal feststeht? Wir kennen die Vorstellung, dass Gott zur Erschaffung der Welt *ihren Anfangszustand* und ihre Naturgesetze bestimmen müsste. Aber müsste er, wenn er nicht nur den Anfangszustand, sondern die gesamte Entwicklung der Welt in allen Einzelheiten festgelegt hätte, immer noch entscheiden, welchen Naturgesetzen er sie unterwirft?

Hier steht Intuition gegen Intuition. *Prima facie* scheinen mir die anti-reduktionistischen Erwägungen stärker: Naturgesetze sind zwar nicht völlig unabhängig von lokalen Tatsachen, gehen aber doch über diese hinaus.

Besonders einleuchtend ist das bei probabilistischen Gesetzen, die nur Wahrscheinlichkeiten für bestimmte Ereignisse angeben. Wenn Radiumatome mit Wahrscheinlichkeit 0.5 innerhalb von 1622 Jahren zerfallen, so heißt das nicht, dass genau 50% aller Radiumatome tatsächlich in diesem Zeitraum zerfallen. Das Gesetz wäre auch gut mit einem Mittelwert von 1623 Jahren vereinbar. Wie kann sich die naturgesetzliche Halbwertszeit von 1622 Jahren dann aus den tatsächlichen Zerfallsereignissen ergeben (vgl. [Tooley 1987: 42–47])?

Wenn Lewis zeigen will, dass die Naturgesetze auf lokale Eigenschaften reduzierbar sind, hat er also zweierlei zu tun. Er muss erstens erklären, wie diese Reduktion geht, und er muss zweitens zeigen, dass an der anti-reduktionistischen Intuition etwas faul ist.

6.3 Naturgesetze

Die klassische reduktionistische Analyse von Naturgesetzen ist die *Regularitätstheorie*: Naturgesetze sind nichts als Regularitäten in der Verteilung lokaler Ereignisse. Leider ist aber nicht jede Regularität gleich ein Naturgesetz; »alle Bäume in Friedas Garten sind Apfelbäume« ist z.B. keins. Dass die Unterscheidung derart ›zufälliger‹ Regularitäten von naturgesetzlichen nicht einfach ist, zeigt Reichenbachs berühmter Vergleich von Gold und Uranium: Weder aus Gold noch aus Uranium-235 gibt es Kugeln mit mehr als 1 km Durchmesser, doch nur bei Uranium ist diese Tatsache naturgesetzlich notwendig.

Warum? Weil aus unseren physikalischen Theorien folgt, dass ein Uraniumkörper dieser Größe die kritische Masse überschreiten und eine nukleare Explosion bewirken würde. Der Unterschied zwischen der Gold-Regularität und der Uranium-Regularität ist also, dass erstere aus allgemeinen Gesetzen folgt, letztere dagegen nicht.

Das ist der Ausgangspunkt von Lewis' Analyse: Echte Naturgesetze sind Regularitäten, die von der besten naturwissenschaftlichen Theorie impliziert werden. Damit ist nicht die beste *uns bekannte* Theorie gemeint. Schließlich können wir uns über die Naturgesetze irren. Als Theorie zählt hier jede (deduktiv geschlossene[4]) Satzmenge, egal ob wir sie kennen, für wahr halten oder auch nur verstehen könnten (s. [1973b: 73]).

Was kennzeichnet die ›beste‹ dieser Theorien? Eine Satzmenge ist umso *besser*, je mehr tatsächliche Regularitäten sie beschreibt – in der Dynamik von Teilchen, der Größe von Körpern, der Verteilung von Apfelbäumen, usw. Andererseits sollte eine gute Theorie aber auch einfach und systematisch sein. Die Liste aller Regularitäten ist deshalb noch keine gute Theorie. Theorien wie die Quantenmechanik und die Relativitätstheorie zeichnen sich dadurch aus, dass sie mit wenigen vergleichsweise einfachen Annahmen sehr viele und vielfältige Regularitäten mit sehr hoher Präzision implizieren. Die beste Theorie, über die Lewis Naturgesetze definiert, ist diejenige Satzmenge, die den bestmöglichen Kompromiss zwischen Einfachheit und Stärke erzielt.

Weil diese Analyse Vorschlägen von John Stuart Mill [1843: §3.4.1] und Frank Ramsey [1978] ähnelt, wird sie oft als *Mill-Ramsey-Lewis-Theorie* bezeichnet (vgl. auch [Earman 1984], [Loewer 1997]). Ihren ersten kurzen Auftritt hat sie bei Lewis in *Counterfactuals* (weitere folgen in [1983d: 41], [1986g: xi] und [1994a: 231]):

---

[4] Eine Satzmenge ist deduktiv geschlossen, wenn sie alle Sätze enthält, die logisch aus ihr folgen. In [1983d: 41] ersetzt Lewis deduktive Geschlossenheit durch Geschlossenheit unter strikter Implikation. Das heißt, eine Theorie enthält alle Sätze, die (mit metaphysischer Notwendigkeit) wahr sein müssen, wenn die anderen Sätze der Theorie wahr sind.

> [A] contingent generalization is a *law of nature* if and only if it appears as a theorem (or axiom) in each of the true deductive systems that achieves a best combination of simplicity and strength. [1973b: 73]

Für probabilistische Gesetze fügt Lewis später den Kriterien der Einfachheit und Stärke noch ein drittes hinzu: Bei einer guten Theorie sollten die Wahrscheinlichkeiten den tatsächlichen Häufigkeiten nahe kommen. Eine mittlere Zerfallsrate von 1623 Jahren passt z. B. gut zu einer theoretischen Halbwertszeit von 1622 Jahren. Schlecht für eine Theorie ist dagegen, wenn ständig Dinge passieren, die ihr zufolge extrem unwahrscheinlich sind, wenn etwa die mittlere Lebensdauer von Radiumatomen bei 3 Millisekunden läge. Nimmt man an, dass die Wahrscheinlichkeit der Gesamtheit aller Ereignisse umso höher ist, je höher die Wahrscheinlichkeit der einzelnen Ereignisse ist, so kann man das dritte Kriterium (mit Lewis) so formulieren: Eine Theorie ist umso besser, je höher die Wahrscheinlichkeit ist, die sie dem tatsächlichen Weltverlauf – der Gesamtheit aller Ereignisse – beimisst ([1986g: 128], [1994a: 234]).[5]

Die Mill-Ramsey-Lewis-Analyse kann zufällige Regularitäten sehr schön von naturgesetzlichen unterscheiden. Im Gegensatz zu früheren Regularitätstheorien kommt sie auch gut mit leeren Naturgesetzen zurecht. Das erste Newtonsche Gesetz beschreibt z. B. das Verhalten von Körpern, auf die keine äußeren Kräfte einwirken – obwohl es keine Körper dieser Art gibt. Bei Lewis kann eine leere Allaussage durchaus Gesetz sein, solange sie nur Teil der besten Theorie ist.

Schwierigkeiten gibt es, wenn mehrere Theorien gleichermaßen Anspruch auf den Spitzenplatz erheben. Das kann schon deshalb passieren, weil Lewis Einfachheit und Stärke nicht präzise definiert und auch ihre relative Gewichtung nicht festlegt. Nach der oben zitierten Definition zählt bei mehreren besten Theorien nur das als Naturgesetz, was sie gemeinsam enthalten. Wenn die Kandidaten hinreichend verschieden sind, gäbe es dann so gut wie keine (interessanten) Naturgesetze, selbst in einer sehr ordentlichen Welt. Lewis [1986g: 124] verwirft diese Sorgen mit dem Hinweis, in unserer Welt sei die beste Theorie deutlich besser als alle anderen, so dass sich das Problem gar nicht stelle. Selbst wenn das stimmt – woher auch immer Lewis es weiß –, sollte eine Analyse von Naturgesetzen uns aber auch etwas über die Gesetze in anderen Welten sagen. In [1994a: 233] deutet Lewis an, dass er für Welten mit mehreren besten Theorien nun offen lassen will, welche Gesetze dort herrschen.

---

[5] In einer indeterministischen Welt ist der tatsächliche Weltverlauf wohl immer *sehr* unwahrscheinlich. Dass die mittlere Radium-Zerfallszeit *exakt* 1623 Jahren beträgt, hat nach der klassischen Wahrscheinlichkeitstheorie sogar die Wahrscheinlichkeit *Null*. Lewis sieht das als Schwäche der klassischen Wahrscheinlichkeitstheorie und verweist auf [Bernstein und Wattenberg 1969] für eine bessere Theorie im Rahmen der Non-Standard-Analysis. [Elga 2004] argumentiert, auch diese Theorie garantiere nicht, dass die Wahrscheinlichkeit des gesamten Weltverlaufs mit der Wahrscheinlichkeit seiner Komponenten zunimmt (s. aber [Herzberg 2007] für Bedenken).

6.3 Naturgesetze

Gegner der Mill-Ramsey-Lewis-Analyse stoßen sich weniger an solchen Details, als an der ganzen reduktionistischen Idee. Lewis' Analyse, so der Einwand, lässt wesentliche Merkmale von Naturgesetzen außen vor: dass sie die Geschehnisse in der Welt *bestimmen* und *lenken*, nicht bloß zusammenfassen.

So beschwert sich van Fraassen [1989: §3.3], Lewis' Ansatz erkläre nicht die modale Kraft von Naturgesetzen: Wenn »alle Fs sind Gs« ein Naturgesetz ist, dann heißt das nicht nur, dass alle Fs eben Gs sind, sondern auch, dass Fs in einem guten Sinn Gs sein *müssen*. Ein Zeichen dieser modalen Kraft sind die kontrafaktischen Konditionale, die mit Naturgesetzen einher gehen (vgl. [Dretske 1977: 255], [Armstrong 1983: §4.4 und 69f.]): Wenn mit naturgesetzlicher Notwendigkeit alle Fs Gs sind, dann *wäre* auch dieses Ding ein G, wenn es ein F wäre. Ähnlich heißt es gelegentlich, Lewis' Analyse lasse im Dunkeln, wieso Naturgesetze eine große Rolle in Erklärungen spielen (vgl. [Dretske 1977: 262], [Armstrong 1983: §4.2], [van Fraassen 1989: §3.4]): Kann man erklären, warum dieses F ein G ist, indem man darauf verweist, dass alle Fs nun mal Gs sind?

Lewis zeigt sich unbeeindruckt von derlei Bedenken ([1994a: 232], vgl. [Loewer 1997] für Unterstützung): Warum sollten die Theoreme der besten Theorie die angeführten Bedingungen nicht erfüllen? Systematische Regularitäten sind ein wichtiges Kennzeichen unserer Welt; deshalb liegen Welten mit anderen systematischen Regularitäten oft außerhalb des betrachteten Möglichkeitsbereichs (s. o., S. 51 f.), und deshalb kommt Ähnlichkeit in Hinblick auf systematische Regularitäten bei der Auswertung kontrafaktischer Konditionale besonderes Gewicht zu (S. 54): »a difference in laws would be a big difference between worlds« [1973b: 75].

Tatsächlich ist bei Lewis sicher gestellt, dass die Naturgesetze modale und kontrafaktischen Kraft besitzen und eine wesentliche Rolle in Erklärungen spielen. Eingebaut ist das aber nicht in die Analyse von Naturgesetzen, sondern in die Analyse von nomologischer Notwendigkeit, kontrafaktischer Konditionale und Erklärungen. Als nomologisch notwendig etwa zählt bei Lewis ein Sachverhalt genau dann, wenn er von den Naturgesetzen – und damit von den systematischen Regularitäten – impliziert wird. (Für Konditionale s. Abschnitt 3.3, für Erklärungen s. [1986c] und Kap. 7.)

Um die Einwände gegen Lewis stark zu machen, muss man deshalb argumentieren, dass Tatsachen über nomologische Notwendigkeit oder kontrafaktische Konditionale wirklich unabhängig sind von der Verteilung lokaler Ereignisse, etwa durch die in Abschnitt 6.2 vorgestellten Überlegungen, die darauf hinweisen, dass Welten mitunter in der Verteilung lokaler Ereignisse perfekt übereinstimmen, sich aber trotzdem in Naturgesetzen und Konditionalen unterscheiden.

Wenn das stimmt, müssen die Naturgesetze durch Faktoren bestimmt sein, die über die lokalen Ereignisse hinaus gehen. Was für Faktoren könnten das sein? Der bekannteste Ansatz in dieser Richtung ist die *Dretske-Tooley-Armstrong-Theorie* ([Dretske 1977], [Tooley 1977], [Armstrong 1983]), nach der die Naturgesetze auf fundamentalen Beziehungen zwischen Univeralien beruhen: Wenn »alle *F*s sind *G*s« ein Naturgesetz ist, dann deshalb, weil die Eigenschaft *F* in einer engen Beziehung zur Eigenschaft *G* steht, derentwegen Instanziierung der einen stets Instanziierung der anderen mit sich bringt. Diese Beziehung zwischen den Eigenschaften (als Universalien) unterscheidet echte Naturgesetze von bloßen Regularitäten. Weil sie nicht durch lokale Ereignisse bestimmt ist, können Welten einander in ihrer Ereignisverteilung genau gleichen, während sie sich in ihren Naturgesetzen unterscheiden: Was hier eine bloße Regularität ist, ist dort in der Universalienbeziehung verankert.

Die fragliche Universalienbeziehung kann also nicht definiert sein als Beziehung, die genau dann zwischen *F* und *G* besteht, wenn alle *F*s *G*s sind. Das wäre die Regularitätstheorie. Man kann auch nicht informativ erklären, die Beziehung bestehe genau dann, wenn »alle *F*s sind *G*s« ein Naturgesetz sei: Es sollen ja gerade die Naturgesetze auf das Vorliegen der Beziehung zurückgeführt werden. Die Beziehung muss deshalb als grundlegend vorausgesetzt werden.

Lewis sieht darin die entscheidende Schwachstelle der Theorie:[6]

> Let *N* be the supposed lawmaker relation [...] I ask: how can the alleged lawmaker impose a regularity? Why can't we have $N(F, G)$, and still have *F*'s that are not *G*'s? What prevents it? [...] it's no good just giving the lawmaker a name that presupposes that somehow it does its stuff, as when Armstrong calls it ›necesssitation‹. [1986g: xii] (ähnlich [1983d: 40])

Das ist ein für Lewis sehr typischer Einwand. Wie genau ist er zu verstehen? Das Argument geht wohl ungefähr so:

1. Metaphysisch grundlegende Eigenschaften sind beliebig rekombinierbar.

2. Also: Wenn *N*, *F* und *G* grundlegend sind, ist jede Verteilung von ihnen möglich, auch z. B. $\exists x(Fx \wedge \neg Gx \wedge N(F, G))$.

3. Also: Es gibt keine grundlegende Beziehung *N*, so dass in jeder Welt mit $N(F, G)$ auch $\forall x(Fx \rightarrow Gx)$ gilt.

Die entscheidende Prämisse ist die erste: das Rekombinationsprinzip für fundamentale Eigenschaften (s. Abschnitt 3.2). Dieses verhindert bei Lewis primitive modale Tatsachen, Lücken im logischen Raum. Man kann den Einwand deshalb auch ein wenig anders lesen: Wann immer *N* eine intrinsische Beziehung zwischen Universalien ist, kann man sich kohärent vorstellen, dass *F* und *G* zu einander in dieser Beziehung stehen, obwohl einige *F*-Dinge nicht *G* sind. Und wenn diese Vorstellung kohärent ist, müssen die entsprechenden Welten existieren; sie können nicht einfach fehlen.

---

[6] Wie die Mill-Ramsey-Lewis-Theorie hat auch die Dretske-Tooley-Armstrong-Theorie technische Probleme, die ich hier ignoriere, etwa mit nicht-instanziierten Universalien, vgl. [Mellor 1980: §6].

Lewis' Einwand lässt sich verallgemeinern. Mit dem Begriff »Naturgesetz« ist, so Lewis, eine Bedingung verknüpft ist, von der Armstrong nicht erklären kann, wie seine Kandidaten sie erfüllen: dass Naturgesetze nämlich Regularitäten implizieren. Ähnlich für andere Bedingungen (vgl. [Loewer 1997]). Wenn Naturgesetze grundlegend sind oder grundlegende Beziehungen zwischen Universalien ausdrücken, die nicht von beobachtbaren Regularitäten abhängen, wieso nehmen wir dann an, dass die Physik uns etwas über diese Gesetze verrät? Wären unsere Physiker nicht zufrieden mit systematischen und einfachen Annahmen, die möglichst viele Beobachtungen implizieren, Universalien hin oder her? Ja, wieso kümmern wir uns um jene Beziehung zwischen Universalien? Welchen Nutzen hat es zu wissen, dass zwei Universalien in einer primitiven Beziehung zu einander stehen?

Das ist der Preis der anti-reduktionistischen Intuitionen. Wenn Naturgesetze nicht auf lokalen Ereignissen supervenieren, drohen die offensichtlichsten Merkmale von Naturgesetzen unbegreiflich zu werden. Lewis kann erklären, warum man die Naturgesetze empirisch entdecken kann, warum die Physik auf dem Weg dahin ist, warum es nützlich ist, die Naturgesetze zu kennen, und warum alle Fs eigentlich Gs sind, wenn »alle Fs sind Gs« ein Naturgesetz ist. Als Anti-Reduktionist scheint man all das mit Demut hinnehmen zu müssen.

6.4 Stärke, Einfachheit und Natürlichkeit

Ein wichtiges Merkmal von Naturgesetzen habe ich bislang unterschlagen, ihre *Objektivität*. Diese gerät bei Lewis in Gefahr. Denn ob etwas ein Naturgesetze ist, hängt von der Einfachheit und Stärke konkurrierender Theorien ab – doch wer bestimmt, was hier als einfach und stark zählt? Was *wir* für einfach halten, mag anderen als kompliziert und unsystematisch erscheinen. Gelten also für Mitglieder anderer Kulturen andere Naturgesetze; und können wir die Naturgesetze ändern, indem wir unsere Standards für Einfachheit und Stärke ändern? Sicher nicht. (Dass unsere *Meinungen* über die Naturgesetze von unseren Standards für Einfachheit und Stärke abhängen, ist kein Problem. Absurd ist, dass *die Naturgesetze selbst* diese Abhängigkeit aufweisen.)

Lewis macht zwei Vorschläge zur Abhilfe. Erstens, Rigidifizierung: Zur Beurteilung der Stärke und Einfachheit einer Theorie sind *unsere jetzigen* Standards heranzuziehen, nicht unsere früheren oder späteren Standards oder die Standards anderer Leute, selbst wenn wir über andere Zeiten und Leute sprechen. Wenn wir also Standards *hätten*, nach denen die Menge aller Regularitäten als besonders einfach zählt, wäre diese trotzdem nicht die beste Theorie, denn dafür kommt es auf unsere *tatsächlichen* Standards an, nicht auf die Standards, die wir (genauer, unsere Counterparts) in der kontrafaktischen Situation haben ([1986g: 123]).

6. Humesche Supervenienz

Das verhindert die schlimmsten Konsequenzen. Dennoch: Wieso sollten gerade unsere, durch kulturelle und biologische Zufälle bestimmten Standards darüber entscheiden, was die Naturgesetze sind – hier und in anderen Welten? Lewis' zweite Strategie ist deshalb die Einführung objektiver, von unseren Intuitionen unabhängiger Kriterien für Einfachheit und Stärke ([1994a: 232], vgl. [1989b: 88f.]).

Beides ist alles andere als trivial. Was *Stärke* angeht, liegt es nahe, den Informationsgehalt einer Theorie zu messen. Je mehr Möglichkeiten sie ausschließt, und je verschiedenartiger diese Möglichkeiten, desto stärker die Theorie. Da die Klasse der Möglichkeiten unendlich sind, verlangt dies ein paar technische Tricks, grundsätzliche Probleme gibt es hier aber nicht (vgl. z.B. [Bigelow 1976]).

Leider ist der so bestimmte Informationsgehalt aber kein gutes Maß für die Stärke einer Theorie. Angenommen z.B., w_1 ist eine deterministische Welt mit vielen Fs, die alle G sind. w_2 ist eine Welt genau wie w_1, nur dass es dort keine Fs gibt. Es sollte nun möglich sein, dass die Gesetze von w_1, nennen wir sie L_1, genau denen von w_2 gleichen, nur dass in L_1 zusätzlich »alle Fs sind Gs« steht. In w_2 wird dieses Gesetz nicht benötigt, es würde die Theorie nur unnötig komplizieren. Für w_1 macht die gewonnene Stärke die Komplexität wett, für w_2 nicht. Das aber heißt, dass die Stärke einer Theorie welt-abhängig sein muss: Relativ zu w_1 ist L_1 stärker als relativ zu w_2. Durch Zählen ausgeschlossener Möglichkeiten ist dieses Resultat nicht zu bekommen. Es scheint, dass in die Stärke eines »alle Fs sind Gs« Gesetzes auch eingeht, wieviele Fs es gibt: je mehr Fs, und je weniger Gs, desto stärker das Gesetz.

Schwierigkeiten bereiten auch probabilistische Gesetze, die augenscheinlich überhaupt nichts ausschließen: Dass Radiumatome mit Wahrscheinlichkeit 0,5 innerhalb 1623 Jahren zerfallen, ist mit jedem Weltverlauf vereinbar; der Weltverlauf erweist sich höchstens als äußerst unwahrscheinlich, nicht aber als ausgeschlossen. Dennoch sollten auch probabilistische Gesetze nach ihrer Stärke beurteilt werden können.

Lewis scheint diese Schwierigkeiten nicht gesehen zu haben; jedenfalls geht er nicht auf sie ein. Mit objektiven Standards für *Einfachheit* dagegen setzt er sich auseinander.

Ein nahe liegendes Kriterium hierfür ist logische Komplexität: Je weniger Axiome eine Theorie hat und je einfacher deren logische Form, desto einfacher die Theorie. Logische Komplexität hängt aber entscheidend von der verwendeten Sprache ab.[7] Angenommen z.B., wir haben eine Theorie, deren Axiome aus 317 unabhängigen Gesetzen $G_1, ..., G_{317}$ bestehen. Wir können dann ein neues Prädikat F einführen, das per Definition auf genau diejenigen Dinge zutrifft, in

---

[7] Wie Lewis rede ich von Theorien und Naturgesetzen meist, als handle es sich dabei um sprachliche Entitäten, Satzmengen bzw. Sätze. Man kann, wenn einen das stört, die ›echten‹ Naturgesetze gern als die Propositionen ansehen, die durch diese Sätze ausgedrückt werden.

deren Welten G_1, ..., G_{317} der Fall ist. Die 317 Gesetze können dann durch das einfache Gesetz »alles ist F« ersetzt werden. Ohne eine Einschränkung der zulässigen Prädikate kann auf diese Weise jede Theorie in eine maximale einfache übersetzt werden (vgl. [1983d: 42]).

Um Prädikate wie F auszuschließen, fordert Lewis, für die Beurteilung der Einfachheit einer Theorie müssten alle darin verwendeten Prädikate fundamentale, perfekt natürliche Eigenschaften ausdrücken ([1983d: 42], vgl. Kap. 5). Perfekte Natürlichkeit hängt nicht von unseren Interessen und Einstellungen ab, sondern ist ein grundlegendes, irreduzibles Merkmal gewisser Eigenschaften.

Damit wird nun allerdings auch bei Lewis unklar, wie unsere Physiker die Naturgesetze entdecken (vgl. [van Fraassen 1989: §3.5]). Es ist, sagt Lewis, Aufgabe der Physik, die perfekt natürlichen Eigenschaften zu bestimmen. Doch wie soll man das anstellen? Wie kann man herausfinden, ob etwa *Ladung* objektiv natürlich ist? Was hilft es, herauszufinden, dass viele Phänomene sich elegant beschreiben und vorhersagen lassen, wenn man die Eigenschaft als grundlegend annimmt? Es gibt Welten, in denen Physiker ganz unnatürliche Prädikate verwenden und damit starke und scheinbar einfache Theorien aufstellen, während die eigentlichen Naturgesetze (Lewis zufolge) ganz anders aussehen, viel komplizierter vielleicht. Woher wissen wir, dass unsere Physiker nicht in derselben Lage sind?

Das Problem wird besonders deutlich, wenn man mit dem Quidditismus (Abschnitt 5.4) Welten akzeptiert, die sich von unserer z. B. nur darin unterscheiden, dass an Montagen im November alle Teilchen ihre Ladungen invertieren, ohne dass dies irgendwelche beobachtbaren Konsequenzen hätte. Die Physiker dieser Welt würden Prädikate wie »Ladung −1« einführen, und sich damit auf scheinbar natürliche, in Wirklichkeit aber disjunktive und unnatürliche Eigenschaften beziehen. Woher wissen wir, dass es unseren Physikern nicht genauso geht? Selbst wenn wir die Ergebnisse aller möglichen Beobachtungen und Experimente wüssten, blieben uns, so scheint es, die Naturgesetze immer noch unbekannt (vgl. [Loewer 1997: §III]).

Ich bin nicht sicher, ob man wirklich sinnvoll annehmen kann, die objektive Natürlichkeit einer Eigenschaft sei unabhängig davon, wie natürlich sie uns erscheint. Denn wie hat Lewis objektive Natürlichkeit eingeführt? Als metaphysische Grundlage für qualitative, intrinsische Ähnlichkeit und Verschiedenheit, dafür, dass manche Dinge einander gleichen wie ein Ei dem anderen und andere nicht (Abschnitt 5.2). Die einschlägigen Begriffe intrinsischer Ähnlichkeit, von Duplikation und qualitativem Charakter sollen *unsere vertrauten* Begriffe sein. Wenn objektive Natürlichkeit aber diesen Unterscheidungen zu Grunde liegt, kann man nicht mehr sinnvoll in Frage stellen, ob sie etwas mit ihr zu tun hat: Wir können a priori sicher sein, dass Prädikate, die uns einigermaßen einfach und natürlich erscheinen, auch einigermaßen natürlich sind.

Ist diese Überlegung richtig, ergibt sich folgendes Bild: Zwar gibt es möglich Wesen, deren Prädikate relativ unnatürliche Eigenschaften ausdrücken und die sich deshalb radikal über die Naturgesetze ihrer Welt irren, ohne dass sie diesen Irrtum je entdecken könnten. Doch wir können a priori sicher sein, dass wir nicht zu ihnen gehören.

Das Problem, in das Lewis genau wie Armstrong hier gerät, weist auf eine Spannung in unserem Begriff von Naturgesetzen hin: Einerseits ist klar, dass wir sie durch empirische Forschung erkennen können, andererseits sollen sie in einem starken Sinn objektiv sein, unabhängig von unseren Standards und Begriffen. Da Wesen mit anderen Standards und Begriffen aber aus denselben empirischen Daten zu ganz anderen Urteilen über die Naturgesetze gelangen würden, ist nicht klar, wie diese beiden Anforderungen zusammenpassen.

6.5 Objektive Wahrscheinlichkeit

Lewis' Analyse von Naturgesetzen geht Hand in Hand mit seiner Analyse objektiver Wahrscheinlichkeit. Objektive Wahrscheinlichkeit ist die Art Wahrscheinlichkeit, von der in der (klassischen, indeterministischen) Quantenmechanik die Rede ist. Sie muss streng unterschieden werden von *subjektiver Wahrscheinlichkeit*. Wenn ich z.B. sage, dass es zum Abendbrot wahrscheinlich Kartoffeln gibt, oder dass Fermat wahrscheinlich sein letztes Theorem nie bewiesen hat, dann meine ich nicht, dass hier echte Zufallsprozesse am Werk sind. Ich drücke lediglich den Grad, die Stärke, meiner Vermutungen aus: Ich bin *einigermaßen sicher*, dass es Kartoffeln gibt, und dass Fermat keinen Beweis hatte.

Diese subjektive Wahrscheinlichkeit hängt von den verfügbaren Informationen ab, weshalb sie von Person zu Person variiert. Wüsste ich, dass auf dem Speiseplan keine Kartoffeln stehen, würde das meine subjektive Wahrscheinlichkeit dafür, dass es Kartoffeln gibt, deutlich reduzieren. Anders bei *objektiver Wahrscheinlichkeit*. Dass Radiumatome mit 50-prozentiger Wahrscheinlichkeit innerhalb von 1622 Jahren zerfallen, liegt nicht an irgendwelchen Erwartungen oder Informationen, und variiert auch nicht von Person zu Person.

Worauf also beruht objektive Wahrscheinlichkeit, wenn nicht auf unseren Meinungen und Erwartungen? Handelt es sich vielleicht einfach um relative Häufigkeiten? Dass Radiumatome mit 50-prozentiger Wahrscheinlichkeit innerhalb von 1622 Jahren zerfallen, hieße demnach, dass 50 Prozent aller Radiumatome innerhalb von 1622 Jahren zerfallen. Das wäre ganz im Sinn der Humeschen Supervenienz, denn damit würden objektive Wahrscheinlichkeiten auf der Verteilung gewöhnlicher, lokaler Ereignisse supervenieren.

Doch die einfache Analyse über relative Häufigkeiten funktioniert nicht (vgl. [1994a: 229f.]). Nicht nur ist oft schwer zu bestimmen, was im Einzelfall die Ausgangsklasse ist, innerhalb deren die relative Häufigkeit gemessen wird; die Analyse würde auch a priori ausschließen, dass relative Häufigkeiten manchmal von den realen Wahrscheinlichkeiten abweichen. Das kommt aber vor: Wenn in einer Welt z. B. nur ein einziger Münzwurf stattfindet, der auf *Kopf* landet, kann die objektive Wahrscheinlichkeit für dieses Ergebnis trotzdem 0,5 gewesen sein.

Diesem Einwand liegt ein Problem zugrunde, das jede reduktionistische Theorie von Wahrscheinlichkeiten in Frage stellt. Die objektive Wahrscheinlichkeit eines Ereignisses ist weitgehend unabhängig vom tatsächlichen Eintreten dieses und anderer Ereignisse. Wenn die objektive Wahrscheinlichkeit, dass Münzen (unter bestimmten Bedingungen) auf *Kopf* landen, in unserer Welt exakt 0,5 beträgt, ist immer noch *möglich* – nur sehr unwahrscheinlich –, dass alle geworfenen Münzen auf *Kopf* landen; möglich auch, dass alle auf *Zahl* landen, oder dass zwei Drittel auf *Kopf* landen, drei Viertel auf *Zahl*, usw. Die lokalen Ereignissen in der Welt erlauben keine Rückschlüsse auf die objektiven Wahrscheinlichkeiten.

Wenn das stimmt, müssten objektive Wahrscheinlichkeiten auf fundamentalen, irreduziblen Eigenschaften beruhen, wie etwa Armstrong [1983: §9] vorgeschlagen hat: Die Halbwertszeit von Radium ist nicht auf etwas anderes reduzierbar, sondern ebenso fundamental wie die Ladung eines Elektrons.

Lewis lehnt fundamentale Wahrscheinlichkeits-Eigenschaften aus denselben Gründen ab wie fundamentale Naturgesetz-Relationen: Fundamentale Eigenschaften können die Rolle nicht erfüllen, die wir Wahrscheinlichkeiten zuschreiben und verdienen daher nicht den Namen »Wahrscheinlichkeit«.

Worin besteht diese Rolle? Was muss eine Größe erfüllen, um den Namen »objektive Wahrscheinlichkeit« zu verdienen? In »A Subjectivist's Guide to Objective Chance« [1980c] argumentiert Lewis, dass praktisch alles, was wir über objektive Wahrscheinlichkeit wissen, in einem einfachen Prinzip zusammengefasst werden kann, dem *Principal Principle*:

PP) $P_s(A \mid P_o(A) = x \, \& \, H) = x$

Die Subskripte »s« und »o« kennzeichnen subjektive bzw. objektive Wahrscheinlichkeit. »$P_s(A \mid B)$« steht für die *bedingte* subjektive Wahrscheinlichkeit von A unter der Annahme, dass B (und kann definiert werden als $P_s(A \& B)/P_s(B)$). H sind (*fast*) beliebige Zusatzinformationen. In Worten besagt das Prinzip also, etwas vereinfacht: Wenn jemand glaubt, die objektive Wahrscheinlichkeit eines Ereignisses habe den Wert x, so weist er diesem Ereignis auch die subjektive Wahrscheinlichkeit x zu. Der ›jemand‹ ist dabei zu verstehen als eine ideal rationale Person. Wenn einer dusselig ist oder unaufmerksam, kann er schon einmal glauben, ein Ereignis habe hohe objektive Wahrscheinlichkeit, aber gleichzeitig sicher sein, dass es nicht eintritt. Aufmerksame, rationale Personen machen das nicht.[8]

---

[8] Genau genommen ist die angegebene Form von (PP) nur ein Sonderfall eines allgemeineren Prinzips, das auch etwas über Fälle sagt, in denen man die objektive Wahrscheinlichkeit von A nicht einfach weiß (was selten der Fall sein dürfte), sondern lediglich Überzeugungen bestimmten Grades darüber

Wenn Lewis Recht hat und das Principal Principle unseren Begriff objektiver Wahrscheinlichkeit ausmacht, ist nachvollziehbar, warum Wahrscheinlichkeiten nicht gut primitive Eigenschaften sein können. Warum sollte die Kenntnis einer fundamentalen, nicht weiter analysierbaren Eigenschaft etwa von Radiumatomen in rationalen Personen bestimmte Erwartungen über Zerfallsereignisse bewirken? Warum ist es irrational zu glauben, dieses oder jenes Radiumatom werde in den nächsten 1000 Jahren sicher nicht zerfallen, nur weil man erfährt, dass es eine primitive Eigenschaft Ψ mit Wert 1622 (oder 0.5) hat, eine Eigenschaft, die nichts über tatsächliche Zerfallszeiten impliziert?

> Don't try to take the mystery away by saying that this unHumean magnitude is non other than *chance*! I say that I haven't the faintest notion how an unHumean magnitude can possibly do what it must do to deserve that name. [1986g: xv] (ähnlich [1994a: §6])

Wieder ist die Wurzel des Problems genau die anti-reduktionistische Intuition, Zerfallswahrscheinlichkeiten seien unabhängig von tatsächliche Zerfallszeiten. Ginge es etwa um die Eigenschaft, *nach 1622 Jahren zu zerfallen*, wäre klar, warum rationale Personen, die wissen, dass etwas diese Eigenschaft hat, auch bestimmte Erwartungen über Zerfallszeiten haben.

Lewis gibt daher die Unabhängigkeitsannahme auf. Er will aber nicht bestreiten, dass unwahrscheinliche Folgen von Münzwürfen möglich sind. Die Wahrscheinlichkeit, dass eine bestimmte Münze auf *Kopf* landet, beruht Lewis zufolge nicht auf der tatsächlichen Häufigkeit dieses Resultats, sondern ergibt sich aus allgemeineren *probabilistischen Gesetzen*. Die bekannte Halbwertszeit von Radium z. B. ist keine empirische Schätzung, sondern folgt aus einer allgemeinen Theorie. Objektive Wahrscheinlichkeiten werden also durch die Naturgesetze bestimmt: »the chances are what the probabilistic laws of the best system say they are« [1994a: 234].

Das sieht zirkulär aus, denn in den probabilistischen Gesetzen ist ja wieder von Wahrscheinlichkeit die Rede. Lewis stellt sich das so vor. Wissenschaftliche Theo-

---

hat, was diese Wahrscheinlichkeit sein könnte. In der allgemeinen Form lautet das Principal Principle (s. [1980c: 87]):

$$P_s(A\,|\,H) = \sum_x P_s(P_o(A) = x\,|\,H) \cdot x$$

Ein Beispiel: Wenn die mir verfügbare Information H unentschieden ist zwischen einer deterministischen Theorie, nach der ein bestimmtes Radiumatom sicher innerhalb der nächsten 1000 Jahre zerfällt, und einer indeterministischen Theorie, nach der dies genau mit Wahrscheinlichkeit 0,5 geschieht, so ist meine ideale subjektive Wahrscheinlichkeit für dieses Ereignis

$$\begin{aligned}&P_s(P_o(A)=1\,|\,H)\cdot 1 + P_s(P_o(A)=0,5\,|\,H)\cdot 0,5\\ =\ &0,5\cdot 1 + 0,5\cdot 0,5\\ =\ &0,75.\end{aligned}$$

6.5 Objektive Wahrscheinlichkeit

rien dürfen, wenn die Welt hinreichend komplex ist, Ereignisse (unter angegebenen Bedingungen) nicht nur voraussagen, sie dürfen ihrem Eintreten stattdessen auch Zahlenwerte zuweisen. Eine Theorie könnte z.B. dem Zerfallen von Radiumatomen innerhalb von 1622 Jahren den Wert 0.5 zuweisen, eine andere Theorie könnte den Wert auf 0.9 setzen, usw. Diese Werte haben zunächst einmal keine Bedeutung.

Eine probabilistische Theorie *passt* nun umso besser zu einer Welt, je größer der numerische Wert ist, den sie Ereignissen zuweist, die tatsächlich geschehen (s.o., S. 116). Die objektive Wahrscheinlichkeit eines Ereignisses ist definiert als der Wert, den die beste Theorie (die am besten zu unserer Welt passt und dabei möglichst einfach und stark ist) dem Ereignis zuweist.

Die objektiven Wahrscheinlichkeiten müssen folglich im Großen und Ganzen den tatsächlichen Häufigkeiten ähneln. Wenn die mittlere Zerfallszeit von Radiumatomen 1622 Jahre beträgt, dann passt eine Theorie in dieser Hinsicht umso besser zu unserer Welt, je näher die von ihr bestimmte Halbwertszeit an diesem Wert liegt. Da eine gute Theorie nicht nur passen, sondern auch einfach und systematisch sein soll, kann die Halbwertszeit aber auch vom tatsächlichen Mittelwert abweichen.

Wie verhält sich Lewis' Definition nun zum Principal Principle? [Black 1998] argumentiert, Lewis' Theorie lasse diesen Zusammenhang ebenso im Dunkeln wie Armstrongs. Doch sehen wir genauer hin. Sei T eine Theorie, die (unter anderem) Ereignissen E Wahrscheinlichkeiten $P_o(E)$ zuweist. Nach dem Principal Principle gilt

$$P_s(E \mid T \& H) = P_o(E).$$

Mit Bayes' Theorem, einem elementaren Theorem der Wahrscheinlichkeitstheorie, wird daraus

$$P_s(T \mid E \& H) = \frac{P_o(E) \cdot P_s(T \mid H)}{P_s(E \mid H)}.$$

Das Prinzip sagt uns also: Wenn wir erfahren, dass E der Fall ist, dann sollten wir unser Vertrauen darauf, dass T die richtigen Wahrscheinlichkeiten angibt, in dem Maß verstärken, in dem T dem Ereignis E eine (im Vergleich zu unserer vorherigen Erwartung) hohe Wahrscheinlichkeit zuwies. Mit andern Worten, wir sollten davon ausgehen, dass die korrekte Zuweisung von Wahrscheinlichkeiten eine ist, unter der tatsächlich eintretende Ereignisse als vergleichsweise wahrscheinlich heraus kommen. Und das ist ziemlich genau, was man erwarten würde, wenn Wahrscheinlichkeit wie bei Lewis über Theorien bestimmt ist, für die das Kriterium des Passens gilt.

Der mit Lewis' Analyse wiederhergestellte Zusammenhang zwischen Wahrscheinlichkeiten und tatsächlichen Geschehnissen hat interessante Folgen. Nach unseren probabilistischen Naturgesetzen besteht (oder bestand wenigstens zu

Anfang des Universums) eine sehr geringe Wahrscheinlichkeit, dass alle Atome nach genau 100 Jahren zerfallen. Für eine Welt, in der tatsächlich alle Atome nach 100 Jahren zerfallen, gibt es jedoch andere Gesetze, die besser zu den dortigen Ereignissen passen als die Gesetze unserer Welt. Nach Lewis' Analyse gelten in so einer Welt folglich jene anderen Gesetze und damit andere Wahrscheinlichkeiten. Das heißt, in unserer Welt haben Ereignisse eine positive Wahrscheinlichkeit, deren Eintreten logisch unverträglich damit ist, dass sie eben jene Wahrscheinlichkeit haben!

Gehen wir noch einen Schritt weiter. Lewis zufolge hängen die Naturgesetze, und damit die objektiven Wahrscheinlichkeiten, nicht nur von vergangenen, sondern auch von zukünftigen Ereignisse ab. Sei Z' eine Zukunft, in der von jetzt an alle Atome nach genau 100 Jahren zerfallen. Diese Zukunft hat eine niedrige objektive Wahrscheinlichkeit x. Wir wissen aber auch, dass in Welten, in denen Z' eintritt, andere Wahrscheinlichkeiten gelten als bei uns, dass insbesondere Z' dort nicht die Wahrscheinlichkeit x hat. Unter der Annahme, dass Z' die Wahrscheinlichkeit x hat, können wir also sicher sein, dass Z' nicht eintritt. Und jetzt fliegt uns die Theorie um die Ohren. Denn das Principal Principle verlangt, dass wir unter der Annahme, dass Z' die objektive Wahrscheinlichkeit x hat, Z' auch die (positive) subjektive Wahrscheinlichkeit x zuweisen, und nicht 0 (vgl. [1980c: 111f.], [1986g: 129–131], [1994a: §5]).

Irgendwas ist hier schief gelaufen. Lewis hat dieses Problem als »*Big Bad Bug*« der Humeschen Supervenienz bezeichnet: »It is here, and here alone, that I fear defeat« [1986g: xiv].

Es wäre aber kurzsichtig, das Problem speziell Lewis' Theorie zur Last zu legen. Bei der Herleitung des Widerspruchs kam es auf die Details seiner Analyse nicht an. Neben dem Principal Principle haben wir nur angenommen, dass objektive Wahrscheinlichkeiten von tatsächlichen Ereignissen in der Zukunft abhängen (vgl. [Thau 1994: §1–3]). Wie könnte man das bestreiten? Dass objektive Wahrscheinlichkeiten ganz unabhängig von tatsächlichen Ereignissen ist, passte ja erst recht nicht zum Principal Principle. Sollen die Wahrscheinlichkeiten – wie Lewis zwischenzeitlich aus lauter Verzweiflung vorschlug ([1980c: 112]) –, allein durch *vergangene* Ereignisse bestimmt sein? Das kann man auch kaum glauben. Aber damit sind die Optionen erschöpft. Nicht nur Lewis' Analyse, sondern die ganze Idee objektiver Wahrscheinlichkeit scheint in Frage gestellt (vgl. [Jackson 1989: 437], [Thau 1994: 491]).

> Don't say: here's chance, now is it Humean or not? Ask: is there any way that any Humean magnitude could fill the chance-role? Is there any way that an unHumean magnitude could? What I fear is that the answer is »no« both times! [1986g: xvi]

In »Humean Supervenience Debugged« [1994a] findet Lewis einen Ausweg. Der Widerspruch kam zustande, weil die Aussage, dass die objektive Wahrscheinlichkeit von Z' den Wert x hat, Information über die Zukunft enthält: Sie impliziert, dass Z' nicht eintreten wird. Information über die Zukunft muss aber bei Anwendungen des Principal Principle ausgeschlossen werden – deshalb die Einschränkung von H auf *fast* beliebige Zusatzinformation. Wenn wir wissen, dass eine Münze fair ist, also mit Wahrscheinlichkeit 0,5 auf *Kopf* landen wird, aber außerdem wissen (von einem Zeitreisenden, oder einem Orakel), dass sie tatsächlich *nicht* auf *Kopf* landen wird, so sollten wir diesem Ergebnis natürlich nicht die subjektive Wahrscheinlichkeit 0,5 zuweisen.

Der ›Big Bad Bug‹ illustriert, dass objektive Wahrscheinlichkeiten, da sie von zukünftigen Ereignissen abhängen, ebenfalls unzulässige Information über die Zukunft enthalten und folglich ausgeschlossen werden sollten. Damit wäre aber *jede* Anwendung des Principal Principle unzulässig, denn das Prinzip bestimmt ja gerade die Abhängigkeit rationaler Erwartungen von Informationen über objektive Wahrscheinlichkeit (vgl. [1980c: 130f.], [1994a: §7]).

Lewis' Lösung beruht nun auf der Einsicht von Michael Thau [1994: §4], dass Zulässigkeit von Information eine graduelle und relative Angelegenheit ist: Für Vorhersagen über den Zerfall eines einzelnen Atoms ist Information über den tatsächlichen Zeitpunkt seines Zerfalls nicht zulässig, Information über das morgige Wetter schon eher – wenn auch nicht ganz, da allein aus der Tatsache, dass es morgen ein Wetter gibt, folgt, dass nicht alle Atome innerhalb der nächsten Stunden zerfallen, was die Zerfallsaussichten jedes einzelnen Atoms minimal reduziert.

Der Zulässigkeitsgrad einer Information A für die Bewertung eines zukünftigen Ereignisses B ist invers proportional zur probabilistischen *Abhängigkeit* zwischen A und B: Je unabhängiger A von B ist, d.h., je näher $P_o(A|B)/P_o(A)$ an 1 liegt, desto zulässiger ist A für die Bewertung von B.

Die Lösung liegt damit fast auf der Hand. Das Principal Principle darf nur als Näherung verstanden werden. Es liefert korrekte Resultate genau in dem Ausmaß, in dem die verwendete Information $P_o(A) = x \& H$ unabhängig ist vom bewerteten Ereignis A. Baut man dies in das Prinzip ein, erhält man die folgende Version:

PP2) $P_s(A | P_o = f \& H) = f(A | P_o = f \& H)$

Diesmal ist eine Beschränkung von H nicht mehr nötig. Ist A unabhängig von $P_o = f \& H$, so ist $f(A | P_o = f \& H) = f(A)$, und (PP2) wird zu (PP). Ist, wie bei der alternativen Zukunft Z', A jedoch logisch unverträglich mit $P_o = f$, so ist $f(A | P_o = f \& H) = 0 \neq f(A)$ (s. [1994a: §9]).[9]

---

[9] Für eine ausführliche Diskussion der Vorzüge von (PP2) gegenüber (PP) siehe [Hall 1994]. Bei Hall und Lewis heißt (PP2) »(NP)« und lautet $C(A | H_{tw} \& T_w) = P(A | T_w)$. »C« (für »credence«) entspricht meinem »P_s«, »P« meinem »P_o«; H_{tw} enthält alle Tatsachen über alle vergangenen Geschehnisse (in Welt w vor t), T_w alle objektiven Wahrscheinlichkeiten (in w). Da H_{tw} bei Lewis und Hall unabhängig von $P_o(A) = x$ sein muss, ist die Lewis-Hall-Variante ein Sonderfall meiner Variante.

(PP2) ist nicht nur komplizierter als das ursprüngliche Prinzip (PP), sondern intuitiv auch schwerer zu fassen. Während man sich für (PP) nur vorstellen musste, man habe Information über die objektive Wahrscheinlichkeit eines Ereignisses, geht es in (PP2) um Information über die *bedingte* objektive Wahrscheinlichkeit eines Ereignisses *gegeben* bestimmte Informationen über seine *unbedingte* Wahrscheinlichkeit. Deshalb hält Lewis [1994a: §9] daran fest, dass (PP), nicht (PP2), die beste Analyse unseres Begriffs der objektiven Wahrscheinlichkeit enthält. Der ›Big Bad Bug‹ zeigt die Inkohärenz dieses Begriffs: Nichts kann *genau* die Rolle spielen, die wir objektiver Wahrscheinlichkeit zuweisen. Aber wenigstens für gewöhnliche Anwendungen gibt es etwas, was die Rolle *ziemlich gut* spielt – gut genug, um den Namen »objektive Wahrscheinlichkeit« zu verdienen: »Chance can be defined as that feature of Reality that obeys the old Principle, yet chance doesn't quite obey it!« [1994a: 245].

▷ Nach Lewis' Hypothese der *Humeschen Supervenienz* sind in Welten wie der unseren alle Tatsachen durch die Verteilung intrinsischer Eigenschaften auf Raumzeitpunkten bestimmt.

▷ Dabei geht es Lewis v.a. um die philosophische Haltbarkeit der Hypothese: Er will zeigen, dass sich Wahrheiten über Bananen, Personen, Bedeutungen, Wechselkurse usw. im Prinzip aus dem Humeschen Verteilungsmuster ergeben könnten.

▷ Der erste Baustein in diesem Projekt ist die Analyse von Naturgesetzen. Lewis muss zeigen, wie diese durch die Verteilung lokaler Eigenschaften bestimmt sind. Dazu identifiziert er Naturgesetze als Theoreme der besten systematischen Beschreibung der lokalen Ereignisse in einer Welt.

▷ Eine Beschreibung zählt hierbei als umso besser, je mehr sie die Vorzüge der Einfachheit, Stärke und des ›Passens‹ erfüllt, wobei ›passen‹ heißt: Ereignistypen numerische Werte zuweisen, die ihrer relativen Häufigkeit nahe kommen. Diese numerischen Werte in der besten Theorie sind Lewis zufolge die objektiven Wahrscheinlichkeiten.

▷ Lewis' Analyse erklärt, wieso Naturgesetze und objektive Wahrscheinlichkeit die uns bekannten Merkmale aufweisen, warum hohe objektive Wahrscheinlichkeit z. B. ein rationaler Grund ist, ein Ereignis zu erwarten.

▷ Andererseits muss Lewis anti-reduktionistische Intuitionen verwerfen, nach denen die in einer Welt geltenden Naturgesetze und Wahrscheinlichkeiten unabhängig sind von den lokalen Ereignissen.

7
KAUSALITÄT

Wenn feststeht, wie alle Ereignisse in einer Welt verteilt sind und welchen Naturgesetzen sie unterliegen, dann scheint auch festzustehen, wann ein Ereignis ein anderes verursacht. Sagen die Naturgesetze z. B., dass auf Blitz stets Donner folgt, und finden wir irgendwo einen Blitz mit anschließendem Donner, so ist anzunehmen, dass hier Kausalität im Spiel ist.

Verursachung ist also zumindest dem Anschein nach keine grundlegende Relation, deren Verteilung völlig unabhängig wäre von den Naturgesetzen und der Abfolge von Einzelereignissen. Anders gesagt, es gibt keine Welt, die in diesen Aspekten genau der unseren gleicht, in der aber niemals ein Blitz ein Donnern verursacht oder ein Sturm einen Stromausfall.

Doch wie genau hängen Kausalbeziehungen von den anderen Faktoren ab? Die Antwort erweist sich als überraschend schwierig. In seinem Aufsatz »Causation« [1973a] schlug Lewis einen neuartigen Ansatz vor, der seither eine mittlere philosophische Industrie in Gang hält.

7.1 Der kontrafaktische Ansatz

Ausgangspunkt von Lewis' Analyse ist die Beobachtung, dass, wenn ein Ereignis ein anderes verursacht, typischerweise das zweite kontrafaktisch vom ersten abhängt: Hätte es nicht gestürmt, dann wäre der Strom nicht ausgefallen. Es liegt daher nahe, Verursachung über kontrafaktische Abhängigkeit zu definieren:

A verursacht B genau dann, wenn gilt: Wäre A nicht geschehen, dann wäre auch B nicht geschehen.

Was hilft uns das, wenn wir wissen wollen, wie kausale Tatsachen durch Naturgesetze und lokale Ereignisse bestimmt sind? Sind kontrafaktische Wahrheiten nicht noch obskurer als kausale? Die Reduktion der kausalen auf die kontrafaktischen Wahrheiten wäre dann ein Schritt in die falsche Richtung.

Hier kommt Lewis' Analyse kontrafaktischer Konditionale ins Spiel (s. Abschnitt 3.3). Setzen wir diese in unsere Definition ein, so erhalten wir:

A verursacht B genau dann, wenn gilt: Mindestens eine Welt, in der weder A noch B geschieht, ist der Wirklichkeit ähnlicher als jede Welt, in der B geschieht, aber nicht A.

Der Sturm verursachte also den Stromausfall, weil Welten, in denen der Sturm fortblieb und der Strom trotzdem ausfiel, der Wirklichkeit unähnlicher sind als gewisse Welten, in denen der Sturm fortblieb und der Strom an.

Jetzt muss nur noch ausbuchstabiert werden, was hier »ähnlicher« heißt. Wenn Ähnlichkeit zwischen Welten allein eine Frage von Naturgesetzen und lokalen Ereignissen ist, sind kausale Tatsachen wie gewünscht auf Naturgesetze und lokale Ereignisse reduziert. Die kontrafaktischen Konditionale sind dann lediglich eine handliche Weise, die relevanten Tatsachen herauszugreifen.

Beispiel. Eine Welt w_1 gelte genau dann als ähnlicher zu einer Welt w_0 als eine Welt w_2, wenn in w_1, aber nicht in w_2 dieselben Naturgesetze gelten wie in w_0. Ausgehend von unserer Welt als w_0 verursacht A demnach genau dann B, wenn es unter Welten mit unseren Naturgesetzen eine Welt ohne A und B gibt, aber keine mit $\neg A$ und B – d. h., wenn A und B naturgesetzlich kontingent sind und A naturgesetzlich hinreichend ist für B. Diese Analyse ist zwar nicht Lewis', aber sie zeigt, dass die kontrafaktische Bedingung mit geeigneten Ähnlichkeitsstandards ganz harmlose Tatsachen ausdrücken kann.

Da Kausalbeziehungen mit gewöhnlichen kontrafaktischen Konditionalen einhergehen, könnte man annehmen, die einschlägigen Ähnlichkeitsstandards sollten genau die Standards für alltagssprachliche kontrafaktische Konditionale sein. Doch nicht jeder kontrafaktischen Abhängigkeit entspricht eine Kausalbeziehung. Wäre der Barometer nicht gefallen, dann hätte es keinen Sturm gegeben – doch das Fallen des Barometers ist keine Ursache des Sturms. Nach den für Kausalität relevanten Kriterien muss eine Welt, in der bei gleichen Wetterverhältnissen der Barometer versagt, der unsrigen ähnlicher sein als eine Welt mit funktionierendem Barometer und anderem Wetter.

Auf intuitive Ähnlichkeitsurteile kann sich Lewis hier nicht verlassen. Noch deutlicher ist das etwa im Fall eines Glases, das mit Wucht an die Wand geworfen wird und zerbricht. Das Werfen verursacht das Zerbrechen. Nach Lewis muss folglich eine Welt, in der das Glas nicht zerbricht, aber dennoch mit Wucht an die Wand geworfen wird, der unsrigen ähnlicher sein als jede Welt, in der das Glas weder zerbricht noch geworfen wird.

Lewis formuliert an dieser Stelle die in Abschnitt 3.3 (S. 54) vorgestellten Ähnlichkeitskriterien. Nach diesen ist eine Welt der unseren umso ähnlicher, je mehr die dortigen Ereignisse unseren Naturgesetzen gehorchen, und je größer der raumzeitliche Teil ist, in dem die beiden Welten exakt übereinstimmen – wobei raumzeitliche Übereinstimmung kleinere Verletzungen der Naturgesetze wettmachen kann. Eine Welt, in der das Glas erst gar nicht geworfen wird, ist demnach der unsrigen in der Tat weniger ähnlich als eine, in der es den Wurf übersteht: Die Abweichung vom tatsächlichen Verlauf der Dinge setzt in beiden Fällen ein ›kleines Wunder‹ voraus; und je später das Wunder, desto größer die Zeitspanne exakter Übereinstimmung mit der Wirklichkeit (vgl. [1973a: 171], [1979b: 43–48]).

Selbst mit diesen expliziten Kriterien entspricht aber nicht jeder kontrafaktischen Abhängigkeiten eine Kausalbeziehung. So sind nach Lewis kontrafaktische Konditionale mit unmöglichem Vorderglied immer wahr. Wäre das Halteproblem für Turingmaschinen lösbar, so wäre die Prädikatenlogik entscheidbar; aber das eine ist nicht Ursache des anderen. Auch würde nach der bisherigen Analyse jedes Ereignis sich selbst verursachen: Wäre es nicht geschehen, dann wäre es nicht geschehen. Weitere Problemfälle nennt Jaegwon Kim ([1973], [1974]): Wäre Sokrates nicht gestorben, dann wäre Xanthippe nicht Witwe geworden; hätte ich den Fenstergriff nicht gedreht, dann hätte ich das Fenster nicht geöffnet; hätte ich nicht »rr« geschrieben, dann hätte ich nicht »Larry« geschrieben. Alles kontrafaktische Abhängigkeiten ohne Kausalität.

Um diese Fälle auszuschließen, schränkt Lewis die Relata A und B ein: A und B dürfen weder mathematische Wahrheiten sein, noch mit einander identisch. Zulässige Relata sind nur *kontingente, nicht-überlappende Einzelereignisse*.[1] »Nicht-überlappend« ist schwächer als »nicht-identisch« (vgl. Abschnitt 2.2); ein Fußballspiel soll nicht als Ursache seiner ersten Halbzeit zählen. Damit, meint Lewis, seien auch Kims Beispiele erledigt: »Teils sind die Entitäten, die Kim betrachtet, keine Ereignisse [wie im Fall von Xanthippe]. Teils handelt es sich um ein einziges Ereignis, das mittels zweier Kennzeichnungen beschrieben wird [wie im Fall des Fensters]. Dann wiederum handelt es sich um zwei Ereignisse, die aber, statt vollständig voneinander verschieden zu sein, sich überlappen [wie im Fall von ›Larry‹]« [1981c: 124].

Wie man sieht, setzt Lewis' Kausalitätstheorie eine ganz bestimmte Konzeption von Ereignissen voraus, nach der z.B. die Verwitwung Xanthippes kein Ereignis ist. Sehen wir uns diese Theorie ein wenig genauer an.

7.2 Ereignisse

Lewis' Ereignistheorie ist eine Theorie von Ursachen und Wirkungen. Es geht ihm ausdrücklich nicht um die Rolle von ›Ereignissen‹ in der Wahrscheinlichkeitstheorie, der Relativitätstheorie oder der Semantik von Adverbien und Nominalisierungen (s. [1986e: 241]), und höchstens am Rande um unseren alltäglichen Ereignisbegriff (s. [1986e: 261], [1997b: 143]).

---

[1] Oft sprechen wir von Kausalbeziehungen zwischen Ereignistypen, Individuen, Eigenschaften und Tatsachen: »Reibung verursacht Wärme«, »der Radfahrer verursachte den Unfall«. Diese müssen Lewis zufolge irgendwie auf (vermutlich quantifizierte) Aussagen über Einzelereignisse reduziert werden. Lewis ist nicht sehr optimistisch, dass die Regeln hierfür besonders einfach sind, s. [1973a: 161f.], [1981c: 124]. Vielleicht sind die Schwierigkeiten, denen wir gleich begegnen werden, ein Anzeichen, dass Kausalität zwischen Einzelereignissen am Ende nicht der optimale Ansatzpunkt für eine reduktive Analyse ist.

Bevor wir nun fragen, warum Xanthippes Verwitwung kein Ereignis ist und unter welchen Bedingungen zwei Ereignisse überlappen, sollten wir klären, was Ereignisse überhaupt sind. Bilden sie eine grundlegende ontologische Kategorie, oder sind sie auf andere Dinge reduzierbar?

Quine [1960b: 171] hat einmal vorgeschlagen, Ereignisse mit der Raumzeit-Region zu identifizieren, in der sie geschehen. Lewis meint, dieser Ereignisbegriff sei zu grobkörnig für Ursachen und Wirkungen: Wenn ein Ball durch die Luft fliegt und dabei rotiert, nehmen Flug und Rotation dieselbe Region ein, aber nur der Flug, nicht die Rotation, verursacht das Zerbrechen der Fensterscheibe. Für die kontrafaktische Analyse heißt das: Die nächsten möglichen Welten, in denen die Rotation ausbleibt, sind nicht die nächsten Welten, in denen der Flug ausbleibt. Den beiden Ereignissen entspricht also in unserer Welt, nicht aber in allen Welten, dieselbe Raumzeit-Region. Lewis modifiziert deshalb in »Events« [1986e] Quines Vorschlag dahingehend, dass Ereignisse genau dann identisch sind, wenn sie in allen Welten dieselbe Region einnehmen. Ein Ereignis kann folglich identifiziert werden mit der Klasse aller Regionen (in allen Welten), in denen es geschieht.

Nicht alle Klassen von Regionen sind nach Lewis potentielle Ursachen und Wirkungen. Klassen, die aus jeder Welt eine Region enthalten, sind z.B. ausgeschlossen, denn Ursachen und Wirkungen müssen kontingent sein.

Außerdem schließt Lewis wild zusammengewürfelte Klassen aus, die beispielsweise aus unserer Welt eine Fußballspielregion enthalten, aus einer anderen ein Schachspiel und aus einer dritten eine Bundestagswahl: Es gibt kein Ereignis, das tatsächlich ein Fußballspiel ist, aber durchaus auch eine Bundestagswahl hätte sein können. Regionen, die zusammen ein Ereignis bilden, müssen einander hinreichend ähneln und sich von anderen Regionen hinreichend unterscheiden ([1986e: 263f.]).

Damit will Lewis auch Xanthippes Verwitwung loswerden: Es gibt zwar eine Klasse aller Regionen, in denen sich Xanthippe befindet, während irgendwo anders ihr Ehemann stirbt; diese Klasse ist aber kein Ereignis, da sich die Regionen zu wenig von anderen Xanthippe-Regionen unterscheiden. (Man könnte auch sagen, Xanthippes Verwitwung geschehe genau da, wo Sokrates stirbt; dann wäre sie vielleicht ein Ereignis, aber immer noch keine Ursache oder Folge von Sokrates' Tod, da die beiden Ereignisse nun überlappen.)

Lewis' Einwand gegen Quines Ereignistheorie erinnert an das modale Argument gegen die Identifikation von Statue und Lehmstück (s.o., Abschnitt 3.4). Nach diesem kann die Statue nicht identisch sein mit dem Lehm, weil der Lehm auch ohne die Statue existieren könnte. Dort gab Lewis jedoch eine andere Antwort: Die Statue *ist* der Lehm; die scheinbar unterschiedlichen modalen Eigenschaften beruhen darauf, dass wir unterschiedliche Counterpart-Beziehungen einschlägig machen, wenn wir von »der Statue« oder »dem Lehm« reden (s. Abschnitt 3.4). Soweit ich sehe, spricht nichts gegen eine Anwendung dieser Strategie auf Ereignisse. Man könnte demnach sagen, Ereignisse seien in der

7.2 Ereignisse

Tat Raumzeitregionen (oder deren Inhalt), die je nach Kontext unterschiedliche Counterparts in anderen Welten haben. Tatsächlich scheint manchem, was Lewis in seinen späteren Arbeiten (etwa [2004d]) sagt, eine solche Ereigniskonzeption zugrunde zu liegen – obwohl Lewis sie nie offiziell vertritt.[2]

Für Lewis' Kausalitätstheorie ist nun wichtig, unter welchen kontrafaktischen Bedingungen ein Ereignis noch stattgefunden hätte (wenn auch vielleicht ein wenig anders) und unter welchen nicht; wir suchen z.B. nach Welten, in denen ein gewisser Sturm ausblieb. Welten, in der anstelle des Sturms ein Fußballspiel stattfindet, kommen hierfür sicher in Frage; Welten, in denen der Sturm lediglich ein paar Sekunden verspätet eintrifft, dagegen nicht. Das heißt, der genaue Anfangszeitpunkt ist dem Sturm nicht wesentlich (s. [1986e: 250f.]; die Ereigniskonzeption von Kim [1976], wonach ein Ereignis ein Tripel aus einem Ding, einem Zeitpunkt und einer Eigenschaft ist, legt dagegen nahe, dass Ereignisse wesentlich zu einer ganz bestimmten Zeit stattfinden.)

Hätte der Sturm auch einen Tag früher eintreffen können? Hätte er halb so stark sein können? Intuitiv sind die essentiellen Eigenschaften von Stürmen genauso unklar wie die von Tassen (s.o., Abschnitt 3.4). Andererseits steht unser alltäglicher Ereignisbegriff bei Lewis ja nicht im Vordergrund. Wichtiger ist, welche Anforderungen sich aus seiner Kausalitätstheorie ergeben. Ich komme darauf im nächsten Abschnitt zurück.

Viele Ursachen und Wirkungen qualifizieren nach unserem Alltagsverständnis ohnehin nicht als Ereignisse. Bei einer akustischen Rückkopplung etwa werden die späteren zeitlichen Teile durch die früheren verursacht (s. [1986g: 172f.]); ähnlich sind die zeitlichen Teile von Personen durch Kausalbeziehungen verbunden (Abschnitt 2.3). Intuitiv würden wir aber zeitliche Teile von Rückkopplungen oder Personen wohl kaum als »Ereignisse« bezeichnen. Ebensowenig ereignishaft erscheint z.B. die Anwesenheit von Sauerstoff, die gelegentlich Ursache einer Explosion sein kann (vgl. [1986e: 261]).

Sollte Lewis statt von Ereignissen deshalb vielleicht besser von *Tatsachen* als Ursachen und Wirkungen reden (wie Bennett [1988] und Mellor [1995])? *Dass p* verursacht, *dass q*; dass Sauerstoff vorhanden ist, verursacht, dass es zu einer Explosion kommt. Wenn man Tatsachen als Klassen von Raumzeitregionen versteht, ist das natürlich keine Alternative, sondern nur eine terminologische Variante. Lewis versteht unter »Tatsachen« meist wahre Propositionen (vgl. etwa

---

[2] Man erhält diese Konzeption auch, wenn man Lewis' Charakterisierung von Ereignissen als ›Qua-Regionen‹ ([1986e: 246f.]) mit seiner neuen Theorie von ›Qua-Dingen‹ in [2003] kombiniert. Qua-Dinge sind Dinge wie Russell-qua-Philosoph oder Russell-qua-Politiker. In [1986e: 247] bestimmt Lewis Qua-Dinge als Klassen von Counterparts, in [2003] dagegen erklärt er Russell-qua-Philosoph und Russell-qua-Politiker für identisch und schiebt den Unterschied in kontrafaktischen (und daher intensionalen) Kontexten auf die durch die jeweilige Bezeichnung bestimmte Counterpartbeziehung (ähnlich [1971c]).

[1986g: 189, Fn. 15]), d.h. Klassen möglicher Welten. So verstanden korrespondieren Lewis' Ereignisse eineindeutig mit einer bestimmten Teilklasse der Tatsachen[3]; es wird aber schwerer, ›richtige‹ Ursachen und Wirkungen nun von anderen Kandidaten wie Xanthippes Verwitwung zu unterscheiden. Auf Ähnlichkeit zwischen den Regionen kann man dann z. B. nicht mehr verweisen, und *überlappende* Ereignisse wie das Schreiben von »rr« und das Schreiben von »Larry« können auch nicht mehr mit Hilfe überlappender Regionen definitiert werden.[4]

Lewis hat einen anderen, etwas verblüffenden Einwand gegen Tatsachen als Ursachen und Wirkungen: »We don't want to say that that a cause- or effect-describing proposition is *itself* the cause or effect« [2004d: 289, Fn. 14]; »the proposition is a necessary being, ›abstract‹ in one sense of that multifariously ambiguous term, and doesn't cause anything« [2004a: 100]. Verblüffend ist das, weil für Klassen von Raumzeitregionen doch genau dasselbe gilt: Sind sie nicht ebenfalls abstrakte Entitäten, und wollen wir wirklich sagen, dass eine Klasse – eine mathematische Entität – etwas verursacht? Dies ist eine der Stellen, an denen Lewis Ereignisse als einfache Regionen (oder Inhalte von Regionen) aufzufassen scheint.

7.3 Probleme und Reparaturen

Kehren wir zurück zu unserer kontrafaktischen Analyse: A verursacht B genau dann, wenn ohne A auch B nicht geschehen wäre. Von rechts nach links funktioniert das ganz gut. Wenn ein späteres Ereignis von einem früheren kontrafaktisch abhängt, dann verursacht das erste in aller Regel das zweite. D.h., kontrafaktische Abhängigkeit (der richtigen Art) ist *hinreichend* für Kausalität. Schwieriger ist die andere Richtung. Denn ein Ereignis kann mitunter Folgen haben, die auch ohne es eingetreten wären.

Ausgeschaltete Ursachen Zwei Nervenzellen A und B sind über Interneurone so mit einem Zielneuron C verschaltet, dass eine Erregung von B nicht nur Erregung von C bewirkt, sondern außerdem die Signalübertragung von A nach C blockiert. Wenn nun beide Zellen aktiv sind, wird C allein durch B erregt, da As Signal

---

[3] Weil Ereignisse Einzeldinge sind, kann kein Lewis-Ereignis mehrere Regionen aus derselben Welt enthalten. Damit gibt es eine Abbildung von Lewis-Ereignissen auf Klassen von Welten. Für die Eineindeutigkeit muss außerdem gelten, dass zwei verschiedene Lewis-Ereignisse nie genau dieselben Welten enthalten. In der Tat fallen solche Ereignisse in Lewis' Kausalitätstheorie als Ursachen und Wirkungen zusammen, weil sie durch kontrafaktische Konditionale nicht unterschieden werden können: Wenn A und B in genau denselben Welten geschehen, ist »wäre A nicht geschehen —« äquivalent mit »wäre B nicht geschehen —« und »— dann wäre A nicht geschehen« mit »— dann wäre B nicht geschehen«.

[4] Lewis' monströse Definition von Überlappung lautet: Ein tatsächliches Ereignis A *überlappt* ein tatsächliches Ereignis B genau dann, wenn es tatsächliche Ereignisse A^-, B^-, C gibt, so dass $A^- \subseteq A$, $B^- \subseteq B$, und jedes Element von $A^- \cup B^-$ eine Teilregion $\in C$ hat (s. [1986e: 258–260]).

blockiert ist. Bs Erregung verursacht die Erregung von C. Aber ohne Bs Erregung wäre C trotzdem erregt worden, nämlich durch A. Wir haben also Kausalität ohne kontrafaktische Abhängigkeit. Die tatsächliche Ursache unterbricht eine alternative Kausalkette, die zum selben Resultat geführt hätte.

Als Antwort auf diese Möglichkeit (»early preemption« in der Taxonomie von [1986g: 200]) führt Lewis Verursachung über Zwischenglieder ein: Ein Ereignis verursacht ein anderes auch ohne direkte kontrafaktische Abhängigkeit, wenn statt dessen eine Kette kontrafaktischer Abhängigkeit vom einen zum anderen führt. Ohne Bs Aktivität hätte es keine Aktivität in der Verbindung von B nach C gegeben, und ohne diese – wenn sie durch ein kleines Wunder trotz der Erregung von B und der damit verbundenen Hemmung von A ausgefallen wäre –, wäre C nicht aktiviert worden (s. [1973a: 167]).

Diese Antwort hilft nicht, wenn die alternative Kausalkette schlicht deshalb unwirksam ist, weil die wirksame Kette ihr Ziel schon vorher erreicht (»late preemption«): Wilhelm und Susanne werfen Steine auf eine Flasche. Susannes Stein trifft, die Flasche zerbricht. Wenig später erreicht Wilhelms Stein den Ort, an dem sich die Flasche befand. Susannes Wurf verursacht das Zerbrechen der Flasche. Doch die Flasche wäre auch ohne Susannes Wurf zerbrochen, nämlich durch Wilhelms Wurf. Lewis versucht in [1986g: 205f.] eine Reparatur, die er jedoch später verwirft ([2000a: 185f.]).

Eine dritte, besonders hartnäckige Variante ausgeschalteter Ursachen hat sich Jonathan Schaffer [2000] ausgedacht (»trumping preemption«). Angenommen, nach einem magischen Gesetz geht der erste an einem bestimmten Tag geäußerte Wunsch in der folgenden Nacht um Mitternacht in Erfüllung. (Natürlich gibt es kein Gesetz dieser Art; eine Analyse von Kausalität soll aber nicht nur alle tatsächlichen, sondern alle *möglichen* Fälle korrekt behandeln.) Am Morgen wünscht Merlin, der Prinz möge sich in einen Frosch verwandeln; am Nachmittag äußert Morgana denselben Wunsch. Ursache der mitternächtlichen Verwandlung ist Merlins Wunsch, nicht Morganas. Doch ohne Merlins Wunsch wäre die Verwandlung trotzdem erfolgt. Und diesmal gibt es weder eine unterbrochene Kausalkette noch eine, die ihr Ziel zu spät erreicht.

Zu viele Ursachen. Erlaubt man wie Lewis Verursachung über Zwischenglieder (ohne direkte kontrafaktische Abhängigkeit), so erhält man einen äußerst weiten Begriff von Kausalität. Jedes gewöhnliche Ereignis steht am Ende unzähliger Kausalketten, und jedes Element jeder dieser Ketten zählt bei Lewis als Ursache. Wenn wir von ›der‹ Ursache etwa eines Todes sprechen, dann suchen wir Lewis zufolge aus den vielen Ursachen eine aus, die uns gerade besonders wichtig erscheint ([1973a: 162], [1986c: 214–216]). Streng genommen sind auch meine Geburt und der Urknall Ursache meines Todes.

Merkwürdiger noch. Angenommen, bei einem Unfall verliert ein Mann einen Finger; Ärzte schaffen es, den Finger anzunähen, so dass er einige Monate später wieder voll funktionsfähig ist. Lewis zufolge verursacht der Unfall die Funktionsfähigkeit des Fingers (vgl. [Kvart 1991], [Hall 2000], [Lewis 2004a: 96–98]). Lewis gesteht die Merkwürdigkeit ein. Zu seiner Verteidigung bietet er in [2000a: 194f.] und [2004a: 98–100] eine Reihe von Erklärungen, weshalb Intuitionen uns hier irreführen. Derartige Fälle haben z. B. oft die Struktur, dass ein Ereignis vom Typ *A* ein Ereignis vom Typ *B* verursacht, obwohl normalerweise *A*-Ereignisse *B*-Ereignisse verhindern: Der Verlust eines Fingers verhindert normalerweise dessen Funktionsfähigkeit. Darum kommt uns die Behauptung, der Verlust verursache die Funktionsfähigkeit, merkwürdig vor, obwohl sie in diesem Einzelfall stimmt. (Ähnlich argumentiert Penelope Mackie in [Mackie 1992].)

Indeterministische Verursachung. Weitere Fälle von Verursachung ohne kontrafaktische Abhängigkeit gibt es in Welten mit indeterministischen Gesetzen, nach denen etwa Flaschen jederzeit auch ohne äußeren Einfluss zerbrechen können, wenn auch mit niedriger Wahrscheinlichkeit. Es ist dann nicht gesagt, dass die Flasche nicht zerbrochen wäre, wenn man sie nicht mit Steinen attackiert hätte – sie hätte ja rein zufällig von alleine zerbrechen können.

Lewis [1986g: 175–184] modifiziert deshalb die Definition kontrafaktischer Abhängigkeit: *B* ist kontrafaktisch abhängig von *A*, wenn die Wahrscheinlichkeit, dass *B* eintritt (relativ zu einer Zeit nach dem tatsächlichen Eintreten von *A*), ohne das Eintreten von *A* deutlich niedriger gewesen wäre. Dass die Flasche in Folge der Steinwürfe zerbricht, ist deutlich wahrscheinlicher, als dass sie zufällig von sich aus zerbricht.

Wie Peter Menzies in [1989] und [1996] zeigt, reicht diese Modifikation aber nicht aus. Angenommen etwa, die oben erwähnte Verbindung zwischen Nervenzelle *A* und Nervenzelle *C* ist sehr verlässlich, die zwischen *B* und *C* aber nicht. Nach wie vor blockiert *B*s Erregung *A*s Signal, wenn *A* und *B* gleichzeitig aktiv sind. Wenn nun zufällig die Verbindung von *B* nach *C* einmal funktioniert, wird *C* erregt; die Erregung ist durch *B*s Erregung verursacht, nicht durch *A*s. Ihre Wahrscheinlichkeit wird aber durch die Erregung von *B gesenkt* und durch die von *A erhöht*. Lewis' Bedingung ist folglich weder hinreichend noch notwendig für indeterministische Verursachung. Lewis ([1994a: 224], [2004a]) akzeptiert das Problem, hat aber keine Lösung.[5]

Kontrafaktische Asymmetrien. Oben sagte ich, kontrafaktische Abhängigkeit eines *späteren* Ereignisses von einem *früheren* sei (in aller Regel) hinreichend für Kausalität. In Lewis' Analyse kommt die Zeitrichtung aber nicht vor. Rückwärtsverursachung, etwa in quantenmechanischen Prozessen oder bei Zeitreisen, soll nicht analytisch ausgeschlossen werden. Die zeitliche Asymmetrie gewöhnlicher Kau-

---

[5] Für eine hilfreiche Zusammenstellung ähnlicher Probleme siehe [Schaffer 2001b]; Schaffer zeigt, dass gängige Alternativen zu Lewis' Ansatz davon ebenso betroffen sind.

salbeziehungen will Lewis vielmehr durch die Asymmetrie der zukünftigen und vergangenen Spuren erklären, die ein Ereignis mit sich bringt (s. o., Abschnitt 2.1).

Erinnern wir uns an das Nixon-Beispiel aus Abschnitt 3.3: Ob Nixon den roten Knopf drückt oder nicht, hat vielfältige Konsequenzen für die Zukunft – Fingerabdrücke, Erinnerungen, erhitzte Drähte, ausgesannte Photonen, nuklearer Holocaust, usw., aber viel weniger Vorzeichen in der Vergangenheit. Deshalb ist nur ein kleines Wunder nötig, um bei gleicher Vergangenheit den Knopfdruck geschehen zu lassen, aber ein großes Wunder, um all seine Spuren in der Zukunft zu verwischen (s. [1973b: 76f.], [1979b]).

Ist auf die Asymmetrie der Spuren aber Verlass? Gibt es nicht Ursachen, die selektiv eine ganz bestimmte Wirkung hervorrufen, ohne schwer zu vertuschende Nebeneffekte? Was ist z.B. in einer Welt mit einem einzigen einsamen Teilchen, dessen früheren Zustände seine späteren verursachen (vgl. [1979b: 49], [Tooley 2003: 398], und [Tooley 2003: 411] für eine entsprechende Variante des Nixon-Beispiels)? Jedenfalls ist die Asymmetrie der Spuren eine kontingente statistische Tatsache, die nicht einmal aus unseren Naturgesetzen folgt. Selbst unter Welten mit unseren Naturgesetzen gibt es deshalb welche, in denen die Asymmetrie manchmal oder immer gerade umgekehrt läuft. Nach Lewis' Analyse geht dann auch die Kausalität rückwärts (vgl. [Bennett 1984: 63f.], [Lewis 1986g: 56–58], [Field 2003: §4]).

Ähnliche Schwierigkeiten gibt es bei der unmittelbaren Vorgeschichte eines Ereignisses. Hält man die komplette Vergangenheit bis zum Eintreten eines kontrafaktischen Ereignisses fest, reicht oft ein kleines Wunder nicht mehr aus, um das Ereignis geschehen zu machen. Deshalb erlaubt Lewis, dass in der nächsten kontrafaktischen Welt auch die unmittelbare Vorgeschichte des Ereignisses ein wenig anders sein kann, um einen halbwegs ordnungsgemäßen Übergang zu gewährleisten (s. [1979b: 40]). Wenn aber kontrafaktische Ereignisse Änderungen in der Vergangenheit mit sich bringen, scheint es Rückwärtsverursachung zu geben.

Angenommen z.B., Fred springt von einer Brücke und landet im Wasser. Wie sieht die nächste Welt aus, in der er *nicht* im Wasser landet? Halten wir die Vergangenheit bis unmittelbar vor der Landung fest, ist schwer zu sehen, wie die Landung ohne ein großes Wunder ausbleiben könnte. Nur ein kleines Wunder ist dagegen nötig, wenn Fred in jener Welt erst gar nicht springt. Dann aber verursacht nach Lewis' Analyse die Landung den Sprung (vgl. [Hausman 1998: §6.3], [Lewis 1981a: 295f.], [Bennett 2001] und [Bennett 2003: Kap. 13, 18,19]).

Zerbrechlichkeit und Ereignisaspekte. Weitere Probleme für Lewis' Analyse hängen mit seiner Bestimmung der kausalen Relata zusammen. Wie oben erwähnt setzt seine Theorie z.B. bestimmte Annahmen über essentielle Eigenschaften von Ereignissen voraus: Wir müssen wissen, unter welchen Bedingungen ein Ereignis noch stattgefunden hätte (wenn auch ein wenig anders) und unter welchen nicht. Dabei scheinen für Ursachen und Wirkungen unterschiedliche Standards zu gelten.

Um Problemen mit ausgeschalteten Ursachen zu entgehen, versteht man Wirkungen am besten als äußerst *zerbrechlich* (s. [1986g: 196]): Hätte Susanne nicht geworfen, dann wäre *dieses* Zerbrechen nicht geschehen, sondern ein geringfügig anderes, verursacht durch Wilhelms Wurf. Dagegen müssen Ursachen extrem robust sein (vgl. [Bennett 1987], [Bennett 1988: 55f.]). Denn denken wir uns Wilhelm einmal weg. Susanne wirft allein und trifft die Flasche. Ohne den Wurf wäre die Flasche nicht zerbrochen. D. h., in der nächsten Welt, in der dieser Wurf ausbleibt, wirft Susanne auch nicht etwas früher oder fester, mit der anderen Hand, mit einem größeren Stein oder einem Buch. In all diesen Fällen wäre das Zerbrechen ja vermutlich nicht ausgeblieben. Lewis muss deshalb die kontrafaktische Analyse präzisieren: »When asked to suppose counterfactually that C does not occur, we do not really look for the very closest possible world where C's conditions of occurrence are not quite satisfied. Rather, we imagine that C is completely and cleanly excised from history, leaving behind no fragment or approximation of itself« [2000a: 190] (ähnlich [1986g: 211]).

In [1986e: 255] verstößt Lewis selbst gegen diese Bedingung, wenn er sagt, eine Äußerung von »Hallo« könne ein anders Ereignis sein als die *laute* Äußerung desselben »Hallo«: »The first event caused Fred to greet John in return. The second one didn't. If the second one hadn't occurred – if John hadn't said ›Hallo‹ so loudly – the first one still would have«.

Das Beispiel weist darauf hin, dass nicht nur Ereignisse, sondern auch *Ereignisaspekte* Ursachen und Wirkungen sein können. Die Lautstärke einer Äußerung bewirkt mitunter etwas anderes als ihr Inhalt oder Tonfall. Die Verspätung einer Ankunft kann andere Ursachen haben als die Ankunft selbst. Viele Alternativen zu Lewis' Ansatz beruhen auf solchen Unterscheidungen (etwa [Bennett 1988: Kap. 9], [Hausman 1998], [Menzies 1996], [Paul 2000]). Lewis hält davon wenig ([1986g: 289, Fn. 2], [2004a: 100]): Die kausalen Relata sind, mehr oder weniger per Definition, Ereignisse, nicht Ereignisaspekte. Wenn die Verspätung wirklich andere Ursachen oder Wirkungen hat als die Ankunft, dann handelt es sich um verschiedene Ereignisse. Das passt aber nicht recht mit der Bedingung zusammen, Ursachen sollten in den kontrafaktischen Konditionalen »completely and cleanly excised« werden.

Konjunktive Ereignisse. Für Lewis ist Xanthippes Verwitwung kein Ereignis, weil die entsprechenden Raumzeitregionen sich intrinsisch nicht hinreichend von anderen Regionen unterscheiden. Aus analogen Gründen schließt Lewis disjunktive Ereignisse aus, Ereignisse wie ein Fußball-oder-Schachspiel, das genau dann geschieht, wenn das eine oder das andere von zwei Ereignissen eintritt, die wenig miteinander zu tun haben ([1986e: 266f.]).

Lewis bemerkt nicht, dass konjunktive Ereignisse ebenfalls Probleme bereiten: Seien A, B, C, D beliebige Ereignisse, so dass A B verursacht und C D. Wenn es ein Ereignis B & C gibt, das genau dann eintritt, wenn sowohl B als auch C

7.3 Probleme und Reparaturen

geschehen, dann ist *A* die Ursache von *D*. Denn ohne *A* wäre *B* nicht geschehen, also vermutlich auch nicht *B* & *C*. Nach Voraussetzung wäre außerdem *D* ohne *C* nicht geschehen, und daher wohl auch nicht ohne *B* & *C*, da wir hierfür Welten betrachten, in denen *B* & *C* »completely and cleanly excised« ist. Da Verursachung transitiv ist, verursacht *A* folglich *D*. Das heißt, jede beliebige Ursache droht jede beliebige Wirkung zu verursachen.

Man kann sicher nicht alle konjunktiven Ereignisse ausschließen. Ein Streit oder Krieg, der aus vielen kleineren Ereignissen zusammengesetzt ist, kann als Ganzes Ursache oder Wirkung sein. Lewis verwendet hier und da sogar recht unnatürliche Konjunktionen, um bestimmten Einwänden zu entgehen. In [2000a: 193] etwa verweist er auf ein Ereignis, das sich aus dem Gehirnzustand einer Person und der Entscheidung einer anderen Person zusammensetzt.

Abwesenheiten. Manchmal geschieht etwas nicht deshalb, weil etwas anderes da ist oder passiert, sondern weil etwas anderes *nicht* da ist oder *nicht* passiert: Die Abwesenheit von Sauerstoff verursacht den Tod eines Erstickenden; fehlende Aufmerksamkeit verursacht einen Unfall. Umgekehrt kann ein Ereignis das *Ausbleiben* eines anderen bewirken: Feuer in einem geschlossen Raum verursacht die Abwesenheit von Sauerstoff; glückliche Umstände verhindern einen Unfall.

Manche, Armstrong [2001: 177f.] und Hall [2004] z.B., meinen, Verursachung von und durch Abwesenheiten sei keine *echte* Verursachung und verlange deshalb eine besondere Analyse. Dagegen spricht jedoch, dass in vielen Fällen eindeutiger Verursachung Abwesenheiten eine Rolle spielen, häufig in Kausalketten versteckt. So verursacht auf die Netzhaut treffendes Licht die Erregung retinaler Ganglienzellen; bei näherem Hinsehen verursacht das Licht aber zunächst einmal die *Abwesenheit* von Erregung in Zellen, welche normalerweise die Ganglienzellen hemmen. Dieselbe Art Verursachung durch verhinderte Hemmung findet sich im Übergang von Gehirnsignalen zu Muskelbewegungen, aber auch z.B. beim Feuern von Katapulten oder dem Leeren einer Badewanne durch das Ziehen eines Stöpsels. Zu sagen, in all diesen Fällen liege keine echte Verursachung vor, hieße, Mooresche Tatsachen zu bestreiten: »simply to state this response is to complete the *reductio* against it« [2004d: 281] (vgl. [1980d: 286], [1986g: 189–193], [2000a: § 10], [2004a: 99–102]).

Ärgerlich an Abwesenheiten ist nicht zuletzt, dass es so viele von ihnen gibt. Wenn man einmal zugibt, dass die Abwesenheit von Sauerstoff Ursache des Erstickens ist, dann muss auch die Abwesenheit von Nervengas und das Ausbleiben eines Meteoriteneinschlags Ursache meines heutigen Aufwachens sein. Lewis akzeptiert das: Diese Ursachen sind nur so gewöhnlich, dass wir sie im Alltag meist ignorieren ([2004a: 100f.]).

Lewis sorgt sich mehr um die Natur von Abwesenheiten. In einem vollkommen leeren Raum gibt es unzählige Abwesenheiten: Abwesenheit von Sauerstoff, von Licht, von Champagner, usw. Wie kann das sein, wenn der Raum doch völlig leer ist? Das allein scheint mir, entgegen [Lewis 2004d], noch kein Problem zu sein, denn bei all diesen Abwesenheiten könnte es sich ja um leere Raumzeit-Regionen handeln (bzw. um Klassen, die solche Regionen enthalten). Sonderbar sind allerdings die kontrafaktischen Eigenschaften dieser Ereignisse: Gäbe es die Abwesenheit von Sauerstoff nicht, dann wäre Sauerstoff vorhanden – warum das? Wenn die Abwesenheit nichts anderes als die Leerheit einer Raumzeit-Region ist, wieso gäbe es dann ohne sie ausgerechnet Sauerstoff, und nicht z. B. Stickstoff? Die Abwesenheit von Sauerstoff müsste ein Ereignis sein, das nicht nur in leeren Regionen geschieht, sondern auch in Stickstoff-Regionen, Kohlenmonoxid-Regionen, usw. Derart disjunktive Ereignisse soll es aber nach Lewis nicht geben (s. [1986g: 190f.]).

Weil Lewis keine harmlosen Entitäten findet, die als Abwesenheiten in Frage kommen, sieht er sich gezwungen, ihre Existenz zu leugnen: »Absences are not events. They are not *anything*: where an absence is, there is nothing relevant there at all« [2000a: 195]. Doch wie passt das mit der Mooreschen Tatsache zusammen, dass Abwesenheiten oft Ursachen und Wirkungen sind? Wie kann eine Relation instanziiert sein, deren Relata nicht existieren?

7.4 Die neue Analyse

In »Causation as Influence« [2004a] (und gekürzt [2000a]) stellt Lewis eine Modifikation seiner Analyse vor, die mit einigen der angeführten Problemen besser zurecht kommt, dafür aber ein paar neue Fragen aufwirft. Lewis ersetzt kontrafaktische Abhängigkeit durch *kontrafaktischen Einfluss* (»influence«):

> A verursacht B genau dann, wenn A B beeinflusst oder eine Kette von Beeinflussung von A zu B führt.

Wie in der alten Analyse müssen A und B distinkte Einzelereignisse sein.

Was heißt hier »beeinflussen«? A beeinflusst B, wenn leichte Variationen von A kontrafaktisch mit Variationen von B einher gehen. Genauer:

> A influences B if and only if there is a substantial range $A_1, A_2, \ldots$ of different not-too-distant alterations of A (including the actual alteration of A) and there is a range $B_1, B_2, \ldots$ of alterations of B, at least some of which differ, such that if A_1 had occurred, B_1 would have occurred, and if A_2 had occurred, B_2 would have occurred, and so on.[6] [2000a: 190]

Der Vorschlag ist als Erweiterung des alten gedacht: Wenn ein Ereignis ein anderes verursacht, dann besteht nicht nur eine kontrafaktische Abhängigkeit zwischen Geschehen und Nicht-Geschehen der beiden, sondern auch zwischen dem *Wie*,

---

[6] Bei Lewis steht statt »A« und »B« jeweils »C« bzw. »E«.

Wann und *Wo* ihres Geschehens. Die Zerbrechlichkeit von Ereignissen spielt keine Rolle mehr: Ob eine Variation (»alteration«) identisch ist mit dem variierten Ereignis oder nicht, ist unerheblich.

Kontrafaktischer Einfluss kann stärker oder schwächer sein, je nachdem, wie viele der A_i und B_i sich wie stark voneinander unterscheiden. Das hat den schönen Effekt, dass nicht alle Ursachen gleich behandelt werden: »Plainly, there are many ways« in which something can be more of a cause than something else is« [2000a: 191]. Grob gesagt ist Verursachung umso stärker, je mehr und je größere Variationen der Wirkung kontrafaktisch von Variationen der Ursache abhängen.[7]

Bei dem an die Wand geworfenen Glas beeinflusst das Werfen das Zerbrechen z. B. stark, denn leichte Variationen des Werfens – etwas fester, früher, später, etc. – korrespondieren kontrafaktisch mit merklichen Variationen des Zerbrechens. Bei Merlin und Morgana erweist sich wie gewünscht Merlins Wunsch als Ursache, weil leichte Variationen dieses Wunsches, insbesondere inhaltliche Variationen, große Variationen der Wirkung nach sich zögen. Leichte Variationen von Morganas Wunsch bleiben dagegen wirkungslos.

Auch bei Wilhelm und Susanne liefert die neue Analyse das gewünschte Resultat: Leichte Variationen von Susannes Wurf haben deutlich größeren Einfluss auf das Zersplittern der Flasche als Variationen von Wilhelms Wurf. Der Unterschied ist aber nur graduell: Hätte Wilhelm ein wenig früher und damit vor Susanne getroffen, wäre das Zersplittern anders abgelaufen. Auch Wilhelms Wurf hat also einen gewissen Einfluss auf die Wirkung und zählt folglich als Ursache, wenn auch in geringerem Ausmaß.

Nicht nur das. Auch das Vorhandensein des Mondes beeinflusst minimal die Bahn der Steine und Scherben und zählt daher als Ursache des Zerbrechens. Lewis findet das richtig: Der Mond ist in der Tat ein kausal relevanter Faktor für das, was mit der Flasche passiert, wenn auch ein Faktor mit so geringem Einfluss, dass wir normalerweise nicht eigens darauf verweisen ([2000a: 188f.], [2004a: 88–90]).

Diese Inflation des Verursachungsbegriffs stieß nicht überall auf Begeisterung. John Collins [2000: 230f.] beschwert sich: »This new theory of causal influence amounts to a change of topic. [...] Certainly, one event can have a causal influence on another without being among its causes«. Einige Philosophen haben außerdem Beispiele vorgebracht, die zeigen sollen, dass kontrafaktischer Einfluss oft ohne intuitive Verursachung vorliegt, oder zumindest stärker ist als die kausale Relevanz (siehe [Hall 2000], [Paul 2000: 250], [Schaffer 2001a: 17], [Kvart 2001] und [Noordhof 2001: 326]).

---

[7] Große Variationen kann es nur geben, wenn Variationen einander nicht per Definition ähneln müssen. Die Definitionen in [2000a] und [2004a] unterscheiden sich genau in diesem Punkt: Laut [2000a: 188] müssen Variationen dem variierten Ereignis ähneln, laut [2004a: 88] nicht. Ich konnte die zeitliche Reihenfolge der beiden Definitionsvorschläge leider nicht in Erfahrung bringen. (Das Manuskript von [2004a] ist auf den 04.02.2000 datiert.)

Ein besonders problematischer Fall dieser Art, auf den meines Wissens noch nicht aufmerksam gemacht wurde, ist Beeinflussung vergangener Ereignisse durch zukünftige: In wenigen Augenblicken werde ich einen Schluck Tee aus der Tasse vor mir nehmen. Betrachten wir das ›Ereignis‹, wie die Tasse jetzt vor mir steht. Gewisse Variationen meines Trinkens scheinen kontrafaktisch mit Variationen dieses Ereignisses einherzugehen: Hätte ich schon vor einer halben Minute aus der Tasse getrunken, dann wäre jetzt ein bisschen weniger Tee in der Tasse, und je nachdem, wieviel Tee ich vor einer halben Minute getrunken hätte, wie warm der Tee damals war, wohin ich die Tasse dann stellte, je nachdem wäre auch die jetzige Situation ein wenig anders. Nach Lewis' Analyse ist mein zukünftiges Teetrinken daher eine *Ursache* dafür, wie der Tee jetzt vor mir steht.

Lewis würde vielleicht entgegnen, die Verursachung sei auch hier so minimal, dass wir sie normalerweise ignorieren (vgl. [2004a: 105, Fn. 23]). Aber zum einen liegt hier, anders als bei der Mondmasse, eindeutig keine Verursachung vor, auch nicht in vernachlässigbarem Ausmaß. Zum andern sehe ich nicht, wieso der Einfluss eigentlich minimal ist: Ist ein um ein halbe Minute vorgezogenes Teetrinken notwendig *so* anders?

Neben Fällen von Einfluss ohne Verursachung wurden auch Fälle von Verursachung ohne, oder ohne nennenswerten, Einfluss konstruiert (siehe [Lewis 2004a: 24], [Collins 2000: 231], [Schaffer 2001a: 15f.]). Ein Bahnangestellter drückt einen Knopf und stellt dadurch eine Weiche um. Zwei Stunden später kommt ein Zug, fährt über die Weiche aufs falsche Gleis und stößt mit einem anderen Zug zusammen. Der Knopfdruck verursachte den Zusammenstoß, obwohl leichte Variationen des Knopfdrucks keinerlei Änderung der Wirkung mit sich brächten. Ob der Bahnangestellte den Knopf etwas fester, etwas später oder früher oder mit einem anderen Finger gedrückt hätte, für den Zusammenstoß ist das egal.

Wegen Beispielen dieser Art lässt Lewis ausdrücklich Beeinflussung gelten, bei der nur *zwei* Variationen der Ursache mit zwei Variationen der Wirkung einhergehen, wobei jeweils eine der Variationen die völlige Abwesenheit der anderen ist: Der Knopfdruck verursacht den Zusammenstoß, weil die Abwesenheit des Knopfdrucks kontrafaktisch mit einer Abwesenheit des Zusammenstoßes einherginge. Doch inwiefern ist die Abwesenheit des Knopfdrucks eine »not-too-distant alteration« des Knopfdrucks? Wie ist die Rede von Abwesenheiten überhaupt zu verstehen, wenn Abwesenheiten doch, wie Lewis meint, gar nicht existieren? Lewis:

> Absences are bogus entities. Yet the proposition that an absence occurs is not bogus. It is a perfectly good negative existential proposition. And it is by way of such propositions, and only by way of such propositions, that absences enter into patterns of counterfactual dependence. [2000a: 195f.]

Leider hält sich Lewis nicht an diese Vorgabe. In seiner neuen Theorie tauchen Abwesenheiten ständig in Zusammenhängen auf, wo völlig unklar ist, wie man sie mit negativen Existenzaussagen loswerden könnte, nämlich eben als Variationen

7.4 Die neue Analyse

Wie soll man »es gibt Variationen $A_1, ..., A_n$ von A« in der Definition von »Einfluss« verstehen, wenn einige dieser Variationen Abwesenheiten sind? Wird hier über negative Existenzaussagen quantifiziert?

Auch in der neuen Analyse bleiben also viele Fragen offen. Nach über 30 Jahren scheint eine befriedigende kontrafaktische Kausalitätstheorie immer noch außer Sicht. Sollte man den Ansatz einfach begraben? Andererseits: Viele der angeführten Schwierigkeiten betreffen alternative Ansätze ganz genauso, und Lewis' neue Version ist sicher ein Schritt in die richtige Richtung. Es steht aber zu befürchten, dass die Sache ähnlich endet wie bei »Wissen«, wo im Anschluss an [Gettier 1963] unzählige und zunehmend komplizierte Definitionsvorschläge gemacht wurden, nur um wenig später durch neue Gegenbeispiele wieder aus der Bahn geworfen zu werden. Viele Philosophen haben hier die Hoffnung auf eine einfache Analyse inzwischen aufgegeben.

In beiden Fällen scheint klar, dass es eine Analyse *gibt*, dass »Wissen« und »Verursachung« nicht grundlegend sind: Wir können aus der Beschreibung einer Situation, in der »Wissen« und »Verursachung« nicht vorkommt, recht zuverlässig bestimmen, ob hier ein Fall von Wissen bzw. Verursachung vorliegt oder nicht. Anders wäre die ganze Industrie von Vorschlägen und Gegenbeispielen nicht möglich. Daraus folgt aber leider nicht, dass es eine *einfache* Analyse gibt. Vielleicht lassen sich die Bedingungen, unter denen die Begriffe zutreffen, in einfachen Worten nicht erfassen.

▷ Kausale Tatsachen scheinen bestimmt durch die Verteilung lokaler Ereignisse und die Naturgesetze. Lewis versucht diesen Zusammenhang in einer kontrafaktischen Analyse festzumachen: A verursacht B, wenn ohne A auch B nicht geschehen wäre.

▷ Dabei müssen A und B Einzelereignisse eines bestimmten Typs sein. Solche Ereignisse kann man nach Lewis als Klassen von Raumzeitregionen verstehen.

▷ Die einfache kontrafaktische Analyse ist mit zahlreichen Schwierigkeiten konfrontiert. So funktioniert sie nicht für indeterministische Welten und liefert in Fällen mit ausgeschalteten Ursachen falsche Ergebnisse.

▷ In den letzten Jahren seines Lebens entwickelte Lewis eine neue Analyse, nach der Verursachung auf einem Muster kontrafaktischer Abhängigkeiten zwischen Varianten der Ursache und der Wirkung besteht. Diese Analyse löst einige Probleme des alten Vorschlags, wirft dafür aber ein paar neue auf.

▷ Eine befriedigende Analyse von Kausalität ist derzeit nicht in Sicht.

8
PHYSIKALISMUS UND PHÄNOMENALE ERFAHRUNG

Nach Lewis gibt es eine Klasse fundamentaler Eigenschaften, deren Verteilung alle Wahrheiten in unserer Welt bestimmt. Was für Eigenschaften sind das? *Langweiligkeit* oder *Hitzebeständigkeit* wohl nicht. Die Verteilung dieser Eigenschaften ist durch die Verteilung anderer, grundlegenderer Eigenschaften bestimmt. Nach Lewis' Hypothese der Humeschen Supervenienz (Kap. 6) sind alle fundamentalen Eigenschaften in unserer Welt Eigenschaften von Raumzeitpunkten. Als *Physikalist* (oder, wie Lewis lieber sagt, *Materialist*) glaubt Lewis außerdem, dass die fundamentalen Eigenschaften in unserer Welt allesamt physikalisch sind. D.h., wenn eine Welt in der Verteilung physikalischer Eigenschaften genau der unsrigen gleicht (und keine weiteren Eigenschaften dort instanziiert sind), dann muss diese Welt der unsrigen auch in jeder anderen Hinsicht genau gleichen. Allgemeiner verbietet der Physikalismus nach Lewis qualitative Unterschiede zwischen Welten, die einander physikalisch genau gleichen und in denen keine Eigenschaften instanziiert sind, die nicht auch bei uns vorkommen. (s. [1983d: 30–34], [1994b: 292])

Was heißt hier *physikalisch*? Lewis gibt keine präzise Definition. Eine physikalische Eigenschaft ist, so deutet er an, eine Eigenschaft von etwa derselben Art wie Ladung, Masse und Spin, die vielen sehr kleinen Dingen zukommt, und zwar unabhängig davon, ob diese ein Wesen mit Bewusstsein zusammensetzen oder nicht. Es müssen aber keine Punkt-Eigenschaften sein; Nicht-Lokalität in der Quantenmechanik bedroht deshalb die Humesche Supervenienz, aber nicht den Physikalismus (vgl. [1986g: x]).[1]

8.1 Die Identität von Körper und Geist

Wenn alle Tatsachen in unserer Welt durch die Verteilung physikalischer Eigenschaften bestimmt sind, so auch Tatsachen über Wahrnehmung, Schmerzen, Überzeugungen und dergleichen. Lewis hat eine einfache Erklärung: Diese men-

---

[1] In Anbetracht der beliebigen Rekombinierbarkeit fundamentaler Eigenschaften (s. Abschnitt 3.2, 5.4) sollte man eine physikalistische Welt besser nicht charakterisieren als eine Welt, in der alle fundamentalen Eigenschaften physikalisch sind. Denn sei w_1 eine Welt, in der eine fundamentale nicht-physikalische Größe F dem Treiben von Geistern und Göttern zugrunde liegt. Nach dem Rekombinationsprinzip gibt es einerseits eine Welt w_2, die genauso ist wie w_1, nur dass dort (sagen wir) *Ladung* die Rolle von F spielt, und andererseits eine Welt w_3, die genauso ist wie unsere Welt, nur dass dort F die Rolle von Ladung spielt. Intuitiv ist w_3 eine physikalistische Welt, w_2 nicht.

talen Eigenschaften sind nichts anderes als komplexe physikalische Eigenschaften. Kein Wunder also, dass die Verteilung der physikalischen Eigenschaften die Verteilung der mentalen bestimmt.

In »An Argument for the Identity Theory« [1966a] stützt Lewis seine einfache *Identitätstheorie* durch ein ebenso einfaches Argument:

> My argument is this: The definitive characteristic of any (sort of) experience as such is its causal role, its syndrome of most typical causes and effects. But we materialists believe that these causal roles which belong by analytic necessity to experiences belong in fact to certain physical states. Since those physical states possess the definitive characteristics of experience, they must be the experiences. [1966a: 100]

Nehmen wir Schmerz – nicht einzelne Schmerzereignisse wie meinen gestrigen Zahnschmerz, sondern Schmerz als Zustandstyp, als etwas, was verschiedene Personen haben können (wenn auch selten auf genau dieselbe Weise). Lewis' Argument geht dann, schematisch, so:

1) Schmerz = Zustand, der die-und-die Rolle spielt.
2) Der biochemischer Zustand XY spielt diese Rolle.
3) Also: Schmerz = der biochemische Zustand XY.

XY ist hier ebenfalls ein Zustands*typ*, der in verschiedenen Personen vorkommen kann (in verschiedenen Unterarten, entsprechend den Arten von Schmerz). Was XY genau ist, kann man entdecken, indem man untersucht, welcher Zustand in unserem Nervensystem auftritt, wenn wir uns verletzen, über Schmerzen klagen usw.

Bemerkenswert ist, dass die Konklusion (3) *logisch* aus den beiden Prämissen folgt: Begriffliches Wissen zusammen mit biologischer Information impliziert logisch die Identität geistiger mit körperlichen Zuständen. Prinzipien der Einfachheit oder der ontologischen Sparsamkeit tauchen in Lewis' Argument nicht auf. Wenn XY die Definition von »Schmerz« erfüllt, haben wir keine andere Wahl, als Schmerz mit XY zu identifizieren.

Die entscheidende Prämisse ist die erste, dass »Schmerz« über eine kausale Rolle definiert werden kann – »its syndrome of most typical causes and effects«. Typische Ursachen von Schmerz wären etwa Verletzungen und Verbrennungen, typische Folgen verzerrte Gesichtsausdrücke, Stöhnen und Meidereaktionen, aber auch weitere mentale Zustände, z. B. der Wunsch, die Schmerzen mögen aufhören. Lewis zufolge bedeutet »Schmerz« nun nichts anderes als »Zustand mit diesen typischen Ursachen und Wirkungen«.

Ebenso für andere mentale Zustände. Wahrnehmungen z. B. sind nach Lewis Prozesse, die typischerweise wahre Meinungen über bestimmte Aspekte der äußeren Situation bewirken (s. u., Abschnitt 9.2), und Wünsche sind Zustände, die zusammen mit Meinungen bestimmte Handlungen bewirken (Abschnitt 9.1).

8.1 Die Identität von Körper und Geist

Nimmt man diese Annahmen über typische Ursachen und Wirkungen geistiger Zustände zusammen, erhält man ein Sammelsurium von Thesen, das Lewis als unsere *Alltagspsychologie* (»folk psychology«) bezeichnet. Die kausalen Profile der einzelnen Zustände sind hier ineinander verwoben: Schmerzen führen zu gewissen Wünschen, diese Wünsche zusammen mit gewissen Meinungen zu gewissen Verhaltensreaktionen, usw. Es ist deshalb nicht so leicht, herauszufinden, welches der Zustand XY ist, der die Schmerz-Rolle spielt. Dazu muss er unter anderem in der richtigen Kausalbeziehung zu Wünschen stehen; wir müssten also erst einmal klären, was, biologisch gesehen, diese Wünsche sind. Und dazu müssen wir wissen, was Meinungen sind, wofür wir aber schon wissen müssten, was Wünsche sind. Wir scheinen in einen Zirkel zu geraten.

Der Zirkel lässt sich umgehen, indem man die Zustände alle zusammen nimmt: Die Alltagspsychologie als Ganzes bestimmt ein Netz aus Kausalverbindungen, dessen Knoten mehr oder weniger indirekt mit äußeren Ereignissen (Verletzungen, Körperbewegungen, usw.) verknüpft sind. Dieses kausale Netz hat, wenn alles gut geht, physikalische *Erfüller*: biologisch-physikalische Zustände, die in etwa die richtigen Verbindungen zu einander und nach außen aufweisen. Diese Zustände können dann mit den Knoten im alltagspsychologischen Netz – mit Schmerzen, Wünschen usw. – identifiziert werden (vgl. [1966a: 103], [1970c], [1972a], [1994b: 299f.]).

Die holistische Charakterisierung geistiger Zustände über kausale Rollen ist ein Kennzeichen des *Funktionalismus*, weshalb Lewis' Position manchmal als *analytischer Funktionalismus* bezeichnet wird (vgl. [Block 1978: 271ff.]) – »analytisch«, weil die Charakterisierung der Rollen bei Lewis analytisch sein soll. Häufig wird »Funktionalismus« aber als Gegenposition zur Identitätstheorie verstanden. In diesem Sinn ist Lewis kein Funktionalist, sondern Identitätstheoretiker.

Nicht-analytische Funktionalisten ersetzen Lewis' alltagspsychologische Definitionen durch wissenschaftliche Hypothesen: Wenn wir wissen wollen, was Schmerz kennzeichnet, sollten wir nicht den Mann oder die Frau auf der Straße fragen, sondern Leute, die etwas davon verstehen – Schmerzforscher und Psychologen. Einige Philosophen bestreiten sogar, dass es die Alltagspsychologie, von der Lewis redet, überhaupt gibt. Dabei werden Lewis allerdings oft Thesen untergeschoben, die er gar nicht vertritt. Lewis ist z. B. nicht darauf festgelegt, dass wir das Verhalten unserer Artgenossen tatsächlich mit Hilfe eines internalisierten Regelsatzes interpretieren, und nicht z. B. durch mentale Simulation. Lewis behauptet auch nicht, dass die Alltagspsychologie eine ›Theorie‹ in irgendeinem anspruchsvollen Sinn darstellt. Er setzt nur voraus, dass wir Meinungen und Erwartungen über mentale Zustände haben. Diese müssen nicht unbedingt bewusst und explizit sein. Lewis vergleicht sie mit unserem Zugang zur Grammatik unserer Muttersprache: Wir wissen, welche Sätze grammatisch korrekt sind und welche nicht, auch wenn uns schwer fällt, diese Urteile in explizite, allgemeine Regeln zu fassen (vgl. [1976a: 138f.], [1994b: 298], [1997c: 333]; in frühen Arbeiten hatte Lewis die Alltagspsychologie dagegen noch als »Sammlung von Platitüden« [1972a: §3] beschrieben).

Dennoch, warum keine wissenschaftliche statt der alltagspsychologischen Bestimmung? Weil das, sagt Lewis, ein Themenwechsel wäre: »Esoteric scientific findings that go beyond common sense must be kept out, on pain of changing the subject« [1974b: 112]. Wir wollen erfahren, was *Schmerzen, Wahrnehmungen* usw. sind, und zwar im gewöhnlichen Sinn dieser Ausdrücke. Wir wollen wissen, ob ein biologischer Zustand die Rolle spielt, die *wir* mit »Schmerz« assoziieren. Ob ein biologischer Zustand diese oder jene *andere* Rolle spielt, die in irgendwelchen Theorien bestimmt wird, hilft uns hierbei nicht weiter (vgl. [1994b: 311f.]).

Der Gegensatz ist aber weniger scharf als Lewis annimmt. Zur alltagspsychologischen Schmerz-Rolle könnte auch gehören, dass Schmerzforscher und Psychologen am besten wissen, was Schmerz ist. Zumindest bei halb technischen Begriffen wie »Trauma«, »Depression« oder »Orgasmus« ist das nicht unplausibel.

Grundlegendere Bedenken gegenüber Lewis' Ansatz kommen von der ›neuen Theorie der Referenz‹: Ist der Bezug unseres mentalen Vokabulars überhaupt an assoziierte Rollen geknüpft? Haben nicht Kripke und Putnam bewiesen, dass der Bezug unserer Wörter mit assoziierten Beschreibungen gar nichts zu tun hat (vgl. [Kripke 1980])?

Wenn das stimmt, gerät Lewis' erste Prämisse ins Wanken: Es könnte sich herausstellen, dass wir uns mit »Schmerz« auf einen Zustand beziehen, der gar nicht die alltagspsychologische Schmerz-Rolle spielt, der weder durch Verletzungen verursacht wird noch Stöhnen auslöst, sondern womöglich die Rolle spielt, die wir irrtümlich *Freude* zuschreiben. Eine typische Ursache von Schmerz wäre dann die Erfüllung von Wünschen, und Leute, die Schmerzen hätten, würden nicht daran denken, die Ursache ihres Schmerzes abzustellen.

Lewis glaubt nicht, dass sich so etwas herausstellen könnte. Wenn ein Zustand die Freude-Rolle spielt, dann handelt es sich um Freude, nicht um Schmerz. Kripke und Putnam haben aus Lewis' Sicht nicht gezeigt, dass der Bezug unserer Wörter unabhängig ist von damit assoziierten Rollen. Was sie gezeigt haben, ist zum einen, dass diese Rollen oft anders aussehen, als wir vielleicht dachten (dass sie z. B. Kausalbeziehungen zwischen Dingen und unserer Verwendung von Wörtern enthalten können), und dass sie zum andern nicht festlegen, was unsere Wörter in anderen möglichen Welten herausgreifen. (Mehr dazu in in Kapitel 10 und 11.) Die neue Theorie der Referenz ist deshalb für Lewis kein Grund, an der Analytizität von Prämisse (1) zu zweifeln.

Trotzdem ist diese Prämisse sicher nicht *analytisch*, und zwar aus einem ganz einfachen Grund: Sie impliziert, dass es einen Zustand gibt, der die Schmerz-Rolle spielt. Das lässt sich nicht einfach herbeidefinieren. Glücklicherweise kann man die Prämisse aber abschwächen:

1′) *Wenn* ein Zustand die-und-die kausale Rolle spielt, dann handelt es sich um Schmerz.

Aus (1′) und (2) folgt immer noch logisch (3). Und (1′) impliziert nicht mehr, dass die Schmerz-Rolle erfüllt ist. (1′) sagt auch nicht – obwohl Lewis das glaubt –, dass etwas den Namen »Schmerz« nur dann verdient, wenn es die Schmerz-Rolle spielt. Was mit (1′) ausgeschlossen wird, ist nur, dass es einen Zustand gibt, der die Schmerz-Rolle spielt, bei dem es sich aber trotzdem nicht um Schmerz handelt.

Und das ist eine wirklich schwache These. Sollte sich die Alltagspsychologie als falsch erweisen, sollte kein Zustand das tun, was wir Schmerz zuschreiben, würde das (1′) nicht erschüttern. Um (1′) zu widerlegen, müsste man im Gegenteil entdecken, dass es erstens einen Zustand gibt, der genau die alltagspsychologische Rolle von Schmerz spielt, bei dem es sich aber zweitens nicht um Schmerz handelt. Wenn die alltagspsychologische Rolle aber alles umfasst, was wir über Schmerz wissen (dazu gleich mehr), dann kann das nicht passieren: Man kann nur herausfinden, dass Zustand *X* nicht Schmerz ist, indem man feststellt, dass ihm ein Merkmal fehlt, das wir als wesentlich für Schmerz erachten (vgl. [1972a: 213] und unten, Abschnitt 11.1).

8.2 Rollen und Realisierer

Was ist mit Prämisse (2), nach der ein physikalischer Zustand die Schmerz-Rolle spielt? Das ist eine empirische Annahme. Es ist nicht a priori ausgeschlossen, dass unser Gehirn, wie Descartes meinte, mit außerphysikalischen Substanzen in Verbindung steht, deren Zustände die alltagspsychologischen Rollen spielen. Zu Descartes' Zeiten war das sogar eine plausible Hypothese. Inzwischen wissen wir aber, wie neuronale Verschaltungen kognitive Funktionen erfüllen, und haben Grund zu glauben, dass Ereignisse in unserem Gehirn nicht durch außerphysikalische Prozesse verursacht sind (vgl. [1988h: 282f.]).

Prämisse (2) enthält immer noch die Annahme, die ich aus Prämisse (1) gerade tilge: dass es etwas gibt, was die Schmerz-Rolle spielt, einen Zustand, der durch Verletzungen verursacht wird, Vermeidereaktionen auslöst, usw. Für Lewis ist das zwar nicht a priori, aber doch beinahe eine Mooresche Tatsache, die zu bestreiten nur Philosophen in den Sinn kommt (vgl. [1994b: 298], [1989b: 91], [Jackson und Pettit 1990]). Wichtig ist dabei, dass die alltagspsychologischen Rollen *Ceteris-Paribus-Rollen* sind und Ausnahmen erlauben: Nicht *immer* führen Verletzungen zu Schmerz, nicht *immer* äußert sich Schmerz in Stöhnen und Klagen, nicht *immer* wollen Leute, dass ihre Schmerzen aufhören. Lewis spricht von *typischen* Ursachen und Wirkungen.

Selbst wenn sich ein paar weniger zentrale Annahmen der Alltagspsychologie als falsch erweisen – Annahmen über religiöse Eingebung vielleicht oder Besessenheit –, ist das für Lewis' Ansatz nicht allzu ernst. Schlimmstenfalls gibt es dann nichts, was die Rolle von Besessenheit spielt, und damit wegen der holistischen Natur der Alltagspsychologie auch keine perfekten Erfüller aller anderen Rollen. Aber imperfekte Erfüller sind gut genug. Um den Namen »Schmerz« zu verdienen, muss etwas unseren Annahmen über Schmerz nicht bis in jede Einzelheit Rechnung tragen. Oder besser: Zu unseren Annahmen über Schmerz gehört, dass wir uns in dem einen oder anderen Punkt über die Schmerz-Rolle irren können. Wir gehen davon aus, dass es einen Zustand gibt, der *ungefähr* die-und-die kausale Rolle spielt; es wäre keine große Überraschung, wenn die Rolle in Wirklichkeit ein wenig anders aussieht (vgl. [1966a: 104], [1970c: 83], [1994b: 298], [1995], [1996a: 58] und Abschnitt 11.2). Das wird oft übersehen, etwa wenn Jaegwon Kim schreibt: »a single false psychological platitude will be enough to bankrupt the whole system« [Kim 1996: 111] (ähnlich z. B. [Shoemaker 1984: 273]).

Ein größeres Problem für die Identitätstheorie ist die *Multi-Realisierbarkeit* mentaler Zustände. Bei Mardern oder Marsmenschen könnte ein ganz anderer Zustand die Schmerz-Rolle spielen als bei uns. Man kann Schmerz also nicht gut mit dem Zustand identifizieren, der in allen Wesen die Schmerz-Rolle spielt. So einen Zustand gibt es nicht. Ebensowenig sollte man Schmerz aber mit dem Zustand identifizieren, der *bei uns* die Schmerz-Rolle spielt. Das würde a priori ausschließen, dass Wesen, die anders aufgebaut sind als wir, Schmerzen haben können.

Lewis hat eine überraschende Antwort auf diese Schwierigkeit. »Schmerz« bedeutet, so Lewis, in etwa dasselbe wie die Kennzeichnung »Zustand, der die Schmerz-Rolle spielt«. Die relevante Spezies muss aus dem jeweiligen Gesprächskontext erschlossen werden. Wenn von Menschen die Rede ist, bezeichnet »Schmerz« den neuronalen Zustand XY, wenn von Marsmenschen die Rede ist dagegen den Zustand AB, usw.

Diese Form von Unterbestimmtheit oder Variabilität ist charakteristisch für definite Kennzeichnungen: Worauf wir uns mit »die Tür« oder »der Präsident« beziehen, hängt davon ab, wovon gerade die Rede ist. Ohne einen konkreten Gesprächskontext hat die Frage, worauf sich »die Tür« bezieht, keine Antwort. Es gibt nicht *die Tür*, es gibt nur verschiedene Türen hier und dort, und je nach Kontext bezieht sich »die Tür« mal auf diese und mal auf jene. Ebenso bei »der Präsident«, und ebenso Lewis zufolge bei »Schmerz«: Verschiedene Zustände spielen in verschiedenen Wesen die Schmerz-Rolle, und je nach Kontext bezieht sich »Schmerz« mal auf diesen und mal auf jenen. Lewis vertritt daher eine *art-relative Identitätstheorie* (vgl. [1969d: 25], [1980b], [1983d: 43–45], [1986e: 267f.], [1994b: 305–308]).

Lewis' Theorie zur Kontextabhängigkeit von »Schmerz« ist semantisch nicht sonderlich plausibel. Dass Kennzeichnungen sich auf die angeführte Weise verhalten, liegt an der besonderen Funktionsweise des definiten Artikels. In »Schmerz«

8.2 Rollen und Realisierer

findet sich aber kein definiter Artikel, und es gibt keinen anderen atomaren Ausdruck, der sich unzweideutig so verhält wie Lewis zufolge »Schmerz«.

Semantisch plausibler ist die Annahme, dass »Schmerz« eine höherstufige Rollen-Eigenschaft ausdrückt: etwas, was alle Realisierer gemeinsam haben. Lewis lehnt diesen Vorschlag ab mit der Begründung, Schmerz sei *definiert* als Zustand, der die in der Alltagspsychologie beschriebenen Ursachen und Wirkungen aufweist. Die höherstufige Rollen-Eigenschaft realisiert sich aber nicht selbst, d.h. sie hat nicht selbst die fraglichen Ursachen und Wirkungen. Folglich verdient sie auch nicht den Namen »Schmerz« (s. [1994b: 307f.]).

Man muss hier aber im Auge behalten, dass Kausalbeziehungen nicht zwischen Eigenschaften oder Zustandstypen bestehen: Die Eigenschaft *Sich verletzen* verursacht nicht die Eigenschaft *Schmerzen haben*; einzelne Verletzungs-Ereignisse verursachen vielmehr einzelne Schmerz-Ereignisse. Und ein Schmerz-Ereignis kann sowohl unter den biologischen Typ XY fallen als auch unter den Typ *Spielt die-und-die Rolle*. Wenn die Alltagspsychologie sagt, dass Verletzungen Schmerzen verursachen, so sagt sie, dass Verletzungen Ereignisse verursachen, die unter den Typ *Schmerz* fallen. Ob das ein biologischer Typ ist oder ein funktionaler, steht damit noch nicht fest.

Ähnlich steht es bei dispositionalen Eigenschaften wie Zerbrechlichkeit: Diese Eigenschaft kommt einem Gegenstand (grob gesagt) genau dann zu, wenn er auf mäßige äußere Krafteinwirkung hin zerbrechen würde. Das ist eine höherstufige, funktionale Bedingung, die durch ganz verschiedene molekulare Strukturen realisiert werden kann. Wenn wir etwa das Zerbrechen eines Weinglases auf mikrophysikalischer Ebene beschreiben, brauchen wir die Zerbrechlichkeit nicht zu erwähnen; diese ist keine *zusätzliche* Ursache des Zerbrechens neben der molekularen Struktur des Glases und der äußeren Krafteinwirkung. Das heißt aber nicht, dass die Zerbrechlichkeit selbst kausal wirkungslos wäre. Die molekulare Struktur impliziert (zusammen mit den Naturgesetzen), dass das Glas zerbrechlich ist. Daher ist die *Instanziierung* der molekularen Struktur gleichzeitig eine Instanziierung von Zerbrechlichkeit.

Interessanterweise spricht sich Lewis in [1997b: 142–144] und [1997c: 341f.] tatsächlich für die Identifikation dispositionaler Eigenschaften mit höherstufigen Rollen-Eigenschaften aus. Meiner Ansicht nach sollte er dasselbe auch über Schmerz (und Hitze, vgl. [1983d: 43–45] und [1986e: 267f.]) sagen, wo er stattdessen für eine Identifikation mit den einzelnen Realisierern plädiert.[2]

Metaphysisch macht es keinen großen Unterschied, ob »Schmerz« nun die Rollen-Eigenschaft herausgreift oder den jeweiligen Realisierer, auch wenn der

---

[2] Hat Lewis seine Meinung vielleicht zwischen 1994 und 1997 geändert? David Chalmers teilt mir mit, dass sich Lewis in privater Korrespondenz auch 1998 noch gegen die Identifikation mentaler Eigenschaften mit höherstufigen Rollen ausgesprochen hat.

Name »Identitätstheorie« vielleicht davon abhängt. Lewis bezeichnet diese Frage deshalb besonders in seinen späteren Arbeiten auch als oberflächlich und unbedeutend (s. [1986c: 224], [1994b: 307], [1997b: 142–144], [2004d: 281], [2008: Fn. 2]). Beide Alternativen sind sich darüber einig, was es gibt; die Frage ist nur, was welchen Namen verdient.

Allerdings handelt sich Lewis mit seiner Realisierer-Theorie ein paar Folgeprobleme ein, die sich mit der Rollen-Theorie leichter vermeiden ließen. Ein Beispiel ist die Behandlung von *Qualia* (für weitere Beispiele s. u., S. 169 und 184). Qualia sind introspektiv zugängliche Eigenschaften bewusster Erlebnisse, das ›Wie-es-ist‹, in eine Zitrone zu beißen oder Kopfschmerzen zu haben. Lewis zufolge ist, wie wir gleich noch sehen werden, dieser ›phänomenale Charakter‹ von Schmerz nichts anderes als die Eigenschaft, ein Schmerz-Zustand zu sein. Da Lewis diesen Schmerz-Zustand wiederum mit einem biologischen Zustand XY identifiziert, ist folglich der phänomenale Charakter von Schmerz, das Schmerz-*Quale*, die Eigenschaft, ein XY-Zustand zu sein (vgl. [1995]). Diese ist uns introspektiv aber nicht zugänglich; wir können durch bloße Introspektion nicht entdecken, dass wir in einem XY-Zustand sind: »Making discoveries in neurophysiology is not so easy!« [1995: 329]. Lewis sieht sich daher gezwungen, die alltagspsychologische Annahme zu verwerfen, dass wir den phänomenalen Charakter unserer Erfahrungen introspektiv erkennen (s. [1995: 327 f.]).

Identifiziert man Schmerz dagegen mit einer Rollen-Eigenschaft, lässt sich die introspektive Zugänglichkeit in die Schmerz-Rolle integrieren: Leute, die Schmerzen haben, wissen eben typischerweise, dass sie Schmerzen haben (vgl. [1966a: 103]). Die Information, über die sie damit verfügen, ist nicht neurophysiologischer Art; sie handelt vielmehr vom funktionalen Profil ihres aktuellen Zustands. Und es ist zumindest nicht völlig abwegig, dass uns dieses introspektiv zugänglich ist: Wenn wir einen Zustand introspektiv als Schmerz erkennen, dann erkennen wir ihn z. B. als etwas, was es zu vermeiden gilt (s. auch [Armstrong 1968: 96–99]).

Andererseits tut sich Lewis' Realisierer-Theorie mit der Behandlung von *Ausnahmen* ein wenig leichter. Wenn Schmerz eine Rollen-Eigenschaft ist, dann muss jedes konkrete Schmerz-Ereignis auch die Schmerz-Rolle spielen. Dem Realisierer von Schmerz-bei-Menschen, XY, kann diese Rolle aber auch ab und zu fehlen, bei Gelähmten z. B. oder bei Leuten mit seltenen Nervenkrankheiten. Lewis [1980b] meint, er könne sich auch einen ›Verrückten‹ vorstellen, bei dem Schmerz nicht durch Verletzungen ausgelöst wird, sondern durch leichte Gymnastik, und bei dem die typische Wirkung von Schmerz nur darin besteht, dass er die Beine übereinander schlägt und mit den Fingern schnippt. Ähnlich kann man sich vorstellen, dass durch einen neurochirurgischen Eingriff der Sehnerv eines Menschen so umverdrahtet wird, dass seine Rot-Erfahrungen anschließend die Rolle spielen, die bei uns Grün-Erfahrungen spielen und umgekehrt. Lewis' Physikalismus lässt all das zu: Schmerz ist der Zustand, der *typischerweise* in Wesen der relevanten Art die Schmerz-Rolle spielt. Der Gelähmte, der Kranke, der Verrückte und der

Operierte sind einfach untypische Mitglieder ihrer Art (vgl. [1966a: 104], [1980b], [1983e: 120f.], [1988h: 273], [1994b: 302]).

Als Rollen-Theoretiker sollte man sich diese hübschen Vorteile nicht nehmen lassen. Das ist nicht allzu schwer. Man könnte Schmerz etwa bestimmen als Eigenschaft, die ein Wesen genau dann hat, wenn es in einem Zustand ist, der typischerweise in Wesen derselben Art die Schmerz-Rolle spielt.

Die ›Art‹ muss übrigens keine biologische Art sein. Vielleicht ist auch bei verschiedenen Menschen Schmerz verschieden realisiert. Im Extremfall, so Lewis, könnte die relevante Art nur ein einzelnes Individuum und ein paar seiner Counterparts umfassen ([1980b: §8], [1986g: 120, Fn. 1], [1988h: 272f.]).

Was unterscheidet dann eine Gruppe von Ausnahme-Individuen von einer echten Unterart? Wovon hängt Art-Zugehörigkeit genau ab? Nehmen wir an, bei Männern spielt XY die Schmerz-Rolle, bei Frauen AB. Was ist, wenn nun durch eine ungewöhnliche Mutation oder einen Unfall in Friedas Nervensystem ebenfalls XY statt AB die Schmerz-Rolle spielt? Hat sie dann bei XY Schmerzen oder bei AB? Lewis neigt dazu, in solchen Fällen die Antwort offen zu lassen: »Schmerz« ist kein völlig präziser Begriff; unsere Sprachkonventionen legen seine Verwendung in derart seltsamen Fällen nicht fest (vgl. [1980b: 128]).

8.3 Akausale Rollen

Es gibt also, wenn Lewis recht hat, keine Antwort auf die Frage, ob Frieda im Zustand XY Schmerzen hat oder im Zustand AB: Je nachdem, welchen Aspekt unseres Schmerzbegriffs man in den Vordergrund stellt, fällt die Antwort mal so aus und mal so. Doch ist in Wirklichkeit nicht völlig klar, wann Frieda Schmerzen hat, nämlich genau dann, wenn es sich für sie *schmerzhaft anfühlt*? Wenn wir der Information über Friedas Nervensystem und das Nervensystem ihrer Artgenossen nicht entnehmen können, ob sie in dem einen oder dem anderen Zustand Schmerzen verspürt, dann heißt das eben, dass dieser Information etwas entgeht: der *phänomenale Charakter* jener Zustände, *wie es für Frieda ist*, darin zu sein.

Lewis setzt voraus, dass unser mentales Vokabular vollständig über kausale Rollen analysierbar ist: »Schmerz« heißt nichts anderes als »Zustand mit den-und-den typischen Ursachen und Wirkungen«. Wenn wir fragen, ob Frieda oder Fledermäuse oder Koma-Patienten Schmerzen empfinden, dann fragen wir Lewis zufolge nur, ob sie in einem Zustand mit den entsprechenden (typischen) Ursachen und Wirkungen sind. Bleibt damit nicht ein zentraler Aspekt von Schmerzen außen vor: dass sie sich schmerzhaft anfühlen (vgl. z.B. [Chalmers 1996a: Kap. 1])?

Lewis bestreitet das: »For a state to be pain and to feel painful are [...] one and the same« [1980b: 130]. D.h. die Kausale-Rollen-Analyse von Schmerz soll

8. Physikalismus und phänomenale Erfahrung

auch eine Kausale-Rollen-Analyse des phänomenalen Charakters von Schmerz sein; wenn sich herausstellt, dass *X Y* die Schmerz-Rolle spielt, dann hat sich auch herausgestellt, was der phänomenale Charakter von Schmerz ist: die Eigenschaft, ein *X Y*-Zustand zu sein (s. [1995: 326f.]).

Hier hat Lewis wohl Recht: Wenn (*wenn*!) sich »Schmerz« über kausale Rollen analysieren lässt, dann gilt das automatisch auch für »sich schmerzhaft anfühlen«. Es ist keine kontingente empirische Entdeckung, dass sich Schmerzen schmerzhaft anfühlen; wenn sich ein Zustand nicht schmerzhaft anfühlt, dann ist er nicht Schmerz, und wenn er nicht Schmerz ist, fühlt er sich nicht schmerzhaft an.

Die eigentliche Sorge beantwortet das aber nicht: Sind Bewusstseinszustände wie Schmerz wirklich kausal analysierbar? Ist nicht, selbst wenn wir alles über die typischen Ursachen und Wirkungen eines Zustands wissen, immer noch völlig offen, ob und wie er sich für das jeweilige Subjekt anfühlt?

Oben haben wir gesehen, dass Lewis eine kausale *Analyse* von »Schmerz« für seine Position gar nicht benötigt. Es muss lediglich ausgeschlossen sein, dass ein anderer Zustand als Schmerz dessen kausale Rolle spielt – und zwar *tatsächlich* spielt, nicht nur in irgendeiner möglichen Welt. Es geht also um den Status der folgenden Hypothese:

H) Wenn Leute sich verletzen, geraten sie typischerweise in einen Zustand, der dazu führt, dass sie stöhnen und das Gesicht verziehen, dass sie versuchen, den Zustand loszuwerden, usw.; bei diesem Zustand handelt es sich aber nicht um Schmerz.

Lewis zufolge ist (H) begrifflich inkohärent. Wenn wir genug über die Rolle wissen, die ein Zustand bei uns spielt, ist nicht mehr offen, ob es sich dabei um Schmerz handelt oder um Freude oder etwas ganz anderes. Und zumindest eine gewisse Spannung lässt sich in (H) nicht leugnen.

Lewis' Beschränkung auf *kausale* Rollen ist allerdings etwas willkürlich. Teil der Schmerz-Rolle könnte z.B. auch sein, *dass wir ab und zu Schmerzen haben*. Das ist natürlich nicht analytisch, aber die Rolle muss, wie gesagt, nicht analytisch sein; analytisch soll nur sein, dass etwas Schmerz ist, wenn es die Rolle spielt.

Ein weiteres, viel diskutiertes Kennzeichen mentaler Zustände ist ihr intentionaler, oder *repräsentationaler Charakter*: Ein Wunsch, über die Straße zu gehen, handelt von etwas, ist auf etwas gerichtet. Selbst Schmerzen und Rot-Erfahrungen, könnte man sagen, haben einen solchen Charakter, denn sie können uns *täuschen*, können die Dinge anders repräsentieren als sie sind.

Lewis äußert sich nicht zu Versuchen, mentale Zustände über repräsentationale Eigenschaften zu bestimmen. (Vgl. z.B. [Dretske 1995], [Tye 1995], [Lycan 1996], [Rosenthal 1990] für Ansätze in dieser Richtung.) Als physikalistisch können sie nur gelten, wenn die repräsentationalen Eigenschaften ihrerseits physikalisch erklärbar sind, wenn der Gehalt meiner Schmerz-Erfahrung also irgendwie auf physikalischen Eigenschaften beruht. Im nächsten Kapitel werden wir sehen, dass in Lewis' eigener Theorie mentalen Gehalts kausalen Rollen wieder großes Gewicht zukommt. Vielleicht sah Lewis deshalb die repräsentationale Analye nicht als echte Alternativen zur Kausale-Rollen-Analyse.

Wenn man keine Angst vor Privatsprachen hat, könnte man Lewis' Rollen auch um weitere *indexikalische Komponenten* ergänzen. Vielleicht gehört zu *meinem* Schmerzbegriff, dass ich Schmerzen habe, wenn ich zu lange eine Tastatur bediene: Wenn ein Zustand diese Bedingung nicht erfüllt, würde ich ihn kaum mit Schmerz identifizieren, wie gut er auch sonst zur Alltagspsychologie passt. Lewis selbst verwendet private Rollen in seiner Analyse von Farben und Farberfahrung ([1997c]): Es ist schwer, *allgemein bekannte* Tatsachen zu finden, die Rot von Grün, und Rot-Erfahrungen von Grün-Erfahrungen unterscheiden. Jeder einzelne von uns kann dazu paradigmatische Beispiele verwenden: Rot ist die Farbe reifer Tomaten; Rot-Erfahrungen sind Erfahrungen wie ich sie beim Betrachten reifer Tomaten habe. Nimmt man solche Komponenten in die Charakterisierung der Rot-Erfahrungs-Rolle auf, ist die Angabe der Rolle nicht mehr *analytisch* in dem Sinn, dass jeder kompetente Sprecher sie als wahr erkennt.

Für Lewis' reduktiven Physikalismus kommt es nicht darauf an, ob mentale Begriffe wirklich durch allgemein bekannte Annahmen über Ursachen und Wirkungen bestimmt sind, oder ob die Schmerz-Rolle stattdessen eine kausal-repräsentational-indexikalische Rolle ist. Wichtig ist nur, dass Kenntnis der physikalischen Wahrheiten, einschließlich Wahrheiten über uns selbst, im Prinzip genügt, um alle mentalen Wahrheiten daraus abzuleiten.

Was ist mit der phänomenalen Rolle, damit, dass sich Schmerzen schmerzhaft anfühlen – ja, dass Schmerzen *definiert* werden können als Zustände, die sich schmerzhaft anfühlen? Das akzeptiert Lewis ohnehin: Zweifellos ist ein Zustand genau dann Schmerz, wenn er ein Schmerz-Zustand ist. Besonders informativ ist das aber nicht. Die Frage ist, ob es darüber hinaus noch eine weniger triviale, nicht-phänomenale Analyse gibt.

8.4 Zombies und Mary

Ein berühmtes Argument gegen den Physikalismus geht so. Man kann sich eine Welt vorstellen, die physikalisch der unseren genau gleicht, deren Bewohner aber kein bewusstes Innenleben haben. Wenn diese Leute gegen Tische stoßen oder in Zitronen beißen, *verhalten* sie sich zwar genau wie wir, doch innen drin ist es ›dunkel‹; sie empfinden nichts. Laut Physikalismus muss jede Welt, die physikalisch der unseren gleicht, ihr aber auch in psychologischer Hinsicht genau gleichen. Die Möglichkeit einer solchen *Zombie-Welt* widerlegt daher den Physikalismus (s. z.B. [Chalmers 1996a: 93–171], [Hill 1997], [McLaughlin 2001]).

Als Physikalist muss man entweder bestreiten, dass die Zombie-Welt vorstellbar ist, oder dass ihre Vorstellbarkeit ihre Möglichkeit impliziert. Da nach dem analytischen Funktionalismus mentale Tatsachen analytisch und a priori durch die physikalischen bestimmt sind, wird häufig angenommen, analytische Funktionalisten müssten bereits die Vorstellbarkeit der Zombie-Welt bestreiten.

Das ist aber nicht richtig. Der Physikalismus ist eine kontingente, empirische Hypothese. Es könnte sich herausstellen, dass Descartes recht hatte und irgendwelche nicht-physikalischen Zustände die Rollen spielen, die unsere mentalen Begriffe definieren. Nehmen wir an, das ist so. Dann gibt es eine physikalische Kopie unserer Welt, in der diese nicht-physikalischen mentalen Zustände fehlen – eine Zombie-Welt. Ob es Zombie-Welten gibt, hängt folglich von empirischen Entdeckungen ab.

Chalmers bestimmt Zombie-Welten deshalb ein wenig anders. Sei P die Konjunktion aller physikalischen Wahrheiten, und Q eine mentale Wahrheit, z.B. »jemand hat Schmerzen«. Laut analytischem Funktionalismus ist zwar nicht a priori, dass die Konjunktion aller physikalischen Wahrheiten Q impliziert. Das Konditional $P \supset Q$ ist aber a priori, denn in P steht ja, dass es einen Zustand gibt, der die (kausale) Schmerz-Rolle spielt. Chalmers' Zombie-Welten sind deshalb bestimmt als Welten, in denen $P \& \neg Q$ gilt. Wie auch immer P genau aussieht, so nun die Überlegung, man kann sich immer eine Welt vorstellen, in der P wahr ist, Q aber falsch.

So weit, so gut. Das zeigt aber nicht, dass $P \supset Q$ nicht a priori ist. Apriorität ist ja nicht dasselbe wie A priori Notwendigkeit. Angenommen wieder, Descartes hatte Recht und ein nicht-physikalischer Zustand Z spielt die Schmerz-Rolle. Angenommen ferner, »Schmerz« bezeichnet im aktuellen Kontext starr diesen Zustand. Jede Welt ohne Z ist folglich eine Welt ohne Schmerz. Dazu gehören alle rein physikalischen Welten, darunter Welten, in denen P gilt. D.h., wenn Descartes Recht hatte, gibt eine Welt, in der P wahr ist, wo aber niemand Schmerzen hat, wo Q also falsch ist. Dass jede P-Welt eine Q-Welt ist, ergibt sich folglich abermals erst aus der empirischen Entdeckung, dass Descartes nicht Recht hatte.

Was man als analytischer Funktionalist ablehnen muss, ist nicht die Vorstellbarkeit einer Zombie-Welt, auch nicht die Vorstellbarkeit einer $P \& \neg Q$-Welt, sondern die Vorstellbarkeit von $P \& \neg Q$ selbst. Damit sind wir zurück bei der Hypothese H aus dem vorigen Abschnitt: Kann man wirklich kohärent annehmen, dass es einen Zustand gibt, der all das tut, was wir von Schmerz wissen, bei dem es sich aber nicht um Schmerz handelt? Das ist zumindest weit weniger offensichtlich als die für den analytischen Funktionalismus irrelevante Vorstellbarkeit eine Zombie-Welt.

Ein anderes berühmtes Argument gegen den Physikalismus ist Frank Jacksons [1982] *Argument des unvollständigen Wissens*. Jackson denkt sich eine Wissenschaftlerin namens Mary, die alle physikalischen Tatsachen über Farben und Farbwahrnehmung kennt, ohne selbst je Farben gesehen zu haben. Als sie eines

8.4 Zombies und Mary

Tages zum ersten mal etwas Rotes sieht, lernt sie, so scheint es, etwas Neues – etwas, was all die physikalische Information ihr nicht sagen konnte: *wie es ist*, eine Rot-Erfahrung zu haben.

Lewis zufolge müssten die physikalischen Tatsachen prinzipiell ausreichen, alle Fragen über die Welt zu beantworten: Es gibt keine Welt, die physikalisch der unseren genau gleicht, sich aber in irgendeinem anderen Punkt von ihr unterscheidet. Wenn Information erhalten also bedeutet, bisher offene Möglichkeiten auszuschließen, dann kann Mary keine neue Information über die Welt erwerben, denn die physikalischen Tatsachen lassen keine alternativen Möglichkeiten offen.

Unproblematisch ist dagegen, dass Mary neue Information über *ihre eigene Lage* in der Welt erwirbt. Vor ihrer ersten Rot-Erfahrung konnte sie natürlich nicht wissen, dass sie gerade eine Rot-Erfahrung macht – was nicht der Fall ist, kann man auch nicht wissen. Ebensowenig konnte sie vorher demonstrativ auf ihre Erfahrung Bezug nehmen. Erst jetzt kann sie wissen und denken, dass *diese Erfahrung* eine Rot-Erfahrung ist, erst jetzt kann sie fragen, ob andere Leute auch *diese (Art von) Erfahrung* machen, wenn sie Tomaten sehen. Unproblematisch ist auch, dass Mary nach ihren ersten Farberlebnissen Tatsachen, die ihr vorher schon bekannt waren, auf neue Weise intern repräsentiert, dass sie neue Begriffe erwirbt, die ihr vorher nicht zur Verfügung standen.

Lewis glaubt, dass Mary zwar derlei unproblematische Information ([1988h: 268ff., 287]) und neue Repräsentationsformen erwirbt ([1983e: 131f.], [1988h: 278f., 290]), bezweifelt aber, dass dies ihren eigentlichen Erkenntnisfortschritt ausmacht.[3] Man kann z.B. wissen, wie es ist, etwas Rotes zu sehen, auch wenn man im Moment gerade nichts Rotes sieht und sich auch keine Roterfahrung in Erinnerung führt. Das fragliche Wissen kann also nicht in perspektivischem Wissen über aktuelle Erfahrungen bestehen. Was spezielle Begriffe und Repräsentationsformen angeht, so erwirbt man diese Lewis zufolge auch, wenn man Information auf Russisch statt auf Englisch erhält; dennoch würden wir nicht sagen, dass es etwa Tatsachen über Farben gibt, die man prinzipiell nur wissen kann, wenn man Russisch versteht (s. [1988h: 278f.]).

Was aus Lewis' Sicht Marys Erkenntnisfortschritt ausmacht, ist der Erwerb neuer *Fähigkeiten*: Mary lernt, Farben visuell zu erkennen und zu klassifizieren, sich Farben vorzustellen, sich Farb-Erfahrungen in Erinnerung zu rufen, usw. (s. [1983e: 131], [1988h: 285–288], [1995: 326f.]). Das passt ganz gut zu unserem alltäglichen Umgang mit solchen Fragen (vgl. [Alter 1998: 37]): Wenn mich einer

---

[3] Dass Mary im Wesentlichen indexikalische bzw. demonstrative Information erwirbt, meinen auch [McMullen 1985] und [Perry 2001]. Auf neue Repräsentationsformen schieben ihren Erkenntnisfortschritt unter anderem [Horgan 1984], [Tye 1986], [Loar 1990] und [Lycan 1995]. Diese Philosophen vertreten jedoch einen A Posteriori-Physikalismus (s. u.) und glauben daher, dass mit den neu erworbenen Begriffen wahre Sätze formulierbar sind, die nicht analytisch aus Wahrheiten im alten Vokabular folgen, was Lewis (wie Jackson, vgl. [Jackson 1998c]) ablehnt.

fragt, ob ich weiß, wie eine Oboe klingt, oder wie es ist, Höhenangst zu haben, so versuche ich, mir entsprechende Erfahrungen vorzustellen oder in Erinnerung zu rufen, und überlege, ob ich sie als solche erkennen könnte, wenn ich ihnen begegne.

Trotzdem hat Lewis' Fähigkeitshypothese nicht viel Anklang gefunden. Häufig wird dabei fälschlich angenommen, dass Mary Lewis zufolge *ausschließlich* Fähigkeiten erwirbt, und keinerlei Information der einen oder anderen Art (vgl. z. B. [Loar 1990: 607], [Lycan 1995], [Stanley und Williamson 2001]).

Entscheidend ist aber nur, ob die angeführten Fähigkeiten notwendig und hinreichend sind für Wissen-wie-es-ist. Conee [1985: 139], Alter [1998: 37] und Tye [2001] führen hiergegen an, dass jemand, dem die Fähigkeit zur visuellen Imagination fehlt, dennoch wissen könnte, wie es ist, etwas Rotes zu sehen – wenigstens in dem Moment, in dem er gerade etwas Rotes sieht. (Schwerer vorstellbar ist, dass der Person auch die anderen Fähigkeiten fehlen: Weiß jemand, wie es ist, Rot zu sehen, wenn er Rot-Erfahrungen nicht einmal als solche erkennt?) Umgekehrt könnte man bezweifeln, ob jemand weiß, wie es ist Rot zu sehen, wenn er zwar die angeführten Fähigkeiten besitzt, diese aber noch nie eingesetzt hat

Meine Intuitionen sind hier undeutlich. Vielleicht wäre es aber besser, die Fähigkeitshypothese mit ihren Alternativen zu kombinieren. Demnach weiß jemand, wie es ist, Rot zu sehen, wenn er hinreichend viele der folgenden Bedingungen erfüllt: Er kann sich eine Rot-Erfahrung vorstellen und in Erinnerung rufen; er kann Rot-Erfahrungen als solche klassifizieren; er hatte schon einmal eine Rot-Erfahrung; er hat jetzt gerade eine und achtet auf seine Erfahrung; er verfügt über bestimmte mentale Repräsentationen für Rot-Erfahrungen; usw. Lewis ist einer solchen Anreicherung der Fähigkeitshypothese nicht grundsätzlich abgeneigt (s. [1988h: 287], [1994b: 293f.]). Hauptsache, Mary kann keine vorher offenen Möglichkeiten über die Welt ausschließen.

In »What experience teaches« [1988h] verknüpft Lewis seine Verteidigung der Fähigkeitshypothese mit einem Argument, welches zeigen soll, dass Marys Rot-Erfahrung entweder physikalisch ist oder *epiphänomenal*, also ohne kausalen Einfluss. Denn angenommen, die Erfahrung ist nicht physikalisch. Dann gibt es Welten, die physikalisch der unseren genau gleichen, wo aber z. B. Kopfschmerz-Erfahrungen und Rot-Erfahrungen ihre physikalischen Rollen getauscht haben. Das sind genau die alternativen Möglichkeiten, von denen Mary erst nach ihrer ersten Farb-Erfahrung entscheiden kann, welche der Fall ist. Was physikalische Ursachen und Wirkungen angeht, sind diese Möglichkeiten genau gleich. Was Mary lernt, macht also für ihre physikalische Reaktion keinen Unterschied. Wenn sie begeistert ausruft, wie schön Rot-Erfahrungen sind, so liegt das nicht im Geringsten daran, dass unsere Welt zu denen gehört, wo der Anblick von Tomaten mit Rot-Erfahrungen einhergeht und nicht mit Schmerz-Erfahrungen (oder mit gar keinen Erfahrungen). Auch die Spuren, die Marys Erlebnisse in ihrem Geist hinterlassen, blieben gleich, egal welche der Möglichkeiten eintritt; hat Mary also wirklich etwas *gelernt*? (S. [1988h: 282–285] und [Robinson 1993]).

Nun ist sicher richtig, dass nicht-physikalische Ereignisse keinen physikalischen Unterschied machen, wenn wir nur Welten betrachten, die physikalisch genau gleich sind. Daraus folgt aber nicht, wie Lewis annimmt, dass die nicht-physikalischen Eigenschaften epiphänomenal sind. Wenn wir z.B. nur Welten betrachten, die vor und nach dem 11. September 2001 genau der unseren gleichen, und dann variieren, was an jenem Tag geschieht, so sehen wir auch keinen Unterschied in den Folgetagen. Das zeigt aber nicht, dass die Ereignisse am 11. September keinerlei kausale Wirkung auf die nachfolgende Zeit hatten. Wenn man wissen will, ob ein Ereignis kausalen Einfluss auf ein anderes hat, muss man fragen, ob das zweite ohne das erste ausgeblieben, oder anders verlaufen wäre (s. Kapitel 7). Dabei darf man sich aber nicht auf Welten beschränken, die das zweite Ereignis unverändert enthalten – sonst wird man nie eine kausale Wirksamkeit feststellen. ([Whittle 2006] macht denselben Fehler in Bezug auf die Wirksamkeit fundamentaler Eigenschaften.)

8.5 A Priori- und A Posteriori-Physikalismus

Der analytische Funktionalismus gehört zu einer Klasse von Positionen, die manchmal unter dem Stichwort *A Priori-Physikalismus* zusammengefasst wird – nicht, weil der Physikalismus demzufolge a priori ist, sondern weil die mentalen Tatsachen a priori aus den physikalischen folgen sollen. Nach dem *A posteriori-Physikalismus* dagegen ist die Beziehung zwischen physikalischen und mentalen Tatsachen zwar notwendig, aber a posteriori (s. z.B. [Loar 1990], [Hill 1997], [McLaughlin 2001]).

Physikalismus ist zunächst einmal eine These zur *metaphysischen Abhängigkeit* mentaler von physikalischen Tatsachen: Jede metaphysisch mögliche Welt, die der unseren physikalisch genau gleicht (und keine fremdartigen Eigenschaften enthält), gleicht ihr auch in mentaler Hinsicht. Wie Kripke [1980] gezeigt hat, impliziert ein metaphysischer Zusammenhang dieser Art nicht unbedingt einen *begrifflichen* Zusammenhang. Wenn z.B. Wasser notwendig identisch ist mit H_2O, impliziert »Wasser ist nass« notwendig »H_2O ist nass« – es gibt keine Welt, in der das eine wahr ist, das andere falsch –, dennoch besteht hier kein a priori oder begrifflicher Zusammenhang. Folglich ist man aus Sicht des A Posteriori-Physikalismus als Physikalist auch nicht auf eine reduktive Analyse mentaler Begriffe festgelegt, und ebensowenig auf die A priori-Ableitbarkeit der mentalen Wahrheiten aus den physikalischen.

Lewis hat den A Posteriori-Physikalismus stets abgelehnt. Dessen vordergründige Plausibilität beruht Lewis zufolge auf einem Missverständnis von A Posteriori-Notwendigkeit. Wenn etwas, wie (vielleicht) »Wasser = H_2O«, a posteriori notwendig ist, dann liegt das nicht daran, dass hier eine grundlegende modale Tatsache vorliegt, eine Notwendigkeit, die wir nur a posteriori entdecken können.

8. Physikalismus und phänomenale Erfahrung

Es liegt vielmehr daran, dass die Bedeutung gewisser Wörter von kontingenten, empirischen Faktoren abhängt: Nach unseren Sprachkonventionen greift »Wasser« in allen möglichen Welten denjenigen Stoff heraus, der *bei uns* die Seen und Bäche füllt. »Wasser ist H_2O« ist a posteriori, weil man erst einmal herausfinden muss, dass dieser Stoff H_2O ist. Das ist eine gewöhnliche kontingente Tatsache, deren Aufdeckung gewöhnliche chemische Untersuchungen erfordert, keine Expeditionen im logischen Raum. Die Gesamtheit aller H_2O-Wahrheiten impliziert deshalb *a priori* die Wasser-Wahrheiten: Wenn wir einmal wissen, dass H_2O unsere Bäche und Seen füllt, dann wissen wir auch, was Wasser ist. Wenn also »Schmerz« a posteriori identisch ist mit einem physikalischen Zustand XY, dann muss auch das daran liegen, dass der Bezug von »Schmerz« von gewöhnlichen, kontingenten Tatsachen abhängt, davon, was für ein Zustand bei uns die-und-die Rolle spielt. Wenn wir erfahren, dass XY jene Rolle spielt, können wir folglich aus XY-Sätzen *a priori* auf Schmerz-Sätze schließen (s. [1994b: 296f.], [2002b], sowie [Jackson 1998a], [Jackson 2005a], [Chalmers 2002a], [Chalmers 2005] für ähnliche Argumente gegen den A Posteriori-Physikalismus).

Diese Argumentation hat ein kleines Loch: Könnte es nicht sein, dass die gewöhnlichen, kontingenten Tatsachen, die den Bezug von »Schmerz« festlegen, wiederum nicht a priori aus der physikalischen Weltbeschreibung folgen, obwohl sie von dieser notwendig impliziert werden? Ich komme in Kapitel 11 darauf zurück.

A Posteriori-Physikalisten lehnen meist schon Lewis' Analyse von A Posteriori-Notwendigkeit ab, der zufolge der Bezug unserer Wörter durch mit diesen verknüpften Rollen bestimmt ist. Der Bezug von »Schmerz« hat aus ihrer Sicht mehr mit externen Beziehungen zwischen Taufakten und unserem derzeitigen Sprachgebrauch zu tun, wobei es eine empirische Frage ist, wie genau diese Beziehung aussieht.

Ist das aber wirkliche eine stabile Alternative? Nehmen wir an, die korrekte (empirische) Theorie der Referenz kann ohne phänomenales Vokabular formuliert werden – was plausibel erscheint. Sei nun P die Konjunktion aller nicht-phänomenalen Wahrheiten. P enthält besagte Theorie der Referenz, sowie sämtliche Information über z. B. Kausalbeziehungen zwischen dem biologischen Zustand XY und unserer Verwendung der Zeichenkette »Schmerz«. D.h., wenn sich »Schmerz« auf XY bezieht, so folgt dies *a priori* aus P. Wir können also den nicht-phänomenalen Wahrheiten a priori entnehmen, dass »jemand hat Schmerzen« wahr ist. Womit wir fast wieder beim A Priori-Physikalismus sind.

Obwohl Lewis' eigenes Argument gegen den A Posteriori-Physikalismus also nicht ganz stichhaltig ist, gibt es doch gute Gründe, dem A Priori-Physikalismus – speziell dem analytischen Funktionalismus – eine Chance zu geben.

Dabei ist wichtig, was man als analytischer Funktionalist alles *nicht* sagen muss. Man ist z. B. nicht darauf festgelegt, dass sich mentale Begriffe wie »Schmerz« in mikrophysikalischem Vokabular definieren lassen. Lewis' kausale Analyse etwa

8.5 A Priori- und A Posteriori-Physikalismus

lässt offen, was für Zustände die Rolle erfüllen. Man braucht auch, wie wir sahen, nicht zu bestreiten, dass ein Zustand genau dann Schmerz ist, wenn er sich schmerzhaft anfühlt. Und man kann zugestehen, dass Gelähmte und Außerirdische Schmerzen haben können, und dass Leute möglich sind, bei denen Rot- und Grün-Erlebnisse systematisch vertauscht sind. Ebenso kann man die Vorstellbarkeit von Zombie-Welten getrost akzeptieren.

Dazu kommt, dass in der funktionalen Analyse indexikalische und empirische Annahmen stecken dürfen. Analytisch muss nur sein, dass ein Zustand Schmerz ist, *wenn* er die Rolle spielt. Dass diese Beziehung analytisch ist, heißt ferner nicht, dass sie ebenso trivial und offensichtlich ist wie etwa die Beziehung zwischen unverheirateten Männern und Junggesellen. Neben offensichtlicher Analytizität gibt es auch »unobvious and equivocal analyticity« [1989b: 86]. Man denke z. B. an die analytische, aber gewiss nicht triviale Äquivalenz verschiedener Definitionen von »berechenbar«, oder an die logische (und daher analytische) Widerlegbarkeit der Annahme, Computer könnten eines Tages alle mathematische Fragen beantworten. Könnte die Hypothese (H) von S. 154 nicht ebenso unoffensichtlich analytisch falsch sein?

▷ Lewis ist analytischer Funktionalist: Mentale Zustände wie Schmerzen und Wünsche sind definiert durch ihr charakteristisches Muster von Ursachen und Wirkungen. Schmerz ist, was auch immer die entsprechende kausale Rolle erfüllt.

▷ Da bei Menschen vermutlich Gehirnzustände die Rollen erfüllen, sind unsere mentalen Zustände identisch mit Gehirnzuständen. Die Identität ist jedoch art-relativ: Schmerz-in-Marsmenschen ist ein anderer Zustand als Schmerz-in-Menschen.

▷ Lewis hat keine guten Gründe gegen die einfachere Alternative, nach der unsere mentalen Begriffe höherstufige Rollen-Eigenschaften herausgreifen.

▷ Der analytische Funktionalismus ist eine Form des *A Priori-Physikalismus*: Alle Wahrheiten folgen a priori aus den physikalischen Wahrheiten. Dagegen steht die verbreitete Intuition, dass physikalische Wahrheiten Fragen nach dem Charakter bewusster Erfahrungen prinzipiell unbeantwortet lassen.

▷ Diese Spannung lässt sich zwar nicht völlig auflösen. Dennoch hält der analytische Funktionalismus, sorgfältig formuliert, zumindest den verbreitetsten Gegenargumenten, etwa der Vorstellbarkeit einer Zombie-Welt, stand.

9
MENTALER GEHALT

Wenn Wünsche, Hoffnungen und Überzeugungen biochemische Zustände unseres Nervensystems sind, wie kommen diese Zustände dann zu ihrem Inhalt? Was macht meinen Wunsch nach Kartoffelsuppe zu einem Wunsch nach Kartoffelsuppe: Was hat ein Muster neuronaler Prozesse und Verschaltungen mit Kartoffelsuppe zu tun? Und was ist genau der Inhalt meines Wunsches: ein bestimmter Teller Suppe (welcher?), oder Kartoffelsuppe im Allgemeinen?

Nach Lewis ist der Inhalt unserer Einstellungen im Wesentlichen bestimmt durch ihre kausale Rolle, durch ihre typischen Ursachen und Wirkungen. Mein Kartoffelsuppenwunsch ist ein Kartoffelsuppenwunsch, weil er das hierfür einschlägige kausale Profil aufweist, weil er z.B. unter gewissen Bedingungen Kartoffelsuppenessverhalten bewirkt. Der Inhalt meines Wunsches ist Lewis zufolge eine Klasse möglicher Individuen: die Klasse aller möglichen Individuen, die Kartoffelsuppe essen.

9.1 Alltagspsychologie und Entscheidungstheorie

Wie Freude oder Schmerz haben auch Wünsche und Meinungen äußere Ursachen und Wirkungen. Das Pfeifen des Wasserkochers ruft in mir die Überzeugung hervor, dass das Teewasser kocht, und diese Überzeugung veranlasst mich, aufzustehen und in die Küche zu gehen. Gleichzeitig verursachen die vom Wasserkocher ausgehenden Luftschwingungen über Sinnesrezeptoren in meinem Ohr allerlei Prozesse in meinem Nervensystem, an deren Ende meinen Muskeln Signale zukommen, die mich in die Küche gehen lassen. Wird mein Gang in die Küche *sowohl* durch meine Überzeugung *als auch* durch jene neuronalen Prozesse verursacht? Nein, sagt Lewis: Die Überzeugung ist nichts anderes als die neuronalen Prozesse, denn diese spielen die kausale Rolle, die meine Überzeugung charakterisiert.

Das ist Lewis' Argument für die Identitätstheorie aus Abschnitt 8.1. In der Alltagspsychologie – unseren impliziten, alltäglichen Annahmen über geistige Zustände – sind Wünsche, Meinungen und dergleichen bestimmt als Glieder in einem kausalen Netz von äußeren Einflüssen, Verhalten und anderen mentalen Prozessen. Was auch immer diese kausalen Rollen spielt – bei uns Menschen vermutlich Zustände und Prozesse unseres Nervensystems – kann mit den Wünschen und Meinungen identifiziert werden.

Was sagt die Alltagspsychologie über Wünsche und Meinungen? Sie sagt, dass Leute, die einer Herde Elefanten gegenüber stehen, normalerweise glauben, dass

Elefanten in der Nähe sind; dass Leute, die Kartoffelsuppe bestellen, meist Kartoffelsuppe wünschen; dass Leute, die eine Regenjacke anziehen, meist glauben, dass es regnet. Sie sagt, dass Leute, die glauben, ihre Hose stehe in Flammen, normalerweise Löschmaßnahmen ergreifen; dass Leute, die auf die andere Straßenseite wollen, normalerweise Anstalten machen, die Straßenseite zu wechseln, und dass Leute, die in ihrer Umgebung Minen vermuten, sich im Allgemeinen vorsichtig und langsam bewegen.

Allgemein formuliert gehen wir davon aus, dass Leute normalerweise ein Verhalten an den Tag legen, dass der Erfüllung ihrer Wünsche dienlich ist – oder jedenfalls dienlich wäre, wenn die Dinge so stünden, wie sie glauben. Deshalb können wir das Verhalten unserer Artgenossen unter Verweis auf ihre Wünsche und Überzeugungen erklären. Gäbe es keinen Zusammenhang zwischen Kartoffelsuppenbestellungen und Kartoffelsuppenwünschen, könnte man eine Kartoffelsuppenbestellung nicht gut mit einem Kartoffelsuppenwunsch erklären. »In short, folk psychology says that we make sense« [1994b: 320] (vgl. [1974b: 113f.], [1986f: 36–38], [1983d: 49–51]).

Wenn man diese Annahmen ein wenig systematischer hinschreibt, erhält man etwas, was Lewis zufolge zumindest im Groben und Ganzen der *Bayesianischen Entscheidungstheorie* entspricht (s. [1979a: 149f.]).

In der Bayesianischen Entscheidungstheorie werden Einstellungen modelliert durch eine Zuweisung von Wahrscheinlichkeits- und Wünschbarkeits-Werten zu Klassen möglicher Situationen. Die Wahrscheinlichkeiten – Zahlen zwischen 0 und 1 – reflektieren den Grad der Überzeugung, dass die tatsächliche Situation zur fraglichen Klasse gehört. (Es handelt sich um die *subjektiven Wahrscheinlichkeiten* aus Abschnitt 6.5.) Die Wünschbarkeiten – beliebige positive oder negative Zahlen – geben an, wie sehr sich das Subjekt wünscht, die aktuelle Situation gehöre zur fraglichen Klasse. Wenn wir beispielsweise die Abendbrot-Möglichkeiten *Kartoffelsuppe*, *Bratwurst* und *Spiegelei* betrachten, so könnte man meine Einstellungen diesen gegenüber in etwa mit den Wünschbarkeiten 7, -2, 0 und den Wahrscheinlichkeiten 0,1, 0,8, 0,1 modellieren, was bedeutet, dass mir Kartoffelsuppe deutlich lieber ist als Spiegelei und erst recht Bratwurst, ich aber fast sicher bin, dass es leider Bratwurst geben wird.

Wahrscheinlichkeiten und Wünschbarkeiten unterliegen einigen formalen Beschränkungen. Für Wahrscheinlichkeiten sind das die schon erwähnten Ober- und Untergrenzen von 0 und 1, eine Additionsregel, sowie die Anforderung, dass die Klasse aller Situationen stets die Wahrscheinlichkeit 1 hat. D.h. wenn ich es für unwahrscheinlich halte, dass es Spiegelei gibt, dann kann ich es nicht für genauso unwahrscheinlich halten, dass es *nicht* Spiegelei gibt; dass eins von beidem zutrifft, ist sicher.

Die Additionsregel für Wahrscheinlichkeiten besagt, dass die Wahrscheinlichkeit einer Disjunktion verschiedener, einander ausschließender Möglichkeiten der Summe der Einzelwahrscheinlichkeiten entspricht. Wenn ich z.B. *Bratwurst* die

9.1 Alltagspsychologie und Entscheidungstheorie

Wahrscheinlichkeit 0,8 zuweise und *Spiegelei* die Wahrscheinlichkeit 0,1 (und ausgeschlossen ist, dass es beides gibt), so muss die Möglichkeit *entweder Bratwurst oder Spiegelei* die Wahrscheinlichkeit 0,9 haben.

Auch für Wünschbarkeiten gilt eine Additionsregel. Nach dieser ist die Wünschbarkeit von *entweder Bratwurst oder Spiegelei* die durchschnittliche Wünschbarkeit von *Bratwurst* und *Spiegelei*, gewichtet nach der Wahrscheinlichkeit der Alternativen. Allgemein ist die Wünschbarkeit $V(A_1 \vee A_2 \vee \ldots)$ einer Disjunktion einander ausschließender Möglichkeiten $A_1, A_2, \ldots$ gleich der Summe aller $V(A_i) \cdot P(A_i)/P(A_1 \vee A_2 \vee \ldots)$.

Aus den Wahrscheinlichkeiten und Wünschbarkeiten lässt sich nun ablesen, was eine Person im Licht ihrer eigenen Einstellungen am besten tun sollte. Die einfachste (und für viele Zwecke ausreichende) Regel lautet: Wähle die Handlung mit der größten Wünschbarkeit. Wenn ich mir z.B. überlege, ob ich angesichts der Bratwurst-Wahrscheinlichkeit überhaupt zum Abendbrot kommen soll oder lieber eine Tüte Chips esse, so kann man leicht nachrechnen, dass dies nach der angegebenen Regel genau dann rational ist, wenn die Wünschbarkeit der Chips-Alternative größer als –0,9 beträgt.

Manchmal ist Wünschbarkeits-Maximierung aber nicht die richtige Maxime – wenn nämlich eine bestimmte Option nur deshalb niedrige Wünschbarkeit hat, weil ihre Wahl ein Indikator (aber keine Ursache) für etwas Unangenehmes ist. Angenommen etwa, eine seltene Nervenkrankheit äußert sich im Anfangsstadium durch überdurchschnittlichen Kartoffelsuppenverzehr. Die Wahrscheinlichkeit, dass ich diese Krankheit habe, ist folglich ungleich höher, wenn ich Kartoffelsuppe esse als wenn ich das nicht tue. Die Wünschbarkeit von Kartoffelsuppe ist deshalb vergleichsweise niedrig. Das ist aber, so Lewis, kein Grund, auf die Suppe zu verzichten. Wenn das Essen von Kartoffelsuppe *Ursache* der Krankheit wäre, hätte ich in der Tat Grund, es zu vermeiden; nicht aber, wenn ich weiß, dass es sich nur um ein *Symptom* handelt, welches keinerlei Einfluss darauf hat, ob ich die Krankheit bekomme oder nicht. Bei der Bewertung von Handlungsoptionen sollte deshalb berücksichtigt werden, welche Umstände kausal von der Entscheidung abhängen und welche bloß anderweitig mit ihr korellieren. Lewis vertritt daher eine Variante der *kausalen Entscheidungstheorie* (s. [1981b], sowie [Joyce 1999] für eine ausführlichere Darstellung).

Die Entscheidungstheorie wird häufig als *normative* Theorie verstanden, die uns sagt, welche Handlung wir vor dem Hintergrund bestimmter (gradierter) Wünsche und Überzeugungen zu treffen haben. Sie kann aber auch als *deskriptive* Theorie verstanden werden, die angibt, wie Leute mit diesen Wünschen und Überzeugungen tatsächlich Entscheidungen treffen. Beides trifft nicht ganz Lewis' Perspektive. Beidesmal ist vorausgesetzt, dass sich die gradierten Wünsche und Überzeugungen einer Person unabhängig bestimmen lassen – durch Introspektion vielleicht, oder durch Wettverhalten –, so dass man anschließend fragen kann, ob sie den Vorgaben der Theorie entsprechen.

Für Lewis sind die Begriffe der gradierte Wünsche und Überzeugungen dagegen implizit durch die Entscheidungstheorie *definiert*. Die Wünschbarkeits- und Wahrscheinlichkeitsverteilung für eine Person zu einem bestimmten Zeitpunkt ist (grob gesagt) bestimmt als diejenige der möglichen Verteilungen, die am besten zu ihrem Verhalten passt, d. h. dieses am besten als rational erscheinen lässt.

> [T]he content of a total mental state is the system of belief and desire that best rationalizes the behavior to which that state would tend to dispose one. [1986h: 62]

Die Kontinuität mit dem Behaviorismus ist offenkundig. Natürlich gelten dieselben Komplikationen wie bei »Schmerz«: Es kommt auf die Rolle an, die der Zustand *normalerweise* und *in Wesen derselben Art* spielt (vgl. [1974b: 119–121], [1994b: 321f., 324 Fn. 42] und Kapitel 8). Es ist deshalb durchaus möglich, dass hin und wieder jemand nichts lieber will als Kartoffelsuppe, aber trotzdem keine Anstalten macht, welche zu bekommen – vielleicht, weil er vollständig gelähmt ist oder verrückt oder unter Drogen steht. Wenn ein Zustand jedoch niemals, in keinem Mitglied der relevanten Art, die charakteristische Rolle eines Kartoffelsuppenwunsches spielt, so verdient er Lewis zufolge auch nicht den Namen »Kartoffelsuppenwunsch«.

Liefert die Bayesianische Entscheidungstheorie ein gutes Modell menschlichen Entscheidens? Einige Gründe sprechen dagegen.

Zunächst einmal gibt es ein kleines, aber hartnäckiges Problem mit Wahrscheinlichkeiten in Fällen, in denen unendlich viele Möglichkeiten in Frage stehen, wenn etwa ein Elektron zu einem bestimmten Zeitpunkt an überabzählbar vielen Orten sein könnte. Keine dieser Möglichkeiten kann mit absoluter Sicherheit ausgeschlossen werden. Wenn Wahrscheinlichkeiten reelle Zahlen sind, müssten wir den Möglichkeiten aber überwiegend den Wert 0 zuweisen, denn die Summe überabzählbar vieler positiver Zahlen ist notwendig größer als 1. Lewis geht deshalb davon aus, dass Wahrscheinlichkeiten infinitesimale Werte aus der Non-Standard-Analysis erhalten können (vgl. oben, S. 116, Fn. 5). Doch damit lassen sich nicht alle Schwierigkeiten umgehen, wie etwa Timothy Williamson [2007] zeigt. Es steht zu befürchten, dass es keine mathematischen Werte gibt, die den entscheidungstheoretischen Anforderungen an Wahrscheinlichkeiten genügen. Wir müssten dann mindestens eine dieser Anforderungen aufgeben, bevor wir in der Mathematik nach passenden Werten (Zahlen) suchen.[1]

Eine grundsätzlichere Frage ist, ob Leute wirklich so rational sind, wie die Entscheidungstheorie es verlangt. Empirische Studien zeigen, dass Leute aus ent-

---

[1] Die m. E. aufzugebende Anforderung ist Williamsons Prinzip (!), welches besagt, dass wenn X wahrscheinlicher ist als Y und Z unvereinbar mit beiden, dann $X \vee Z$ wahrscheinlicher ist als $Y \vee Z$. Das klingt intuitiv einleuchtend. Man vergleiche aber ein analoges Prinzip über Kardinalitäten: Wenn eine Menge X mehr Elemente hat als Y, und Z distinkt ist von X und Y, dann hat $X \cup Z$ mehr Elemente als $Y \cup Z$. Wir haben gelernt, dass dieses Prinzip, so einleuchtend es auch scheint, für unendliche Mengen falsch ist.

scheidungstheoretischer Sicht gesehen systematisch ›Fehler‹ begehen (vgl. etwa [Allais 1953], [Ellsberg 1961]). Angesichts der Komplexität entscheidungstheoretischer Berechnungen und unserer begrenzten kognitiven Ressourcen ist das nicht wirklich überraschend. Wir müssen notgedrungen auf Faustregeln zurückgreifen, die uns hin und wieder irre führen. Ob dadurch das entscheidungstheoretische Modell grundsätzlich in Frage gestellt ist, bleibt eine offene Frage (vgl. etwa [Kahneman und Tversky 1992], [Gigerenzer und Goldstein 1996], [Weirich 2004]). Lewis geht auf derlei Ergebnisse nicht ein. Worauf es für ihn ankommt, ist auch weniger die empirische Korrektheit der Entscheidungstheorie, als ihre Nähe zur Alltagspsychologie, durch die unsere mentalen Begriffe definiert sind.

Man sollte es sich bei der Ablehnung der Entscheidungstheorie nicht zu leicht machen. Die Theorie besagt z.B. nicht, dass wir in dem Sinn rational sind, dass wir stets unser langfristiges Wohl im Auge haben und alle unsere Überzeugungen sorgfältig prüfen. Sie sagt auch nicht, dass Interessen immer eigennützig sind, oder dass wir uns nur für finanziellen Gewinn interessieren und nicht etwa auch für die Einhaltung sozialer Normen. Und sie sagt nicht, dass wir ständig komplizierte mathematische Berechnungen anstellen. Wichtig ist nur, dass wir am Ende die richtige Handlung ausführen, wobei das sogar aus reiner Gewohnheit erfolgen kann (vgl. [1975b: 181]). Rationalität im Sinne der Entscheidungstheorie ist also keine besonders große Sache. Wenn ich Chips esse, weil ich keine Bratwurst mag, käme niemand auf die Idee, mich ob meiner Rationalität zu preisen.

Das größte Problem für die entscheidungstheoretische Definition mentalen Gehalts sieht Lewis darin, dass diese für eine eindeutige Bestimmung nicht ausreicht. Dieselbe Handlung wäre in der Regel nach ganz verschiedenen Wünschen und Überzeugungen rational. Wenn Fred z.B. einen Bus nach London besteigt, so könnte das daran liegen, dass er nach London will und glaubt, der Bus fahre dorthin. Es könnte aber auch daran liegen, dass Fred die Erde zu verlassen gedenkt und meint, der Bus sei ein getarntes Raumschiff. Vielleicht ließe sich diese Interpretation ausschließen, wenn man größere Zeitabschnitte oder andere Personen mit Freds Zustand in Betracht zieht. Es steht aber zu befürchten, dass man die abwegige Interpretation immer passend erweitern kann (vgl. [1983d: 50–52], [1986f: 107f.]): Dass Fred sich nicht wundert, wieso der Bus nicht abhebt, könnte daran liegen, dass er das Abheben halluziniert; dass er sich nach der Ankunft in London bewegt, als sei ihm die Stadt vertraut, könnte daran liegen, dass er meint, Außerirdische hätten auf dem Zielplaneten ein exaktes Duplikat von London errichtet.

Mentaler Gehalt ist deshalb bei Lewis nicht nur über passendes Verhalten bestimmt.

9.2 Wahrnehmung, Normalität und Natürlichkeit

Neben *Output*-Bedingungen (passendes Verhalten) gibt es bei Lewis auch *Input*-Bedingungen für mentale Zustände. Ich habe diese eingangs schon erwähnt: Wer einer Herde Elefanten gegenüber steht, gelangt normalerweise zu der Ansicht, dass Elefanten in der Nähe sind. Wie diese Input-Bedingungen genau gehen, bleibt bei Lewis leider ein wenig unklar – weshalb dazu die wildesten Ansichten kursieren (s. etwa [Stalnaker 2004b]). Ich glaube, man kann in Lewis' verstreuten Bemerkungen aber eine deutliche Richtung erkennen (vgl. [1980d: 274], [1979a: 514, 534], [1983d: 50], [1983b: 380], [1994b: 299f.], [1997c: §2]).

Der Aspekt der Alltagspsychologie, mit dem wir es nun zu tun haben, betrifft die Weise, wie unsere Überzeugungen sich durch Wahrnehmung unserer Umgebung *verändern*. Es geht also um eine Umverteilung subjektiver Wahrscheinlichkeiten: Während ich eben noch unsicher war, ob Elefanten in der Nähe sind, weise ich solchen Möglichkeiten jetzt hohe Wahrscheinlichkeit zu. Die einschlägige Bayesianische Regel für eine solche Umverteilung von Wahrscheinlichkeiten ist die *Konditionalisierungsregel*. Danach aktualisieren wir in Reaktion auf neue Evidenz E unsere Wahrscheinlichkeiten, indem wir allen Nicht-E-Möglichkeiten die Wahrscheinlichkeit 0 zuweisen, und die Wahrscheinlichkeit aller anderen Möglichkeiten proportional zu ihrer vorherigen Wahrscheinlichkeit so erhöhen, dass ihre Summe wieder 1 ergibt. Die resultierende Wahrscheinlichkeit für beliebige Propositionen A ist also $P'(A) = P(A\&E)/P(E)$ (vgl. [1999b], [1976c], [1986h]).[2]

Bleibt noch festzuhalten, welches die Evidenz E ist, auf die wir unter diesen und jenen Umständen konditionalisieren. Sie sollte etwas mit dem Inhalt unserer Wahrnehmungen und mit den Ereignissen in unserer Umgebung zu tun haben.

Wie alle mentalen Zustände sind auch Wahrnehmungen bei Lewis über ihre kausale Rolle definiert: Eine Wahrnehmung, dass Elefanten in der Nähe sind, ist nach Lewis ein Zustand, der (bei Wesen der relevanten Art) normalerweise von Elefanten in der Nähe verursacht wird, und der die Meinung hervorruft, dass Elefanten in der Nähe sind (s. [1980d: 274], [1983d: 50], [1997c: 334–336]).[3]

---

[2] Da wir unsicher sein können, welche Evidenz wir haben, sollten wir streng genommen besser Richard Jeffreys allgemeinere Konditionalisierungsregel verwenden: $P'(A) = P(A \mid E) \cdot P'(E) + P(A \mid \neg E) \cdot P'(\neg E)$.
Anders als Lewis hin und wieder nahelegt, ist Konditionalisierung nicht die einzige Art, wie sich Meinungen rational verändern. Eine ganz andere ergibt sich aus der noch zu besprechenden Zentriertheit von Meinungsinhalten (s. u., Abschnitt 9.3): Wenn ich vorhin glaubte, es sei halb drei, und jetzt meine, es sei Viertel vor, so ist dies keine Anwendung der Konditionalisierungsregel (vgl. [1996a: 62, Fn .6], sowie [Arntzenius 2003], [Meacham 2007]).

[3] Dabei muss die Verursachungsbeziehung hinreichend *robust* sein. Wenn die Elefanten ein starkes Magnetfeld auslösen, welches mein Nervensystem so beeinflusst, dass ich, ohne hinzusehen, Elefanten halluziniere, dann ist das keine Elefanten-Wahrnehmung. Echte Wahrnehmungen zeichnen

9.2 Wahrnehmung, Normalität und Natürlichkeit

Den Gehalt der Wahrnehmung bestimmt Lewis als den Gehalt der typischerweise durch sie verursachten Meinung (s. [1980d: 274], [1983b: 374], [1999a: 5f.]). Das hilft uns nicht viel weiter, wenn wir erst wissen wollen, welche Meinungsinhalte eine Wahrnehmung bewirkt – welches die Information E ist, auf die wir im Fall einer Wahrnehmung konditionalisieren.

Wir könnten es mit den äußeren Umständen versuchen, die normalerweise die Wahrnehmung verursachen. Man könnte also vorschlagen: Wenn Leute in einer geeigneten (wahrnehmungsartigen) Kausalbeziehung zu Elefanten in ihrer Umgebung stehen, so konditionalisieren sie auf die Evidenz $E = $ *Es sind Elefanten in der Umgebung*.

Doch das kann nicht stimmen. Angenommen, ich bin irrtümlich davon überzeugt, dass es in meiner Umgebung Elefanten-Attrappen gibt, die ohne eingehendere Untersuchung nicht von echten Elefanten zu unterscheiden sind. Wenn ich nun einer (echten) Elefanten-Herde gegenüber stehe, werde ich keineswegs meine Meinungen dahingehend aktualisieren, dass ich auf einmal sicher bin, dass Elefanten in der Umgebung sind. Schlimmer noch, angenommen ich glaube, dass man mir nur dann Elefanten-Attrappen vorführt, wenn keine echten Elefanten in der Nähe sind, und dass man mir niemals echte Elefanten vorführen würde. Dann werde ich durch meine Elefanten-Erfahrung die Meinung erwerben, dass *keine* Elefanten in der Nähe sind.

Derlei Situationen sind natürlich ungewöhnlich. Kann man sagen, dass wir wenigstens *normalerweise* auf die Elefanten-Information konditionalisieren, wenn wir Elefanten sehen? Nein. Selbst wenn meine subjektive Wahrscheinlichkeit für die Attrappen-Hypothese sehr niedrig ist, müsste sie bei einer Konditionalisierung auf *Elefanten in der Nähe* auf Null gehen. In Wirklichkeit *steigt* sie aber durch die Seherfahrung: Dass ich täuschend echten Elefantenattrappen gegenüber stehe, ist ja wahrscheinlicher, wenn ich Elefanten-Seheindrücke habe als wenn ich keine habe.

Worauf also konditionalisiere ich, wenn ich Elefanten sehe? Darauf, dass vor mir Dinge sind, die wie Elefanten *aussehen*? Nein. Sonst müsste meine Wahrscheinlichkeit dafür, dass ich Elefanten halluziniere, sinken. Konditionalisiere ich lediglich darauf, dass ich eine bestimmte Seherfahrung mache? In [1966b] und [1996b] zeigt Lewis dafür gewisse Sympathien. Doch Seherfahrungen sind für Lewis Gehirnzustände, und deren Natur ist uns introspektiv nicht zugänglich (s.o., S. 152): Ich lerne also nicht, dass ich diese oder jene Seherfahrung mache.[4]

---

sich nach Lewis durch ein gewisses Spektrum kontrafaktischer Abhängigkeit zwischen dem Inhalt der Erfahrung und der äußeren Situation aus.

[4] Wenn man phänomenale Erfahrungen mit höherstufigen Rollen-Zuständen statt mit Gehirnzuständen identifiziert, wie ich im letzten Kapitel vorgeschlagen habe, kommt man hier vielleicht weiter: Worauf ich konditionalisiere wäre dann, dass ich in einem Zustand mit einem bestimmten kausalen Profil bin.

Glücklicherweise brauchen wir nicht genau zu wissen, was E ist, um Input-Bedingungen für mentale Zustände zu formulieren. Eine Minimal-Regel könnte z. B. einfach so lauten:

> Wer in einer geeigneten (wahrnehmungsartigen) Kausalbeziehung zu Elefanten steht, der konditionalisiert auf eine Evidenz E, die normalerweise dazu führt, dass er Elefanten-Wahrscheinlichkeiten höhere Wahrscheinlichkeit zuweist als zuvor.

Unter seltsamen Umständen – wenn jemand seltsame Ansichten über seine Umgebung hat – kann E, wie wir sahen, die Wahrscheinlichkeit für Elefanten auch mal senken. Die angeführte Regel setzt daher voraus, dass solche Ansichten ungewöhnlich sind: Normalerweise haben Leute Meinungen, denen zufolge E Evidenz für Elefanten in ihrer Umgebung ist. Leute glauben nicht ohne Grund, dass sie von Elefanten-Attrappen umgeben sind.

Diese Annahme gehört zu einem weiteren Teil der Alltagspsychologie, den Lewis in [1974b], Davidson [1973] folgend, unter dem Stichwort *Prinzipien des Wohlwollens* zusammenfasst. Prinzipien des Wohlwollens besagen, dass Leute in etwa dieselben grundlegenden Wünsche und Erwartungen haben wie wir und daher ungefähr dieselben Schlüsse aus ihren Erfahrungen ziehen, die wir daraus ziehen würden: Leute halten normalerweise einen Bus nicht für ein getarntes Raumschiff, und sie haben normalerweise kein grundlegendes Bedürfnis nach einer Schüssel voll Schlamm. Wenn eine normale Interpretation besser zum Verhalten passt als eine abwegige, ist der normalen Vorrang zu gewähren (vgl. [1974b: 112f.], [1986f: 38f., 107], [1994b: 320]).

Streng genommen sollte in einer reduktiven Analyse geistiger Zustände natürlich nicht wieder auf den Inhalt *unserer* Wünsche und Erwartungen Bezug genommen werden (vgl. [Eriksson und Hájek 2007]). Statt zu sagen, dass Leute dieselben grundlegenden Erwartungen haben wie wir, sollte man sich diese also ausgeschrieben vorstellen: Leute haben normalerweise Ausgangswahrscheinlichkeiten, nach denen sich die Welt im beobachteten Teil ähnlich verhält wie im unbeobachteten, nach denen obige Elefanten-Regel gilt, usw. So wird auch der Eindruck vermieden, die mentalen Zustände anderer Leute hängten irgendwie von *uns* als Interpreten ab.

Was grundlegende Einstellungen angeht, scheint mir Lewis allerdings ein bisschen zu phantasielos: Gehört es wirklich zu unserem Begriff von Wünschen und Meinungen, dass niemand ein grundlegendes Verlangen nach Schlamm hat – auch nicht Schweine oder Außerirdische?

Lewis diskutiert die Prinzipien des Wohlwollens meist als Teil einer allgemeineren Anforderung, nach der Gehalt möglichst *natürlich* sein soll. Die Meinung, dass Gras grün ist, zählt dabei als natürlicher als die Meinung, dass Gras bis jetzt grün und ab morgen blau ist; ein Wunsch nach einem langen Leben ist natürlicher als ein Wunsch nach einem Leben, das entweder lang ist oder an einem Dienstag anfing und eine gerade Zahl von Tagen währt. Der Unterschied hängt

Lewis zufolge mit der objektiven, sprachunabhängigen Natürlichkeit bestimmter Klassen zusammen, die uns in Kapitel 5 beschäftigt hat. Die Idee ist wohl, dass die Klasse der Möglichkeiten, denen eine Wahrscheinlichkeits- oder Wünschbarkeitsverteilung relativ hohen Wert zuweist, nicht allzu unnatürlich sein sollte (s. [1983d: 52–54], [1986f: 38f., 107], [1994b: 320]).[5]

Nicht alles, was Lewis unter die Natürlichkeitsbedingung einordnet, hat jedoch mit objektiver Natürlichkeit im Sinn von Kapitel 5 zu tun. Ein Teller Kartoffelsuppe ist wohl kaum objektiv natürlicher als eine Schüssel Schlamm; Gehirn-im-Tank-Welten sind nicht objektiv unnatürlicher als gewöhnliche Welten. Wenn man Vorbehalte gegen Lewis' Begriff der objektiven Natürlichkeit hat, kann man diese Bedingung aus seiner Intentionalitätstheorie deshalb auch ohne allzu großen Verlust streichen. Der Gehalt unserer Einstellungen bleibt dadurch vielleicht ein wenig unterbestimmt. Doch wäre das schlimm? Ich sehe nicht, dass die Alltagspsychologie absolut präzise Inhalte verlangt. (Eine wirklich eindeutige Bestimmung schafft auch Lewis nicht, unter anderem weil er nicht sagt, wie seine einzelnen Bedingungen zu gewichten sind.)

9.3 Zentrierter Gehalt

Unsere Überzeugungen verorten uns im Raum der möglichen Welten. Ich bin z.B. ziemlich sicher, dass ich keine Welt bewohne, die ganz aus Schokolade besteht. Der Schokoladen-Teil des logischen Raums hat für mich also niedrige subjektive Wahrscheinlichkeit. Je mehr einer weiß, desto mehr Möglichkeiten kann er ausschließen und desto kleiner die verbleibende Region im logischen Raum, in der sich seine Wahrscheinlichkeiten konzentrieren.

In »Attitudes de dicto and de se« [1976b] argumentiert Lewis, dass dieses Bild nicht ganz zur kausalen Rolle unserer Einstellungen passt, da es deren perspektivische Natur außer acht lässt.

Nehmen wir z.B. David Kaplan, der (sagen wir) am 27. Februar 1973 um 11 Uhr morgens die Überzeugung erwirbt, dass seine Hose brennt (vgl. [Kaplan 1989]). Welchen Welten weist er damit hohe Wahrscheinlichkeit zu? Offenbar solchen, in denen seine Hose brennt. Doch eine Welt umfasst viele Zeiten. Geht es um Welten, in denen Kaplans Hose *immer* brennt? Nein, Kaplan weiß sehr wohl, dass seine Hose z.B. gestern nicht brannte. Es kann sich bei den fraglichen Welten auch nicht um die Welten handeln, in denen die Hose *irgendwann* brennt, egal wann. Es muss sich um die Welten handeln, in denen Kaplans Hose zu

---

[5] In [1974b: 114f.] führt Lewis vier weitere Prinzipien der Alltagspsychologie an, die den Zusammenhang zwischen Einstellungen und Sprache bzw. Sprachverhalten betreffen. Diese kommen aber erst ins Spiel, wenn es um die Interpretation sprachlicher Äußerungen geht. Die Bestimmung intentionaler Einstellungen kann Lewis zufolge im Prinzip ohne sie gelöst werden (s. [1974b: 117]).

einem ganz bestimmten Zeitpunkt brennt, am 27. Februar 1973 um 11 Uhr morgens. Wir können davon ausgehen, dass Kaplan diesen Welten relativ niedrige Wünschbarkeit zuweist, und zwar (ceteris partibus) je niedriger, desto länger die Hose brennt. Das scheint zu erklären, warum Kaplan aufsteht und versucht, seine Hose zu löschen.

Doch betrachten wir Fred, der die ganze Angelegenheit vom Jupiter aus beobachtet. Auch Fred glaubt, dass am 27. Februar 1973 um 11 Uhr Kaplans Hose brennt; auch er wünscht (aus Mitgefühl), dass sie nicht lange brennt. Ja, es könnte sein, dass Freds Wahrscheinlichkeits- und Wünschbarkeitsverteilung exakt mit Kaplans übereinstimmt. Dennoch ist seine Reaktion völlig anders: Fred bleibt sitzen und beobachtet, was Kaplan macht.

Oder nehmen wir Kaplan selbst eine Stunde später, wenn die Hose gelöscht ist. Nach wie vor weist er Welten, in denen um 11 Uhr seine Hose brennt, hohe Wahrscheinlichkeit zu (er hat den Vorfall ja nicht vergessen); und nach wie vor weist er Welten, in denen die Hose lange brennt, niedrige Wünschbarkeit zu. Dennoch ist sein Verhalten nun ganz anders.

Es sieht also so aus, als hätten wir hier ein Problem für die Output-Bedingung an mentale Zustände: Wenn verschiedene Personen – oder dieselbe Person zu verschiedenen Zeiten – in allen relevanten Einstellungen genau übereinstimmen können und sich dennoch ganz unterschiedlich verhalten, lässt sich das Verhalten nicht durch die Einstellungen erklären (vgl. [1979a: §4, §9], [1983b: §7], [1989b: 73–75], [1994b: 317]).

Man könnte den Einstellungen eine zweite Inhaltskomponente zuweisen – eine ›Art des Gegebenseins‹ ihres eigenlichen Inhalts. Dieser zweite Aspekt würde sich dann zwischen Kaplan und Fred unterscheiden, und zwischen Kaplan um 11 und Kaplan und 12 (s. z. B. [Perry 1977]).

Lewis hat eine einfachere Erklärung. Die Schwierigkeit entstand dadurch, dass wir die Punkte im logischen Raum als mögliche Welten verstanden. Doch unsere Meinungen verorten uns nicht nur in bestimmten Welten, sondern auch an bestimmten Zeiten und Orten. Die Punkte im logischen Raum sollten deshalb als *zentrierte Welten* im Sinne von [Quine 1969b: 154]) verstanden werden. Eine zentrierte Welt ist so etwas wie ein Tripel aus einer Welt, einem Zeitpunkt und einem Ort. Wer einer zentrierten Welt hohe Wahrscheinlichkeit zuweist, der glaubt nicht nur, dass er sich irgendwo in dieser Welt befindet, sondern dass er sich gerade an jenem Punkt befindet, im ›Zentrum‹.

Als Kaplan entdeckte, dass sein Hose brennt, wies er also zentrierten Möglichkeiten, in denen die Hose des Individuums im Zentrum brennt, hohe Wahrscheinlichkeit zu. Nicht so Fred, und nicht so Kaplan eine Stunde später. Wir benötigen keine zweite Inhaltskomponente, um die Verhaltensunterschiede zu erklären.

Lewis' Ansatz ist auch deshalb von Vorteil, weil perspektivische Information wirklich Information ist. Wer herausfindet, dass es 11 Uhr ist, der lernt etwas, der kann Möglichkeiten ausschließen, z. B. die Möglichkeit, dass es schon halb 12 ist.

Diese Möglichkeiten sind zentriert; es sind keine unmöglichen Welten, in denen es um 11 Uhr halb 12 ist – dass es um 11 Uhr nicht halb 12 ist, war schon immer klar. Jemand, der genau weiß, in welcher Welt er sich befindet, aber nicht, wo in dieser Welt, dem fehlt es nicht nur an einer ›Rolle‹ oder ›Art des Gegebenseins‹. Ihm fehlt es an Information (s. [1979a: §4, §9], [1983b: §7], [1994b: 317]).

Lewis konstruiert zentrierte Welten nicht als Welt-Zeit-Ort-Tripel, sondern als mögliche Individuen: Ort, Zeit und Welt ergeben sich aus Ort, Zeit und Welt, wo das Individuum existiert. Kaplans Meinung, dass seine Hose brennt, entspricht also die Klasse der Individuen, deren Hose brennt. Mögliche Individuen, denen wir (hinreichend) positive Wahrscheinlichkeit zuweisen, bezeichnet Lewis als unsere *doxastischen Counterparts* oder *doxastische Alternativen*.

Hier bedient sich Lewis einmal mehr zeitlicher Teile und Counterparts: Die fraglichen Individuen sind Zeitscheiben von Dingen, die in nur einer Welt existieren, anders ließen sich Zeit und Welt nicht mehr rekonstruieren. Da Klassen möglicher Individuen aus Lewis' Sicht wiederum nichts anderes sind als Eigenschaften (s. Abschnitt 5.1), spricht er häufig von Eigenschaften als dem eigentlichen Gehalt unserer Einstellungen ([1979a], [1983b: §7], [1986f: 28f.], [1994b: 316–320]): Kaplan etwa schreibt sich die Eigenschaft zu, dass seine Hose brennt.[6]

9.4 Glauben, »glauben« und logische Allwissenheit

Nach Lewis ist der Inhalt unserer Wünsche und Meinungen eine Zuweisung von Wünschbarkeits- und Wahrscheinlichkeitswerten zu zentrierten möglichen Welten. Damit ist über die Repräsentationsmechanismen unseres Nervensystems noch nichts gesagt. Sicher findet man im menschlichen Gehirn keine Tabellen zentrierter Welten mit zugeordneten numerischen Werten. Auch ist nicht vorausgesetzt, dass Leute in einer speziellen Beziehung der ›Bekanntschaft‹ oder des ›Erfassens‹ zu solchen Inhalten stehen. Um eine Überzeugung mit diesem und jenem Inhalt zu haben, muss man lediglich in einem Zustand sein, der die entsprechende kausale

---

[6] Welt-Zeit-Ort-Tripel enthalten nicht genau dieselbe Information wie Lewis' mögliche Individuen: Da sich mehrere Individuen zur selben Zeit am selben Ort in derselben Welt aufhalten können, sind Quines Tripel wahrscheinlich nicht ausreichend feinkörnig; man sollte deshalb, wenn man Counterpart-Theorie und zeitliche Teile ablehnt, zentrierte Welten besser als Welt-Zeit-Individuum Tripel verstehen. Interessanterweise sind Klassen solcher Tripel mengentheoretisch äquivalent zu Funktionen von Welten und Zeiten in Individuen, und damit zu Eigenschaften in der Rekonstruktion von Lewis' Eigenschaftstheorie ohne Counterpart-Theorie und zeitliche Teile.
Wenn ich im Folgenden hin und wieder von doxastischen Alternativen spreche, sollen damit weder zeitliche Teile noch Counterparts vorausgesetzt sein. »Friedas doxastische Alternativen sind allesamt Brokkolis« kann z.B. verstanden werden als, »für alle zentrierten Welten $\langle w, t, i \rangle$ im Gehalt von Friedas Meinungen ist i zu t in w ein Brokkoli«.

Rolle spielt (s. 1983e: 158f.). Lewis vergleicht in diesem Zusammenhang mentale Zustände mit physikalischen Größen: Wenn jemand 100 kg wiegt, muss er dafür auch nicht in einer speziellen Erfassens-Beziehung zur Zahl 100 stehen, noch muss diese Zahl auf eine bestimmte Weise in seinem Gehirn codiert sein (s. [1983b: 375, Fn. 2], [1986g: 158f.], und [Stalnaker 1984: 8–15]).

Natürlich ist anzunehmen, dass der Inhalt unserer Meinungen und Wünsche, anders als unser Gewicht, tatsächlich irgendwie in unserem Gehirn codiert ist. Wie diese Codierung aussieht, ist für Lewis eine Frage der empirischen Kognitionswissenschaften. Dabei könnte sich herausstellen, dass die Codierung insofern holistisch ist als kein Teil meines aktuellen Gehirnzustands genau meiner Meinung entspricht, dass London acht Bahnhöfe hat – so wie man auf einer Deutschlandkarte keinen Teil isolieren kann, der nur repräsentiert, dass Bielefeld östlich von Berlin liegt, und sonst nichts (vgl. [1994b: 310f.], [Armstrong 1973: Kap. 1], [Braddon-Mitchell und Jackson 1996: Kap.10f.]).

Wenn der mentale Code dagegen eher satzartig ist, könnte man versuchen, die repräsentierten Inhalte kompositional zu erklären: Der Inhalt einer komplexen Einstellung ergäbe sich danach wie die Bedeutung eines komplexen deutschen Satzes aus dem Inhalt und der Anordnung seiner Teile. Jerry Fodor vertritt bekanntlich eine Theorie dieser Art (s. z.B. [Fodor 1990]). Der Inhalt der einfachsten Bestandteile resultiert nach Fodor aus gewissen Abhängigkeitsbeziehungen zwischen den Teilen und äußeren Umständen.

Lewis hält davon wenig: Wenn man erklären will, wie ein neuronaler Zustand zu seinem Inhalt kommt, muss man erklären, wie er die alltagspsychologische Rolle spielt; alles andere ist irrelevant. Wenn ein Zustand die Rolle eines Kartoffelsuppenwunsches spielt, dann ist er ein Kartoffelsuppenwunsch. Wenn ein Zustand diese Rolle nicht spielt – wenn Leute in diesem Zustand keine Anstalten machen, Kartoffelsuppe zu bestellen, usw. –, dann handelt es sich auch nicht um einen Kartoffelsuppenwunsch, woraus auch immer er sich zusammensetzt (vgl. [1994b: 320–324]).

Lewis' Analyse liefert eine recht grobkörnige Form mentalen Gehalts: Wenn zwei Einstellungen in genau denselben möglichen Situationen (zentrierten Welten) wahr bzw. erfüllt sind, fallen sie nach Lewis zusammen. Das ist keine willkürliche Festlegung, sondern eine Folge der alltagspsychologischen Rolle. Wenn etwa zwei Meinungen A und B in denselben möglichen Situationen wahr sind, dann macht es entscheidungstheoretisch keinen Unterschied, ob ich die eine habe oder die andere: Jede Handlung, die mich unter der Annahme, dass eine A-Situation vorliegt, der Erfüllung meiner Wünsche näher bringt, tut dies auch unter der Annahme, dass eine B-Situation vorliegt. Daran ändert sich auch nichts, wenn man Input-Bedingungen hinzunimmt: Wenn eine Überzeugung den Inhalt A hat, weil sie normalerweise durch A-Umstände verursacht wird, und die A-Umstände mit den B-Umständen zusammen fallen, dann wird die Überzeugung auch normalerweise durch B-Umstände verursacht und hat folglich auch den Inhalt B.

9.4 Glauben, »glauben« und logische Allwissenheit

Diese grobkörnige Charakterisierung hat jedoch offenkundig absurde Konsequenzen. Fermats letztes Theorem ist z. B. in genau denselben möglichen Situationen wahr wie »alle Junggesellen sind unverheiratet«, nämlich in allen. Folglich müsste jeder, der letzteres glaubt, auch Fermats letztes Theorem glauben.

Nun ist in Lewis' Analyse erst einmal nur von der Verteilung subjektiver Wahrscheinlichkeiten die Rede. Die absurden Konsequenzen ergeben sich erst zusammen mit einer bestimmten *Analyse von Glaubenssätzen*, etwa dieser:

G) »*x* glaubt, dass *S*« ist genau dann wahr, wenn *S* in allen Situationen wahr ist, denen *x* positive Wahrscheinlichkeit zuweist.

Tatsächlich verwendet Lewis »glauben« (»believe«) manchmal in diesem Sinn. Das ist aber eine irreführende technische Verwendung. Als Analyse von alltäglichen Glaubenssätzen weist Lewis (G) mit Recht zurück: »the connection of belief sentences with belief as characterised by doxastic alternatives is complicated and multifarious« [1986f: 34].

Häufig sagen wir z. B., *x* glaube, dass *y F* sei, wenn *x* in einer bestimmten Beziehung *R* zu *y* steht, für die gilt, dass alle doxastischen Alternativen von *x* in dieser Beziehung *R* zu jemandem stehen, der *F* ist: Wenn Frieda beobachtet, wie Bernhard durchs Gebüsch schleicht, und ihn, ohne ihn zu erkennen, für einen Spion hält, dann kann man (in vielen Kontexten) sagen, Frieda glaube, Bernhard sei ein Spion. Doch da Frieda Bernhard nicht erkennt, ist Bernhard nicht in allen Situationen ein Spion, denen sie positive Wahrscheinlichkeit zuweist. In all diesen Situationen gibt es aber jemanden, zu dem sie in der Beziehung des Durchs-Gebüsch-schleichen-Sehens steht. In der wirklichen Situation steht sie in dieser Beziehung zu Bernhard. Deshalb, und weil uns oft nicht interessiert, wie Bernhard Frieda genau ›gegeben‹ ist, können wir sagen, sie glaube, Bernhard sei ein Spion (vgl. [1979a: §13], [1981e: 412–414], [1986f: 32–34], [1994b: 318f.]).

Auf diese Weise lässt sich auch erklären, wie man Unmögliches glauben kann, ohne deshalb unmöglichen Situationen positive Wahrscheinlichkeit zuzuweisen: Wenn Frieda glaubt, Bernhard sei ein Pilz, weist sie nicht Situationen positive Wahrscheinlichkeit zu, in denen Bernhard ein Pilz ist, sondern Situationen, in denen sie in einer bestimmten Beziehung *R* zu einem Pilz steht, in der sie tatsächlich zu Bernhard steht. Ähnlich wenn sie glaubt, sie habe Arthritis im Oberschenkel oder der Morgenstern sei nicht der Abendstern.

Oft spielen für alltägliche Glaubenszuschreibungen auch die *Sätze* eine Rolle, die jemand für wahr hält. Wenn wir sagen, Frieda glaube, Okapis seien Fledermäuse, dann drücken wir damit nicht aus, dass sie Situationen positive Wahrscheinlichkeit zuweist, in denen Okapis (also Waldgiraffen) Fledermäuse sind. Wir drücken vielmehr aus, dass sie eine irrige Ansicht über das *Wort* »Okapi« hat. Hier besagt »*x* glaubt, dass *S*« also ungefähr, dass die Zeichenkette *S* in allen Situationen, denen *x* positive Wahrscheinlichkeit zuweist, etwas Wahres bedeutet

– was sich darin äußert, dass *x* geneigt ist, dem Satz *S* auf Nachfrage zuzustimmen (vgl. [1986f: 33f.], [1994b: 319]).

Lewis' reduktive Analyse subjektiver Wahrscheinlichkeiten ist also keine direkte Analyse des Ausdrucks »glauben«. Sie handelt aber auch nicht von etwas völlig anderem (wie etwa [Gaifman 2004: 98] einwendet). Sie soll vielmehr den systematischen Kern unseres Glaubensbegriffs herausschälen, von dem aus in einem zweiten Schritt Regeln für alltägliche Glaubenssätze ausgehen können.

Lewis hebt sich hier bewusst vom ›linguistic turn‹ in der Intentionalitätstheorie ab, nach dem eine reduktive Theorie von Überzeugungen nichts anderes ist als eine reduktive Analyse von Überzeugungszuschreibungen. In [1983e: xi] nennt er als eins der Grundprinzipien seiner Philosophie: »refusal to take language as the starting point in the analysis of thought and modality«.

Die Sprache zum Ausgangspunkt nehmen hieße annehmen, dass man aus unseren Glaubenssätzen direkt ablesen kann, welche Inhalte jemand glaubt:

(G*) »*x* glaubt, dass *S*« ist genau dann wahr, wenn *x* in der Beziehung des Glaubens zu einem durch *S* ausgedrückten Inhalt steht.

(G*) wird zu (G), wenn man Inhalte als Klassen möglicher Situationen begreift und die Glaubensbeziehung als das Zuweisen positiver Wahrscheinlichkeit.

Glaubensinhalte in *diesem Sinn* hängen oft von Faktoren außerhalb des Subjekts ab. Angenommen etwa, auf einem fernen Planeten lebt ein perfektes Duplikat von Frieda, das ein perfektes Duplikat von Bernhard durchs Gebüsch schleichen sieht. Glaubt Zwillings-Frieda, dass Bernhard – *unser Bernhard* – ein Spion ist? Nein, sie glaubt, dass *Zwillings-Bernhard* ein Spion ist.

Obwohl die beiden Meinungen von unterschiedlichen Gegenständen handeln, haben Frieda und Zwillings-Frieda aber vieles gemeinsam. Sie haben z. B. genau dieselben Verhaltensdispositionen, und niemand würde etwas bemerken, wenn man sie heimlich vertauschte – nicht einmal sie selbst. Für psychologische Erklärungen ist der durch (G*) bestimmte ›*weite Gehalt*‹ Lewis zufolge deshalb wenig hilfreich.

Lewis' bevorzugter Gehaltsbegriff ist insofern ›eng‹, als perfekte Duplikate innerhalb derselben Welt stets dieselben Einstellungen haben.[7] Das heißt aber nicht, dass dieser Gehalt ohne jeden Bezug auf äußere Dinge bestimmt ist, durch

---

[7] Ganz *intrinsisch* ist der Gehalt einer Einstellung bei Lewis nicht (s. [1994b: 315f.]). Er hängt, da er durch kausale Rollen in der jeweiligen Art bestimmt ist, von anderen Mitgliedern derselben Art und den Naturgesetzen ab. Das hat vor dem Hintergrund von Lewis' Humescher Metaphysik (Kap. 6) merkwürdige Konsequenzen: Kausalität und Naturgesetze sind nach Lewis durch die Verteilung lokaler Ereignisse im ganzen Universum bestimmt; da der Gehalt meiner Meinungen von den Naturgesetzen abhängt, hängt er folglich nicht nur – wie gewöhnliche Externalisten annehmen – von meinen Beziehungen zu den Dingen in meiner Umgebung ab, sondern ebenso davon, was in Milliarden von Jahren am andern Ende des Universums geschieht. »That's an unpleasant surprise«, sagt Lewis, »but I'm prepared to bite the bullet« [1994a: 232].

9.4 Glauben, »glauben« und logische Allwissenheit

begriffliche Rollen vielleicht. Im Gegenteil, Glaubensinhalte hängen bei Lewis wesentlich von Verhaltens- und Wahrnehmungsbedingungen ab. Der Punkt ist, wie diese beschrieben werden: Die charakteristische Wirkung eines Kartoffelsuppenwunsches etwa ist nicht das Bestellen von Kartoffelsuppe – und damit abhängig von der Suppe Natur –, sondern ein Verhaltensmuster, welches unter den-und-den Umständen tatsächlich ein Bestellen von Kartoffelsuppe darstellen würde (vgl. [1994b: 300f.]).

Glaubensinhalte im Sinn von (G*) sind u.a. deshalb für psychologische Erklärungen wenig geeignet, weil die Relation R, die wir bei Zuschreibungen oft herauskürzen, psychologisch entscheidend sein kann. So in Kripke's [1979: 254–257] berühmtem Beispiel des Franzosen Pierre, der unter dubiosen Umständen nach London gerät und am Ende sowohl zu glauben scheint, dass London (die Stadt, von der er zu Hause viel Gutes gehört hat) schön ist, als auch, dass London (die Stadt, in der er sich jetzt befindet) nicht schön ist. Diese Beschreibung seiner Überzeugungen (ohne die Klammern) hilft uns wenig, wenn wir verstehen wollen, wieso Pierre versucht, an einem Bahnhof in London einen Fahrschein nach London zu kaufen. Wir müssen vielmehr einen Blick auf seine doxastischen Alternativen werfen. Diese bewohnen Welten, in denen es zwei Städte gibt, von denen ihnen die eine auf die erste und die andere auf die zweite Weise bekannt ist (vgl. [1994b: 323f.], [1983d: 50], [1979a: 142f.], [1981e]).[8]

Gehalt im Sinn von (G*) ist nicht nur weit, sondern auch extrem feinkörnig: Wenn A und B verschiedene Sätze sind, kann man fast immer eine Situation konstruieren, in der intuitiv »Frieda glaubt dass A« wahr ist, »Frieda glaubt, dass B« aber falsch – selbst wenn die beiden Sätze völlig strukturgleich und synonym sind, wie »Augenärzte sind Ohrenärzte« und »Ophthalmologen sind Ohrenärzte«. Wenn man (G*) ernst nimmt, müssen die fraglichen ›Inhalte‹ deshalb so fein sein, dass verschiedene Sätze prakisch nie denselben Inhalt ausdrücken. Zumindest unter den gängigen naturalistischen Ansätzen liefert aber keine einen derart feinkörnigen Gehalt.

Nicht nur das, diese Feinkörnigkeit passt auch nicht zu anderen Aspekten unseres Sprachgebrauchs, etwa dazu, dass wir Leuten, die des Deutschen gar nicht mächtig sind, Meinungen über Augenärzte zuschreiben. Insgesamt ist unsere Zuschreibungspraxis auf eine Weise kontextabhängig, die (G*) als Ausgangspunkt wenig attraktiv macht. Glaubt Frieda, Bernhard sei ein Spion? Glaubt sie, Okapis seien Fledermäuse? In manchen Kontexten ist die Antwort »ja«, in anderen »nein«. Wenn man sich an (G*) hält, muss der Inhalt von Friedas Einstellungen also relativ zu einem Zuschreibungskontext sein.

---

[8] Gelegentlich (z.B. in [Fodor 1980]) wird argumentiert, man brauche engen Gehalt, weil nur intrinsische physikalische Eigenschaften kausal wirksam sind. Dieses Argument teilt Lewis nicht: In Kausalerklärungen können durchaus extrinsische Eigenschaften vorkommen (s. [1994b: 315f.] und [Jackson und Pettit 1988] für eine ausführliche Verteidigung).

Zusammengefasst gibt es also gute Gründe, Sätze, mit denen wir im Alltag Einstellungen zuschreiben, in einer systematischen Theorie intentionaler Einstellungen nicht allzu wörtlich zu nehmen. Daraus folgt natürlich nicht, dass Lewis' entscheidungstheoretische Analyse die einzig systematisch interessante Art von Glauben herausgreift. Vielleicht gibt es z.B. neben gradierten Einstellungen auch einen besonderen psychologischen Zustand des nicht-gradierten Glaubens. Auch als Grundlage für eine Theorie des *Denkens* oder *Schließens* ist Lewis' Ansatz nicht hilfreich: Wenn jemand $A \supset B$ und A glaubt, und daraus B schließt, dann hat sich nach Lewis in seinen Meinungen nichts geändert; schon vorher war ja in allen Glaubenswelten B der Fall, denn jede Welt mit $A \supset B$ und A ist auch eine B-Welt.

Das führt uns zurück zum *Problem der logischen Allwissenheit*: dass wir nach Lewis automatisch alle logischen und anderweitig notwendigen Wahrheiten glauben. Als Analyse von Glaubenssätzen wäre Lewis' Theorie damit vom Tisch: Sicher ist nicht jeder Satz der Form »Frieda glaubt, dass S« wahr, in dem S eine notwendige Wahrheit ausdrückt. Da Lewis (G*) und (G) ablehnt, ist er auf diese absurde Konsequenz aber nicht festgelegt.

Entgegen einer landläufigen Ansicht hat das Problem auch nicht unbedingt mit der Modellierung mentaler Inhalte über mögliche Welten zu tun (vgl. [Stalnaker 1991])[9]. Versteht man z.B. den Gehalt meiner Meinung, dass der Morgenstern identisch ist mit dem Morgenstern, als geordnetes Tripel aus dem Morgenstern, der Identitätsbeziehung und dem Morgenstern, so kann diese Meinung ebenfalls nicht unterschieden werden von der Meinung, der Morgenstern sei der Abendstern, der genau dasselbe Tripel entspricht.

Wie oben erklärt, bekommt Lewis solche Fälle durch seine relationale Interpretation der Einstellungszuschreibung in den Griff. Mit »Frieda weiß, dass der Morgenstern der Abendstern ist« schreiben wir Frieda eine *kontingente* Meinung zu – vielleicht die Meinung, dass der hellste Punkt am Morgenhimmel der hellste Punkt am Abendhimmel ist. In anderen Fällen hilft die metasemantische Lesart: Mit »Frieda glaubt, Okapis seien Fledermäuse« schreiben wir Frieda einen semantischen Irrtum zu.

Die Beispiele verleiten zu einer generellen These: Wenn es scheint, dass jemand eine unmögliche Proposition glaubt oder eine notwendige nicht glaubt, dann lässt sich stets eine kontingente Proposition finden, die den eigentlichen Inhalt des Glaubens bzw. Nicht-Glaubens ausmacht.

Funktioniert das auch mit mathematischen Wahrheiten? Angenommen, Frieda weiß nicht, dass 34 die Wurzel aus 1156 ist. Was für kontingente Information könnte ihr fehlen? Stalnaker [1990] meint, es gehe auch hier um so etwas wie sprachliche Information. Das Problem ist aber, dass Frieda durch *Kopfrechnen* her-

---

[9] Stalnaker hat sich viel ausführlicher zum Problem der logischen Allwissenheit geäußert als Lewis, siehe neben [Stalnaker 1991] v.a. [Stalnaker 1984: Kap. 4f.], [Stalnaker 1987b], [Stalnaker 1990], und [Stalnaker 1999b]

9.4 Glauben, »glauben« und logische Allwissenheit 179

ausfinden kann, dass 34 die Wurzel aus 1156 ist. Wie kann man durch Kopfrechnen kontingente Information über die Welt erwerben, etwa über die Ausdrücke »34« und »1156«?

In [1982a] schlägt Lewis eine andere Lösung vor (s. auch [1983b: 375, Fn. 2], [1986f: 34f.] und [Stalnaker 1984: Kap. 5]): Ein und dieselbe Person kann mitunter mehrere Meinungssysteme haben. Deutlich ist das bei Split-Brain-Patienten. Wenn man einem Split-Brain-Patienten in der linken Hälfte seines Gesichtsfelds einen Ball zeigt und ihn anschließend bittet, das gezeigte Objekt unter mehreren Dingen herauszusuchen, wird er behaupten, nicht zu wissen, was er suchen soll, während er gleichzeitig mit der linken Hand zielsicher den Ball präsentiert. Um sowohl die Äußerung als auch die Handbewegung zu erklären, kann man dem Patienten zwei verschiedene Meinungssysteme zuweisen: Man sagt, die ›rechte Gehirnhälfte‹ wisse, dass ein Ball gezeigt wurde, die linke nicht. Lewis schlägt vor, diese Art Fragmentierung komme, wenn auch in geringerem Ausmaß, auch bei normalen Leuten vor. Rechnen und logisches Schließen kann man dann als ein Zusammenführen von Fragmenten verstehen. Wenn gemäß einem meiner Überzeugungsfragmente A der Fall ist und gemäß einem anderen $A \supset B$, dann kann ich die neue Information B erwerben, indem ich die beiden Fragmente zusammen bringe.

Fragmentierung ist im Rahmen von Lewis' Theorie aber nicht so leicht zu bekommen. Die Alltagspsychologie bevorzugt einheitliche, unfragmentierte Interpretationen. Wenn mir einer sagt, er sei Vegetarier und ich ihn wenig später ein Schnitzel essen sehen, dann denke ich nicht, »aha, Fragmentierung«. Ich versuche, anderswie Sinn aus seinem Verhalten zu machen: Vielleicht habe ich ihn vorher missverstanden, oder er war nicht aufrichtig, oder er hat einen interessanten Begriff von »Vegetarier«, oder seine Ansicht plötzlich geändert.

Es scheint mir daher unwahrscheinlich, dass Fragmentierung ein so verbreitetes Phänomen ist, dass jeder Schritt in jeder Rechnung oder Überlegung auf einer Vereinigung vorher getrennter Überzeugungssysteme beruht. Ohnehin wirken viele Anwendungen der Fragmentierungsstrategie ausgesprochen künstlich. In einem Schachspiel z.B. implizieren die Schachregeln zusammen mit der aktuellen Position der Spielfiguren, welches der beste nächste Zug ist (sofern nichts über die Spielgewohnheiten des Gegners bekannt ist). Wenn ich also nicht den besten Zug wähle, dann kann das gemäß der Fragmentierungsstrategie nur daran liegen, dass ich meine Kenntnis der Spielregeln nicht mit meiner Kenntnis der aktuellen Spielsituation zusammen gebracht habe. Stimmt das? Habe ich nicht sowohl die Spielsituation als auch die Regeln klar vor Augen, wenn ich den drittbesten Zug wähle?[10]

---

[10] Beispiele dieser Art sprechen auch gegen Stalnakers These, die eigentliche Unkenntnis bei scheinbarer Unkenntnis notwendiger Wahrheiten betreffe stets sprachliche Sachverhalte, entsprechend der metasprachlichen ›diagonalen‹ Proposition einer Meinungszuschreibung ([Stalnaker 1981], [Stalna-

Man muss also wohl die Annahme aufgeben, jede scheinbare Unkenntnis notwendiger Wahrheiten beruhe auf echter Unkenntnis von etwas Kontingentem. Wenn Frieda durch Nachdenken darauf kommt, dass 34 die Wurzel aus 1156 ist, dann lernt sie nichts Neues. Schon vorher war in all ihren Überzeugungswelten 34 die Wurzel aus 1156, und der Satz »$\sqrt{1156} = 34$« wahr. Dass sie sich nicht entsprechend verhielt, dass sie dem Satz »$\sqrt{1156} = 34$« nicht zustimmte oder ihn sogar bestritt, liegt an den Beschränkungen ihrer kognitiven Architektur. Wie auch immer unser Gehirn Information speichert – ob in Form von Sätzen oder Karten oder konnektionistischen Netzen –, es bedarf gelegentlich einigen Aufwands, die gespeicherte Information abzurufen und in passendes Verhalten umzulenken.

Die Alltagspsychologie trägt diesen implementationsbedingten Beschränkungen Rechnung: Wir wissen, dass Leute sich manchmal ›irrational‹ verhalten, besonders bei mathematischen und logischen Aufgaben; wir wissen auch, dass der Bedarf an kognitiven Resourcen durch Wiederholungen und Training abnimmt, und dass Stress und Alkoholeinfluss die Verarbeitung behindert. (Wie eigenartig, wenn in diesen Umständen unser Meinungssystem plötzlich in besonders viele Fragmente zerfiele.) Dennoch gehören diese Annahmen nicht zum Kern der Alltagspsychologie. Ich kann mir ohne Schwierigkeiten Wesen ausmalen, deren Psychologie ganz anders funktioniert und ganz anderen Beschränkungen unterliegt – Wesen, für die Primfaktorzerlegung ein Kinderspiel ist, Erinnerung an das gestrige Wetter dagegen höchste Konzentration und langes Nachdenken verlangt.

Die Berücksichtigung kognitiver Beschränkungen ist keine Alternative zur Fragmentierungsstrategie oder zur Umdeutung scheinbar nicht-kontingenter Einstellungen. Wir brauchen alles drei. Wenn Frieda nicht weiß, dass der Morgenstern der Abendstern ist, dann fehlt es ihr nicht an kognitiven Resourcen, sondern an kontingenter, astronomischer Information.

Das Problem der logischen Allwissenheit ist der verbreitetste Einwand gegen die Modellierung mentalen und sprachlichen Gehalts durch mögliche Welten. Mir scheint im Gegenteil, dass hier das eigentlich Problem, das andere Ansätze ebenso betrifft, nur besonders klar ans Licht tritt – was ein Vorteil ist. Wenn man Gehalt mit satzartigen Entitäten modelliert, verschleiert man die wichtige Tatsache, dass der Gehalt, den wir mit Glaubenssätzen zuschreiben, manchmal etwas ganz anderes ist als die Proposition, die der eingebettete Satz ausdrückt – wie offensichtlich bei »Frieda glaubt, Ophthalmologen seien Ohrenärzte«. Man verschleiert auch den wichtigen Unterschied zwischen Meinungen, die neue Information enthalten und solchen, die alte neu aufarbeiten.

Hinter der logischen Allwissenheit steckt bei Lewis auch noch etwas anderes: die prinzipielle Ergründbarkeit des modalen Raums. Wenn jemand eine notwen-

---

ker 1987b]): Ob ein Spieler weiß, welches der beste Zug ist, hängt nicht davon ab, ob er den Satz »das-und-das ist der beste Zug« für wahr hält. Ein Schachspieler muss überhaupt keine Sprache sprechen.

dige Wahrheit nicht kennt, dann fehlt es ihm entweder an kontingenter (z.B. astronomischer) Information oder an kognitiven Ressourcen. Es gibt keine Frage über nicht-kontingente Angelegenheiten – über Mathematik, Modalität, Mereologie oder Moral –, deren Beantwortung mehr verlangen würde als Rationalität und kontingente Information. Ich komme darauf in Abschnitt 11.7 zurück.

9.5 Wissen

Ich habe bislang vor allem von Wünschen und Meinungen gesprochen. Lewis konzentriert sich auf diese Einstellungen zum einen wegen ihrer Rolle in der Entscheidungstheorie und zum andern, weil er davon ausgeht, dass andere Einstellungen wie Hoffnungen oder Befürchtungen i.A. durch Wünsche und Meinungen definierbar sind ([1974b], [1994b: 308]). *Hoffen* ist z.B. ziemlich genau dasselbe wie wünschen, dass die Dinge so-und-so stehen und nicht sicher sein, ob sie es tun.

Man könnte auf die Idee kommen, Wünsche ihrerseits auf Meinungen zu reduzieren: Wünschen ist nichts anderes als glauben, es wäre gut, wenn die Dinge so-und-so stünden. Lewis liefert in [1988b] und [1996a] ein paar Argumente gegen diesen Vorschlag, auf die ich hier nicht näher eingehen möchte.[11]

Ich möchte zum Abschluss dieses Kapitels stattdessen über zwei Einstellungen reden, die weniger in der Philosophie des Geistes als in der Erkenntnistheorie und der Ethik im Vordergrund stehen: Wissen und Wertschätzen.

Wenn wir jemandem Wissen zuschreiben, so charakterisieren wir damit Lewis zufolge die ihm zur Verfügung stehende Evidenz. Ich weiß, dass es regnet, weil meine Evidenz – meine aktuellen Wahrnehmungen und Erinnerungen – mit anderen Wetterverhältnissen unvereinbar sind. Allgemein:

> x weiß, dass p, wenn es keine Möglichkeit gibt, genau die Evidenz von x zu haben, ohne dass p der Fall ist (s. [1996b: 422–424, 440], [1969a: 62f.]).

Auf den *Inhalt* der Wahrnehmungs- oder Erinnerungserlebnisse kommt es dabei nicht an (s. [1996b: 424f.]). Der Inhalt einer Elefanten-Halluzination ist vermutlich, dass vor mir Elefanten sind (s.o., S. 169). Dennoch verschafft mir dieses Erlebnis kein Wissen von Elefanten: Es gibt Möglichkeiten, genau diese Art Erlebnis zu haben, ohne dass Elefanten in der Nähe sind. Eine dieser Möglichkeiten liegt sogar tatsächlich vor.

Nun gibt es streng genommen fast immer eine Möglichkeit, dass unsere Evidenz uns trügt, dass wir z.B. Gehirne im Tank sind, die sich radikal über ihre Umgebung irren. Wenn wir einander im Alltag Wissen zuschreiben, dann igno-

---

[11] Was Lewis zeigt ist, dass man die Stärke von Wünschen nicht mit der Stärke der entsprechenden Meinung identifizieren kann.

rieren wir Lewis zufolge diese Möglichkeiten. D. h., ich weiß, dass es regnet, weil es in allen möglichen Situationen regnet, in denen jemand meine Evidenz hat – abgesehen von Situationen, die im aktuellen Kontext gerade irrelevant sind.

In »Elusive Knowledge« [1996b] gibt Lewis sieben Regeln an, die bestimmen, welche Situationen in einem gegebenen Kontext relevant sind. Dazu gehören 1. die wirkliche Situation, 2. Situationen, denen das Subjekt hohe Wahrscheinlichkeit zuschreibt oder zuschreiben sollte, 3. Situationen, die der Zuschreiber gerade beachtet, sowie 4. Situationen, die den bisher bestimmten ähneln. Normalerweise irrelevant sind dagegen 5. Situationen, in denen verlässliche Prozesse fehlschlagen, 6. in denen Stichproben nicht repräsentativ sind oder einfachere Erklärungen falsch, sowie 7. Situationen, die normalerweise ignoriert werden.

Diese Regeln leiten sich nicht aus irgendwelchen philosophischen Prinzipien ab, sondern aus der Beobachtung unserer Zuschreibungspraxis. Dass die wirkliche Situation z. B. immer relevant ist, zeigt sich daran, dass man nicht wissen kann, dass p, ohne dass p tatsächlich der Fall ist.

Dagegen kann man nach Lewis sehr wohl wissen, dass p, ohne zu glauben, dass p. Es kommt ja nur darauf an, welche Evidenz wir haben, egal was wir aus dieser machen – ob wir sie z. B. überhaupt zur Kenntnis nehmen. Das erscheint sonderbar (vgl. [von Savigny 1988: 41], [Schaffer 2001c], [Brueckner 2003]). Man muss aber Lewis' Regel 2 beachten. Sie stellt sicher, dass Fälle von Wissen ohne gerechtfertigtes Glauben ungewöhnlich sind: Wenn jemand gerechtfertigt glaubt, dass er die Evidenz hat, die er tatsächlich hat, dann glaubt er gerechtfertigt alles, was er weiß.

Lewis zufolge ist »Wissen« ein kontextabhängiger Ausdruck von etwa derselben Art wie »notwendig« oder »stabil«: ob etwas als notwendig oder stabil zählt, hängt ebenfalls auf vielfältige Weise von diversen Aspekten des Äußerungskontextes ab. Diese semantische These, die Lewis erstmals in [1979f] verteidigt, ist bekannt als *Kontextualismus*. Lewis' Kontextualismus zeichnet sich gegenüber anderen (etwa [Cohen 1988], [DeRose 1995]) besonders dadurch aus, dass bei ihm der kontextabhängige Parameter kein einfacher *Standard* ist, sondern ein Bereich relevanter Alternativen, der durch eine ausgeklügelte Liste von Regeln bestimmt wird (s. [Schaffer 2005] für Vorteile davon).

Als Semantik alltäglicher Wissenszuschreibungen taugt Lewis' Analyse allerdings ebensowenig wie seine Theorie von Wünschen und Meinungen. Nehmen wir z. B. an, ich sehe bei der DNA-Analyse eines Frühlingsglockenschüpplings zu. Die mir vorliegende Evidenz impliziert, dass es sich um einen Frühlingsglockenschüppling handelt – dennoch brauche ich das nicht zu wissen.[12] Das Problem ist wieder die logische Allwissenheit: Nach unserem gewöhnlichen Sprachgebrauch wissen wir nicht alle Konsequenzen von allem, was wir wissen. Wir

---

[12] Das Beispiel ist eine Variante eines Beispiels in [Schaffer 2001c]; die Variante schließt die Antwort von [Black 2003] aus.

wissen insbesondere nicht alle notwendigen Wahrheiten. Lewis' Analyse ist eine Bestimmung unserer *epistemtischen Alternativen* – der möglichen Individuen, die wir nach allem, was wir wissen, sein könnten.

Unsere tatsächliche Zuschreibungspraxis ist bei »Wissen« sicher ebenso komplex wie bei »Glauben«. Auch hier muss man sich die Analyse also wohl stufenweise denken – obwohl Lewis das nicht sagt: Zuerst haben wir eine Theorie epistemischer Alternativen, darauf aufbauend dann eine Theorie alltäglicher Zuschreibungen, mitsamt den relationalen und metasemantischen Komplikationen (»Frieda weiß, dass Bernhard ein Spion ist«; »Sie weiß nicht, dass Ophtalmologen Augenärzte sind«).

Vor diesem Hintergrund muss man sich allerdings fragen, was Lewis in »Elusive Knowledge« eigentlich macht. Seine sieben Regeln haben mit der Bestimmung unserer epistemischen Alternativen ja nichts zu tun. Sie sollen vielmehr unseren Gebrauch von »wissen« nachzeichnen. Wenn dies das Ziel ist, kann man aber schwerlich voraussetzen, dass jeder trivialerweise alle notwendigen Wahrheiten weiß.

Ich habe Lewis' Wissensanalyse als *semantische* These präsentiert. Sie hat jedoch auch Nebenwirkungen in der Erkenntnistheorie. Als Kontextualist kann man, wie es scheint, dem Skeptiker zugestehen, dass wir praktisch nichts wissen, da wir z. B. Gehirn-im-Tank-Möglichkeiten nicht ausschließen können; gleichzeitig kann man im Alltag guten Gewissens allerlei Wissensansprüche aufstellen – die skeptischen Alternativen sind in diesem Kontext nicht mehr relevant.

Dieser ›Sieg‹ gegen den Skeptizismus ist nicht gerade triumphal: Sobald die skeptischen Szenarien wieder relevant werden, müssen wir die Wissensansprüche aufgeben. Doch was kann man erwarten? Es *gibt* Welten, deren Bewohner Gehirne im Tank sind und wo Induktionsschlüsse ständig schief gehen. Eine Theorie, die solche Möglichkeiten bestreitet oder meint, wir könnten sie aufgrund unserer Evidenz mit Sicherheit ausschließen, erscheint mir beinahe so unglaubwürdig wie eine Theorie, die bestreitet, dass in Zeitungen etwas Falsches stehen kann.

Das heißt aber nicht, dass wir streng genommen – wenn wir keine Möglichkeiten ignorieren – überhaupt nichts wissen. Meine Regen-Erfahrung erlaubt mir, alle Möglichkeiten, in denen ich nicht diese Erfahrung habe, mit Sicherheit auszuschließen. Im nicht-skeptischen Teil des logischen Raums bleiben damit nur noch Regen-Möglichkeiten; und im skeptischen Teil nur noch Möglichkeiten, in denen es mir wenigstens so scheint, als ob es regnet. Dieses Wissen kann mir kein Skeptiker nehmen.

Was genau ist der Gehalt dieses Wissens? Es ist die Klasse der Situationen, in denen jemand genau dieselbe Evidenz hat wie ich. Es kommt also wieder darauf an, wie diese Evidenz bestimmt ist. Wenn meine Evidenz aus Wahrnehmungserlebnissen besteht, und diese Gehirnzustände sind, müsste ich nach Lewis trivialerweise wissen, in was für Gehirnzuständen ich bin. Dies scheint erneut ein Grund zu sein, Wahrnehmungserlebnisse nicht mit Gehirnzuständen zu identifizieren (s. o., Abschnitt 8.2).

9.6 Werte

Lewis ist Realist und Naturalist in Bezug auf normative Tatsachen: Werturteile können wahr oder falsch sein, und wenn sie wahr sind, dann beruht ihre Wahrheit – wie alle Wahrheiten – auf den natürlichen, physikalischen Umständen in unserer Welt. Man sucht aber an der falschen Stelle, wenn man meint, in einem verwerflichen Ereignis, einem Mord z. B., einen physikalischen Aspekt zu entdecken, auf dem die Verwerflichkeit beruht. Die Werte stecken nicht in den bewerteten Ereignissen, sondern in uns, in unseren Wünschen.

Nur weil jemand etwas wünscht, ist es natürlich noch lange nicht gut. Dass etwas gut ist, heißt vielmehr, wie Lewis in »Dispositional Theories of Value« [1989b] argumentiert, dass wir *unter idealen Bedingungen den nicht-instrumentellen Wunsch hätten, es zu wünschen.*

Es geht also um Wünsche zweiter Stufe, um Wünsche, etwas zu wünschen. Wer abnehmen will, der mag z. B. wünschen, er hätte keinen Wunsch nach Fritten, sondern nach Salat. Dieser Wunsch nach einem Salat-Wunsch ist zwar ein Wunsch zweiter Stufe, er macht aber noch keinen Wert, denn er ist instrumentell: Letztlich geht es dem Wünschenden nicht um Salat, sondern vielleicht um Gesundheit oder körperliche Attraktivität. Der entsprechende Gesundheitswunsch zweiter Stufe – der Wunsch, zu wünschen, gesund zu sein – könnte aber nicht-instrumentell sein. Nicht-instrumentelles Wünschen zweiter Stufe bezeichnet Lewis als *Wertschätzen* (»valuing«).

Warum ›ideale Bedingungen‹? Weil Leute nicht-instrumentelle Wünsche zweiter Stufe haben können, ohne sich darüber im Klaren zu sein, was sie da eigentlich wünschen. Es könnte z. B. sein, dass einer völlige Unabhängigkeit von den Urteilen anderer wertschätzt – wünscht, diese Unabhängigkeit anzustreben –, sich aber nicht vor Augen führt, was es genau heißen würde, das Ziel zu erreichen. Ideale Bedingungen liegen dagegen vor, wenn wir uns die Erfüllung des Wunsches bis in jedes Detail ausgemalt haben. Wenn wir dann immer noch den Wunsch zweiter Stufe haben, ist der Gegenstand des Wunsches ein echter Wert ([1989b: 77–82]).

Diese dispositionale Theorie von Werten passt nach Lewis recht gut zu unserem praktischen Umgang mit Werten. Wenn wir etwa herausfinden wollen, ob dies und jenes – ewiges Glück, Freiheit, Frieden oder Freibier – gut ist, ob es einen echten Wert darstellt, versuchen wir es uns möglichst detailliert vorzustellen, um dann unser Urteil danach zu richten, ob wir es unter diesen Bedingungen zu wünschen wünschen oder nicht ([1989b: 87]). Da unser Vorstellungsvermögen begrenzt ist, lässt die Theorie Raum für moralischen Irrtum und Unsicherheit. Sie erklärt auch, warum Augenzeugenberichte und fiktive Erzählungen unsere Werturteile

9.6 Werte

beeinflussen ([1989b: 69, 79]), und sie erklärt den Zusammenhang zwischen Werten, Werturteilen und Motivation: Wenn etwas ein Wert ist, dann werden wir es unter geeigneten Umständen zu wünschen wünschen; wenn wir dann auch noch wünschen, was wir zu wünschen wünschen, werden wir wünschen, den Wert zu realisieren ([1989b: 71–73]; nicht ganz offensichtlich ist, wieso auch *falsche* Werturteile motivieren.)

Die größte Schwierigkeit für diesen Ansatz ist wohl die Frage, auf *wessen* Wünschen die normativen Tatsachen beruhen. Gelten für jeden diejenigen Normen, die seinen eigenen idealen nicht-instrumentellen Wünschen zweiter Stufe entsprechen? Dieser moralische Relativismus würde den universellen Charakter unserer Werturteile missachten. Ebenso fragwürdig erscheint andererseits aber die Annahme, dass beispielsweise die Einstellungen von David Lewis – einem weißen Amerikaner des 20. Jahrhunderts – bestimmen sollten, welche Werte zu allen Zeiten für alle Menschen gelten.

Am besten wäre, wenn alle Leute dieselben Wertschätzungsdispositionen hätten. Dann könnte man sagen, echte Werte seien, was *alle* unter idealen Bedingungen wertschätzen. Aus Lewis' Sicht ist das in der Tat die Wertedefinition, die am besten unseren vortheoretischen Meinungen entspricht ([1989b: 89]). Wenn der Quantor »alle« hier über alle möglichen Individuen geht, gibt es jedoch keine Werte in diesem Sinn, denn was wir unter geeigneten Bedingungen zu wünschen wünschen, ist kontingent.

Die Situation stellt sich also für Lewis ähnlich dar wie bei objektiver Wahrscheinlichkeit (Abschnitt 6.5): Es gibt nichts, was unsere Annahmen über Werte vollständig erfüllt; wir müssen uns mit etwas begnügen, was dem wenigstens nahe kommt ([1989b: 90–94], [2005]). Lewis zieht sich deshalb von dem unerfüllbaren »alle« zurück: Die Werte sind, was *Leute wie ich* unter idealen Bedingungen gerade wertschätzen würden. Die Bestimmung ist rigidifiziert: Wenn wir andere Leute betrachten, oder unsere Counterparts in kontrafaktischen Situationen, dann kommt es nicht darauf an, was diese Leute wertschätzen; die Werte sind stets bestimmt durch *unsere tatsächlichen* Dispositionen ([1989b: 88f.]).

Das macht die Werte zwar universell, trotzdem scheint es ihnen an objektiver Grundlage zu mangeln (vgl. das analoge Problem in Lewis' Theorie von Naturgesetzen, S. 120). Wieso, möchte man immer noch einwenden, soll ausgerechnet David Lewis, oder ausgerechnet ich, die ewigen Werte bestimmen dürfen?

Man könnte die einschlägige Basis erweitern – etwa auf alle tatsächlich lebenden Personen. Dass wir oft unterschiedliche Werturteile fällen, beweist ja nicht, dass wir nicht dieselben Wertschätzungsdispositionen haben, schließlich befinden wir uns nicht unter ›idealen Bedingungen‹ (vgl. [1989b: 84f.]). Wenn wir tatsächlich dieselben Dispositionen haben, macht das aber keinen Unterschied. Lewis' Definition ist äquivalent zu einer Reihe von Konditionalen: *Wenn* alle möglichen Personen in ihren Wertschätzungsdispositionen übereinstimmen, dann sind die Werte, was sie alle wertschätzen würden; wenn wenigstens alle tatsächlichen Personen übereinstimmen, dann bestimmen sie die Werte; wenn wenigstens alle tatsächlichen amerikanischen Philosophen übereinstimmen, usw.

Das Problem der mangelnden Objektivität normativer Tatsachen lässt sich in einer naturalistischen Metaphysik wahrscheinlich nie ganz beheben. Wenn normative Tatsachen nicht grundlegend, sondern irgendwie durch unsere Einstellungen bestimmt sind (wodurch sonst?), dann hängen sie – wenn nicht kontrafaktisch, so doch begrifflich – von kontingenten biologischen und kulturellen Faktoren ab, von denen sie nicht abhängen sollten.

In diesem Zusammenhang sollte man die Werte vielleicht nicht alle über einen Kamm scheren. Bei persönlichen Präferenzen wie einer Vorliebe für Gesundheit oder Freiheit ist ein wenig Relativismus nicht weiter schlimm. Anders bei moralischen Urteilen. Lewis' Analyse von Werten trägt diesem Unterschied nicht Rechnung.

Eine andere Art Relativismus heißt Lewis ausdrücklich willkommen: Als Wunsch-Inhalte können unsere Werte perspektivisch sein. Ich kann wünschen zu wünschen, dass *ich* gesund, glücklich oder frei bin; das Schicksal meiner Nächsten kann mir mehr am Herzen liegen als das Schicksal völlig Fremder (s. [1989b: 73–76]). Die Vernachlässigung perspektivischer Werte ist aus Lewis' Sicht ein entscheidender Fehler des Utilitarismus. Wenn es nur darum ginge, die Gesamtmenge an Leid in der Welt zu minimieren, sollten wir wohl unsere Freunde und Verwandten betrügen, um mit allen Mitteln den Ärmsten der Welt zu helfen. Das entspricht aber nicht unseren Werturteilen: »the utilitarian saint is [...] a repellent figure« [1984a: 206] (vgl. [1978a: 34], [1986f: 125–128], [1996c]).

Lewis hat einige Arbeiten zur angewandten Ethik veröffentlicht: über moralische Dilemmata ([1988f]), Bestrafung ([1987], [1997a]), Toleranz ([1989a], [1989d]), und nukleare Abschreckung ([1984a], [1986b], [1989c]). Was man darin – in starkem Gegensatz zu seinen sonstigen Arbeiten – nicht findet, ist ein einheitliches System, eine umfassende, generelle und einfache Werte-Theorie. Dass unseren Wertschätzungs-Dispositionen ein derart einfaches System zugrunde liegt, hielt Lewis offenbar für ein philosophisches Vorurteil. Eine glaubwürdige Ethik, meinte er, muss der Vielschichtigkeit und Komplexität unserer Werte Rechnung tragen: »We should be less alienatied from the things that real people really treasure« [1984a: 206] (vgl. [1986f: 127f.], [1989b: 82]).

9.6 Werte

▷ Wie alle mentalen Zustände sind auch Wünsche und Meinungen bei Lewis durch ihre alltagspsychologische Rolle bestimmt: Das-und-das glauben oder wünschen heißt, in einem Zustand sein, der die damit verknüpfte Rolle spielt.

▷ Diese Rolle bestimmt in erster Linie die typischen Konsequenzen von Wünschen und Meinungen für unser Verhalten: Leute verhalten sich i. A. auf eine Weise, die der Erfüllung ihrer Wünsche dienlich wäre, wenn die Dinge so stünden, wie sie glauben. Dazu kommen für Lewis Wahrnehmungsbedingungen sowie Bedingungen der Normalität und Natürlichkeit.

▷ Einstellungsinhalte sind nach Lewis Klassen zentrierter Welten, bzw. Verteilungen von Wahrscheinlichkeiten und Wünschbarkeiten auf zentrierten Welten. Die Inhalte sind insofern ›eng‹ als sie sich zwischen perfekten Duplikaten innerhalb derselben Welt nicht unterscheiden.

▷ Einstellungsinhalte in diesem Sinn entsprechen nicht den eingebetteten Sätzen in alltäglichen Einstellungszuschreibungen. Auch für ein Verständnis logischer und mathematischer Überzeugungen oder von Folgerungsprozessen ist diese Inhaltskonzeption nicht geeignet.

▷ Wissenszuschreibungen charakterisieren nach Lewis die jemandem zur Verfügung stehende Evidenz, und hängen davon ab, welche Möglichkeiten im Äußerungskontext relevant sind.

▷ Normative Tatsachen beruhen Lewis zufolge auf unseren Einstellungen, genauer, darauf, was wir unter geeigneten Umständen zu wünschen wünschten. Die Objektivität und Universalität moralischer Normen kann damit nur eingeschränkt verteidigt werden.

10
SPRACHE

Warum bedeutet »es regnet«, dass es regnet? Allein an der Form und Reihenfolge der Zeichen scheint es nicht zu liegen: Dieselbe Zeichenfolge, dieselben Laute, könnten auch etwas ganz anderes bedeuten. Es kommt offenbar darauf an, was wir mit den Zeichen machen, wie wir sie gebrauchen. »Es regnet« bedeutet, was es bedeutet, weil in unserer Sprachgemeinschaft eine Konvention besteht, diese Zeichen auf eine bestimmte Weise zu gebrauchen.

Das ist der Ausgangspunkt von Lewis' Sprachphilosophie. Die Schwierigkeiten stecken im Detail: Was ist hier unter Gebrauch zu verstehen? Worin genau besteht der Zusammenhang zwischen Gebrauch, Konvention und Bedeutung? Welche Rolle spielt kompositionale Semantik? Was ist überhaupt eine Konvention? – Wenn Konventionen sprachliche Abmachungen sind oder auf solchen beruhen, kann sprachliche Bedeutung schlecht über Konventionen erklärt werden. In seinem Buch *Convention* [1969a] stellt Lewis eine Analyse von Konventionen vor, die sprachliche Übereinkunft nicht voraussetzt.

10.1 Konventionen

Auf deutschen Straßen besteht die Konvention, rechts zu fahren. Lewis nennt fünf Merkmale, die das zu einer Konvention machen ([1975b: 165f.]).

Erstens, fast alle Verkehrsteilnehmer halten sich daran: Konventionen sind Regularitäten im Verhalten einer Gemeinschaft. Eine Konvention, an die sich niemand hält, ist keine echte Konvention (vgl. [1976a: 137f.]).

Doch nicht jede Verhaltensregularität ist eine Konvention. Dass die Verkehrsteilnehmer auf unseren Straßen regelmäßig blinzeln ist zum Beispiel keine. Der Witz an einer Konvention wie der des Rechtsfahrens ist, dass wir sie nicht aus biologischem oder sozialem Zwang befolgen, aber auch nicht zufällig, sondern absichtlich und aus Eigeninteresse. Das ist Lewis' *zweite* Bedingung: Die Überzeugung, dass die anderen der Konvention folgen, gibt jedem Mitglied der Gemeinschaft guten Grund, ihr selbst zu folgen.[1]

---

[1] In [1969a: 42, 69] und [1973d: 3] fordert Lewis stattdessen, dass jeder es vorzieht, selbst der Regularität zu folgen, sofern alle anderen ihr folgen. (In der Analyse von [1969a: 76–78] steckt die Forderung im dortigen Punkt (4).) Die etwas nebulöse Rede von guten Gründen soll die Bedingung verallgemeinern, so dass die konventionale Regularität nicht nur Handlungen, sondern auch den Erwerb von Meinungen umfassen kann. Lewis braucht das für seine Konvention des *Vertrauens* (s. u., S. 195f.), die von den Mitgliedern einer Sprachgemeinschaft verlangt, in Anbetracht von Äußerungen bestimmte Meinungen zu erwerben. Gute Gründe können nicht nur Handlungsgründe,

Das *dritte* Merkmal von Konventionen betrifft unsere Einstellung zum Verhalten der anderen: Wir wollen, dass auch sie die Konvention befolgen. Genau genommen ist es natürlich egal, ob alle rechts oder alle links fahren, hauptsache alle fahren auf derselben Seite. Was wir wünschen ist, dass alle rechts fahren, *sofern* die meisten anderen auch rechts fahren. Die dritte Bedingung lautet daher: Die Mitglieder der Gemeinschaft ziehen generelles Befolgen der Konvention gegenüber fast-generellem Befolgen vor.

Das klingt ein wenig stark. Wenn auf einer übersichtlichen Landstraße auf der rechten Spur Katzen oder Kinder spielen und links alles frei ist, sollte man doch besser links fahren. Wir ziehen also, so scheint es, nicht-generelles Befolgen gegenüber generellem vor. Lewis würde wahrscheinlich entgegnen, dass vereinzelte Ausnahmen gegen die Bedingungen hier wie überall toleriert werden können: Eine Regularität ist eine Konvention, wenn sie die fünf Bedingungen *in hinreichendem Ausmaß* erfüllt (vgl. [1969a: 78f.]).

Die *vierte* Bedingung soll die Beliebigkeit von Konventionen einfangen: Wenn es zu einer verbreiteten Verhaltensweise keine akzeptable Alternative gibt, ist sie nicht konventional (s. [1976a: 141–144]). Im Straßenverkehr wäre Linksfahren die offensichtliche Alternative. Die Alternative muss nicht genauso gut sein wie die tatsächliche Konvention, nur gut genug, um die zweite und dritte Bedingung zu erfüllen. Linksfahren ist bei unseren derzeitigen Gesetzen z.B. deutlich schlechter als Rechtsfahren, denn es steht unter Strafe. Ist die Strafe so hoch, dass wir selbst dann rechts fahren würden, wenn wir wüssten, dass alle anderen (entgegen den Gesetzen) links fahren? Vermutlich nicht. Wenn doch, ist Rechtsfahren bei uns keine Konvention in Lewis' Sinn (vgl. [1969a: 44f.]).

Lewis' *fünfte* Bedingung schließlich fordert von den Mitgliedern der Gemeinschaft, dass sie wissen, dass alle fünf Bedingungen erfüllt sind. Die Beteiligten müssen z.B. *wissen*, dass es eine akzeptable Alternative gibt. Die Selbstbezüglichkeit dieser Bedingung ist Absicht: Die Beteiligten müssen auch wissen, dass alle Beteiligten wissen, dass die Bedingungen erfüllt sind, und sie müssen wissen, dass alle wissen, dass sie wissen, dass alle wissen, dass sie erfüllt sind (s. [1973d: 3], [1975b: 165], sowie [1969a: §II.1] für eine Variante).

Diese abenteuerliche Anforderung entstammt den spieltheoretischen Wurzeln von Lewis' Analyse (vgl. [1969a: Kap. 1f.]). Konventionen sind für Lewis Einrichtungen zur Lösung von *Koordinationsproblemen*. Koordinationsprobleme entstehen oft, wenn mehrere Akteure zur Erreichung eines gemeinsamen Ziels ihre Handlungen aufeinander abstimmen müssen, etwa wenn wir ein unterbrochenes Telefongespräch wieder aufnehmen wollen und entscheiden müssen, wer anruft und wer wartet. Wir müssen unser Verhalten danach richten, was wir glauben, dass der andere tun wird. Wenn wir auch noch beide wissen, dass die Dinge so

---

sondern auch epistemische Gründe sein. Lewis definiert daher Konventionen später nicht mehr als *Verhaltens*regularitäten, sondern als Regularitäten im *Verhalten und Meinen* ([1975b: 164]).

10.1 Konventionen

stehen, haben wir ein Problem: Um herauszufinden, was du tun wirst, muss ich überlegen, was du glaubst, dass ich tun werde, wozu ich wiederum überlegen muss, was du glaubst, dass ich glaube, dass du tun wirst, usw. Hier hilft eine Konvention, die z. B. regelt, dass bei unterbrochenen Telefongesprächen immer der ursprüngliche Anrufer die Verbindung wiederherstellt. Ist Lewis' fünfte Bedingung verletzt, weil ich z. B. irrtümlich glaube, du wüsstest meine Nummer nicht, dann ist die Konvention zur Lösung unseres Problems nicht nötig: Ich werde auf jeden Fall versuchen, dich wieder anzurufen (vgl. [1969a: 34f., 59f., 116]).[2]

Fassen wir die Bedingungen zusammen. Eine Regularität R ist genau dann eine Konvention in einer Gemeinschaft G, wenn Folgendes in hinreichendem Ausmaß der Fall ist (s. [1975b: 165f.][3]):

1) Jedes Mitglied von G hält sich an R.

2) Die Annahme, dass die anderen sich an R halten, gibt jedem Mitglied von G guten Grund, sich selbst an R zu halten.

3) Die Mitglieder von G ziehen generelles Befolgen von R gegenüber fast-generellem Befolgen vor.

4) Es gibt eine Alternative R' zu R, die (2) und (3) ebenfalls erfüllt.

5) Die Mitglieder von G wissen, dass R die Bedingungen (1)–(5) erfüllt.

Setzen alltägliche Konventionen wirklich ein solches Maß an Rationalität und gegenseitigem Wissen voraus? Fahren wir rechts, weil wir wissen, dass die anderen aufgrund ihres Wissens, dass wir rechts fahren, Grund haben, selbst rechts zu fahren? Wohl kaum (vgl. [Burge 1975], [Kemmerling 1976: Kap. 1 und 117–123], [Grandy 1977], [von Savigny 1988]). Lewis versucht daher, die Anforderung herunterzuspielen. Von bewussten Überlegungen z. B. ist nicht die Rede. Es ist nicht verlangt, dass jeder, der im Straßenverkehr rechts fährt, erst einmal äußerst komplexe Rekonstruktionen der Gedankengänge aller anderen Verkehrsteilnehmer durchführt. Um etwas zu glauben oder zu wissen, muss man nicht einmal den

---

[2] In [1975b: 166] sagt Lewis, die fünfte Bedingung stelle die Stabilität der Konvention sicher, weil jeder durch Rekonstruktion der Überlegungen der anderen zusätzliche Gründe für Konformität erwirbt. Aber eine Regularität kann auch sehr stabil sein, wenn sie entgegen der fünften Bedingung auf der irrtümlichen Annahme beruht, es gäbe keine Alternative.
Lewis hat zwei weitere Gründe für die fünfte Bedingung: Erstens hilft sie, Regularitäten mit besonders schlechten Alternativen auszuschließen, wo die zweite und dritte Bedingung gerade noch erfüllt sind, dies aber nicht allgemein bekannt ist ([1969a: 73–76]). Zweitens braucht Lewis in [1969a: §IV.5] die fünfte Bedingung, um aus dem Bestehen einer Sprachkonvention die Griceschen Anforderungen für Sprecherbedeutung abzuleiten. Dazu später mehr (S. 196).

[3] Lewis gibt an verschiedenen Stellen verschiedene, nicht ganz äquivalente Definitionen, vgl. [1969a: 78f.] und [1973d: 3] für andere Versionen. Lewis' Definition in [1975b: 165f.] enthält noch eine sechste Bedingung, nach der jedes Mitglied von G glaubt, dass die anderen sich an R halten. Dies scheint mir aus (1) und (5) zu folgen.

entsprechenden Satz als wahr erkennen; es reicht fast schon, wenn man ein im Licht der Meinung vernünftiges Verhalten an den Tag legt (s.o., Abschnitt 9.1). Konventionales Verhalten kann deshalb auch rein gewohnheitsmäßig ablaufen (vgl. [1969a: 63–65, 139–141, 155], [1975b: 165f., 181], [1976a: 138f.], [1997c: 350f.]).

Für den Fall, dass die Bedingung (5) trotzdem noch zu stark ist, schlägt Lewis in [1975b: 166] vor, man könne auch nur verlangen, dass die Beteiligten wenigstens nicht daran *zweifeln*, dass die Bedingungen erfüllt sind.

Dennoch bleiben Lewis' Anforderungen für alltägliche Konventionen wohl zu stark. Wenn es in einer Sprachgemeinschaft genug Mitglieder gibt, die irrtümlich glauben, sie könnten aus biologischen Gründen keine andere Sprache sprechen, wäre ihr Sprachgebrauch dann nicht mehr konventional?

Lewis selbst widerspricht seinen Bedingungen, wenn er, mit Bezug auf Chomskys Untersuchungen zu angeborenen grammatischen Regeln, sagt, »We do not yet know exactly which features of language are conventional and which are common to all humanly possible languages« [1969a: 50]. Nach Lewis' Definition kann man nie *herausfinden*, dass man an einer Konvention beteiligt ist: »If a regularity R is a convention in population P, then it must be true, and common knowledge in P, that R satisfies the defining conditions for a convention« ([1969a: 61]). Vielleicht sollte man an Stelle von (5) nur verlangen, dass den Mitgliedern der Gemeinschaft (1) bekannt ist

Fragwürdig ist auch, ob alle Konventionen einem gemeinsamen Interesse dienen, wie Lewis mit den Bedingungen (2)–(4) annimmt (vgl. [Schiffer 1972: 152], [Gilbert 1992: §VI.4.4]): Könnte es nicht sein, dass etwa eine konventionale Kleiderordnung befolgt wird, nicht weil alle generelles Befolgen gegenüber nichtgenerellem vorziehen, sondern nur, weil niemand als Außenseiter dastehen will? Und folgen wir wirklich der Konvention, Suppe mit einem Löffel zu essen, weil wir besonderes Interesse daran haben, dass alle Suppe auf die gleiche Weise zu sich nehmen, so dass wir unter der Annahme, dass die anderen Suppe mit einem Trichter zu sich nehmen, selbst auch lieber einen Trichter nähmen, wie Lewis [1976a: 138] meint? Diese Konventionen scheinen eher durch Gewohnheit oder sozialen Druck fortzubestehen, nicht weil sie irgendwelche Koordinationsprobleme lösen.

Lewis kann erklären, warum Verstöße gegen Konventionen meist sozial sanktioniert sind (s. [1969a: §III.3]): Laut Bedingung (3) liegt es im Interesse aller, dass alle die Konvention befolgen; verständlich also, dass die andern nicht erfreut sind, wenn einer sie verletzt. Andererseits müsste bei echten Konventionen die Sanktionierung eigentlich überflüssig sein, weil jedes Mitglied der Gemeinschaft gemäß (2) und (4) ohnehin Gründe für Konformität besitzt (vgl. [1969a: 44f., 48, 103f.]). Man könnte (wie etwa [Kemmerling 1976: §4.3], und [Gilbert 1992: §6.7f.]) die soziale Sanktionierung auch explizit in die Analyse einbauen. Das ist aber ebenfalls fragwürdig: Sind nicht auch Konventionen ohne soziale Sanktionierung denkbar, etwa unter Wesen, denen Tadel und Bestrafung fremd sind?

Wahrscheinlich ist, was wir im Alltag »Konvention« nennen, keine ganz homogene Klasse, so dass die Suche nach präzisen notwendigen und hinreichenden Bedingungen für alle Konventionen aussichtslos ist. Lewis scheint diese Ansicht zu teilen. Es geht ihm, erklärt er, nicht wirklich um die genaue Erfassung unseres alltäglichen Konventionsbegriffs: »what I call convention is an important phenomenon under any name« [1969a: 3] (vgl. [1969a: 46]).

Wir wollen nun sehen, was sprachliche Bedeutung mit diesem Phänomen zu tun hat.

10.2 Sprachkonventionen

Lewis zufolge dienen Konventionen einem gemeinsamen Interesse, sie lösen ein Problem. Was für ein Problem lösen Sprachkonventionen?

Frieda und ihre Freunde machen eine Wanderung. Dabei kommen sie in ein Gebiet, in dem es gefährlichen Treibsand gibt. Frieda weiß das, die anderen nicht. Es besteht aber allseitiges Interesse, dass jeder über gefährlichen Treibsand informiert ist. Wie es sich ergibt, sprechen Frieda und ihre Freunde eine gemeinsame Sprache, weshalb Frieda den allseits erwünschten Informationszustand herbeiführen kann, indem sie einen bestimmten Satz äußert, sagen wir »وعث رَمل سَيار«.

Wieso denken Friedas Freunde bei »وعث رَمل سَيار« an Treibsand, wo diese Zeichen doch weder wie Treibsand aussehen noch klingen? Nun, angenommen, Friedas Freunde wissen, dass Mitglieder ihrer Sprachgemeinschaft »وعث رَمل سَيار« normalerweise nur äußern, wenn Treibsand in der Nähe ist. Dann können sie aus Friedas Äußerung auf die Anwesenheit von Treibsand schließen. Und wenn Frieda weiß, dass die andern dies wissen, hat sie Grund, »وعث رَمل سَيار« zu äußern, um die gewünschten Meinungen hervorzurufen.

In Friedas Gemeinschaft besteht also eine Regularität, »وعث رَمل سَيار« nur zu äußern, wenn Treibsand in der Nähe ist, für die näherungsweise gilt: 1) Jeder folgt der Regularität; 2) die Annahme, dass alle anderen ihr folgen, gibt jedem guten Grund, ihr selbst zu folgen; 3) jeder zieht generelles Befolgen gegenüber fast-generellem vor; 4) es gibt eine mögliche Alternative, die die vorangegangenen Bedingungen ebenfalls erfüllen würde (man könnte andere Laute verwenden); 5) all dies ist in der Gemeinschaft allgemein bekannt. Die Regularität ist eine Konvention.

Sprachkonventionen sind für Lewis Konventionen dieser Art. Es handelt sich nicht um Konventionen, Zeichen mit bestimmten Bedeutungen zu versehen – was für eine Handlung wäre das auch: ein Zeichen mit einer Bedeutung versehen (vgl. [1969a: 177], [1975b: 178f.])? Es sind Konventionen, bestimmte Sätze nur unter bestimmten Bedingungen zu äußern. Sinn und Zweck einer solchen Konvention ist die Befriedigung eines allseitigen Interesses an Kommunikation (s. [1975b: 169]).

Sprachkonventionen weisen Sätzen also Bedingungen zu und verlangen von den Mitgliedern der Gemeinschaft, dass sie einen Satz nur äußern, wenn die entsprechenden Bedingungen erfüllt sind. Konventionen dieser Art bezeichnet Lewis als *Konventionen der Wahrhaftigkeit* (»conventions of truthfulness«).

Derartige Konventionen gelten zunächst einmal nur für Mitteilungen. Für *andere Sprechakte* wie Fragen und Aufforderungen sehen die Regeln anders aus. Auch hier werden Sätzen Bedingungen zugewiesen – »Steh auf!« z. B. die Bedingung, dass der Angesprochene aufsteht. Die Konvention verlangt aber diesmal nicht vom *Sprecher*, dass er den Satz nur äußert, wenn die Bedingungen erfüllt sind; stattdessen hat nun der *Empfänger* die konventionale Aufgabe, für die Erfüllung der Bedingungen zu sorgen (vgl. [1969a: 184–192], [1975b: 172]).

In späteren Arbeiten analysiert Lewis die konventionale Rolle von Sprechakten über ein komplizierteres System sozialer Verpflichtungen, das Sprecher und Hörer gleichermaßen einbezieht. Eine Äußerung von »Steh auf!« hat demnach (unter geeigneten Umständen) die konventionale Folge, dass der Empfänger anschließend verpflichtet ist, aufzustehen. Ähnlich verpflichten Fragen die Empfänger dazu, zu antworten, während etwa Erlaubnisse bestehende Verpflichtungen aufheben (vgl. [Lewis und Lewis 1975: §II], [1979e], [1979f]).[4]

Was diese Regeln nun eigentlich von den Beteiligten verlangen, hängt davon ab, wann eine Verpflichtung in Kraft ist. Vermutlich müssen dafür gewisse Beteiligte wünschen, dass die Verpflichtung erfüllt wird; vielleicht müssen sie auch bereit sein, Nicht-Erfüllung zu sanktionieren, oder Sanktionierung zu akzeptieren, usw. Eine genaue Analyse von Verpflichtungen findet man bei Lewis nicht.

Es liegt nahe, auch die Regeln für Mitteilungen in diese Richtung zu erweitern: Wer »es regnet« sagt, der *legt sich darauf fest*, dass die Dinge auf eine bestimmte Weise stehen. Und das ist eine vielschichtige Angelegenheit, die z. B. impliziert, dass der Sprecher Verantwortung übernimmt, falls die Dinge anders stehen.

Man sollte diese Komplikationen aber nicht überbewerten. Eine simple Konvention der Wahrhaftigkeit reicht aus, um wesentliche Aspekte unseres Sprachverhaltens zu erfassen und zu erklären. So ergibt sich aus dem Bestehen einer einfachen Wahrhaftigkeitskonvention schon von selbst, dass Mitteilungen nicht nur wahr, sondern auch relevant und informativ sein sollten, und dass wir Leute tadeln, wenn sie Falsches oder Irrelevantes sagen; zusätzliche Regeln sind hierfür nicht nötig (vgl. [1975b: 185]).

---

[4] In [1970b: §VIII] macht Lewis einen anderen Vorschlag, nach dem nicht-deklarative Sätze allesamt als Performative zu behandeln sind, welche wiederum wie gewöhnliche Mitteilungssätze interpretiert werden. »Steh auf!« wird demnach verstanden als »ich fordere dich zum Aufstehen auf«. Die Wahrheit der Aufforderung ist damit trivial; die konventionale Rolle, die dem Empfänger der Aufforderung zukommt, droht aus dem Blick zu geraten.

10.2 Sprachkonventionen

Wenn ich im Weiteren so tue, als seien Mitteilungen durch einfache Wahrhaftigkeitskonventionen geregelt, so ist das also zwar eine Vereinfachung, aber hoffentlich nicht allzu fahrlässig.

Den Empfängern einer Mitteilung kommt nach diesem Bild keine konventionale Aufgabe zu. Das entspricht Lewis' Ansatz in *Convention* [1969a: 50f., 179f.]. In »Language and Language« [1975b: 167–171] führt er eine zusätzliche *Konvention des Vertrauens* ein, die von Empfängern verlangt, den Sprechern zu glauben; d.h. zu glauben, dass diese einen Satz nur äußern, wenn die entsprechenden Bedingungen erfüllt sind. Friedas Freunde halten sich also an ihre Sprachkonvention, wenn sie in Anbetracht von Friedas Äußerung die Meinung erwerben, dass Treibsand in der Nähe ist (vgl. [1975b: 187], [1992b: 146–148]).

Man muss sich allerdings fragen, wozu diese Vertrauensregel gut ist. Schon die Konvention der Wahrhaftigkeit verlangt ja von allen Mitgliedern der Gemeinschaft (gemäß der fünften Konventionsbedingung), dass sie glauben, dass Sprecher normalerweise versuchen, Sätze nur unter den entsprechenden Bedingungen zu äußern. Folglich werden sie die Äußerung eines Satzes normalerweise auch als Evidenz für das Vorliegen der Bedingungen ansehen.

Lewis meint, die Vertrauensregel sei nötig, um Leuten, die nie etwas sagen, die richtige Sprachgemeinschaft zuzuordnen (s. [1975b: 170f.]). Denn was müsste man tun, um die Wahrhaftigkeitsregel für »وعث رمل سيّار« zu *verletzen*? Da die Regel verlangt, den Satz nur zu äußern, wenn Treibsand in der Nähe ist, müsste man, um sie zu verletzen, den Satz äußern, wenn kein Treibsand in der Nähe ist. Wer den Satz überhaupt nicht äußert, ist auf der sicheren Seite.

Hier steckt tatsächlich ein Problem. Das Problem hat aber weniger mit der Rolle der Empfänger zu tun als mit der genauen Formulierung der Wahrhaftigkeitskonvention. Konventionen über den Gebrauch von Zeichen sind Konventionen, gewisse Dinge zu tun (oder nicht zu tun), *wenn* die-und-die Bedingungen vorliegen. Lewis setzt voraus, dass eine solche *konditionale Konvention* dasselbe ist wie eine Konvention, unter allen Umständen das entsprechende Konditional zu erfüllen: »*wenn* die-und-die Umstände vorliegen, *dann* das-und-das tun«. Das ist aber nicht richtig. Für letzteres würde wohl ausreichen, dass allgemein bekannt ist, dass die fraglichen Umstände nie eintreten, oder dass alle ohnehin immer das-und-das tun. Konditionale Konventionen beruhen dagegen auf *konditionalen Einstellungen*: Die Mitglieder der Gemeinschaft müssen die konditionale Absicht haben, Y zu tun, sofern X vorliegt; und sie müssen die konditionale Überzeugung haben, dass andere ebenfalls Y tun, sofern X vorliegt. Seit Mitte der 70er Jahre (angefangen mit [Lewis 1976c]) ist bekannt, dass konditionale Einstellungen dieser Art nicht auf Einstellungen gegenüber Konditionalen reduzierbar sind – und zwar unabhängig von der Interpretation der Konditionale.

Lewis' Analyse von Konventionen ist eine Analyse einfacher, nicht-konditionaler Konventionen. Wenn man sie auf konditionale Konventionen ausdehnt (was nicht ganz trivial ist) und Wahrhaftigkeitskonventionen als derart konditionale Konventionen versteht, verschwindet die Gefahr, dass wir durch bloßes Nicht-Äußern arabischer Sätze unwillentlich Mitglieder der arabischen Sprachgemeinschaft werden: Uns fehlen die entsprechenden konditionalen Einstellungen.

Liegt *jedem* Sprachgebrauch eine Lewis'sche Konvention der Wahrhaftigkeit zu Grunde? Vermutlich nicht. Es gibt es auch Sprache ohne Lewis-Konventionen.

Auf Schwierigkeiten mit der fünften Konventionsbedingung habe ich schon hingewiesen: Leute können eine Sprache gebrauchen, obwohl sie glauben, sie sei ihnen angeboren (oder glauben, dass einige andere das glauben). Auch die Bedingungen (2) und (4) sind nicht unabdingbar. Nach (2) muss allgemeine Befolgung der Sprachkonvention jedem Mitglied der Gemeinschaft gute Gründe geben, selbst wahrhaftig und vertrauensvoll zu sein. Könnte es aber angesichts des Vertrauens der anderen nicht im Gegenteil für einzelne vorteilhaft sein, hin und wieder die Unwahrheit zu sagen? Wenn das häufig vorkommt, würde die Regularität der Wahrhaftigkeit nur durch soziale Sanktionen aufrecht erhalten. Sie wäre, in Lewis' Terminologie von [1969a: § III.2], weniger eine Konvention als ein Sozialvertrag.

Bedingung (4) besagt, dass die bestehende Regularität der Wahrhaftigkeit und des Vertrauens eine Alternative haben muss, dass die Mitglieder der Sprachgemeinschaft eine andere Sprache sprechen könnten und dies vorziehen würden, gegeben dass die andern ebenfalls die andere Sprache sprechen (s. [1975b: 184]). Das dürfte zwar in der Regel so sein, aber ist es wirklich eine notwendige Voraussetzung für Sprachgebrauch? Was wäre, wenn strenge Gesetze das Sprechen jeder anderen Sprache mit dem Tod bestraften, so dass wir lieber gar nicht als in einer anderen Sprache kommunizierten (vgl. [Kemmerling 1976: 118f.])?

Sicher *kann* Sprachgebrauch auf einer Konvention beruhen, die Lewis' Bedingungen (1)–(5) erfüllt – oder besser, die entsprechenden Bedingungen für konditionale Konventionen. Vielleicht ist das sogar eine besonders interessante und verbreitete Art von Sprachgebrauch. Als generelle Analyse scheint mir der Vorschlag aber zu stark. Wir würden auch schon von Sprachgebrauch reden, wenn lediglich eine allgemein bekannte (und erwünschte) Regularität besteht, bestimmte Zeichen nur in bestimmten Situationen zu gebrauchen (vgl. auch [Skyrms 1996: Kap. 5]).

Für bloße *Kommunikation* ist nicht einmal das erforderlich. Frieda könnte ihr Wissen über den Treibsand auch auf nicht-konventionale Weise kommunizieren, indem sie etwa, wie Lewis [1969a: 157–159] vorschlägt, eine Vogelscheuche bis zur Brust in den Sand steckt. Die anderen würden sich fragen, was das soll, und (wenn alles gut geht) darauf kommen, dass Frieda sie auf Treibsand hinweisen will.

Beispiele dieser Art motivieren Paul Grices [1957] Analyse von Sprecherbedeutung, nach der eine Person mit einer Handlung genau dann *meint*, dass *p*, wenn sie beabsichtigt, dass der Adressat die Überzeugung, dass *p*, erwirbt, und zwar gerade dadurch, dass er erkennt, dass sie beabsichtigt, in ihm diese Überzeugung zu bewirken. Lewis' konventionsbasierter Ansatz steht damit nicht im

Widerspruch. Im Gegenteil, Lewis zeigt, dass bei konventionalem Sprachgebrauch die Griceschen Bedingungen typischerweise erfüllt sind ([1969a: 155]).[5] Nur die Umkehrung gilt nicht: Nicht jede Form von Kommunikation beruht auf einer Sprachkonvention. Lewis geht es nicht um Kommunikation allgemein, sondern um eine ganz bestimmte Form der Kommunikation, um konventionale Kommunikation mit Wörtern und Sätzen.

Bei Grice wie bei Lewis setzt die Bedeutungstheorie mentalen Gehalt voraus: Dass »es regnet« bedeutet, was es bedeutet, liegt in erster Linie an unseren Meinungen und Erwartungen über Äußerungen dieses Satzes. Deshalb ist für Lewis wichtig, dass mentaler Gehalt ohne Bezug auf sprachliche Bedeutung bestimmt werden kann (s. Kap. 9). Ob man die Einstellungen, die Lewis über Verhaltensdispositionen und Kausalbeziehungen analysiert, als »Meinungen« usw. bezeichnet, ist für seine Sprachphilosophie aber nicht wichtig. Wer z.B. mit Davidson [1975] und Dummett [1991: 4] davon ausgeht, dass echte Meinungen nur über sprachliche Bedeutung charakterisiert werden können, kann die funktionalen Zustände, über die Lewis sprachliche Bedeutung definiert, einfach umbenennen.

10.3 Semantische Werte

Sprachkonventionen sind (näherungsweise) Konventionen, bestimmte Sätze nur unter bestimmten Bedingungen zu äußern, etwa wenn Treibsand in der Nähe ist. Wer einen Satz äußert, der kommuniziert damit, dass diese Bedingungen erfüllt sind. Wenn sie es sind, ist die Äußerung *wahr*. Wir können die Bedingungen daher als *Wahrheitsbedingungen* des Satzes verstehen. (Vorsicht: »Wahrheitsbedingungen« wird oft anders verwendet, s. Abschnitt 10.4!)

Um den Konventionen einer Sprachgemeinschaft zu folgen, muss man die Wahrheitsbedingungen vieler Sätze kennen. Man braucht diese aber nicht alle einzeln zu lernen, denn zumindest in natürlichen Sprachen folgen sie alle aus vergleichsweise wenigen Grundregeln. Deshalb wissen wir, was mit »auf Jamaica gibt es weniger als 184 Pinguine« gesagt wird, auch wenn wir diesem Satz zuvor noch nie begegnet sind.

Hier liegt für Lewis die Aufgabe der formalen Semantik: Sie formuliert Regeln, mit deren Hilfe die Wahrheitsbedingungen aller Sätze einer Sprache bestimmt werden können. Die Gesamtheit dieser Regeln bezeichnet Lewis als die *Grammatik*

---

[5] Verantwortlich dafür ist vor allem Lewis' Bedingung (5), der zufolge Sprecher nicht nur wissen, dass die Empfänger im Idealfall die erwünschte Meinung erwerben, sondern auch, dass die Empfänger wissen, dass alle dies wissen. Auch Erweiterungen von Grices Kriterien um noch komplexere Absichten und Erwartungen à la [Strawson 1964] und [Schiffer 1972: Kap.II] kann Lewis mit Bedingung (5) einfangen. Wem dagegen schon Grices Kriterien viel zu weit gehen, der braucht in Lewis' Theorie nur Bedingung (5) abzuschwächen, vgl. [von Savigny 1988: §15].

der Sprache. Die Grammatik des Deutschen ist folglich Teil einer systematischen Beschreibung unseres Sprachverhaltens, zuständig für das, was unsere Sprachgemeinschaft von der englischen und der arabischen unterscheidet. In allen dreien bestehen Konventionen der Wahrhaftigkeit, die regeln, dass bestimmte Sätze nur unter bestimmten Bedingungen zu äußern sind; *welche* Sätze unter *welchen* Bedingungen, ist je nach Sprache verschieden. Diese Zuordnung zu beschreiben, ist Gegenstand der Grammatik (vgl. [1969a: §5.4], [1975b: 163–169]), [1980a: 22f.], [1986f: 40f.]).

Was für Faktoren können in die Wahrheitsbedingungen eines Satzes eingehen? Für »die Raumzeit ist euklidisch« kommt es auf die Geometrie des Universums an; wer den Satz äußert, der kommuniziert damit Information über die Welt als Ganzes. Anders bei »es regnet«. Ob eine Äußerung dieses Satzes konventionskonform ist, hängt nicht nur von der Welt als Ganzes ab, sondern auch davon, *wann* und *wo* in einer Welt die Äußerung stattfindet. Ähnlich kommt es bei »ich bin hungrig« darauf an, *wer* den Satz äußert, bei »das da ist ein Pinguin« auf die angezeigten Gegenstände, und bei »Fred ist groß« auf die im Äußerungskontext einschlägigen Standards für Größe.

In [1970b] und [1974e: §1] bestimmt Lewis das Ziel einer Grammatik daher als Zuweisung von Wahrheitswerten zu Tupeln aus einer möglichen Welt, einem Zeitpunkt, einem Ort, einem Sprecher, angezeigten Gegenständen, Standards für Größe und einigen weiteren Faktoren. Schon ein Blick auf die vorangegangenen Kapitel macht klar, dass diese Liste sehr lang wird (vgl. auch [1979f]). Erinnern wir uns an die Kontextabhängigkeit von Quantoren, wodurch die Wahrheit von »es gibt kein Bier mehr« vom gerade betrachteten Ausschnitt der Welt abhängt (s. o., Abschnitt 2.1). Oder denken wir an die Kontextabhängigkeit kontrafaktischer Konditionale (Abschnitt 3.3), der Counterpart-Beziehung (Abschnitt 3.4) oder von Wissenszuschreibungen (Abschnitt 9.5). In seinen späteren Arbeiten gibt Lewis daher den Versuch auf, die Faktoren, von denen die Wahrheit eines Satzes abhängen kann, alle explizit aufzulisten. Stattdessen verwendet er, wie bei der Charakterisierung mentalen Gehalts (Abschnitt 9.3), einfach zentrierte Welten, d.h. so etwas wie ein Tripel aus einer Welt, einem Zeitpunkt und einem Individuum. Die anderen Kontextfaktoren sind darin implizit enthalten, der Ort z.B. als der Ort, an dem sich das angegebene Individuum zur angegebenen Zeit in der angegebenen Welt befindet (s. [1980a: §3], [1983e: 230f.], [1986f: 40f.] vgl. [1969a: 163f.]).

Aufgabe der Grammatik ist nun also, systematisch für jeden Satz zu bestimmen, in welchen möglichen Situationen – zentrierten Welten – seine Äußerung wahr ist: »To plug into its socket in an account of the use of a language, a [...] grammar has to specify which speakers at which times at which worlds are in a position to utter which sentences truly« [1986f: 41].

Was ist mit Situationen, in denen ein Satz weder eindeutig wahr noch falsch ist, weil die Situation ein Grenzfall der Wahrheitsbedingungen z.B. von »es regnet«

10.3 Semantische Werte

darstellt? Für Lewis ist *Vagheit* letztlich Unterbestimmtheit semantischer Werte: Unsere Konventionen, unsere geteilten Absichten und Erwartungen, reichen nicht aus, für jeden Satz und jede Situation einen eindeutigen Wert zu bestimmen.

Da wir Grenzfälle im Allgemeinen als solche erkennen, stellt sich die Frage, welche Äußerungsregeln hier gelten. Eine einfache Antwort, der Lewis zumindest zugeneigt ist, lautet, man möge bei Grenzfällen die entsprechenden Ausdrücke bitte vermeiden. Wenn es leicht nieselt, antwortet man auf »regnet es?« besser mit »es nieselt leicht« als mit »ja, es regnet« oder »nein, es regnet nicht«. Die Regel wäre also, Sätze nur zu äußern sollte, wenn sie *eindeutig* wahr sind.

Welche Konsequenzen das für die formale Semantik hat, wird bei Lewis nicht ganz klar. Häufig scheint er dem *Supervaluationismus* nahe zu stehen, dem zufolge ein vager Satz genau dann als wahr gilt, wenn er unter jeder mit unseren Konventionen vereinbaren Interpretation wahr ist (vgl. [1970b: 228f.], [1979f: 244f.] sowie [Keefe 2000]). Vage Sätze würden dann der klassischen Logik widersprechen. In der Nieselsituation etwa wäre weder »es regnet« wahr noch »es regnet nicht« (vgl. [Williamson 1994: Kap. 5]).

Wenn Vagheit semantische Unterbestimmtheit ist, könnte man sie aber auch ganz aus der Grammatik heraushalten. Es gäbe demnach mehrere vollständige und präzise Grammatiken des Deutschen, von denen unbestimmt ist, welche wir verwenden. Wenn ein Satz in allen akzeptablen Grammatiken wahr ist, darf er geäußert werden – ohne deshalb einen speziellen semantischen Status der »Wahrheit« oder »Superwahrheit« zu bekommen (vgl. [1969a: 201f.], [1975b: 188], [1993c: 172f.], sowie [Heller 1990: Kap. 3f.], [Burns 1991], [Braun und Sider 2007], für Ansätze in diese Richtung).

In jedem Fall ist Lewis' einfache Äußerungsregel aber wohl zu einfach: »Es gibt eine scharfe Grenze zwischen Regen und Nicht-Regen« klingt falsch, ist aber unter allen Interpretationen wahr, zwischen denen unsere Konventionen unbestimmt bleiben.

Wie könnte eine Grammatik des Deutschen oder Englischen im Detail aussehen? Lewis hat dazu recht konkrete Vorstellungen, die ich an dieser Stelle nur grob skizzieren kann (vgl. [1970b], [1974e: §I], [1986f: 40–50]).

Zunächst benötigen wir ein *Vokabular*, das alle Wörter (genauer, alle atomaren Satzbestandteile) auflistet und syntaktischen Kategorien zuweist. Eine Kategorie könnte z.B. *Name* (N) sein. Mit Hilfe der Kategorie *Satz* (S) können wir weitere Kategorien nach ihrer syntaktischen Rolle in der Konstruktion von Sätzen benennen. Das Prädikat »lacht« etwa ergibt zusammen mit einem Namen einen Satz und hat daher die Kategorie (S/N); das Adverb »laut«, welches zusammen mit einem (S/N)-Ausdruck (»lacht«) einen zusammengesetzten (S/N)-Ausdruck (»lacht laut«) ergibt, hat die Kategorie (($S/N)/(S/N)$), usw. Generell erhält man durch Aneinanderreihung eines (Φ/Ψ)-Ausdrucks und eines Ψ-Ausdrucks einen Φ-Ausdruck. Für die Reihenfolge und Flexion zusammengesetzter Ausdrücke sind bei Lewis Transformationsregeln zuständig.

Im nächsten Schritt werden den Wörtern *semantische Werte* zugeteilt. Aus diesen sollen am Ende die Wahrheitsbedingungen von Sätzen – Funktionen von möglichen Situationen auf Wahrheitswerte – hervorgehen. Ausdrücken der Kategorie *N* (Namen), könnte man z. B. eine Funktion zuweisen, die in jeder möglichen Situation den Träger des Namens herausgreift. Die Werte der anderen Kategorien ergeben sich dann wieder aus ihrer syntaktischen Rolle: Da »lacht« ein Ausdruck der Kategorie (*S/N*) ist, muss sein semantischer Wert zusammen mit dem Wert eines *N*-Ausdrucks den Wert eines *S*-Ausdrucks liefern. Wir brauchen also eine Funktion von *N*-Werten (Funktionen von möglichen Situationen auf Individuen) auf *S*-Werte (Funktionen von möglichen Situationen auf Wahrheitswerte). Entsprechend hat das Adverb »laut« als semantischen Wert eine Funktion von (*S/N*)-Werten auf (*S/N*)-Werte (also eine Funktion von Funktionen von Funktionen von Situationen auf Individuen auf Funktionen von Situationen auf Wahrheitswerte auf Funktionen von Funktionen von Situationen auf Individuen auf Funktionen von Situationen auf Wahrheitswerte – die Grundidee ist einfach, ausformuliert wird es schnell ein wenig unübersichtlich).

Wichtig ist, dass es Lewis bei all dem nicht darum geht, irgendwelche vortheoretischen Intuitionen z. B. über die Bedeutung von Eigennamen oder Adverbien zu erfüllen. Dass die Bedeutung von »laut« intuitiv keine barocke mengentheoretische Konstruktion ist, spielt deshalb keine Rolle. »In order to say what a meaning *is*, we may first ask what a meaning *does*, and then find something that does that« [1970b: 193]. Semantische Werte haben für Lewis allein den Zweck, bei der Konstruktion der richtigen – zu den Sprachkonventionen passenden – Wahrheitsbedingungen behilflich zu sein. Wenn die angeführten mengentheoretischen Konstruktionen diesen Zweck erfüllen, dann qualifizieren sie als semantische Werte: »Semantic values may be anything, so long as their job gets done« [1980a: 26].[6]

Um irrelevante Intuitionen fern zu halten, verwendet Lewis an Stelle von Ausdrücken wie »Bedeutung«, »Referenz«, »Extension« oder »Intension« lieber »semantischer Wert«. Die *Referenz* des Namens »Frieda« ist sicher eine Person; der *semantische Wert* von »Frieda« ist, was auch immer dem Namen in einer systematischen Grammatik zugewiesen wird, sei es eine Funktion von Situationen auf Individuen, die Zahl 147 oder was auch immer (vgl. [1974e], [1980a: §4], [1986f: 41 f.]).

---

[6] Dummerweise ist nicht klar, ob die mengentheoretischen Konstruktionen ihre Aufgabe wirklich erfüllen. Problematisch wird das zum einen, wenn die interpretierte Sprache ihre eigene Grammatik formulieren kann, zum andern, wenn die benötigten Mengen, wie die Bedeutungen von »ist eine Klasse«, mengentheoretisch zu groß sind. In [1970b: 196 f.] meint Lewis, der Individuenbereich der interpretierten Sprache müsse zur Vermeidung dieser Schwierigkeiten immer irgendwie eingeschränkt werden. Später scheint er Freges Ansicht zuzuneigen, dass man die Rede von Funktionen als semantische Werte besser durch etwas anderes ersetzen sollte, was nicht den Eindruck erweckt, hier sei von *Gegenständen* die Rede (vgl. [2002a], [Frege 1892]). Die Alternative bleibt bei Lewis ebenso dunkel wie bei Frege.

10.3 Semantische Werte

Wenn man will, kann man in Lewis' Grammatik aber Entitäten finden, die ungefähr dem gewöhnlichen Verständnis von »Referenz«, »Bedeutung« usw. entsprechen: Die Referenz eines Namens in einer gegebenen Äußerungssituation ist z.B. der Wert der dem Namen zugewiesenen Funktion für diese Situation. Als Kandidat für Bedeutungen schlägt Lewis eine Konstruktion aus grammatischer Struktur und semantischen Werten vor. Zwei Ausdrücke haben demnach dieselbe Bedeutung, wenn sie auf dieselbe Weise aus Teilen mit demselben semantischen Wert zusammengesetzt sind (s. [1975b: 176], [1970b: §V], [1986f: 48f.]; die Idee stammt von Carnap [1947: Kap. 14]). So haben mathematische Wahrheiten, die vermutlich alle unter genau denselben Bedingungen wahr sind (nämlich unter allen), nicht alle dieselbe Bedeutung, was intuitiv richtig erscheint. Diese zusätzlichen semantischen Werte, Referenz und Bedeutung, spielen in Lewis' formaler Semantik aber bestenfalls eine Nebenrolle (s. [1970b: 225f.] und [1986f: 49f.] für mögliche Aufgaben).

Gelegentlich hört man den Einwand, Bedeutungen könnten keine mengentheoretischen Konstruktionen sein, weil normale Mitglieder einer Sprachgemeinschaft die Bedeutung ihrer Ausdrücke kennen, nicht aber jene mengentheoretischen Konstruktionen. Auf diese Weise lässt sich auch beweisen, dass »Wasser« im Deutschen nicht dieselbe Bedeutung hat wie »eau« im Französchischen: Man kann die Bedeutung von »Wasser« kennen ohne die von »eau« zu kennen. In Wirklichkeit zeigt das natürlich nur, dass »Kennen« hier keine einfache Relation ausdrückt. Lewis verlangt von einem kompetenten Sprecher nicht, dass er etwas über mengentheoretische Konstruktionen weiß. Ein kompetenter Sprecher muss lediglich die richtigen Absichten und Erwartungen über Äußerungen von Sätzen haben. Wer das hat, der ›kennt die Bedeutung‹ der Sätze. Persönliche Bekanntschaft mit semantischen Werten ist nicht erforderlich (vgl. [1969a: 183], [1975b: 180f.], und o., S. 173).

Wichtig ist auch, dass es Lewis nicht um die psychologischen Mechanismen geht, die unseren Absichten und Erwartungen zugrunde liegen. In manchen Teilen der Linguistik gilt deren Aufdeckung als eigentliches Ziel von Syntax und Semantik. Lewis behauptet nicht (wie Chomsky [1980: 88–92] ihm unterstellt), dass es solche Mechanismen nicht gibt, oder dass man sie nicht als interne Grammatik beschreiben könnte. Er hält es aber für müßig, beim gegenwärtigen Stand der Neuropsychologie darüber zu spekulieren (s. [1969a: 183, 199f.], [1975b: 178], [1980a: 24], [1992b: 151, Fn. 6], vgl. [1969a: 127f.]). Außerdem ist wenigstens denkbar, dass auch Wesen ohne eine interne Grammatik die deutsche Sprache verwenden, oder dass verschiedene Sprecher des Deutschen verschiedene interne Grammatiken haben. Eine systematische Beschreibung unserer Sprachkonventionen sollte sich deshalb nicht auf die kognitive Implementierung festlegen (vgl. [1975b: 178]). Man braucht zwischen diesen verschiedenen Projekten aber nicht zu wählen. Man sollte sie nur auseinanderhalten: Eine systematische Beschreibung von sprachlicher Kommunikation – das, worum es Lewis geht – muss nicht unbedingt etwas über ›Referenz‹ und ›Bedeutung‹ sagen oder über die kognitiven Mechanismen unserer Sprachverarbeitung.

Die Bestimmung semantischer Werte über Sprachkonventionen liefert übrigens eine attraktive Definition *analytischer* Sätze, und damit eine Antwort auf Quines »Two Dogmas« [Quine 1953c]: Ein Satz ist analytisch, wenn seine Wahrheitsbedingungen alle möglichen Situationen umfassen, d.h. wenn die systematische Ausbuchstabierung unserer Sprachkonventionen impliziert, dass er in jeder möglichen Situation geäußert werden darf.[7]

Es gibt allerdings Gründe, eine systematische Grammatik des Deutschen nicht exakt an unserem tatsächlichen Sprachgebrauch auszurichten. Für extrem lange und komplizierte Sätze haben die meisten von uns z.B. weder die Absicht, sie wahrheitsgemäß zu verwenden, noch erwarten wir dies von anderen. Ihre Wahrheitsbedingungen ergeben sich folglich nicht direkt aus unseren Absichten und Erwartungen, sondern indirekt aus den Regeln, die am besten zum tatsächlich gebrauchten Fragment unserer Sprache passen (s. [1992b]). Dasselbe gilt für selbstverifizierende bzw. -falsifizierende Sätze wie »jemand sagt etwas«: Dass dies in Situationen, in denen niemand etwas sagt, falsch ist, ergibt sich wohl erst aus kompositionalen Regeln.[8]

Hierbei ist vorausgesetzt, dass *einfache Regeln* in der Grammatik besser sind als komplizierte, dass eine Grammatik z.B. keine Extra-Regeln für Sätze mit mehr als einer Milliarde Wörtern enthalten sollte, auch wenn unsere Sprachkonventionen so eine Grammatik nicht ausschließen.

Wenn die Aufgabe einer Grammatik allein darin bestünde, zu unserem Sprachgebrauch passende Wahrheitsbedingungen zu liefern, bliebe die Grammatik des Deutschen radikal unterbestimmt. Nicht nur wegen den sehr langen Sätzen. Mit bekannten Tricks kann man auch leicht aus jeder Grammatik eine andere konstruieren, die genau dieselben Wahrheitsbedingungen liefert, den Satzbestandteilen aber völlig andere, und völlig abwegige, semantische Werte zuweist (vgl. z.B. [Hale und Wright 1997]). Die Grammatik des Deutschen ist deshalb bei Lewis nicht nur durch die erwünschten Wahrheitsbedingungen beschränkt. Sie muss darüber hinaus möglichst »einfach, natürlich, vernünftig, leicht und gut« sein ([1969a: 198], vgl. [1975b: 176f.]).

In [1992b] sieht Lewis hier ein weiteres Anwendungsgebiet für objektive Natürlichkeit im Sinn von Abschnitt 5.2: Die Regeln der besten Grammatik sollen *objektiv* einfach sein, nicht nur einfach in unserer Sprache formulierbar. Ich glaube aber nicht, dass dies für Lewis' Sprachphilosophie entscheidend ist. Wäre es schlimm, wenn die exakten Wahrheitsbedingungen sehr komplizierter Sätze

---

[7] Analytische Sätze in diesem Sinn müssen weder »epistemisch analytisch« noch »metaphysisch analytisch« im Sinn von [Boghossian 1997] sein.
[8] Mögliche Situationen müssen nicht *Äußerungskontexte* sein, vgl. [1980a: 28f.]. Wahrheitsbedingungen sind bei Lewis deshalb keine ›kontextuellen Intensionen‹ im Sinn von [Chalmers 2006a: §3].

10.3 Semantische Werte

in einem gewissen Sinn objektiv unterbestimmt blieben? Ich denke nicht – vor allem, wo es ja nur um die systematische Beschreibung unseres Sprachgebrauchs geht, nicht um ›Referenz‹ oder ›Bedeutung‹ in irgendeinem intuitiven Sinn (vgl. [1975b: 177f.], [1974e], [1980a: 26]).

Die neuerdings verbreitete Ansicht, objektive Natürlichkeit spiele in Lewis' Sprachphilosophie eine ganz zentrale Rolle (vgl. etwa [Sider 2001a: xxi–xxiv], [Weatherson 2003]), halte ich deshalb für weit übertrieben. Dagegen spricht auch, dass Lewis seine sprachphilosophische Position (mit [1969a], [1970b], [1975b] und [1979f]) praktisch fertiggestellt hatte, noch bevor er um 1983 anfing, an objektiv natürliche Eigenschaften zu glauben (vgl. [1999a: 1]). Auch in Lewis' Zusammenfassung seiner sprachphilosophischen Position in [1986f: 40–50] wird Natürlichkeit mit keinem Wort erwähnt.[9]

Noch kurz eine Bemerkung zu *mathematischen und logischen Wahrheiten*. Diese stellen Lewis' Semantik vor ganz ähnliche Probleme wie nicht-kontingente Meinungen seine Theorie mentalen Gehalts (Abschnitt 9.4): Wie kann es sein, dass wir einander mit Sätzen, die in allen Situationen wahr sind, etwas mitteilen? A Posteriori-Notwendigkeiten wie »der Morgenstern ist der Abendstern« sind hier nicht betroffen, denn diese sind, wie wir gleich sehen werden, nicht in allen Situationen wahr. Es geht vielmehr um Sätze wie »Ophtalmologen sind Augenärzte« und »34 ist die Wurzel aus 1156«. Wie bei mentalem Gehalt ist auch hier Lewis' Ansatz nicht alleine betroffen: Egal, wie man semantische Werte konstruiert, man kann sich fast immer Situationen denken, in denen mit der Äußerung eines Satzes S_1 etwas anderes mitgeteilt zu werden scheint als mit der Äußerung eines Satzes S_2, obwohl die beiden denselben semantischen Wert haben, wie »Ophtalmologen sind Augenärzte« und »Augenärzte sind Augenärzte«. Und wieder liegt das eigentliche Problem tiefer: Wie kann es sein, dass ein Satz mir Information verschafft, wenn er mir nicht hilft, vorher offene Möglichkeiten auszuschließen? Einen Ansatz zu einer Antwort liefert auch hier die meta-sprachliche pragmatische Theorie von [Stalnaker 2004a]. Meinem Vorschlag in Abschnitt 9.4 entsprechend könnte man auch sagen, dass wir einander mit mathematischen Sätzen manchmal gar nichts mitteilen, sondern uns nur bei der Organisation unserer mentalen Repräsentationen behilflich sind.

---

[9] Die Fehlinterpretation stützt sich vor allem auf [1984b], wo Lewis jedoch ausdrücklich *nicht* seine eigene Position diskutiert (vgl. [1984b: 57f.]). Richtig ist, dass aus Lewis' Sicht objektive Natürlichkeit bei der Bestimmung *mentalen Gehalts* eine gewisse Rolle spielt (s. Abschnitt 9.2), und damit indirekt über die Einstellungen, auf denen Sprachkonventionen beruhen, auch Einfluss auf die Semantik hat. Dieser Einfluss ist aber sehr viel indirekter und unbedeutender als in der [1984b]-Theorie, wo ohne objektive Natürlichkeit »es regnet« *völlig beliebige* Wahrheitsbedingungen haben könnte.

10.4 Zweidimensionalismus

Manche Sätze enthalten andere als grammatischen Teil. Auch in diesem Fall sollte eine systematische Grammatik angeben, wie die Wahrheitsbedingungen des komplexen Satzes aus den semantischen Werten seiner Bestandteile hervor gehen. Manchmal ist das einfach: Ein Satz der Form »A und B« ist vermutlich genau in den Situationen wahr, in denen sowohl A als auch B wahr ist. Schwieriger wird es bei intensionalen Operatoren wie »möglicherweise«, »in Australien« und »irgendwann«. Nehmen wir »irgendwann«. Eine Äußerung von »irgendwann regnet es« scheint genau dann wahr zu sein, wenn der eingebettete Satz, »es regnet«, irgendwann wahr ist. Man könnte also vorschlagen, »irgendwann A« sei generell genau dann in einer Situation S wahr, wenn der Satz A in mindestens einer Situation wahr ist, die in Welt und Ort, nicht aber unbedingt der Zeit, der Situation S entspricht.

Leider klappt das nicht immer. »Irgendwann ist der jetzige Premierminister nicht mehr Premierminister« ist z. B. wahr, obwohl »der jetzige Premierminister ist nicht mehr Premierminister« in keiner Situation wahrheitsgemäß geäußert werden kann. Das Problem ist, dass sich »der jetzige Premierminister« auch im Bereich temporaler Operatoren auf den Premierminister *in der Äußerungssituation* bezieht. Deshalb hängt die Wahrheit von »dann-und-dann ist der jetzige Premierminister so-und-so« nicht nur davon ab, wie die Dinge *dann-und-dann* stehen, sondern auch davon, wie sie *jetzt* stehen. Wenn sich die Wahrheitsbedingungen des komplexen Satzes trotzdem aus den semantischen Werten seiner unmittelbaren Bestandteile ergeben sollen, müssen wir diese doppelte Zeitabhängigkeit in den semantischen Wert der eingebetteten Sätze integrieren: Wir brauchen so etwas wie eine Zuweisung von Wahrheitswerten zu *Situationen und Zeitpunkten* (oder äquivalent, eine Zuweisung von Funktionen von Zeitpunkten auf Wahrheitswerte zu Situationen). Dann können wir sagen, dass ein Satz der Form »zu t, A« genau dann in einer Situation S wahr ist, wenn der semantische Wert des eingebetteten Satzes A der Situation S zusammen mit dem Zeitpunkt t den Wert *wahr* zuweist. Diese Technik ist bekannt als *Doppel-Indizierung* oder *Zweidimensionalismus*. Bei Modaloperatoren ist die Lage ganz ähnlich. Nehmen wir an, Gordon Brown hätte auch Mönch statt Premierminister werden können. Das heißt, es gibt Welten, in denen der tatsächliche Premierminister nicht Premierminister ist, sondern Mönch. Dennoch kann man in keiner Situation mit »der tatsächliche Premierminister ist nicht Premierminister« etwas Wahres sagen Die Wahrheitsbedingungen von »möglicherweise A« bzw. »es gibt Welten, in denen A« hängen also nicht nur von den Wahrheitsbedingungen des eingebetteten Satzes A ab. Wir benötigen weitere Information über diesen Satz, der wir für jede Welt w entnehmen können, ob »in w, A« (in der jeweils aktuellen Situation) wahr ist. Was wir brauchen, ist also für jeden Satz eine Zuweisung von Wahrheitswerten zu *Situationen und Welten* (oder äquivalent, eine Zuweisung von Funktionen von Welten auf Wahrheitswerte zu Situationen).

10.4 Zweidimensionalismus

Andere Operatoren erfordern weitere Parameter, weitere ›Index-Koordinaten‹; Lewis erwähnt unter anderem Orts- und Präzisionsparameter für die Interpretation von Ausdrücken wie »irgendwo« und »streng genommen« (vgl. [1980a: §5–7], [1983e: 230f.], [1986f: 40–48]). Der vollständige semantische Wert eines Satzes ist also so etwas wie eine Funktion von Situationen, Zeitpunkten, Welten, Orten und Präzisionsstandards auf Wahrheitswerte, oder äquivalent, eine Zuweisung von Funktionen von Zeitpunkten, Welten, Orten und Präzisionsstandards auf Wahrheitswerte zu Situationen.

Wenn wir die äquivalente zweite Formulierung wählen und, wie Lewis in [1969a] und [1975b], alle Koordinaten außer Welten einmal ignorieren, bestimmt unsere Grammatik nun für jeden Satz und jede Situation eine Funktion von Welten auf Wahrheitswerte. Eine Funktion von Welten auf Wahrheitswerte ist eine Zweiteilung des Möglichkeitsraums, eine Art Proposition. Häufig wird diese Proposition in der intensionalen Semantik als eigentlicher semantischer Wert betrachtet (etwa in [Montague 1970], [Cresswell 1973], [Stalnaker 1978], [Kaplan 1989]). So verstanden variiert der semantische Wert vieler Sätze von Situation zu Situation, von Kontext zu Kontext. Lewis selbst wählt diese Darstellung in [1969a: Kap. V] und [1975b], während er in [1970b] – wie ich oben – die Situationsabhängigkeit in den semantischen Wert mit einbaut. Die beiden Ansätze kann man aber mühelos in einander übersetzen; letztlich unterscheiden sie sich nur im Gebrauch des Ausdrucks »semantischer Wert«, ob dieser das bezeichnet, was von Situation zu Situation variiert, oder die kompliziertere Funktion, die eben jene Abhängigkeit erfasst. Da für Lewis »semantischer Wert« ein technischer Term ist, den wir verwenden können, wie wir wollen, besteht aus seiner Sicht kein wesentlicher Unterschied zwischen den beiden Formulierungen (s. [1975b: 173], [1980a], [1986f: 44–48]).[10]

In anderen sprachphilosophischen Projekten kann es auf den Unterschied aber durchaus ankommen. Wenn semantische Werte z. B. das erfassen sollen, was intuitiv mit einer Äußerung ›gesagt‹ oder ›ausgedrückt‹ wird, so könnten die einfacheren und kontextabhängigen semantischen Werte besser geeignet sein: Wenn ich jetzt in Berlin »es regnet« sage, so drücke ich intuitiv etwas anderes aus als wenn ich morgen in Bielefeld »es regnet« sage. Lewis hat an diesem Projekt einer Ausbuchstabierung von Intuitionen über ›ausdrücken‹ oder ›sagen‹ im Prinzip nichts auszusetzen. Er bezweifelt aber, dass unsere Intuitionen hierzu besonders eindeutig und systematisch sind (s. [1980a: §11]). Tatsächlich passen die kontextabhängigen semantischen Werte auch nicht gerade perfekt zu unseren Intuitionen. Man könnte z. B. meinen, dass ich mit »Gordon Brown ist der tatsächliche

---

[10] Funktionen von Welten auf Wahrheitswerte reichen allerdings als situationsabhängige semantische Werte nicht aus, wenn es weitere intensionale Operatoren gibt. Es müssen schon so etwas wie Funktionen von Welten, Zeitpunkten, Orten und Präzisionsstandards auf Wahrheitswerte sein (vgl. [1980a: 39]).

Premierminister« dasselbe ausdrücke wie mit »Gordon Brown ist Premierminister«, und nicht dasselbe wie mit »Gordon Brown ist Gordon Brown«, obwohl die entsprechenden Funktionen von Welten auf Wahrheitswerte beim ersten und dritten Satz gleich sind und beim zweiten ganz anders.

Zur allgemeinen Verwirrung trägt bei, dass die einfachen und variablen Funktionen von Welten auf Wahrheitswerte oft nicht nur als »semantische Werte«, sondern auch als »Wahrheitsbedingungen« bezeichnet werden. Es ist wichtig, diese Wahrheitsbedingungen – nennen wir sie *sekundäre Wahrheitsbedingungen* – von dem zu unterscheiden, was ich bislang »Wahrheitsbedingungen« – im Folgenden *primäre Wahrheitsbedingungen* – genannt habe. (Lewis selbst verwendet »Wahrheitsbedingungen« mal so und mal so, in [1986f: 42–48] z.B. für primäre, in [1969a: Kap. V] für sekundäre Wahrheitsbedingungen.)

Die primären Wahrheitsbedingungen eines Satzes sind, grob gesagt, die Bedingungen, unter denen der Satz gemäß den Konventionen der jeweiligen Sprachgemeinschaft geäußert werden darf: »وعث رمل سَيار«, wenn Treibsand in der Nähe ist, usw. Diese Wahrheitsbedingungen sind in Lewis' Sprachphilosophie das Bindeglied zwischen Sprachgebrauch und formaler Semantik; ihre Bestimmung ist der eigentliche Sinn und Zweck einer Grammatik.[11]

Sekundäre Wahrheitsbedingungen sind etwas anderes. Erst einmal kommen sie gar nicht Sätzen (Satztypen) zu, sondern nur Sätzen-in-Situationen bzw. konkreten Satzäußerungen. »Es regnet« hat z.B. überhaupt keine sekundären Wahrheitsbedingungen. Wenn ich aber jetzt »es regnet« sage, so hat meine Äußerung sekundäre Wahrheitsbedingungen, die genau in den Welten erfüllt sind, in denen

---

11 Aus der Funktion von Situationen und Welten (und Zeitpunkten usw.) auf Wahrheitswerte, die unsere Grammatik neuerdings Sätzen zuweist, erhält man die primären Wahrheitsbedingungen durch ›Diagonalisierung‹, d.h. indem man als Welt-Parameter die Welt der jeweiligen Situation einsetzt (entsprechend als Zeit-Parameter den Zeitpunkt der Situation, usw.). Lewis bezeichnet primäre Wahrheitsbedingungen deshalb gelegentlich auch (Stalnaker [1978] folgend) als »diagonale Proposition«, sekundäre als »horizontale Proposition« ([1980a: 38], [1994b: 296f.]). Gebräuchlich sind in der neueren Debatte auch die Bezeichnungen »A-Intension«, »primäre Intension« und »1-Intension« für primäre Wahrheitsbedingungen, »C-Intension«, »sekundäre Intension« und »2-Intension« für sekundäre Wahrheitsbedingungen, sowie dasselbe mit »-Proposition« statt »-Intension« (vgl. [Jackson 1998a: 75ff.], [Jackson 2004], [Lewis 2002b], [Chalmers 1996a: 56–65], [Chalmers 2006a]). In [Lewis 1975b: 173] nennt Lewis sekundäre Wahrheitsbedingungen »meaning$_1$«; »meaning$_2$« steht dort für die komplexe Funktion von Situationen und Welten auf Wahrheitswerte, die oft als »zweidimensionale Intension« bezeichnet wird.

Aber Vorsicht: Mit diesen Namen sind in verschiedenen Projekten recht verschiedene Dinge gemeint. Lewis' primäre Wahrheitsbedingungen sind z.B. weder bestimmt über metasprachliche Diagonalisierung, wie Stalnakers [2004a] diagonale Propositionen, noch über A priori-Implikation, wie Chalmers' [2006a] primäre Propositionen; auch nicht über Einbettung in »würde sich herausstellen, dass«-Operatoren, über spezielle Betrachtungsweisen möglicher Welten (›als aktuale‹) oder über referenzfixierende Beschreibungen. Sie sind genau so bestimmt, wie ich es in den letzten Abschnitten erklärt habe: über die konventionalen Absichten und Erwartungen in einer Sprachgemeinschaft.

10.4 Zweidimensionalismus

es am 13. August 2007 in Berlin regnet. Das reflektiert die Auswertung des Satzes in modalen Einbettungen: »Möglicherweise regnet es«, geäußert am 13. August 2007 in Berlin, ist genau dann wahr, wenn es eine (relevante) Welt gibt, in der es am 13. August 2007 in Berlin regnet. Offensichtlich sind das nicht genau die Bedingungen, unter denen man nach den Konventionen unserer Sprachgemeinschaft »es regnet« äußern darf.

Da sekundäre Wahrheitsbedingungen von allerlei Kontextfaktoren abhängen können, erfordert ihre Kenntnis oft substantielles Wissen über die Äußerungssituation. Wer z. B. nicht weiß, wo ich bin oder welcher Tag heute ist, der kennt die sekundären Wahrheitsbedingungen meiner Äußerung von »es regnet« nicht; wer nicht weiß, dass Gordon Brown gerade Premierminister ist, der kennt die sekundären Wahrheitsbedingungen (meiner Äußerung) von »Gordon Brown ist der tatsächliche Premierminister« nicht; wer nicht weiß, dass Morgenstern und Abendstern derselbe Himmelskörper sind, der weiß nicht, in welchen Welten »der Morgenstern ist der Abendstern« wahr ist.

Daraus ergibt sich Lewis' schon mehrfach erwähnte zweidimensionale Analyse von *A Posteriori-Notwendigkeit*: Wenn ein Satz notwendig a posteriori ist, so umfassen seine sekundären Wahrheitsbedingungen alle Welten, seine primären aber nicht. Der erste Umstand macht den Satz notwendig – sekundäre Wahrheitsbedingungen reflektieren das Verhalten in modalen Einbettungen –, der zweite a posteriori. Mit der Einbettung in epistemische Operatoren hat das nichts zu tun; insofern unterscheidet sich Lewis' Analyse z. B. von Chalmers' ([Chalmers 2006a]). Dass die primären Wahrheitsbedingungen von »der Morgenstern ist der Abendstern« nicht alle Situationen umfassen, liegt schlicht daran, dass der Satz gemäß unseren Sprachkonventionen eben nicht in jeder möglichen Situation geäußert werden darf, sondern nur, wenn bestimmte Bedingungen vorliegen, über deren Vorliegen wir uns erst informieren müssen.

Genau welche Bedingungen müssen vorliegen? Das heißt, unter welchen Bedingungen würden wir Äußerungen des Satzes als korrekt ansehen? Sicher nicht unter allen. Wenn Astronomen morgen verkünden, dass der Morgenstern doch nicht der Abendstern ist, dann machen sie eine überraschende Mitteilung, sie verstoßen nicht gegen unsere Sprachkonventionen. Was könnten sie entdeckt haben? Vielleicht, dass der helle Himmelskörper am Morgen, der in Karten und Skizzen mit »Morgenstern« beschriftet ist und für den irgendwann einmal ein Vorläufer des Namens »Morgenstern« eingeführt wurde, doch ein anderer ist als der mit dem Namen »Abendstern« assoziierte Körper am Abendhimmel.

Wer hier eine gewisse Nähe zur so genannten *Beschreibungstheorie* der Referenz sieht, der sieht richtig: Will man die primären Wahrheitsbedingungen eines Satzes ausbuchstabieren, muss man Eigennamen in der Regel durch Beschreibungen ersetzen. Es gibt im Deutschen keine Konvention, »der Morgenstern ist so-und-so« nur zu äußern, wenn auch wirklich *der Morgenstern*, also die Venus, so-und-so ist. Sonst könnte man mit »der Morgenstern ist nicht die Venus« oder »der

Morgenstern ist ein Stern« unter keinen Umständen etwas Wahres sagen, und jeder kompetente Sprecher müsste das wissen.

Lewis' Beschreibungstheorie hat aber mit dem, was Kripke in [Kripke 1980] kritisiert, nur wenig zu tun. (Mehr dazu im nächsten Kapitel, Abschnitt 11.1.) Die relevante Beschreibung muss z. B. nicht das enthalten, was Leuten spontan zu einem Namen einfällt. Die richtige Beschreibung ist nicht durch unsere Assoziationen bestimmt, sondern durch unsere Dispositionen und Erwartungen in Bezug auf Äußerungen. Vielleicht betrachten wir eine Äußerung von »Kurt Gödel bewies die Unvollständigkeit der Arithmetik« genau dann als wahr, wenn derjenige, der am Anfang einer bestimmten Kausalkette zu unserer Verwendung des Namens »Kurt Gödel« steht, das angeführte Theorem bewies. Wenn dem so ist, sind das die primären Wahrheitsbedingungen des Satzes. Lewis ist auch nicht darauf festgelegt, dass man primäre Wahrheitsbedingungen überhaupt in Worten ausbuchstabieren kann. Wichtig ist nur, dass es sie *gibt*, dass es für jeden Satz eine Klasse von Situationen gibt, für die gilt: Kompetente Mitgliedern unserer Sprachgemeinschaft wissen, dass wir versuchen, den Satz nur in diesen Situationen zu äußern.

Kommt es nicht vor, dass verschiedene Mitglieder unserer Sprachgemeinschaft ganz verschiedene Ansichten darüber haben, in welchen Situationen ein Satz wahr ist? Ärzte haben z. B. eine ziemlich genaue Vorstellung der medizinischen Bedingungen, die vorliegen müssen, damit »ich habe Arthritis« wahr ist. Ich dagegen kenne diese Bedingungen nicht. Aus meiner Sicht ist eine Äußerung von »ich habe Arthritis« wahr, wenn der Sprecher das hat, was Ärzte als »Arthritis« bezeichnen, was auch immer das ist. Bilden Ärzte und Laien folglich zwei Untergruppen der deutschen Sprachgemeinschaft mit leicht verschiedenen Sprachkonventionen? Wieso funktioniert dann aber die Kommunikation zwischen Ärzten und Laien (wenigstens einigermaßen), selbst über medizinische Angelegenheiten?

In [1997c: §VIII] deutet Lewis an, dass Kommunikation zwischen Untergruppen einer Sprachgemeinschaft möglich ist, solange nur alle wissen – und alle wissen, dass alle wissen, usw. –, dass die Ausdrücke in den verschiedenen Untersprachen dieselbe Extension haben. Tatsächlich ergeben sich daraus neue Wahrheitsbedingungen, die über die Sprachgrenze hinweg geteilt werden. Nach diesen wäre »ich habe Arthritis« z. B. genau dann wahr, wenn der Sprecher etwas hat, was in beiden Gemeinschaften als »Arthritis« bezeichnet wird. Diese meta-sprachliche Information könnte demnach über Sprachgrenzen hinweg kommuniziert werden.

10.4 Zweidimensionalismus

▷ Die Bedeutung sprachlicher Ausdrücke beruht nach Lewis auf den in einer Sprachgemeinschaft geltenden Konventionen: »Es regnet« bedeutet, dass es regnet, weil im Deutschen eine Konvention besteht, den Satz nur zu äußern, wenn es regnet.

▷ Konventionen sind Lewis zufolge allgemein bekannte Verhaltensregularitäten, die einem gemeinsamen Interesse dienen und Alternativen haben. Lewis übersieht dabei den konditionalen Charakter vieler Konventionen. Zudem sind Lewis' Anforderungen an Sprachkonventionen zwar wohl hinreichend, aber nicht notwendig für sprachliche Verständigung.

▷ Der vorrangige semantische Wert (die ›Bedeutung‹) eines Satzes sind die Bedingungen, unter denen er konventionsgemäß geäußert werden darf. Alle anderen semantischen Werte z.B. für Eigennamen oder die Behandlung intensionaler Kontexte sind darüber bestimmt.

▷ Die objektive Natürlichkeit möglicher Kandidaten spielt bei alldem keine große Rolle.

▷ Wenn aus den konventionalen Regeln folgt, dass ein Satz unter allen Bedingungen geäußert werden darf, ist er insofern analytisch und a priori, als jemand, der die Bedeutung des Satzes kennt, automatisch weiß, dass der Satz wahr ist, egal wie die tatsächliche Situation beschaffen ist.

▷ Darauf beruht Lewis' zweidimensionale Analyse von A posteriori-Notwendigkeit: Wenn ein Satz nicht a priori ist, gibt es stets eine *mögliche* Situation, in der er nicht wahrheitsgemäß geäußert werden kann.

11
RÜCKBLICK: REDUKTION UND ANALYSE

Nachdem wir nun gesehen haben, wie Lewis versucht, Tatsachen über Naturgesetze, Verursachung, Wahrscheinlichkeit, Schmerzen, Bedeutung und anderes auf grundlegendere Tatsachen zurückzuführen, will ich in diesem letzten Kapitel noch einmal durchleuchten, wie Lewis diese Fragen angeht, welche Voraussetzungen er dabei macht, und worum es bei dieser Form der Reduktion eigentlich geht. Ich werde argumentieren, dass metaphysische Reduktion für Lewis ein vornehmlich begriffliches Projekt ist. Am Ende weise ich auf eine gewisse Spannung hin, die sich daraus für den modalen Realismus ergibt.

Anfangen will ich mit einer eingehenderen Diskussion des Canberra-Plans – der Idee, dass wir Gegenstände in einer grundlegenderen Ontologie verorten können, indem wir dort nach etwas suchen, was die mit dem Gegenstand assoziierte theoretische Rolle spielt.

11.1 Namen und Rollen

Wie in Kapitel 1 erklärt, hat der Canberra-Plan drei Schritte. Im ersten Schritt wird die theoretische Rolle des zu verortenden Phänomens formuliert. Beim Standardbeispiel »Wasser« könnte das z.B., etwas vereinfacht, so aussehen:

1) Wasser = die Flüssigkeit in unseren Seen und Bächen.

Der zweite Schritt, der oft empirische Untersuchungen erfordert, gibt an, welche Substanz in unserer Welt diese Bedingung erfüllt:

2) H_2O = die Flüssigkeit in unseren Seen und Bächen.

Aus (1) und (2) folgt logisch

3) Wasser = H_2O.

Damit haben wir (drittens) Wasser unter den chemischen Stoffen verortet. Brückenprinzipien, die höherstufige Dinge mit grundlegenderen verbinden, kommen im Canberra-Plan ebensowenig vor wie methodologische Prinzipien der Einfachheit oder Sparsamkeit. Wenn H_2O die Wasser-Rolle spielt, dann ist H_2O Wasser, Sparsamkeit hin oder her (vgl. [1970c: §VI]).

Wie findet man die zu einem Ausdruck gehörende Rolle? Lewis verweist hier meist auf den entsprechenden Teil unserer *Alltagstheorie*, auf unsere allgemein geteilten Annahmen über den fraglichen Gegenstand. Zum Thema Wasser könnte die Alltagstheorie z. B. anführen, dass es in unseren Seen und Bächen vorkommt, oft flüssig ist, bei ca. 100°C kocht, den Hauptbestandteil von Gurken ausmacht, usw. Aus dieser *Wasser-Theorie* erhält man die *Wasser-Rolle*, indem man alle Vorkommnisse von »Wasser« durch eine Variable ersetzt. Die Wasser-Rolle könnte also etwa so aussehen: X kommt in unseren Seen und Bächen vor, X ist oft flüssig, X kocht bei ca. 100°C, usw. Die erste Prämisse des Canberra-Plans identifiziert nun Wasser mit demjenigen Stoff, auf den diese Beschreibung zutrifft.

Nach demselben Muster kann eine Theorie auch mehrere Begriffe auf einmal bestimmen. So sind Lewis zufolge die Begriffe des Glaubens und Wünschens gemeinsam durch die in der Alltagspsychologie implizite Entscheidungstheorie definiert (s. o., Abschnitt 9.1). Die entsprechende Rolle wird dann nicht durch einen einzelnen Gegenstand erfüllt, sondern durch eine Reihe von Gegenständen.

Für die Begriffe in einer theoretischen Rolle gelten keine generellen Beschränkungen. Es muss sich z. B. nicht unbedingt um eine *kausale* Rolle handeln, die nur von Ursachen und Wirkungen redet (wie [Menzies und Price 2007] meinen, einer Schlampigkeit in [1972a: 249 u. 255] folgend). Auch muss die Rolle für eine Verortung in mikrophysikalischer Ontologie nicht selbst in mikrophysikalischem Vokabular formuliert sein. Dass Wasser unsere Seen und Bäche füllt, ist weder eine kausale noch eine mikrophysikalische Bedingung; dennoch hilft es uns, Wasser in der Mikrophysik zu verorten, solange wir nur irgendwie feststellen können, welche Dinge aus der mikrophysikalischen Ontologie diese Bedingung erfüllen.

Das Ausbuchstabieren der zu einem Ausdruck gehörenden Rolle versteht Lewis als eine Form der Begriffsanalyse. »Wasser« ist durch unsere Alltagstheorie *implizit definiert* als Stoff, der die Wasser-Rolle spielt. Die erste Prämisse des Canberra-Plans ist folglich keine empirische Spekulation. Sie ist analytisch.

Wie in Abschnitt 8.1 erwähnt, muss die Prämisse dazu ein wenig anders formuliert werden – ein Schritt, den Lewis oft überspringt. Die Aussage, dass Wasser die Wasser-Rolle spielt, ist äquivalent zur ursprünglichen Wasser-Theorie, und diese ist sicher nicht analytisch. Dass es in unseren Seen und Bächen einen Stoff gibt, der auch in Gurken vorkommt und bei 100°C kocht, ist eine substantielle These, die man nicht einfach herbeidefinieren kann.

Lewis' Antwort auf diese Schwierigkeit geht zurück auf [Carnap 1963]. Theorien wie die Wasser-Theorie bestehen nach Carnap aus zwei Komponenten, eine substantiell und empirisch, die andere analytisch. Dass es einen Stoff gibt, der die Wasser-Rolle spielt, ist empirisch; dass es sich bei diesem Stoff (wenn es ihn gibt) um Wasser handelt, ist analytisch.

Der empirischen Komponente einer Theorie entspricht der Satz, den man erhält, wenn man die freien Variablen in der theoretischen Rolle durch vorangestellte Existenzquantoren bindet. Das Ergebnis bezeichnet Carnap als *Ramsey-Satz* der Theorie (nach [Ramsey 1931]). Der Ramsey-Satz unserer Wasser-Theorie lautet z.B.: »Es gibt ein X, für das gilt: X kommt in unseren Seen und Bächen vor, X ist oft flüssig, X kocht bei ca. 100°C«, usw.

Die zweite, analytische Komponente der Wasser-Theorie identifiziert diesen Stoff X als Wasser. Ihm entspricht das materiale Konditional aus dem Ramsey-Satz und der ursprünglichen Theorie: »*Wenn* es ein X gibt, das in unseren Seen und Bächen vorkommt [usw.], *dann* kommt Wasser in unseren Seen und Bächen vor [usw.]«. Bezeichnen wir diesen Satz als *Carnap-Konditional* der Theorie. Wie man leicht sieht, sind Ramsey-Satz und Carnap-Konditional zusammen logisch äquivalent zur ursprünglichen Theorie.

Um zu sehen, warum das Carnap-Konditional der Wasser-Theorie analytisch sein soll, muss man sich in Erinnerung rufen, dass ein materiales Konditional genau dann falsch ist, wenn sein Vorderglied wahr ist und sein Hinterglied falsch. Um das Wasser-Konditional als falsch zu erweisen, müssten wir also zweierlei entdecken:

1. Es gibt einen Stoff, der in unseren Seen und Bächen vorkommt, oft flüssig ist, bei ca. 100°C kocht, den Hauptbestandteil von Gurken ausmacht, usw.

2 Bei diesem Stoff handelt es sich aber nicht um Wasser. D.h., Wasser ist nicht jener Stoff, der in unseren Seen und Bächen vorkommt, usw.

Welche Entdeckung könnte dies zeigen? Um festzustellen, dass etwas nicht Wasser ist, muss man doch feststellen, dass ihm ein wesentliches Wasser-Merkmal fehlt. Man kann nicht entdecken, dass etwas alle Merkmale aufweist, aber trotzdem nicht Wasser ist.

Sicher sind Welten denkbar, in denen ein anderer Stoff als Wasser alle Merkmale von Wasser aufweist. Analytizität und Apriorität darf hier nicht mit Notwendigkeit verwechselt werden. Die Frage ist, ob man sich kohärent vorstellen kann, dass *unsere* Welt (genauer: unsere aktuelle Situation) von dieser Art ist.

Für Carnap boten seine Konditionale eine Antwort auf Quines bekannte Skepsis gegenüber analytischen Wahrheiten (s. z.B. [Quine 1953c]). Quine hatte argumentiert, dass sich wissenschaftliche Theorien i.A. nicht in analytische und empirische Komponenten zerlegen lassen, dass sich jeder Satz einer Theorie im Prinzip als falsch erweisen könnte. Ein Blick in die Wissenschaftsgeschichte scheint diese Ansicht zu stützen. Vieles, was Leute früher über Elektronen oder Wasser glaubten, hat sich später als falsch erwiesen, darunter auch ganz zentrale Annahmen. Dennoch gibt es, so Carnap, ein nicht-triviales Merkmal, das Elektronen analytisch zukommt. Es ist aber kein einfaches Merkmal wie negative Ladung oder positive Masse, sondern die höherstufige Eigenschaft, diese und jene einfachen Merkmale aufzuweisen, *wenn* es überhaupt Dinge gibt, die das tun. Sollte sich herausstellen, dass unsere Elektronen-Theorie in dem einen oder anderen Punkt falsch ist – dass es keine Teilchen gibt, die all das tun, was die Theorie Elektronen zuschreibt, so hat sich damit das Carnap-Konditional als *wahr* erwiesen: Ein materiales Konditional ist automatisch wahr, wenn sein Vorderglied falsch ist. Um das Carnap-Konditional zu widerlegen, müssen sich im Gegenteil Dinge finden, auf die unsere Elektronen-Theorie perfekt zutrifft. Gleichzeitig muss sich herausstellen, dass es sich bei diesen Dingen nicht um Elektronen handelt. Wir können, so Carnap, zuversichtlich sein, dass dies nicht geschieht.

Carnap hat Recht. Carnap-Konditionale sind ausgezeichnete Kandidaten für analytische Wahrheiten. Wichtig für den Canberra-Plan ist nun, dass man als erste Prämisse nur ein Carnap-Konditional benötigt. Aus (1') und (2) folgt nämlich, um zu Wasser zurückzukehren, immer noch logisch (3):

1') *Wenn* es eine Flüssigkeit in unseren Seen und Bächen gibt, *dann* ist Wasser die Flüssigkeit in unseren Seen und Bächen;

2) H_2O = die Flüssigkeit in unseren Seen und Bächen;

3) Also: Wasser = H_2O.

Anders als in der ursprünglichen Formulierung ist – bei geeigneter Wahl der theoretischen Rolle – diesmal die erste Prämisse wirklich analytisch.

Ganz andere Bedenken gegen den Canberra-Plan erwachsen aus den Arbeiten von Kripke [1980], Putnam [1975] und anderen, nach denen der Bezug vieler Ausdrücke weitgehend unabhängig ist von den Beschreibungen, die Leute damit assoziieren. Tatsächlich vertritt Lewis, wie im letzten Kapitel erwähnt, eine Art *Beschreibungstheorie der Referenz*. Die Überlegungen von Kripke und Putnam widerlegen Lewis zufolge nur eine besonders naive Version dieser Theorie, der zufolge die einschlägige Beschreibung etwa für »Kurt Gödel« in einer Auflistung berühmter Taten und Werke besteht, die dem Referenten auch gleich noch notwendig zukommen soll.

Im ersten Punkt vertrat auch Lewis einst eine Theorie dieser Art, etwa wenn er in [1972a: §3] unser Alltagspsychologie als »Sammlung von Platitüden« bezeichnet. Wenn wir eine Sammlung von Platitüden über Kurt Gödel aufstellten, käme dabei wohl eine (eher kurze) Liste berühmter Taten und Werke heraus. Wie Kripke zeigt, ist das Carnap-Konditional *dieser* Theorie nicht analytisch: Es könnte sich herausstellen, dass ein anderer als Gödel die Taten vollbrachte, für die Gödel bekannt ist.

Wie also ist die theoretische Rolle zu bestimmen, wenn nicht als ›Sammlung von Platitüden‹? Eine Antwort findet man in Lewis' Arbeiten zur Sprachphilosophie (s. Kap. 10 und [1997c]). Erinnern wir uns: Was unsere Wörter bedeuten beruht auf Konventionen, die regeln, welche Sätze unter welchen Umständen als wahr gelten und daher geäußert werden dürfen. Diese Konventionen sind den Mitgliedern unserer Sprachgemeinschaft zumindest implizit bekannt. D.h., kompetente Sprecher wissen, unter welchen Bedingungen man mit »Kurt Gödel war so-und-so« etwas Wahres sagen kann und unter welchen nicht. Aus diesen Bedingungen lassen sich nun Bedingungen über den Bezug von »Kurt Gödel«

ableiten. Würden kompetente Sprecher z. B. »Kurt Gödel war so-und-so« genau dann als wahr erachten, wenn der Entdecker der Unvollständigkeit der Arithmetik so-und-so war, dann könnte man die für »Gödel« einschlägige Rolle bestimmen als: X entdeckte die Unvollständigkeit der Arithmetik.

Man muss sich also ansehen, unter welchen Bedingungen kompetente Sprecher gewisse Aussagen mit »Kurt Gödel« als wahr bzw. falsch erachten. Genau das unternimmt Kripke in *Naming and Necessity*, und stellt fest, dass wir »Kurt Gödel war so-und-so« in etwa genau dann als wahr erachten, wenn diejenige Person so-und-so war, zu der unsere aktuelle Verwendung des Namens »Kurt Gödel« über eine Kommunikationskette bestimmter Art zurück verfolgt werden kann. Wenn das stimmt, sieht die Gödel-Rolle folglich so aus: X ist die Person, zu der unsere aktuelle Verwendung des Namens »Kurt Gödel« über eine geeignete Kommunikationskette zurück verfolgt werden kann (vgl. [1984b: 59], [1994b: 313], [1997c: 353f., Fn. 22], [2002b: 96, Fn. 2] sowie [Kripke 1980: 88, Fn. 38] und [Jackson 2005b]).

Es ist klar, dass kompetente Sprecher diese ›Beschreibung‹ nicht unmittelbar auf leichte Nachfrage herunterspulen werden. Sie braucht nicht einmal in ihrer Sprache formulierbar zu sein: Es geht letztlich nicht um eine um eine *Beschreibung*, sondern um eine *Bedingung*. Vielleicht gehört zu unserer Katzen-Theorie, dass Katzen ungefähr *so* aussehen, ohne dass sich dieses ›so‹ im Deutschen restlos ausbuchstabieren lässt. Da Referenz bei Lewis durch Bedingungen, nicht Beschreibungen festgelegt ist, entsteht auch kein Regressproblem, wenn wir fragen, woher die Wörter in der Beschreibung ihre Referenz bekommen (vgl. [Devitt und Sterelny 1987: §3.5], [Jackson 1998d]).[1]

Dass Begriffsanalyse oft so schwer ist, liegt daran, dass uns die mit unseren Begriffen verknüpften Bedingungen i. A. nur implizit bekannt sind. Kompetente Sprecher des Deutschen können für einzelne Situationen mit einiger Zuversicht sagen, ob darin ein Fall von *Wissen* oder *Verursachung* vorliegt oder nicht; welches Muster dieser Klassifikation zu Grunde liegt, ist aber völlig offen. Begriffsanalyse ist deshalb weit mehr als ein Sammeln von Platitüden: »conceptual analysis is required to reveal what it is that all the actual and possible varieties of causation have in common« [2004a: 76].

Der zweite Punkt, in dem Lewis von der traditionellen Beschreibungstheorie abweicht, betrifft den modalen Status der Analyse. Dass an einen Namen bestimmte Bedingungen geknüpft sind, heißt nicht, dass diese dem Namensträger essentiell sind. Sicher gibt es Welten, in denen Kurt Gödel nicht am Anfang der Kommunikationskette steht, die zu unserer Verwendung von »Kurt Gödel« führt. Daraus folgt aber nicht, dass der Bezug des Namens nicht durch diese

---

[1] In »Putnam's Paradox« [1984b] verteidigt Lewis eine Theorie, nach der die Bedeutung unserer Wörter tatsächlich bestimmt ist durch damit assoziierte *Beschreibungen* – also andere Wörter. Das ist aber, wie Lewis zu Eingang deutlich macht, nicht seine eigene Theorie.

Bedingung festgelegt ist. Carnap-Konditionale sollen analytisch und a priori sein, nicht unbedingt notwendig (vgl. [1970c: 87], [1984b: 59], [1997c: 356f.], sowie Abschnitt 10.4).

Man könnte die Notwendigkeit der Analyse retten, indem man sie *rigidifiziert*: Gödel ist die Person, die *in unserer Welt* am Anfang der Kette steht. Für die Zwecke des Canberra-Plans ist dieses Manöver jedoch überflüssig, wenn nicht sogar störend. Es ist überflüssig, weil es keinen systematischen Grund für die Notwendigkeit der Referenz-Bedingung gibt. Und es stört, weil damit die eigentliche Bedingung verdeckt wird. Eine Bedingung ist – anders als eine Beschreibung – eine Eigenschaft, so etwas wie eine Funktion von möglichen Welten auf Individuen. Die Bedingung, *in unserer Welt* am Anfang der »Gödel«-Kette zu stehen, trifft in jeder Welt auf Kurt Gödel zu; es ist dieselbe Bedingung wie *Kurt Gödel sein*. Der Witz an der Beschreibungstheorie ist aber gerade, dass wir Gegenstände über interessante, qualitative Eigenschaften herausgreifen, Eigenschaften wie: am Anfang der »Gödel«-Kette stehen, oder: unsere Bäche und Seen füllen. Mit der Rigidifizierung geht das verloren.

Wie auch immer man zur sprachphilosophische Fundierung des Canberra-Plans steht, für viele Anwendungen kommt es darauf nicht an. Wenn Lewis z.B. sagt, eine glaubwürdige Theorie von Farben dürfe unseren Alltagsmeinungen nicht zu sehr widersprechen – »It won't do to say that colours do not exist; or that we are unable to detect them; or that they never are properties of material things« [1997c: 332] –, so ist das eigentlich nur ein Bekenntnis zum gesunden Menschenverstand, das man teilen kann, egal welcher Referenztheorie man anhängt.

In vielen Fällen geht es Lewis ohnehin nicht um die alltägliche, konventionale Bedeutung eines Ausdrucks. Wenn in seiner Sprachphilosophie z.B. Bedeutungen die Rolle zugewiesen wird, systematisch zu bestimmen, welche Sätze in welchen Kontexten wahr sind, dann ist das ausdrücklich *nicht* als Analyse unseres alltäglichen Bedeutungsbegriffs gemeint (s.o., Abschnitt 10.3). Die relevante Theorie ist hier nicht unsere Alltagstheorie, sondern eine explizite *Fachtheorie*. Deshalb haben in solchen Fällen Kripke'sche Intuitionen über die Beschreibung möglicher Situationen auch nichts verloren (vgl. [1994b: 311f.]).

Ein Wechsel von alltagstheoretischen zu fachtheoretischen Rollen ist oft ratsam, weil unser Alltagsgebrauch für philosophische Zwecke viel zu vage und mehrdeutig ist. Versucht man etwa, aus unseren Sprachkonventionen die theoretische Rolle von »Bedeutung«, »Freiheit« oder »Bewusstsein« zu rekonstruieren, so erhält man keine besonders kohärente oder fruchtbare Rolle (vgl. [Kemmerling 1998]). Insofern ist nicht verwunderlich, dass demselben Begriff in verschiedenen Fachtheorien oft ganz unterschiedliche Rollen zukommen. ›Ereignisse‹ im Sinn der Wahrscheinlichkeitstheorie sind etwas ganz anderes als ›Ereignisse‹ in der Relativitätstheorie (vgl. [1986e: 241–243], [1986g: 196f.]). Ähnlich bei Eigenschaften:

[W]e have the word »property«, introduced by way of a varied repertory of ordinary and philosophical uses. The word has thereby become associated with a role in our commonsensical thought and in a variety of philosophical theories. To deserve the name of »property« is to be suited to play the right theoretical role. [...] But it is wrong to speak of *the* role associated with the word ›property‹, as if it were fully and uncontroversially settled. [...] The question worth asking is: which entities, if any, among those we should believe in, can occupy which versions of the property role? [1986f: 55] (vgl. oben, Abschnitt 5.1)

Hier, in der Vagheit und Variabilität unseres Sprachgebrauchs, sieht Lewis die eigentliche Schwierigkeit mit analytischen Wahrheiten (vgl. [1989b: 85f.], [2008: Fn. 5]): Ein Satz, der in einem Kontext, unter einer Präzisierung, analytisch und unrevidierbar ist, kann in einem anderen Kontext, unter einer anderen Präzisierung, eine substantielle empirische These ausdrücken. Eine eindeutige und präzise Analyse kann dann höchstens einen gewissen Kern unseres vagen und variablen Gebrauchs abdecken.

Lewis' Theorien von Eigenschaften, Bewusstsein, Wissen, Meinen, usw. sind folglich keine Analysen im Stil der *Ordinary-Language*-Philosophie. Es geht Lewis nicht darum, genau den Alltagsgebrauch dieser Ausdrücke nachzuzeichnen; er versucht vielmehr, im Umfeld dieses Gebrauchs einen theoretisch interessanten Kern auszumachen und diesen ans Licht zu ziehen (s. etwa Abschnitt 9.4 zu »Glauben« und Glauben, sowie [1969a: 3, 46], [1980d: 280], [1986f: 55, 189], [1989b: 86f.], [1990]).

11.2 Unerfüllte Rollen

Carnap-Konditionale drücken (begrifflich) *hinreichende* Bedingungen aus: Wenn etwas die Wasser-Rolle spielt, dann handelt es sich um Wasser. Über den Fall, dass etwas die Wasser-Rolle *nicht* spielt, erfahren wir damit nichts.

Das hat Vor- und Nachteile. Gut ist, dass wir die fragliche Rolle so beliebig stark machen können. Wir könnten in die Wasser-Rolle z.B. restlos alles hineinpacken, was wir über Wasser glauben. Die Wasser-Theorie wäre dann sehr spekulativ, ihr Carnap-Konditional dagegen unfehlbar: Es kann sich unmöglich herausstellen, dass etwas *alle* unsere Wasser-Meinungen erfüllt, ohne Wasser zu sein. Als notwendige Bedingung wäre diese Rolle absurd, als hinreichende ist sie überaus plausibel.

Doch was ist, wenn sich einige unserer Meinungen als falsch erweisen? Das Carnap-Konditional bleibt dann zwar wahr, doch der Canberra-Plan stockt an Schritt Zwei: Wir werden nichts mehr finden, was die Rolle erfüllt.

Das kann natürlich auch bei weniger aufgeblähten Theorien passieren. Was ist, wenn nichts all die Merkmale aufweist, die unsere Alltags- oder Fachtheorie Wasser zuschreibt? Wie können wir Wasser dann in einer grundlegenderen Ontologie verorten?

Lewis weicht hierfür den zweiten Schritt des Canberra-Plans auf: Um einen Namen zu verdienen, reicht es, wenn etwas die Rolle *in hinreichendem Ausmaß* erfüllt (vgl.[1984b: 59], [1994b: 298], [1995], [1996a: 58] und [2004d: 280]). Aus Lewis' Sicht gibt es z. B. nichts, was die Bedingungen für »objektive Wahrscheinlichkeit«, »Gleichzeitigkeit«, »Qualia« und »moralische Werte« vollkommen erfüllt. Aber es gibt Kandidaten, die dem wenigstens nahe kommen – nahe genug, meint Lewis, um diese Namen zu verdienen (s.o., S. 128, 152, 185, sowie [1989b: 92f.], [1994a: §9], [1995]).

In [1966a: 104] und [1970c: 83] schlägt Lewis eine andere Antwort vor, die mir besser gefällt. Wir lassen den zweiten Schritt, wie er ist, und entschärfen dafür die theoretische Rolle: Wasser ist der Stoff, der die-und-die Bedingungen *in hinreichendem Ausmaß* erfüllt. Das hat u.a. den Vorteil, dass man so zwischen wichtigeren und weniger wichtigen Bedingungen unterscheiden kann. Dass Wasser in Gurken vorkommt, ist eher verhandelbar als dass es manchmal flüssig ist.

Um zu verstehen, wie diese Entschärfung funktioniert, denken wir uns einmal verschiedene Carnap-Konditionale für Wasser, verschiedene Sätze der Form: *Wenn etwas so-und-so ist, dann ist es Wasser.* Klar ist, dass etwas Wasser sein muss, wenn es sämtliche unserer Wasser-Meinungen erfüllt. Halten wir das fest. Was ist, wenn es nichts gibt, was all diese Bedingungen erfüllt, aber dafür etwas, was fast alle erfüllt – sagen wir, alle bis auf die Annahme, dass es in Gurken vorkommt? Dann handelt es sich immer noch um Wasser. (Anders gesagt: Es könnte sich herausstellen, dass es Wasser gibt, dieses aber nicht in Gurken vorkommt.)

Wir bekommen auf diese Weise eine Reihe von Konditionalen mit zunehmend abgeschwächter Rolle. Je mehr Komponenten der ursprünglichen Rolle wir ändern oder aufgeben, desto unklarer wird, ob ein Kandidat noch den Namen »Wasser« verdient. Wenn nichts auch nur annähernd die ursprüngliche Rolle spielt, dann gibt es kein Wasser. Auf genau diese Weise haben Wissenschaftler einst herausgefunden, dass es den Planeten Vulkan und den Stoff Phlogiston nicht gibt: Sie entdeckten, dass nichts auch nur annähernd die entsprechende theoretische Rolle erfüllte. Es war also klar, dass etwas den Namen »Phlogiston« nur verdient, wenn es wenigstens halbwegs zur Phlogiston-Theorie passt.

Wir haben mit unserer Liste von Carnap-Konditionalen nun eine Liste von jeweils hinreichenden Bedingungen dafür, dass etwas Wasser ist, von denen außerdem notwendig ist, dass Wasser zumindest eine davon erfüllt. Diese Liste von Carnap-Konditionalen lässt sich in ein einziges Konditional übersetzen. Denn

$(\exists x R(x) \supset R(\text{Wasser}))$
$\wedge \ ((\neg \exists x R(x) \wedge \exists x R'(x)) \supset R'(\text{Wasser}))$
$\wedge \ ((\neg \exists x R(x) \wedge \neg \exists x R'(x) \wedge \exists x R''(x)) \supset R''(\text{Wasser}))$
$\wedge \ \ldots$

ist logisch äquivalent zu

$$\exists x R^*(x) \supset R^*(\text{Wasser}),$$

wobei $R^*(x)$ definiert ist als

$$R(x) \vee (\neg \exists y R(y) \wedge R'(x)) \vee (\neg \exists y R(y) \wedge \neg \exists y R'(y) \wedge R''(x)) \vee \ldots.$$

R^* ist die abgeschwächte Wasser-Rolle, mit der wir gegen alle empirischen Überraschungen gewappnet sind. Für diese abgeschwächte Rolle gilt nun auch das *inverse Carnap-Konditional*: Wenn etwas die Rolle $R^*(x)$ *nicht* erfüllt, dann ist es nicht Wasser.

Inverse Carnap-Konditionale führt Lewis oft ins Feld, wenn er Alternativen zu seinen Theorien diskutiert. Wer etwa Bedeutungen, Ereignisse oder mögliche Welten mit diesen und jenen Dingen identifizieren will, der muss erst einmal zeigen, dass die angeführten Kandidaten die entsprechende Rolle erfüllen. Man könnte diesen Argumentationstyp aufgrund seiner Nähe zum Canberra-Plan als *Canberra-Einwand* bezeichnen. Der Canberra-Einwand gegen die Identifikation von Wasser mit Zahnseide ginge also etwa so:

1. Wenn etwas nicht die Wasser-Rolle erfüllt, dann ist es nicht Wasser.
2. Zahnseide erfüllt nicht die Wasser-Rolle.
3. Also ist Zahnseide nicht Wasser.

Erinnern wir uns z. B. an eines von Lewis' Argumenten gegen die Konstruktion möglicher Welten als Satzmengen (s. Abschnitt 3.7): Als mögliche Welten kommen nur Dinge in Frage, von denen es für jede Weise, wie eine Welt sein könnte, ein entsprechendes Ding gibt; es gibt aber viel mehr solche Weisen als Satzmengen; folglich können die möglichen Welten nicht die Satzmengen sein.

Interessanterweise richtet Lewis praktisch denselben Einwand auch gegen antireduktionistische Theorien, die mögliche Welten z. B. als metaphysisch grundlegende Entitäten behandeln. Den Namen »mögliche Welt, in der Esel sprechen können« verdient ein Ding nur, wenn es irgendwie sprechende Esel repräsentiert. Wir wissen, wie Sätze, Bilder oder Modelle das tun – und Lewis' Welten sind nichts anderes als 1:1-Modelle –, aber nicht, wie das bei irreduziblen abstrakten Entitäten geht. Ohne eine solche Erklärung bleibt daher offen, ob die vorgeschlagenen Kandidaten als mögliche Welten in Frage kommen: »If I cannot see how an abstract simple [...] could deserve the name ›state of affairs‹ or ›there being a talking donkey‹, [...] it's no answer just to stipulate that it is so named« [1986f: 184].

Das ist ein starker und verblüffender Zug. Man hätte meinen können, dass, wenn ein Phänomen nicht auf Grundlegenderes reduzierbar ist, zur Not immer die Möglichkeit bleibt, es selbst als grundlegend zu akzeptieren. Lewis argumentiert dagegen wieder und wieder, dass grundlegende Entitäten die erforderlichen Bedingungen nicht erfüllen.

So auch bei Naturgesetzen und objektiver Wahrscheinlichkeit. Objektive Wahrscheinlichkeit ist gekennzeichnet durch das Principal Principle, nach dem rationale Personen, wenn sie lernen, dass die objektive Wahrscheinlichkeit eines Ereignisses, sagen wir, 0,9 beträgt, diesem Ereignis auch vergleichsweise hohe subjektive Wahrscheinlichkeit zuweisen (s. Abschnitt 6.5). Doch warum sollte ich annehmen, dass ein Ereignis vermutlich eintritt, nur weil ich erfahre, dass eine irreduzible Größe, die logisch unabhängig ist vom Eintreten des Ereignisses, den Wert 0,9 hat?

> Be my guest – posit all the primitive unHumean whatnots you like […]. But play fair in naming your whatnots. Don't call any alleged feature of reality »chance« unless you've already shown that you have something, knowledge of which could constrain rational credence. [1994a: 239][2]

Wir haben nun zwei Fälle abgedeckt: Wenn *genau ein* Gegenstand die für einen Begriff einschlägige Rolle erfüllt, so bezieht sich der Begriff auf diesen Gegenstand; wenn *kein* Gegenstand die Rolle erfüllt, dann ist der Begriff leer, das fragliche Phänomen existiert nicht. Bleibt noch eine dritte Möglichkeit: Was ist, wenn *mehrere Dinge* die Rolle erfüllen, wenn z. B. die Wasser-Rolle sowohl auf H_2O als auch auf XYZ zutrifft?

In [1970c: 83] und [1972a: 252] erklärt Lewis den definierten Begriff in so einem Fall ebenfalls für leer: Wenn H_2O und XYZ beide die Wasser-Rolle spielen, dann gibt es kein Wasser. Später zieht er das zurück und erklärt, »Wasser« sei dann referentiell unbestimmt zwischen den verschiedenen Kandidaten (vgl. [1984b: 59], [1994b: 301], [1997c: 347], [2004d: 280], [2008: Fn. 12]).

Intuitiv scheint mal diese und mal jene Antwort besser. Würden wir z.B. entdecken, dass die Jack the Ripper zugeschriebenen Verbrechen von fünf verschiedenen Leuten (unabhängig von einander) verübt wurden, so würden wir wahrscheinlich sagen, es habe Jack the Ripper nie gegeben. Wenn uns andererseits die Relativitätstheorie zwei gleichermaßen gute Kandidaten für »Masse« anbietet (Ruhemasse und relativistische Masse), so folgern wir nicht, dass alle Dinge masselos sind; wir betrachten unseren bisherigen Ausdruck »Masse« vielmehr als unbestimmt zwischen den beiden Größen – die ja bei normalen Geschwindigkeiten auch praktisch nicht zu unterscheiden sind (vgl. [Field 1973]).

Doch der Eindruck trügt. Es kann sich nämlich gar nicht herausstellen, dass fünf verschiedene Leute die Jack the Ripper-Rolle spielen. Diese Rolle sieht (unabgeschwächt) ungefähr so aus: X ermordete 1888 im Alleingang die Londoner Prostituierten Mary Ann Nichols, Annie Chapman, Elizabeth Stride, Catherine Eddowes und Mary Jane Kelly. Die Rolle legt fest, dass es jeweils dieselbe Person war. Ebenso schließt unsere Wasser-Rolle eine Erfüllung durch mehrere Stoffe aus:

---

[2] vgl. Abschnitt 6.5, sowie Abschnitt 6.3, [1983d: 40] und [1986g: xii] für den parallelen Einwand gegen irreduzible Naturgesetze. Für weitere Instanzen des Canberra-Einwands s. z.B. [1979a: 142f.], [1986a: 102, 104f.], [1986f: 186, 189], [1998b: 215–217].

Gurken können nicht sowohl größtenteils aus H_2O als auch aus XYZ bestehen. ([Block und Stalnaker 1999] übersehen diesen Punkt.)

Wenn eine Rolle scheinbar durch mehrere Dinge erfüllt wird, dann wird sie in der Regel durch die einzelnen Kandidaten nur *zum Teil* erfüllt: Der eine verübt diesen Mord, der andere jenen. Teil-Erfüllung aber ist schlechte Erfüllung. Nur einen der Morde begangen zu haben, reicht nicht, um Jack the Ripper zu sein. In den Fällen, in denen es zunächst so aussieht, als bleibe bei Mehrfach-Erfüllung der fragliche Term leer (wie Lewis ursprünglich annahm), liegt das daran, dass wir es hier gar nicht mit Mehrfach-Erfüllung zu tun haben, sondern mit geteilter Erfüllung, wobei keiner der Kandidaten der eigentlichen Rolle auch nur nahe kommt. Anders in Fällen echter Mehrfach-Erfüllung, wie bei Masse.

Mehrfach-Erfüllung ist allgegenwärtig, wenn man *überlappende* Kandidaten in Betracht zieht. Nehmen wir H_2O. Lewis zufolge ist H_2O, als Stoff *typ*, eine Klasse möglicher Moleküle: die Klasse aller H_2O-Moleküle (s. Kap. 5). Es wäre aber naiv zu glauben, dass diese Klasse völlig klare Grenzen hat. Es gibt unzählige mögliche Moleküle (besonders in Welten mit leicht anderen Naturgesetzen), die weder eindeutig H_2O sind noch eindeutig nicht H_2O. Streng genommen gibt es also in der Umgebung von H_2O *sehr viele* chemische Typen, die sich an den Grenzen leicht unterscheiden. Ebenso gibt es, selbst wenn ein einzelner Mensch Jack the Rippers Morde verübte, immer noch viele Kandidaten, wenn wir den Täter in der Mikrophysik verorten wollen: Welche abfallenden Hautpartikel, welche vorgeburtliche Stadien zählen wir mit? Je nach Antwort erhalten wir verschiedene physikalische Körper, die als Jack the Ripper in Frage kommen (s. Abschnitt 2.3). Es wäre absurd, hier aus der Vielzahl der Kandidaten zu folgern, dass es Jack the Ripper und Wasser gar nicht gibt. Und zwar eben deshalb, weil die vielen Kandidaten diesmal ihre Rolle ausgezeichnet erfüllen.

Die richtige Antwort auf mehrfach erfüllte Rollen ist also eindeutig Lewis' zweite: »Wasser« und »Jack the Ripper« sind in so einem Fall referentiell unbestimmt zwischen den verschiedenen Kandidaten.

Es gibt hier eine möglicherweise aufschlussreiche Parallele zur Reduktion mathematischer Gegenstände. Wenn man etwa natürliche Zahlen oder geordnete Paare auf Mengen zurückführt, stößt man ebenfalls auf eine Vielzahl von Kandidaten, die jeweils alle mit diesen Begriffen verknüpften Bedingungen erfüllen – für Paare z.B. Mengen der Form $\{\{x\},\{x,y\}\}$ und Mengen der Form $\{\{\{x\},\emptyset\},\{\{y\}\}\}$ (s. Abschnitt 1.3). Auch hier sollte man daraus nicht schließen, dass Paare und Zahlen nicht existieren. Besser man sagt, dass unsere mathematischen Begriffe unterbestimmt sind zwischen den verschiedenen Kandidaten. Welche Konsequenzen das genau hat, hängt von der Behandlung unterbestimmter Ausdrücke ab. Nach der supervaluationistischen Lesart (s. Abschnitt 10.3) wäre ein Satz über Zahlen nun etwa genau dann wahr, wenn er unter allen Auflösungen der Unterbestimmtheit wahr ist. Das Ergebnis ähnelt stark der eliminativ-strukturalistischen Interpretation, nach der etwa »nicht jede Zahl ist ein Nachfolger«

interpretiert wird als »wann immer eine Relation R die Peano-Axiome erfüllt, gibt es ein x, zu dem kein y in der Beziehung R steht« (vgl. Abschnitt 4.3).

11.3 Rollen-Ausdrücke und funktionale Eigenschaften

Bei der Anwendung des Canberra-Plans stößt man schnell auf eine Merkwürdigkeit. Betrachten wir die Eigenschaft, eine *Uhr* zu sein. Die theoretische Rolle könnte hier ansatzweise so lauten: Etwas hat genau dann X, wenn es mit der Tageszeit sein Äußeres auf eine solche Weise ändert, dass wir davon die Tageszeit ablesen können. Im zweiten Schritt des Canberra-Plans müssten wir nun etwas suchen – z.B. in der Mikrophysik –, was diese Rolle erfüllt. Die fragliche Eigenschaft müsste etwas sein, was alle Arten Sonnenuhren, Räderuhren, Digitaluhren, Atomuhren, usw. von allen anderen Dingen unterscheidet. Es ist klar, dass wir hier keine *mikrophysikalische* Gemeinsamkeit entdecken werden. Was tun?

Man könnte vorschlagen, die Eigenschaft, eine Uhr zu sein, sei eine äußerst *disjunktive* mikrophysikalische Eigenschaft. Wenigstens zwischen den Armbanduhren eines ganz bestimmten Modells gibt es vermutlich eine mikrophysikalische Gemeinsamkeit. Nennen wir diese U_1. Ebenso zwischen den Atomuhren einer bestimmten Baureihe (U_2), usw. Die Eigenschaft, eine Uhr zu sein, könnte man dann identifizieren mit der mikrophysikalischen Eigenschaft $U_1 \vee U_2 \vee \ldots$. Doch das ist natürlich Unsinn. Diese Eigenschaft ist nicht, worauf wir uns mit »Uhr« beziehen – schon allein, weil man ohne Weiteres Uhren eines neuen Typs bauen könnte, die dann nicht $U_1 \vee U_2 \vee \ldots$ hätten.

Eine andere, ebenso abwegige, Antwort wäre, dass wir uns mit »Uhr« nur auf *eine* der Eigenschaften U_1, U_2, usw. beziehen, wobei jeweils vom Kontext abhängt, welche das ist: Wenn gerade von Atomuhren die Rede ist, meinen wir U_2, wenn von Armbanduhren die Rede ist, U_1, usw. Das entspricht Lewis' Analyse von »Schmerz«, nach der sich »Schmerz« je nach Äußerungskontext auf diejenige physikalische Eigenschaft bezieht, die in den gerade relevanten Individuen die Schmerz-Rolle erfüllt (s. o., Kap. 8).

Es gibt eine viel einfachere und besser Lösung. Welche Eigenschaft haben Sonnenuhren, Räderuhren, Digitaluhren, Atomuhren, und alle Uhren, die man erst noch erfinden könnte, gemeinsam? Nun, es sind alles Dinge, die mit der Tageszeit ihr Äußeres auf eine solche Weise verändern, dass man davon die Tageszeit ablesen kann. Das ist (ansatzweise) die Eigenschaft, die wir mit »— ist eine Uhr« ausdrücken. Man kann die bezeichnete Eigenschaft also aus der theoretischen Rolle unmittelbar ablesen. (Um genau zu sein ergibt sie sich durch *Diagonalisierung* aus der Rolle, vgl. [1970c: 86].)

Nennen wir Ausdrücke, die auf diese Weise funktionieren, *Rollen-Ausdrücke*. Lewis scheint zu übersehen, dass Ausdrücke für Eigenschaften, im Gegensatz zu

Namen für Einzeldinge, überwiegend Rollen-Ausdrücke sind. Man kann das testen, indem man sich fragt, unter welchen Bedingungen ein Gegenstand in anderen möglichen Welten die fragliche Eigenschaft hat: Muss er dazu selbst die in der theoretischen Rolle aufgeführten Merkmale aufweisen (z. B. die Zeit anzeigen), oder muss er vielmehr von derselben grundlegenden Art sein wie Dinge, denen diese Merkmale *bei uns* zukommen? »Freiheit«, »Schönheit«, »Gerechtigkeit« und »Zahnseide« sind danach Rollen-Ausdrücke, ebenso wie »lesen«, »warten«, »winken«, »verreisen«, »feiern«, »verursachen«, sowie praktisch alle Ausdrücke für geistige Zustände: »Schmerz«, »Wahrnehmung«, »Meinung«, »Wunsch«, »Wissen«, usw.

Rollen-Ausdrücke bezeichnen oft *funktionale Eigenschaften*, deren Träger einander intrinsisch nicht sonderlich ähneln. Was alle tatsächlichen und möglichen Uhren gemeinsam haben, ist nicht ihr physikalischer Aufbau, sondern das Erfüllen einer bestimmten Funktion.

Die funktionale Eigenschaft, eine Uhr zu sein, wird durch die einzelnen physikalischen Eigenschaften U_1, U_2 usw. *realisiert*. Realisierung einer funktionalen Eigenschaft sollte nicht mit Erfüllung einer theoretischen Rolle verwechselt werden: Wenn ein Gegenstand A die für B definitorische Rolle erfüllt, so ist $A = B$. Wenn A dagegen eine funktionale Eigenschaft B realisiert, so ist in der Regel $A \neq B$. Dass A in einem bestimmten Individuum die Eigenschaft B realisiert, heißt in etwa, dass die Instanziierung von B durch dieses Individuum auf der Instanziierung von A beruht, und durch diese vollständig erklärt werden kann: Wenn wir einmal herausgefunden haben, dass Gegenstände mit der Eigenschaft U_1 aufgrund dieser Eigenschaft ihr Äußeres mit der Tageszeit so verändern, dass man danach die Zeit ablesen kann, so steht fest, dass es sich bei diesen Gegenständen um Uhren handelt. Die *Uhr*-Eigenschaft ist zwar nicht identisch mit U_1, aber doch in einem guten Sinn auch keine *zusätzliche* Eigenschaft eines U_1-Dings (vgl. [Lepore und Loewer 1989: 179], [Beckermann 1997]).

Da funktionale Eigenschaften nicht identisch sind mit ihren Realisierern, könnte man fragen, welche der Eigenschaften eigentlich kausal wirksam ist: die Eigenschaft, eine Uhr zu sein, oder ihr Realisierer U_1? Jede Antwort ist so schlecht wie die andere. Dass mikrophysikalische Eigenschaften wie U_1 kausal unwirksam sind, ist sicher inakzeptabel. Ebenso inakzeptabel ist aber die Annahme, funktionale Eigenschaften wie eine Uhr zu sein (oder Verreisen, oder Feiern) hätten keinerlei Einfluß auf die Geschehnisse in der Welt. Muss man also sagen, dass *sowohl* die funktionalen Eigenschaften *als auch* ihre jeweiligen Realisierer kausal wirksam sind? Dann würden der Physik grundlegende Kausalbeziehungen entgehen, wenn sie nur die Realisierer betrachtet und nicht auch Uhren und Reisen erwähnt. Dieses Trilemma ist wohl ein Grund, warum Lewis funktionalen Eigenschaften lange aus dem Weg geht und z. B. »Schmerz« nicht als Rollen-Ausdruck versteht. (Es ist jedenfalls der Grund, warum Jaegwon Kim Lewis' Fehler unlängst nachgemacht hat, s. [Kim 1998]). Schon bei »Uhr« wird diese

These aber völlig unplausibel. Wir brauchen einen echten Ausweg aus dem Trilemma.

Ein vielversprechender Ansatz hierfür ist die Einsicht, dass Ursachen *Ereignisse* sind, nicht *Eigenschaften*. Eine Uhr sein und U_1 haben sind verschiedene Eigenschaften. Wenn eine konkrete Instanziierung von U_1 aber gleichzeitig eine Instanziierung von *Uhr* ist, weil U_1 eben *Uhr* realisiert, dann haben wir es nur mit einem Ereignis zu tun. Dieses Ereignis ist mikrophysikalisch vollständig erfassbar, aber trotzdem eine Instanziierung der funktionalen Eigenschaft *Uhr* (s. o., Abschnitt 8.2 und Kap. 7, und vgl. [1997b: 142–144], [1997c: 341–343], [1986c: 223f.]).

Zurück zum Canberra-Plan. Für Rollen-Ausdrücke ist der zweite Schritt des Plans, und damit auch die Konklusion, nicht wirklich interessant. Der Erfüller (nicht der Realisierer!) kann aus der theoretischen Rolle direkt abgelesen werden. Kennt man die Rolle, braucht man nach dem Erfüller nicht mehr lange zu suchen.

– Es sei denn, man braucht ihn in einer bestimmten *Form*. Denken wir noch einmal an Lewis' Analyse von Naturgesetzen und objektiver Wahrscheinlichkeit (Kap. 6). Auch hier haben wir es mit Rollen-Ausdrücken zu tun: Ob etwas in einer anderen Welt ein Naturgesetz ist, hängt davon ab, ob es *dort* die für Naturgesetze charakteristischen Merkmale aufweist. Welche Merkmale das sind, ergibt sich aus unserer Naturgesetz-Theorie, nach der Naturgesetze universell gültige und objektive Regularitäten sind, die kontrafaktische Konditionale unterstützen, Ereignisse erklären, durch ihre Instanzen gestützt werden, usw. Damit, könnte man meinen, wissen wir alles, was es über den Begriff »Naturgesetz« zu wissen gibt; wir kennen die Rolle, und damit den Erfüller.

Doch das hilft uns wenig, wenn wir mit Lewis erklären wollen, wie Tatsachen über Naturgesetze durch die Verteilung fundamentaler Eigenschaften in einer Welt bestimmt sind. In der angegebenen Rolle ist ja nicht nur von fundamentalen Eigenschaften die Rede, sondern von Erklärungen, kontrafaktischen Konditionalen und anderen ›höherstufigen‹ Phänomenen – und es besteht wenig Hoffnung, dass wir diese aus der Verteilung fundamentaler Eigenschaften ablesen können, ohne erst die Naturgesetze zu kennen. Die theoretische Rolle liefert eine *Aufwärts-Verortung* von Tatsachen über Naturgesetzen in Tatsachen über Konditionale, Erklärungen usw. Gesucht ist aber eine *Abwärts-Verortung*. Eine Abwärts-Verortung bietet die Mill-Ramsey-Lewis-Theorie, die ein Naturgesetz bestimmt als ein Theorem der besten, systematischen Beschreibung von Regularitäten in der Verteilung fundamentaler Eigenschaften. Da »Naturgesetz« ein Rollen-Ausdruck ist, ist dies keine empirische Hypothese darüber, was wohl die fragliche Rolle erfüllt. Der Vorschlag ist vielmehr, dass die ursprüngliche Rolle und die Mill-Ramsey-Lewis-Rolle zusammenfallen: dass alles, was im einen Sinn als Naturgesetz zählen würde, es auch im andern tut.

Noch deutlicher ist das bei objektiver Wahrscheinlichkeit, wo Lewis ausdrücklich *zwei* Analysen vorbringt (s. Abschnitt 6.5). Zum einen ist objektive Wahrscheinlichkeit definiert als diejenige Größe, die das Principal Principle erfüllt. Das ist die ›Alltagsrolle‹ objektiver Wahrscheinlichkeit. Wieder ermöglicht diese nur eine Aufwärts-Verortung, da in der Rolle nicht etwa von grundlegenden Eigenschaften die Rede ist, sondern von Meinungsstärken. Zur Abwärts-Verortung dient Lewis' zweite Analyse, nach der objektive Wahrscheinlichkeit eine bestimmte Größe in probabilistischen Naturgesetzen ist.

11.4 Ontologie und Ideologie

Der Canberra-Plan ist maßgeschneidert für singuläre Terme: Wir assoziieren eine Rolle mit einem *Namen*, finden etwas, was diese Rolle spielt, und identifizieren es mit dem Träger des Namens. In [1970c: 80] erklärt Lewis diese Einschränkung für unproblematisch:

> No generality is lost, since names can purport to name entities of any kind: individuals, species, states, properties, substances, magnitudes, classes, relations, or what not. Instead of a [predicate] ›F —‹, for instance, we can use ›— has F-hood‹ […].

Die Annahme, jedem Prädikat ließe sich eindeutig ein Ausdruck für eine entsprechende Eigenschaft zuordnen, ist nichts anderes als Freges unheilvolles Grundgesetz Nr. 5 ([Frege 1893-1903: §20].) Russells Paradox erweist sie als unhaltbar: Prädikaten wie »— ist eine Eigenschaft, die nicht auf sich selbst zutrifft« entspricht keine Eigenschaft.

Das Problem ist weniger esoterisch als es auf den ersten Blick anmutet. In Abschnitt 5.1 haben wir gesehen, dass in Lewis' Metaphysik auch Prädikaten wie »— ist eine Klasse«, »— ist Teil von —«, »— ist identisch mit —« und »— ist intrinsisch« nichts entspricht, was mit einem singulären Term bezeichnet werden kann.

Ein besonders aufschlussreiches Beispiel ist *Verursachung*. Peter Menzies [1989] hat einmal vorgeschlagen, Verursachung gemäß dem Canberra-Plan mit derjenigen Relation zu identifizieren, die unseren Annahmen und Intuitionen darüber am besten entspricht. Lewis entgegnet, das könne nicht funktionieren, weil es keine Verursachungs-Relation gibt ([2004a], [2004d]): Eine Relation benötigt Relata; wenn aber der Tod eines Erstickenden durch die Abwesenheit von Sauerstoff verursacht wird, so gibt es kein verursachendes Ereignis, auf das sich »die Abwesenheit von Sauerstoff« bezieht (s. Kap. 7).

Lewis analysiert Verursachungs-Tatsachen über kontrafaktische Konditionale: Die Abwesenheit von Sauerstoff verursacht den Tod des Erstickten, weil dieser nicht gestorben wäre, wenn Sauerstoff zur Verfügung gestanden hätte. Damit gibt Lewis Wahrheitsbedingungen für Sätze mit »— verursacht —« an, ohne dem Namen »Verursachung« einen Referenten zuzuweisen. Analog wird in Lewis' Analyse von »— ist eine Klasse« als »— ist eine mereologische Summe von Einermengen« (s. Kap. 4) keine Entität bestimmt, auf die sich »Klasse« (oder »Klassenheit«) bezieht.

Quine hat immer wieder auf diesen Punkt hingewiesen: Singuläre Terme bringen andere ontologische Verpflichtungen mit sich als Prädikate oder logische Operatoren (vgl. z. B. [Quine 1980]). Nicht jeder, der Sätze akzeptiert, in denen »— ist eine Klasse« oder »— verursacht —« vorkommt, legt sich damit auf die Existenz entsprechender *Dinge* fest.

Lewis' oben zitierte Bemerkung liegt also gleich zweifach daneben: Zum einen lassen sich manche Prädikate nicht in Namen für eine Eigenschaft übersetzen. Zum andern ist dies für eine metaphysische Reduktion der fraglichen Tatsachen auch gar nicht erforderlich.

Das führt uns zurück zu einer Unterscheidung, die ich in Abschnitt 1.3 eingeführt habe: zwischen der Verortung von Gegenständen und der Verortung von Tatsachen. Bei der *Gegenstandsverortung* geht es darum, für gewisse Dinge einen entsprechenden Gegenstand in den grundlegenden ontologischen Kategorien zu finden. Lewis zufolge sind alle Dinge, die in unserer Welt existieren, letztlich Aggregate (mereologische Summen) physikalischer Grundbausteine. Neben diesen gibt es noch die Grundbausteine anderer möglicher Welten sowie beliebige mereologische Summen und – *vielleicht* (s. Kap. 4) – Mengen (und Mengen von Mengen ...) aus all diesen Dingen. Das ist alles; mehr gibt es nicht. D. h. jeder Gegenstand, der nicht offensichtlich in dieser Liste auftaucht, existiert entweder nicht oder muss irgendwie – nach dem Canberra-Plan – mit einem Gegenstand aus der Liste identifiziert werden.

Bei der *Tatsachenverortung* geht es um etwas anderes. Hier ist die Frage, wie eine grundlegende Klasse von Tatsachen alle anderen mit sich bringt. Nach Lewis etwa sind alle kontingenten Wahrheiten über unsere Welt bestimmt durch die raumzeitliche Verteilung mikrophysikalischer Eigenschaften (s. Kap. 6). Allgemein sind alle Wahrheiten in allen möglichen Welten bestimmt durch die dortige Verteilung fundamentaler Eigenschaften und Relationen (Kap. 5). Die Frage ist dann, wie z. B. Tatsachen über Verursachung, Konventionen, Bewusstsein oder moralische Werte aus dieser Verteilung hervorgehen. Entgegen dem grammatischen Anschein ist das keine Frage nach der Verortung von Dingen. Der ontologische Status von *Verursachung* oder *Konventionen* interessiert uns hier nicht; wir wollen nicht wissen, was diese Dinge sind, weshalb auch gleichgültig ist, ob sie überhaupt existieren. Wichtig ist nur, dass es entsprechende Wahrheiten gibt, Wahrheiten der Form »A verursacht B«, oder »in G besteht eine Konvention, X zu tun«. Wir wollen wissen, wie Wahrheiten dieser Art aus der Verteilung fundamentaler intrinischer Eigenschaften in einer Welt hervorgehen können. Der Canberra-Plan, als Rezept zur Verortung von Gegenständen, ist hierfür nicht unbedingt geeignet.

Besonders offenkundig ist dieser Umstand bei Satzoperatoren. Lewis zufolge ist ein indikatives Konditional »wenn A, dann B« genau dann wahr, wenn entweder A falsch ist oder B wahr (vgl. [1976c], [1986g: 152–156]). Dafür hat Lewis aber

11.4 Ontologie und Ideologie

nicht unsere Wenn-dann-Theorie gesammelt und anschließend entdeckt, dass eine sonderbare *Nicht-Oder*-Entität die so bestimmte Wenn-dann-Rolle erfüllt (vgl. [Horwich 2000] für eine derartige Anwendung des Canberra-Plans). Lewis meint lediglich, dass die angegebenen Wahrheitsbedingungen zusammen mit gewissen pragmatischen Regeln ganz gut zu unserem Gebrauch indikativer ›Wenn-dann‹-Sätze passen.

Wo keine Namen und Referenten sind, kann auch von Identität und Identifikation nicht die Rede sein. Lewis reduziert Verursachungs-Tatsachen auf kontrafaktische Tatsachen und Wenn-dann-Tatsachen auf Nicht-oder-Tatsachen, ohne irgendwelche Dinge miteinander zu identifizieren.

Hin und wieder kann man auch Wahrheiten, in denen singuläre Terme vorkommen, auf grundlegendere Tatsachen zurückführen, ohne den singulären Termen einen Referenten zuzuweisen. Interpretiert man »der durchschnittliche Student studiert 8,3 Semester« (nicht sonderlich plausibel) als »die Zahl der Studiensemester geteilt durch die Zahl der Studierenden ergibt 8,3«, so braucht man nicht mehr nach einem Gegenstand zu suchen, auf den sich »der durchschnittliche Student« bezieht (s. Abschnitt 3.7). Ähnlich umgeht der eliminative Strukturalismus die Frage, worauf Zahlausdrücke sich beziehen (s. o., und Abschnitt 4.3): »2+2=4« ist danach im Grunde eine Quantifikation über alle Nachfolgerbeziehungen und ihre Relata. Man könnte von einer *kontextuellen Analyse* der singulären Terme sprechen.

Analysen dieser Art haben oft einen revisionären Charakter. »2+2=4« sieht nach einer atomaren Identitätsaussage aus, nicht nach einer Quantifikation über Relationen. Zumindest als Analyse des Gebrauchs von Zahlausdrücken unter Mathematikern hält Lewis die Interpretation dennoch für akzeptabel: »even if mathematicians seldom or never avow arithmetical structuralism, at least it fits, well enough, the ways they mostly talk and think« [1991: 54]. Das gilt aber nicht mehr für radikalere Vorschläge, nach denen etwa »2+2=4« analysiert wird als »aus den Peano-Axiomen folgt logisch 2+2=4«. Das wäre für Lewis zu viel der Revision, ein Themenwechsel: »the plan would be to understand those words in a new and different way« [1986f: 109] (vgl. [1991: §2.6]).

In der Philosophie kann man durch kontextuelle Analyse oft ontologische Verpflichtungen gegen primitive Prädikate oder Operatoren eintauschen. Quine [1951] spricht von einer Konkurrenz zwischen ›Ideologie‹ und ›Ontologie‹ (vgl. auch [Prior 1969], [Armstrong 1989b], [Burgess 1994]). Erinnern wir uns z.B. an den hartgesottenen Präsentismus aus Abschnitt 2.1, dem zufolge weder Vergangenheit noch Zukunft existieren. Aussagen wie »Napoleon eroberte Preußen« oder »Gottlob Frege schrieb die *Begriffsschrift*« sind demnach wahr, obwohl es niemanden gibt, auf den sich »Napoleon« oder »Gottlob Frege« bezieht. Diese Sätze handeln aus Sicht des hartgesottenen Präsentismus nicht von vergangenen Personen, sondern drücken grundlegende Eigenschaften der Gegenwart aus. Ähnlich sahen wir in Abschnitt 3.7, dass man Aussagen über mögliche Welten womöglich weganalysieren kann, wenn man primitive Modaloperatoren in Kauf nimmt, und in Abschnitt 5.2 konnten wir wählen zwischen Universalien und einer primitiven Ähnlichkeitsbeziehung.

Mit logischen Tricks lässt sich sogar die Ontologie *jeder* Theorie komplett auf Null reduzieren, wenn man dafür nur eine Menge eigenartiger Prädikate und Operatoren als primitiv akzeptiert: »Lewis ist Philosoph« kann man dann z. B. analysieren als »es lewist philosophisch« (wie »es regnet stark«; vgl. [Quine 1960a], [Prior 1968]).

Bei der Wahl zwischen Universalien und primitiver Ähnlichkeit enthält sich Lewis der Entscheidung. Im Allgemeinen aber bevorzugt er eine größere Ontologie gegenüber größerer Ideologie. Dass Sätze wie »Gottlob Frege schrieb die *Begriffsschrift*« oder »David Lewis ist Philosoph« wahr sein könnten, obwohl es niemanden gibt, auf den sich »Gottlob Frege« und »David Lewis« beziehen, hält er für inakzeptabel: »truths must have *things* as their subject matter« [1992a: 206] – Wahrheiten brauchen Wahrmacher (vgl. [1992a: 206f.], [1998b: 217f.], [2001d: 609]).

David Armstrong und C.B. Martin haben diesem *Wahrmacherprinzip*, nach dem alle Wahrheiten in der Ontologie verankert sein müssen, eine besonders starke Form gegeben: Für jede Wahrheit existiert etwas, was sie wahr macht, das heißt, dessen Existenz die Wahrheit notwendig impliziert (vgl. [Armstrong 1997: §8], [Martin 1996]).

Das ist Lewis nun wieder zu stark. Dass »es gibt keine Einhörner« wahr ist, liegt nicht daran, dass es etwas bestimmtes *gibt*, was den Satz wahr macht, sondern daran, dass es bestimmte Dinge – Einhörner – gerade *nicht gibt* (vgl. [1992a: 204], [2001d: 611f.]). Ein Wahrmacher für »es gibt keine Einhörner« wäre ein Gegenstand, der nur in Welten existiert, in denen es keine Einhörner gibt. Warum, fragt Lewis, kann dieser Gegenstand nicht auch in Welten mit Einhörnern existieren (vgl. [1992a: 205f.], [1998b: 219f.], [2001d: §3])?[3]

Ähnlich bei Prädikation. Armstrong zufolge muss es, wenn ein Ding *A* eine Eigenschaft *F* hat, stets einen Gegenstand geben, dessen Existenz diese Tatsache impliziert (s. [Armstrong 1997: 115], [Armstrong 1978a: §2.2]). Warum, fragt Lewis, kann dieser Gegenstand nicht auch existieren, wenn *A* nicht *F* ist (vgl. [1998b])? Warum muss immer, wenn *A* in einer Welt *F* ist und in einer anderen nicht, in der einen auch etwas existieren, was in der anderen fehlt? Warum können sich zwei Welten nicht nur darin unterscheiden, was für Eigenschaften die Dinge in ihnen haben? Dass etwas eine (grundlegende) Eigenschaft hat, benötigt also

---

[3] Lewis meint, so ein Gegenstand widerspreche dem Rekombinationsprinzip (s. Abschnitt 3.2). Das ist aber nicht richtig. Der Wahrmacher für »es gibt keine Einhörner« könnte ein Ding sein, welches *essentiell* in einer Welt ohne Einhörner lebt, aber durchaus *Duplikate* in Welten mit Einhörnern hat. Die Counterpart-Beziehung ist keine Beziehung intrinsischer Ähnlichkeit; vgl. Abschnitt 3.5.

11.4 Ontologie und Ideologie

keinen Wahrmacher: »the statement that *A* has *F* is true because *A* has *F*. It's so because it's so. It just is« [1998b: 219].

Vom Wahrmacherprinzip bleibt damit übrig: »truth is supervenient on what things there are and which perfectly natural properties and relations they instantiate« [1992a: 207] (ähnlich [1994a: 225], [2003: 2], und [Bigelow 1988: §25]). Anders gesagt, wann immer zwei Möglichkeiten sich unterscheiden, gibt es in ihnen entweder verschiedene Gegenstände oder diese Gegenstände haben verschiedene fundamentale Eigenschaften ([1992a: 206], [2001d: §4]).[4]

Das kann noch ein wenig verstärkt werden. Nach Lewis' Counterpart-Analyse modaler Aussagen ist die Frage, ob ein Ding in einer Welt existiert, vollständig bestimmt durch die Verteilung qualitativer Eigenschaften und Relationen in dieser Welt (s. Abschnitt 3.5 und [1986f: §4.4]). Die Bedingung »what things there are« ist folglich überflüssig. Damit sind wir bei Lewis' »*a priori* reductionism about everything« [1994b: 291], dem wir in Kapitel 1 und 5 schon begegneten:

> I hold, as an *a priori* principle, that every contingent truth must be made true, somehow, by the pattern of coinstantiation of fundamental properties and relations. [1994b: 292] (ähnlich [1994a: 225])

Ist hier den Freunden mysteriöser primitiver Tatsachen nicht eine Hintertür geöffnet? Ein Präsentist könnte doch behaupten, Freges vergangenes Schreiben der *Begriffsschrift* sei eine fundamentale Eigenschaft der Gegenwart. Mit genügend fundamentalen Eigenschaften können wir nach dem Schema von [Quine 1960a] unsere Ontologie immer noch beliebig verkleinern.

Es kommt noch schlimmer. In »Things Qua Truthmakers« [2003] zeigt Lewis zusammen mit Gideon Rosen, dass auch in seiner Metaphysik überraschend das starke Wahrmacherprinzip gilt (s. besonders [2003: 20]): Sei »die-Welt-wie-sie-ist« ein Name für unsere Welt, der auf keine qualitativ andere mögliche Welt zutrifft (und auf keinen Teil einer solchen Welt). Alle qualitativen Wahrheiten werden durch die Existenz der Welt-wie-sie-ist impliziert – denn es gibt trivialerweise keine Welt, in der die Welt-wie-sie-ist existiert und die sich in irgendeiner Weise von unserer Welt unterscheidet. Das heißt, die-Welt-wie-sie-ist ist ein Wahrmacher für alle Wahrheiten.

Hier ist offensichtlich etwas faul. Meiner Ansicht nach war das Wahrmacherprinzip von Anfang an falsch formuliert. Wenn wir jemanden, der eine ideologisch bedenkliche Wahrheit für primitiv erklärt, fragen, was diese Wahrheit wahr macht, dann wollen wir nicht hören: »die-Welt-wie-sie-ist«. Was wir wollen, ist eine Erklärung, *wie* die Welt die Wahrheit wahr macht, *wie* etwa die Gegen-

---

[4] Wenn es qualitativ ununterscheidbare, aber numerisch verschiedene Welten gibt – was Lewis weder behaupten noch bestreiten will ([1986f: 224]) – muss das Prinzip auf qualitative Wahrheiten bzw. Eigenschaften beschränkt werden (vgl. [1992a: 206f.], [2003: 2f.]). Wenn es keine gibt, lässt es sich vereinfachen: Keine zwei Möglichkeiten stimmen exakt darin überein, was für Dinge es gibt und welche fundamentalen Eigenschaften sie instanziieren.

wart Sätze über die Vergangenheit wahr macht. Wir erwarten eine Analyse. »Die-Welt-wie-sie-ist existiert« mag mit metaphysischer Notwendigkeit alle Wahrheiten implizieren, aber es ist keine brauchbare Analyse für temporale Aussagen, noch für sonst irgendwas.

11.5 Die These der A Priori-Ableitbarkeit

Lewis' große reduktive Thesen handeln offiziell von modaler Abhängigkeit: Wenn eine mögliche Welt der unseren physikalisch, oder in der Verteilung fundamentaler Punkt-Eigenschaften, genau gleicht, so gleicht sie ihr auch in jeder anderen Hinsicht. Sei π ein Platzhalter für die vollständige Wahrheit über die Verteilung fundamentaler physikalischer Eigenschaften in unserer Welt. Lewis vertritt also die These[5]

M) $\quad \forall p\,(p \supset \Box(\pi \supset p))$.

Wahrheiten über die Bedeutung sprachlicher Ausdrücke z.B. werden bestimmt durch Wahrheiten über Sprachkonventionen. Diese sind bestimmt durch Wahrheiten über die Absichten und Erwartungen der Mitglieder unserer Gemeinschaft. Diese wiederum ergeben sich aus den kausalen Rollen der jeweiligen Zustände. Kausalität beruht auf kontrafaktischer Abhängigkeit; kontrafaktische Abhängigkeit beruht auf Naturgesetzen, und die Naturgesetze ergeben sich aus Regularitäten in π.

Hierbei springt etwas ins Auge: Auf jeder Stufe unternimmt Lewis eine *Analyse* der jeweils höherstufigen Tatsachen durch die niedrigeren. Wenn man die kausale Rolle eines Gehirnzustands kennt, dann kann man *a priori* schließen, ob er ein Schmerzzustand ist oder nicht; wenn man die Einstellungen und Verhaltensdispositionen aller Mitglieder einer Gemeinschaft kennt, kann man *a priori* schließen, welche Konventionen dort gelten.

Lewis' Argumente stützen deshalb nicht nur die metaphysisch-modale These (M), sondern die wesentlich ambitioniertere These, dass alle Wahrheiten in unserer Welt *a priori* (und *analytisch*) aus der Verteilung mikrophysikalischer Eigenschaften folgen. Wer die grundlegende Verteilung kennt, könnte daraus im Prinzip alles anderen ableiten:

A) $\quad \forall p\,(p \supset \text{A priori}(\pi \supset p))$.

---

[5] Der Einfachheit halber gehe ich im Folgenden davon aus, dass sich die Verteilung fundamentaler physikalischer Eigenschaften in einem einzigen (sehr langen) Satz angeben lässt. Sachlich hängt davon nichts ab. Versteht man π als (möglicherweise unendliche) Satzmenge, so ist beispielsweise »$\Box(\pi \supset p)$« zu verstehen als: Die Schnittmenge der sekundären Intensionen der Elemente von π ist Teilmenge der sekundären Intension von p, entsprechend mit primären Intensionen für »A priori$(\pi \supset p)$«.

11.5 Die These der A Priori-Ableitbarkeit

Wie hat man sich diese *A priori-Ableitbarkeit aller Wahrheiten* vorzustellen? Wie könnte man aus π, der Verteilung fundamentaler Eigenschaften in unserer Welt, ableiten, ob jemand Schmerzen hat, oder was »وعث رَمَل سَيار« bedeutet?

Wir müssen die eben erwähnten Stufen rückwärts nehmen (vgl. [1986g: xi–xiv]). Fangen wir mit den Naturgesetzen an. Diese sind Lewis zufolge nichts anderes als systematische Regularitäten in der Verteilung fundamentaler Eigenschaften. Wir können annehmen, dass die hierfür benötigten Kriterien der Einfachheit und Stärke a priori sind: Sie sind Teil der Analyse von »Naturgesetz« (Abschnitt 6.4). Folglich können wir ohne weitere empirische Information feststellen, welche Theorie im Vokabular von π die in π beschriebenen Tatsachen am besten systematisiert. Und damit kennen wir die grundlegenden Naturgesetze. (Vorausgesetzt, wir wissen, dass die Eigenschaften, von denen in π die Rede ist, auch tatsächlich fundamental sind, und dass π die Verteilung fundamentaler Eigenschaften *vollständig* beschreibt – andernfalls könnte es eine andere Theorie geben, die den von π ignorierten Teil der Realität besser erfasst. Ich gehe von nun an davon aus, dass diese Information in π enthalten ist. Wenn man will, kann man sich π also so vorstellen: »Die vollständige Verteilung fundamentaler Eigenschaften ist: ...«).

Als nächstes erhalten wir bestimmte kontrafaktische Konditionale über alternative Verteilungen fundamentaler Eigenschaften. Ein kontrafaktisches Konditional $A \,\square\!\!\rightarrow B$ ist nach Lewis genau dann wahr, wenn jede A-Welt, die in Hinblick auf die Naturgesetze und die Verteilung von Einzelereignissen unserer maximal ähnelt, eine B-Welt ist. Wieder gehe ich davon aus, dass die genauen Ähnlichkeitskriterien zur Analyse des Konditionals gehören und daher a priori sind. Außerdem benötigen wir die Annahme, dass man die einschlägigen Standards im Prinzip über die Verteilung fundamentaler Eigenschaften formulieren kann, was zumindest für Konditionale über derartige Verteilungen plausibel erscheint (vgl. Abschnitt 5.2). Schließlich muss noch a priori sein, welche Verteilungsmuster fundamentaler Eigenschaften möglich sind und welche nicht (s. Abschnitt 3.2 und unten, 11.7). Dann wissen wir a priori, welche Alternativen $\pi', \pi'', \ldots$ zu π möglich sind, und können a priori feststellen, wie sehr diese Möglichkeiten jeweils der π-Welt ›ähneln‹. Wenn wir nun aus $\pi, \pi', \pi'', \ldots$ ablesen können, ob in den entsprechenden Welten A bzw. B der Fall ist, wissen wir, ob das Konditional $A \,\square\!\!\rightarrow B$ in der π-Welt wahr ist. Wir können an dieser Stelle natürlich noch nicht voraussetzen, dass dies für beliebige Sätze A und B möglich ist, dass man z.B. aus π oder π' ablesen kann, ob Kängurus Schwänze haben und ob sie, falls nicht, ständig umkippen. Für As und Bs, die explizit von der Verteilung fundamentaler Eigenschaften handeln, ist die Annahme aber unproblematisch.[6]

---

[6] Könnte man aus π *alle* wahren Konditionale ableiten, wären wir hier am Ende der Leiter, denn jede Aussage S ist a priori und notwendig äquivalent zu einem subjunktiven Konditional, z.B. zu »wäre

D. h. wir können aus π und den Naturgesetzen a priori folgern, dass gewisse kontrafaktischen Konditionale über alternative Verteilungen fundamentaler Eigenschaften wahr sind. Das ist auch unabhängig von Lewis' Analyse nicht überraschend: Wenn wir wissen, dass negativ geladene Teilchen einander mit naturgesetzlicher Notwendigkeit abstoßen, dann können wir schließen, dass zwei Teilchen einander abstoßen würden, wenn sie negativ geladen wären.

Aus den kontrafaktischen Konditionalen erhalten wir als nächstes kausale Wahrheiten über mikrophysikalische Ereignisse: Wenn ein Ereignis B kontrafaktisch von einem Ereignis A abhängt, so ist A die Ursache von B (Kap. 7). Wenn wir also z.B. wissen, dass an diesem und jenem Ort ein Photon auf ein Elektron trifft, welches daraufhin einen höheren Energiezustand einnimmt, und wenn wir außerdem wissen, dass letzteres nicht geschehen wäre ohne das Eintreffen des Photons, so können wir folgern, dass die Energie-Anhebung durch das Photon verursacht wurde.

Wie schaffen wir nun den Sprung von der mikrophysikalischen Weltbeschreibung zu makroskopischen Objekten wie Tischen und Bergen? Aus der mikrophysikalischen Beschreibung können wir ablesen, wie hoch die Massedichte in verschiedenen Raumzeitregionen ist, wie sich die Gestalt und Zusammensetzung dieser Systeme mit der Zeit verändert, welchen kausalen Einfluss ihre Eigenschaften auf andere Systeme haben, wie sie sich in kontrafaktischen Umständen verhalten, usw. Es ist nicht unplausibel, dass Information dieser Art prinzipiell ausreicht, uns zu sagen, ob sich an einem bestimmten Ort etwa ein Tisch befindet. Auf jeden Fall erfahren wir, dass sich dort eine funktional kohärente Materieverteilung befindet, die in Form, Druckwiderstand usw. als Tisch in Frage kommt (vgl. [Chalmers und Jackson 2002: §4]).

Natürlich ist »Tisch« nicht in mikrophysikalischem Vokabular analysierbar. Das ist auch nicht verlangt. Verlangt ist nur, dass sich in mikrophysikalischem Vokabular Bedingungen finden lassen, die begrifflich hinreichend sind für die Anwesenheit und die Abwesenheit von Tischen (oder von Dingen, die man als Tische verwenden könnte).

Hierbei kann folgende Komplikation eintreten. Angenommen, es gibt irgendwo im Universum eine Zwillings-Erde, die unserem Planeten genau gleicht, nur dass dort der Stoff in den Seen und Bächen nicht aus H_2O besteht, sondern aus XYZ. Nehmen wir außerdem an, »Wasser« bezieht sich starr auf H_2O. Selbst wenn wir nun aus der mikrophysikalischen Beschreibung des Universums ableiten können, dass es sowohl auf der Erde als auch auf der Zwillings-Erde einen Stoff gibt, der die Merkmale von Wasser aufweist, so bleibt doch offen, welcher der beiden Stoffe Wasser ist. Dazu müssten wir wissen, welcher der beiden Planeten der unsere ist; dann könnten wir Wasser identifizieren als den wässrigen Stoff in

---

7 > 5, dann S«. Diesen Punkt, auf den mich Stephan Leuenberger hingewiesen hat, scheint Lewis in [1986g: xii] zu übersehen.

11.5 Die These der A Priori-Ableitbarkeit

unseren Seen und Bächen. Wir müssen also annehmen, dass π Information über unsere eigene Position in der Welt enthält: π muss eine metaphysisch vollständige Beschreibung unserer *zentrierten Welt* sein. (Dazu könnte π z.B. einfach eine freie Variable enthalten, oder eine indexikalische Komponente, die angibt, an welcher Raumzeit-Stelle *ich jetzt* bin; vgl. auch hierzu [Chalmers und Jackson 2002]).

Wenn wir Tische, Berge, Wasser, Gehirne usw. einmal lokalisiert haben, stehen uns auch deren kontrafaktische und kausale Eigenschaften zur Verfügung. Aus diesen Eigenschaften von Gehirnen erhalten wir als nächstes Information über mentale Zustände, denn diese sind nach Lewis analytisch bestimmt durch ihr kausales Profil: Wenn ein Gehirnzustand typischerweise die kausale Rolle von Schmerz spielt, dann handelt es sich um Schmerz (Kap. 8). Entsprechend sagt uns Lewis' Analyse intentionaler Einstellungen, wie wir aus der (tatsächlichen und kontrafaktischen) Interaktion einer Person mit ihrer Umgebung entnehmen können, welche Überzeugungen und Wünsche sie hat (Kap. 9).

Wenn wir auf diese Weise aus π folgern können, dass z.B. Leute in Saudi-Arabien typischerweise versuchen, »وعث رَمل سَيار« nur zu äußern, wenn Treibsand in der Nähe ist (und anderer Leute Äußerungen dieser Laute als Evidenz für Treibsand auffassen usw., s. Kap. 10), können wir schließlich folgern, dass diese Laute im Arabischen für Treibsand stehen.

Die einzelnen Schritte in dieser Ableitungskette sind gewiss nicht unproblematisch. Lassen sich Naturgesetze wirklich als systematische Regularitäten analysieren? Ist die kontrafaktische Analyse von Kausalaussagen auf dem richtigen Weg? Gibt es begrifflich hinreichende Bedingungen für Aussagen über Schmerzen und Wünsche, die kein mentales Vokabular enthalten? All das war Thema der vergangenen Kapitel. Hier kommt es mir auf etwas anderes an: *Wenn* Lewis mit seinen Thesen Recht hat, dann folgen alle Wahrheiten *a priori* und *analytisch* aus der Verteilung mikrophysikalischer Eigenschaften in unserer (zentrierten) Welt.

Um dies noch einmal zu betonen: Das heißt nicht, dass alle Wahrheiten in mikrophysikalischem Vokabular analysiert werden können. Die Implikation gilt nur in eine Richtung. Daraus, dass jemand Schmerzen hat, oder dass »وعث رَمل سَيار« für Treibsand steht, folgt reichlich wenig über die mikrophysikalische Struktur der Welt; es folgt nicht einmal, dass die Welt eine mikrophysikalische Struktur *hat*. Schmerzen und Sprachkonventionen gibt es auch in vollkommen unphysikalischen Welten. Die These ist auch nicht, dass jeder kompetente Sprecher des Deutschen für jeden wahren Satz begrifflich hinreichende Bedingungen in mikrophysikalischem Vokabular angeben kann. Man kann des Deutschen mächtig sein ohne die Sätze in π auch nur zu verstehen. Die These ist lediglich, dass jemand, der vollständig versteht, was π über die Welt sagt, daraus im Prinzip alles andere a priori ableiten könnte.

11.6 Modale und begriffliche Verortung

Es gibt also zwei Arten von Tatsachenverortung: *begriffliche Verortung* und (›metaphysisch‹-)*modale Verortung*. Wenn Lewis alle Tatsachen auf die mikrophysikalischen zurückführt, so geht es ihm offiziell um modale Verortung – zu zeigen, dass die mikrophysikalischen Wahrheiten alle anderen metaphysisch implizieren. Tatsächlich gibt er uns aber eine begriffliche Verortung. Er zeigt, wie alle Wahrheiten aus den grundlegenden begrifflich, und damit a priori, folgen.

Wie hängen die beiden Verortungsprojekte zusammen? Für Lewis sind sie letztlich ein und dasselbe: Wenn man zeigen kann, dass alle Wahrheiten begrifflich aus den mikrophysikalischen folgen, dann hat man auch gezeigt, dass sie durch diese metaphysisch bestimmt sind. Und umgekehrt, wenn alle Wahrheiten durch die mikrophysikalischen bestimmt sind, dann müssen sie aus diesen a priori ableitbar sein.[7]

Hier ist Lewis einer Meinung mit Frank Jackson, der in *From Metaphysics to Ethics* argumentiert, dass

> physicalists, *qua* holders of a metaphysical view, are committed to the logical thesis of the a priori deducibility of the psychological way things are from the physical way things are. [1998a: 57]

Lewis stimmt zu, und verallgemeinert:

> *all* of us are committed to the a priori deducibility of the manifest way things are from the fundamental way things are. [2002b: 96]

Das klingt überholt. Wissen wir nicht seit Kripke, dass modale Abhängigkeit und begriffliche Abhängigkeit zwei ganz verschiedene Paar Stiefel sind? Könnte die durch (M) postulierte notwendige Beziehung zwischen der mikrophysikalischen Basis π und allem anderen nicht ebenso a posteriori sein wie die notwendige Beziehung zwischen H_2O-Wahrheiten und Wasser-Wahrheiten? Zur Verteidigung von (M) bräuchte man dann keine *Analyse* von Kausalität, Bewusstsein, usw.; man könnte akzeptieren, dass Wahrheiten über diese Phänomene begrifflich unabhängig sind von den grundlegenden Wahrheiten – weshalb man sich durchaus π-Welten ohne Kausalität oder Bewusstsein vorstellen kann. Dass es solche Welten nicht gibt, würde dann nicht aus begrifflichen Erwägungen folgen, sondern aus empirischen Theorien, die z. B. Kausalprozesse mit Energieübertragung

---

[7] Dass Lewis zwischen den beiden Projekten keinen großen Unterschied sah, zeigt u. a. diese Stelle, an der die Humesche Supervenienz zum ersten mal auftritt: »A broadly Humean doctrine (something I would very much like to believe if at all possible) holds that all the facts there are about the world are particular facts, or combinations thereof. This need not be taken as a doctrine of analyzability, *since some combinations of particular facts cannot be captured in any finite way*. It might be better taken as a doctrine of supervenience: if two worlds match perfectly in all matters of particular fact, they match perfectly in all other ways too« [1980c: 111] (Meine Hervorhebung).

oder Bewusstseinszustände mit Gehirnzuständen identifizieren. Was Bewusstsein angeht, ist das die Position, die uns in Abschnitt 8.5 als *A Posteriori-Physikalismus* begegnet ist.

Lewis hat diese Option nie ernst genommen. Das liegt z. T. an seiner zweidimensionalen Interpretation von A posteriori-Notwendigkeit (s. Abschnitt 10.4): Wenn ein Satz a posteriori ist, so liegt das nach Lewis stets daran, dass seine *primären Wahrheitsbedingungen* nicht alle möglichen Situationen umfassen. Zur Erinnerung: Die primären Wahrheitsbedingungen eines Satzes bestimmen, grob gesagt, die Situationen, in denen man den Satz nach den Konventionen unserer Sprachgemeinschaft wahrheitsgemäß äußern kann. Für »es regnet« sind das z.B. Situation, in denen es regnet, für »Wasser ist H$_2$O« Situationen, in denen die Flüssigkeit in unseren Bächen und Seen H$_2$O ist. (Sollte sich wider Erwarten herausstellen, dass der Stoff in unseren Bächen und Seen XYZ ist, so wäre es nach den Regeln des Deutschen nicht korrekt, zu sagen, dass Wasser H$_2$O ist.)

Lewis argumentiert nun wie folgt (s. [1994b: 296f.], [2002b]). Angenommen, ein wahrer Satz S folgt nicht a priori aus den grundlegenden Tatsachen π. Da S folglich weder a priori wahr noch a priori falsch ist, gibt es mögliche Situationen, in denen die primären Wahrheitsbedingungen von S erfüllt sind, und andere, in denen sie nicht erfüllt sind. Sei P die Proposition, dass sie erfüllt sind. (Bei »Wasser = H$_2$O« wäre P die Proposition, dass der Stoff in unseren Seen und Bächen H$_2$O ist.) S folgt a priori aus $\pi \wedge P$. Da π alle wahren Propositionen impliziert, impliziert π auch P; d.h. $\pi \wedge P = \pi$. Also folgt S a priori aus π.

Das ist alles richtig, wenn π, wie Lewis annimmt, eine *Proposition* ist (also eine Weltmenge), die alle wahren Propositionen impliziert. π ist dann die Einermenge der aktuellen Situation, $\{@\}$. Wir wollen aber nicht wissen, ob $\{@\}$ alle Wahrheiten a priori impliziert, sondern ob *die Gesamtheit der mikrophysikalischen Wahrheiten* dies tut. Genauer, wir wollen wissen, ob daraus, dass die mikrophysikalischen Tatsachen alle Wahrheiten metaphysisch implizieren, folgt, dass sie diese auch a priori implizieren. In der zweidimensionalen Analyse heißt das: Folgt daraus, dass der Satz π die Proposition $\{@\}$ als sekundäre Wahrheitsbedingungen hat, dass er sie auch als primäre hat?

Generell gibt es sicher keinen Zusammenhang dieser Art. Es gibt Sätze, deren sekundäre Wahrheitsbedingungen $\{@\}$ sind, deren primäre Wahrheitsbedingungen aber viele Möglichkeiten offen lassen. Ein Beispiel haben wir oben kennen gelernt: »Die-Welt-wie-sie-ist existiert«. Dieser Satz impliziert metaphysisch alle Wahrheiten, hilft uns aber herzlich wenig, wenn wir Information über unsere Welt suchen; seine primären Wahrheitsbedingungen umfassen alle möglichen Welten.

Jackson und Lewis scheinen anzunehmen, dass π kein Satz dieser Art ist, dass bei π primäre und sekundäre Wahrheitsbedingungen übereinstimmen. Hier kommt es nun darauf an, wie π genau bestimmt ist. Ist π in der Sprache unserer (oder einer zukünftigen) Physik formuliert, und versteht man Ausdrücke für fundamentale Eigenschaften (wie »Masse«) als Realisierer- statt als Rollen-

Ausdrücke, so ist die Annahme wohl falsch; die primären Wahrheitsbedingungen von π können dann, anders als die sekundären, nicht zwischen quidditistisch verschiedenen Welten unterscheiden (s. Abschnitt 5.4). Genau auf diesen Unterschied könnte es z.B. für Bewusstseinstatsachen ankommen. (Siehe den »Panprotopsychismus« in [Chalmers 2002a].) Ist π jedoch ein völlig fiktiver Satz in einer fiktiven Sprache, kann man natürlich über seine semantischen Eigenschaften festlegen, was man will.

Wie dem auch sei, es bleiben zwei Punkte festzuhalten. Erstens, es besteht zumindest kein *genereller* Zusammenhang zwischen (metaphysisch-)modaler und begrifflicher Verortbarkeit. Man kann, selbst wenn man die zweidimensionale Analyse von A Posteriori-Notwendigkeit akzeptiert, durchaus annehmen, dass die Gesamtheit aller physikalischen Wahrheiten etwa die mentalen Wahrheiten notwendig, aber nicht a priori impliziert. Andererseits, und das ist der zweite Punkt, geht bei einer solchen rein modalen Verortung etwas Wichtiges verloren: Wir haben keine Erklärung mehr, *wie* und *warum* die physikalischen Tatsachen die mentalen hervorbringen. In einem sehr konkreten Sinn scheinen die mentalen Tatsachen nun *zusätzliche* Tatsachen zu sein, die der physikalischen Weltbeschreibung entgehen – genau wie die Frage, was Pinguine essen, mit »die-Welt-wie-sie-ist existiert« noch nicht beantwortet ist (vgl. [Schwarz 2007]).

Wenn Lewis nach den fundamentalen Tatsachen fragt, auf denen alles andere beruht, dann sucht er nicht irgendwelche Wahrheiten, die alle anderen notwendig implizieren. Lewis sucht nach Wahrheiten, deren Kenntnis prinzipiell ausreichen würde, um alle Fragen über unsere Welt zu beantworten.

Begriffliche Tatsachenverortung ist nicht dasselbe wie *Begriffsverortung*. Besonders David Chalmers hat sich in letzter Zeit für dieses dritte Verortungsprojekt neben der Tatsachen- und Gegenstandsverortung stark gemacht (s. z.B. [Chalmers 2006a: §3.6], [Chalmers 2007]). Chalmers geht davon aus, dass die meisten unserer Begriffe nach der Methode des Canberra-Plans durch andere analysierbar sind, dass sich z.B. für »Tisch« eine Beschreibung finden lässt, in der dieser Ausdruck nicht vorkommt, die aber mit begrifflicher Notwendigkeit genau auf alle Tische zutrifft. In der Gesamtheit aller Wahrheiten ist der Ausdruck »Tisch« folglich redundant; die Tisch-Wahrheiten folgen a priori aus den anderen Wahrheiten. Chalmers fragt nun: Welche Begriffe bleiben als irreduzibel übrig, wenn wir die Beschreibungen bis zum Ende auflösen, wenn wir alle redundanten Begriffe streichen? Gute Kandidaten sind seiner Ansicht nach nomische Begriffe wie »Verursachung« und »Naturgesetz«, phänomenale Begriffe wie »Schmerzerfahrung«, logische und mathematische Begriffe, sowie indexikalische Begriffe wie »ich« und »jetzt«.

Das ist, wie gesagt, nicht Lewis' Projekt. Die mikrophysikalischen Ausdrücke in π sind wohl kaum als begriffliche Basis im Sinn von Chalmers zu verstehen. Bei Namen für fundamentale Eigenschaften wie »Masse« und »Spin« ist sogar besonders einleuchtend, dass sie über eine theoretische Rolle definiert sind. Wir haben auch gesehen, dass man zur Ableitung aller Wahrheiten aus dieser Basis z. B. wissen muss, welche naturwissenschaftlichen Theorien *einfacher* und *stärker* sind als andere, und diese Ausdrücke sind sicher nicht mikrophysikalisch definierbar. Der begrifflichen Ableitbarkeit aller Wahrheiten aus der mikrophysikalischen Basis, also der These (A), schadet all dies nicht, solange die benötigten Tatsachen über Einfachheit, Stärke, usw. entweder begrifflich wahr sind, oder aus den grundlegenden Wahrheiten begrifflich folgen.

Es gibt sicher auch für Lewis Begriffe, die im Sinn von Chalmers nicht weiter analysierbar sind: »Identität«, »Teil« (s. [1997c: 353, Fn. 21]), »Einermenge« (jedenfalls zwischen [1991] und [1993d]) und »perfekte Natürlichkeit« vielleicht. Diese *Rahmen-Begriffe* spielen bei Lewis eine ganz andere Rolle als die fundamentalen Eigenschaften. Man sollte die beiden deshalb nicht verwechseln. (Lewis selbst verwechselt sie in [1986f: 67, Fn. 47], s. o., S. 99, Fn. 6). Nicht nur entsprechen den angeführten Rahmen-Begriffen allesamt keine Eigenschaften (Abschnitt 5.1) – selbst wenn es diese Eigenschaften gäbe, wären sie nicht beliebig rekombinierbar. Es gibt keine Welt, in der irgend etwas nicht identisch ist mit sich selbst.

Bilden die Rahmen-Begriffe für Lewis eine begriffliche Basis à la Chalmers? D. h., folgen alle Wahrheiten a priori aus Wahrheiten, die nur diese Begriffe enthalten? Das ist eine spannende Frage, die ich hier nicht weiter verfolgen kann. Zunächst einmal ist festzuhalten, dass Lewis auf die Existenz einer eindeutigen begrifflichen Basis nicht unbedingt festgelegt ist. Statt von »Beobachtungstermen« – dem Basisvokabular der logischen Positivisten – spricht er immer nur von »alten Termen« oder »altem Vokabular« und betont, dass es sich dabei um alles mögliche handeln kann, was die gerade definierten Ausdrücke eben nicht enthält (s. z. B. [1970c], [2008]).

11.7 Modaler Realismus und modaler Deflationismus

In Abschnitt 11.5 habe ich, eher nebenbei, behauptet, wir könnten a priori wissen, welche Möglichkeiten es gibt und welche nicht. Vor dem Hintergrund des modalen Realismus mag dies befremdlich erscheinen. Man stellt sich Lewis' mögliche Welten leicht als eine Art kontingente Erweiterung der Wirklichkeit vor: So wie es jenseits der Milchstraße noch weitere Galaxien gibt, gibt es jenseits des ganzen Universums noch weitere Universen, weitere raumzeitlich maximale Strukturen. Wie viele davon existieren und was sich in ihnen abspielt, ist nach dieser Vorstellung erst einmal völlig offen. Um herauszufinden, ob es zwei oder drei oder unendlich viele Universen gibt, und ob in einem davon Esel sprechen können, müssten wir nachsehen. Da gewöhnliche Teleskope allenfalls bis in andere Galaxien reichen, bräuchten wir hierfür andere, mächtigere Instrumente; David Kaplan

[1979: 93] nennt sie *Verneoskope*. Mangels zuverlässiger Verneoskope haben wir keine Garantie, dass unsere modalen Urteile stimmen: Vielleicht gibt es wider Erwarten keine Welt mit sprechenden Eseln; sprechende Esel wären dann metaphysisch unmöglich. Erst recht haben wir keine Garantie, dass wir prinzipiell alle Fragen über mögliche Welten beantworten können. Vielleicht werden wir nie erfahren, ob es Welten mit sprechenden Eseln gibt.

Nennen wir diese Vorstellung *modalen Inflationismus*. Nach dem modalen Inflationismus gibt es grundlegende Tatsachen über andere Welten, auf denen die Wahrheit oder Falschheit modaler Aussagen beruht: Dass sprechende Esel möglich sind, liegt daran, dass es da draußen eine Welt gibt, in der Esel sprechen. Was für Welten es gibt, hat mit unseren Begriffen oder Sprachkonventionen nichts zu tun. Es besteht folglich kein direkter Zusammenhang zwischen epistemischen und semantischen Tatsachen auf der einen Seite und modalen Tatsachen auf der anderen. Dass etwas kohärent vorstellbar ist, impliziert z. B. noch lange nicht, dass es auch möglich ist.

Der modale Inflationismus untergräbt die zweidimensionale Analyse von A posteriori-Notwendigkeit. Wenn etwa Welten mit sprechenden Eseln einfach so fehlen, dann gilt notwendig, dass Esel nicht sprechen können, obwohl keine (nicht-modale) Information über die aktuelle Situation uns dies verraten könnte. Chalmers [2002b] bezeichnet Notwendigkeiten, die sich auf diese Weise der zweidimensionalen Analyse entziehen, als *starke Notwendigkeiten*. Starke Notwendigkeiten kann man nur durch verneoskopische Einsicht erkennen. In der Praxis bleiben sie für uns also entweder ganz unerkennbar (vgl. [van Inwagen 1998]), oder nur abduktiv erschließbar, etwa weil eine Theorie mit »Schmerz $= XY$« einfacher ist als eine mit »Schmerz $\neq XY$« (vgl. [Block und Stalnaker 1999], [Skyrms 1976], [Plantinga 1987: 212]).

Der modale Inflationismus folgt konsequent der von Lewis oft betonten Analogie zwischen Modalität und Zeit (vgl. [1983e: iv]). Wenn eine Aussage über die Vergangenheit wahr ist, so liegt das daran, dass sie einen vergangenen Teil der Welt korrekt beschreibt; die dortigen Ereignisse *machen die Aussage wahr* (s. Abschnitt 2.1). Dass die Vergangenheit gerade so ist, wie sie ist, hat nichts mit unseren Begriffen oder Konventionen zu tun. Deshalb kann man auch nicht alle Fragen über Zukunft und Vergangenheit beantworten, wenn man nur genug über die Gegenwart weiß.

Besonders in seinen frühen Arbeiten zeigt Lewis oft inflationäre Tendenzen. So schreibt er in [1973b: 88], er habe keine nicht-zirkuläre Begründung für seine Ansicht, dass die Gesetze der Physik kontingent sind; dies reflektiere lediglich seine vorphilosophischen Intuitionen. Entsprechend gibt er zu, auf viele Fragen nach der Existenz noch seltsamerer Welten keine Antwort zu haben (vgl. auch [1986f: 224, 114], [1996d]). In [1986f: 154f.] gibt Lewis ein besonders eindrückliches Beispiel: Die Unvereinbarkeit von positiver und negativer Ladung. Es könnte sein, meint Lewis, dass diese absolut notwendig ist, dass es keine Welt gibt,

11.7 Modaler Realismus und modaler Deflationismus

in der etwas sowohl positive als auch negative Ladung trägt. Es könnte aber auch sein, dass die Unvereinbarkeit nur naturgesetzlich und daher kontingent ist. Ohne Verneoskope, scheint Lewis anzunehmen, lässt sich diese Frage nicht entscheiden.

Lewis argumentiert an dieser Stelle gegen die Konstruktion möglicher Welten als Satzmengen (s. Abschnitt 3.7). Hierfür muss man Sätze, die echte Möglichkeiten beschreiben, von anderen unterscheiden – und das ist, so Lewis, ohne modale Begriffe nicht möglich: Ob ein Satz eine Möglichkeit beschreibt, hängt davon ab, *ob die fragliche Möglichkeit existiert*; aus unseren Sprachkonventionen lässt sich dies nicht entnehmen (s. [1986f: 150–157], [1992a: 208f.]).

Dennoch, der modale Inflationismus passt nicht in Lewis' Philosophie. Mögliche Welten sind keine kontingente Erweiterung der Wirklichkeit. Der logische Raum könnte, anders als die Vergangenheit, nicht anders sein, als er ist; wir brauchen deshalb auch keine Verneoskope, um herauszufinden, wie er denn nun ist.

Erinnern wir uns an die Gründe für den modalen Realismus. Das sind keine Gründe, an irgendwelche raumzeitlich maximalen Dinge zu glauben. Es sind Gründe, an Dinge zu glauben, die die Rolle möglicher Welten in unseren Alltags- und Fachtheorien erfüllen. Wenn die Parallel-Universen das nicht tun, verdienen sie nicht den Namen »mögliche Welten« (s. Abschnitt 3.2).

Lewis vergleicht den modalen Realismus gern mit dem Platonismus in der Mathematik. Diesem zufolge gibt es jenseits der gewöhnlichen, raumzeitlichen Dinge einen speziellen Bereich abstrakter Gegenstände, von dem unsere mathematischen Theorien handeln. Das heißt aber nicht, dass wir übersinnlicher Erkenntnisquellen bedürfen, um herauszufinden, ob es womöglich nur zwei oder drei natürliche Zahlen gibt, und ob einige davon durch 7 teilbar sind. Wenn es von irgendwelchen Dingen nur zwei oder drei gibt, dann kann es sich nicht um die natürlichen Zahlen handeln. Dem Platonismus zufolge enthält der mathematische Teil der Realität aber (unter anderem) *die natürlichen Zahlen* – nicht nur *irgendwas*. Das heißt, er enthält Dinge, die zumindest die Peano-Axiome erfüllen; alles andere würde die Bezeichnung »natürliche Zahlen« nicht verdienen.

Die Bezeichnung »mögliche Welten« verdienen raumzeitliche Universen nur, wenn es unter ihnen für jede Weise, wie die Dinge sein könnten, ein entsprechendes Universum gibt. Von daher ist die Annahme, Welten mit sprechenden Eseln könnten *einfach so fehlen*, ebenso unsinnig wie die Befürchtung, nach der 5 könnte gleich die 8 kommen, weil die 6 und die 7 einfach fehlen.

Die Situation wird dadurch verschärft, dass Lewis mögliche Welten nicht nur für die Analyse modaler Aussagen verwendet, sondern auch für die Analyse von Glauben, Wissen und sprachlicher Bedeutung (s. Kap. 9, 10). Wenn es keine Welt mit sprechenden Eseln gibt, müsste nach Lewis jeder wissen, dass es keine sprechenden Esel gibt, und der Satz »es gibt keine sprechenden Esel« wäre analytisch. Das ist offensichtlich Quatsch. Wenn es diese Welten nicht gibt, funktionieren

Lewis' Theorien nicht. Das heißt umgekehrt: Um ihre theoretische Rolle in Lewis' Philosophie zu erfüllen, muss die Klasse der Welten Elemente mit sprechenden Eseln enthalten.

Allgemein ergeben sich aus Lewis' Anwendung möglicher Welten in der Theorie mentalen und semantischen Gehalts starke semantische und epistemische Beschränkungen für den logischen Raum. Alles, was nicht analytisch oder a priori ausgeschlossen ist, muss in irgendeiner Welt der Fall sein.

Man sollte Lewis deshalb besser eine *deflationäre* Haltung unterschieben, die unerklärbare Tatsachen über mögliche Welten ausschließt. Die Ausdehnung des logischen Raums ist völlig transparent: Für alles, was kohärent denk- oder sagbar ist, gibt es eine entsprechende Welt. (Bei »Wasser ist nicht H$_2$O« findet man die Welten in der primären Intension des Satzes.)

Wie schon angedeutet, zeigt sich der modale Deflationismus nicht nur in Lewis' Theorien von Modalität, Wissen, Meinen und Bedeutung, sondern auch in seiner Analyse von A Posteriori-Notwendigkeit, nach der modale Unwissenheit stets auf Unwissenheit kontingenter Tatsachen beruht: Wer genau weiß, wie die wirkliche Welt (in nicht-modaler Hinsicht) beschaffen ist, der kennt auch alle A posteriori-Notwendigkeiten. Bezeichnend auch, dass Lewis nie zögert, von kohärenter Vorstellbarkeit auf metaphysische Möglichkeit zu schließen – selbst wenn ihm das Probleme einhandelt, wie die Möglichkeit ausgedehnter Dinge ohne zeitliche Teile, die der Humeschen Supervenienz widerspricht (s. Abschnitt 6.2). »It is, alas, not unintelligible that there might be suchlike rubbish. *Some worlds have it*« [1986g: x] (meine Hervorhebung).

Auf den Vorschlag, irgendwelche Möglichkeiten könnten einfach so fehlen – Möglichkeiten ohne Gott z. B., oder mit anderen Naturgesetzen – reagiert Lewis denn auch mit entsprechend wenig Geduld (s. [1998: 122f.], [1992a: 198f.]). Das gilt besonders, wenn die fraglichen Möglichkeiten leicht durch Rekombination erreichbar sind (s. Abschnitt 3.2). In [1986a] etwa diskutiert er den Vorschlag, es könnte keine Welt geben, in der Kohlenstoffatome nicht von Bromatomen begleitet sind. Das ist Lewis zufolge nicht nur falsch, sondern »entirely unintelligible« [1986a: 101]: »I might say that [this conception] carries an unacceptable price in mystery; or perhaps I would do better to deny that there is any *conception* here at all, as opposed to mere words« [1986a: 102].

Ich sagte, man solle Lewis den modalen Deflationismus *unterschieben*. Offiziell vertreten hat er ihn nie. Lewis schwankt in seinen Arbeiten sichtlich zwischen Inflation und Deflation hin und her. Das liegt wohl nicht zuletzt daran, dass ein konsequenter Deflationismus mit dem modalen Realismus kollidiert. Da z.B. die Existenz von genau drei raumzeitlich maximalen Gegenständen nicht a priori oder analytisch ausgeschlossen ist, müsste es eigentlich eine Welt mit genau drei raumzeitlich maximalen Gegenständen geben. Der modale Realismus schließt dies aber aus (s. Abschnitt 3.6). Es scheint, dass man als Deflationist eine neue Interpretation von Aussagen über mögliche Welten benötigt.

11.7 Modaler Realismus und modaler Deflationismus

Das bringt mich zurück zu einem wesentlichen Anliegen dieses Buchs: zu zeigen, dass Lewis' metaphysische Thesen weniger eng verflochten sind als es auf den ersten Blick aussieht. Der modale Realismus wird für das große reduktionistische Projekt – die Zurückführung aller Wahrheiten auf die Verteilung fundamentaler Eigenschaften – nicht benötigt. (Im Gegenteil, er steht diesem eher im Weg.) Dasselbe gilt für die einzelnen Bausteine dieses Projekts. Man kann Lewis' Sprachphilosophie oder Theorie des Geistes akzeptieren, ohne an die Reduzierbarkeit von Kausalität oder eine objektive Klasse perfekt natürlicher Eigenschaften zu glauben. Alles hängt zwar mit allem zusammen, aber nicht alles setzt alles andere voraus.

▷ Lewis nimmt an, dass mit unseren Ausdrücken theoretische Rollen verknüpft sind, durch die sich ihre Referenz bestimmen lässt. Dabei soll a priori und analytisch sein, dass etwas der fragliche Gegenstand ist, wenn es die Rolle erfüllt.

▷ Häufig verwendet Lewis auch die Umkehrung: Wenn etwas die Rolle nicht erfüllt, dann ist es auch nicht der gesuchte Gegenstand. Hierfür muss die Rolle hinreichend abgeschwächt werden. Sollte es mehrere Rollenfüller geben, ist der analysierte Begriff referentiell unbestimmt.

▷ Eigenschaftsbegriffe sind im Gegensatz zu Namen für Einzeldinge oft Rollen-Ausdrücke, bei denen sich der Referent unmittelbar aus der Rolle ergibt. Andere Eigenschaftsbegriffe haben nicht einmal einen Referenten.

▷ Nicht jede Tatsachenverortung ist deshalb eine Gegenstandsverortung.

▷ Wenn Lewis Tatsachen auf grundlegendere zurückführt, so ist das stets ein begriffliches Unterfangen. Modale Abhängigkeit geht für ihn Hand in Hand mit begrifflicher Ableitbarkeit.

▷ Der hier (und anderswo) vorausgesetzte Zusammenhang zwischen begrifflicher und ›metaphysischer‹ Notwendigkeit legt eine deflationäre Auffassung metaphysischer Modalität nahe, die mit dem modalen Realismus zu kollidieren droht.

LITERATURVERZEICHNIS

Wenn mehrere Veröffentlichungen eines Textes angegeben sind, beziehen sich Seitenzahlen im Text auf die letzte davon.

Arbeiten von David Lewis

Bruce LeCatt [1982]: »Censored Vision«. *Australasian Journal of Philosophy*, 60: 158–162
David Lewis [1966a]: »An Argument for the Identity Theory«. *Journal of Philosophy*, 63: 17–25. Mit Ergänzungen in David M. Rosenthal (Hg.), *Materialism and the Mind-Body Problem*, Engelwood Cliffs: Prentica-Hall, 1971, und in [Lewis 1983e]
- [1966b]: »Percepts and Color Mosaics in Visual Experience«. *Philosophical Review*, 75: 357–368. In [Lewis 1999a]
- [1966c]: »Scriven on Human Unpredictability«. *Philosophical Studies*, 17: 69–74
- [1968]: »Counterpart Theory and Quantified Modal Logic«. *Journal of Philosophy*, 65: 113–126. In [Lewis 1983e]
- [1969a]: *Convention: A Philosophical Study*. Cambridge (Mass.): Harvard University Press
- [1969b]: »Lucas against Mechanism«. *Philosophy*, 44: 231–233. In [Lewis 1998a]
- [1969c]: »Policing the *Aufbau*«. *Philosophical Studies*, 20: 13–17. In [Lewis 1998a]
- [1969d]: »Review of *Art, Mind, and Religion*«. *Journal of Philosophy*, 66: 22–27
- [1970a]: »Anselm and Actuality«. *Noûs*, 4: 175–188. In [Lewis 1983e]
- [1970b]: »General Semantics«. *Synthese*, 22: 18–67. In [Lewis 1983e]
- [1970c]: »How to Define Theoretical Terms«. *Journal of Philosophy*, 67: 427–446. In [Lewis 1983e]
- [1970d]: »Nominalistic Set Theory«. *Noûs*, 4: 225–240. In [Lewis 1998a]
- [1971a]: »Analog and Digital«. *Noûs*, 5: 321–327. In [Lewis 1998a]
- [1971b]: »Completeness and Decidability of Three Logics of Counterfactual Conditionals«. *Theoria*, 37: 74–85
- [1971c]: »Counterparts of Persons and Their Bodies«. *Journal of Philosophy*, 68: 203–211. In [Lewis 1983e]
- [1971d]: »Immodest Inductive Methods«. *Philosophy of Science*, 38: 54–63
- [1972a]: »Psychophysical and Theoretical Identifications«. *Australasian Journal of Philosophy*, 50: 249–258. In [Lewis 1999a]
- [1972b]: »Utilitarianism and Truthfulness«. *Australasian Journal of Philosophy*, 50: 17–19. In [Lewis 1986g]
- [1973a]: »Causation«. *Journal of Philosophy*, 70: 556–567. In [Lewis 1986g]
- [1973b]: *Counterfactuals*. Oxford: Blackwell
- [1973c]: »Counterfactuals and Comparative Possibility«. *Journal of Philosophical Logic*, 2: 418–446. In [Lewis 1986g]
- [1973d]: »Lingue e Lingua«. *Versus*, 4: 2–21. Frühe Fassung von [Lewis 1975b]
- [1974a]: »Intensional Logics Without Iterative Axioms«. *Journal of Philosophical Logic*, 3: 457–466. In [Lewis 1998a]

- [1974b]: »Radical Interpretation«. *Synthese*, 23: 331–344. In [Lewis 1983e]
- [1974c]: »Semantic Analyses for Dyadic Deontic Logic«. In Sören Stenlund (Hg.) *Logical Theory and Semantic Analysis: Essays Dedicated to Stig Kanger on His Fiftieth Birthday*, Dordrecht: Reidel. In [Lewis 2000b]
- [1974d]: »Spielman and Lewis on Inductive Immodesty«. *Philosophy of Science*, 41: 84–85
- [1974e]: »'Tensions«. In Milton K. Munitz und Peter K. Unger (Hg.) *Semantics and Philosophy*, New York: New York University Press. In [Lewis 1983e]
- [1975a]: »Adverbs of Quantification«. In E. L. Keenan (Hg.) *Formal Semantics of Natural Language*, Cambridge: Cambridge University Press, 3–15. In [Lewis 1998a]
- [1975b]: »Languages and Language«. In [Gunderson 1975], 3–35. Und in [Lewis 1983e]
- [1976a]: »Convention: Reply to Jamieson«. *Canadian Journal of Philosophy*, 6: 113–120. In [Lewis 2000b]
- [1976b]: »The Paradoxes of Time Travel«. *American Philosophical Quarterly*, 13: 145–152. In [Lewis 1986g]
- [1976c]: »Probabilities of Conditionals and Conditional Probabilities«. *Philosophical Review*, 85: 297–315. In [Lewis 1986g]
- [1976d]: »Survival and Identity«. In Amelie O. Rorty (Hg.), *The Identities od Persons*, University of California Press, 17–40, und in [Lewis 1983e]
- [1977]: »Possible-World Semantics for Counterfactual Logics: A Rejoinder«. *Journal of Philosophical Logic*, 6: 359–363
- [1978a]: »Reply to McMichael«. *Analysis*, 38: 85–86. In [Lewis 2000b]
- [1978b]: »Truth in Fiction«. *American Philosophical Quarterly*, 15: 37–46. In [Lewis 1983e]
- [1979a]: »Attitudes *De Dicto* and *De Se*«. *Philosophical Review*, 88: 513–543. In [Lewis 1983e]
- [1979b]: »Counterfactual Dependence and Time's Arrow«. *Noûs*, 13: 455–476. In [Lewis 1986g]
- [1979c]: »Lucas against Mechanism II«. *Canadian Journal of Philosophy*, 9: 272–276. In [Lewis 1998a]
- [1979d]: »Prisoner's Dilemma is a Newcomb Problem«. *Philosophy and Public Affairs*, 8: 235–240. In [Lewis 1986g]
- [1979e]: »A Problem About Permission«. In E. Saarinen et al. (Hg.) *Essays in Honour of Jaakko Hintikka*, Reidel. In [Lewis 2000b]
- [1979f]: »Scorekeeping in a Language Game«. *Journal of Philosophical Logic*, 8: 339–359. In [Lewis 1983e]
- [1980a]: »Index, Context, and Content«. In S. Kanger und S. Öhmann (Hg.), *Philosophy and Grammar*, Dordrecht: Reidel, und in [Lewis 1998a]
- [1980b]: »Mad Pain and Martian Pain«. In Ned Block (Hg.), *Readings in the Philosophy of Psychology* Bd.1, Cambridge (Mass.): Harvard University Press, 216–222, und in [Lewis 1983e]
- [1980c]: »A Subjectivist's Guide to Objective Chance«. In Richard C. Jeffrey (Hg.), *Studies in Inductive Logic and Probability* Bd. 2, University of California Press, und in [Lewis 1986g]

- [1980d]: »Veridical Hallucination and Prosthetic Vision«. *Australasian Journal of Philosophy*, 58: 239-249. In [Lewis 1986g]
- [1981a]: »Are We Free to Break the Laws?« *Theoria*, 47: 113-121. In [Lewis 1986g]
- [1981b]: »Causal Decision Theory«. *Australasian Journal of Philosophy*, 59: 5-30. In [Lewis 1986g]
- [1981c]: »Nachwort (1978) zu ›Kausalität‹«. In Günter Posch (Hg.), *Kausaliät: Neue Texte*, Stuttgart: Reclam, 124-126
- [1981d]: »Ordering Semantics and Premise Semantics for Counterfactuals«. *Journal of Philosophical Logic 10*, 10: 217-234. In [Lewis 1998a]
- [1981e]: »What Puzzling Pierre Does Not Believe«. *Australasian Journal of Philosophy*, 59: 283-289. In [Lewis 1999a]
- [1981f]: »Why Ain'cha Rich?« *Noûs*, 15: 377-380
- [1982a]: »Logic for Equivocators«. *Noûs*, 16: 431-441. In [Lewis 1998a]
- [1982b]: »›Whether‹ report«. In Tom Pauli et al. (Hg.) *320311: Philosophical Essays Dedicated to Lennart Aqvist on his Fiftieth Birthday*, Filosofiska Studier. Und in [Lewis 1998a]
- [1983a]: »Extrinsic Properties«. *Philosophical Studies*, 44: 197-200. In [Lewis 1999a]
- [1983b]: »Individuation by Acquaintance and by Stipulation«. *Philosophical Review*, 92: 3-32. In [Lewis 1999a]
- [1983c]: »Levi Against U-Maximization«. *Journal of Philosophy*, 80: 531-534
- [1983d]: »New Work for a Theory of Universals«. *Australasian Journal of Philosophy*, 61: 343-377. In [Lewis 1999a]
- [1983e]: *Philosophical Papers I*. New York, Oxford: Oxford University Press
- [1984a]: »Devil's Bargains and the Real World«. In *The Security Gamble: Detterence in the Nuclear Age*, Totowa (NJ): Rowman and Allanheld. Und in [Lewis 2000b]
- [1984b]: »Putnam's Paradox«. *Australasian Journal of Philosophy*, 61: 343-377. In [Lewis 1999a]
- [1986a]: »Against Structural Universals«. *Australasian Journal of Philosophy*, 64: 25-46. In [Lewis 1999a]
- [1986b]: »Buy like a MADman, use like a NUT«. *QQ*: 5-8. In [Lewis 2000b]. Gekürzte Fassung von [Lewis 1989c]
- [1986c]: »Causal Explanation«. In [Lewis 1986g]: 214-240
- [1986d]: »A Comment on Armstrong and Forrest«. *Australasian Journal of Philosophy*, 64: 92-93. In [Lewis 1999a]
- [1986e]: »Events«. In [Lewis 1986g]: 241-269
- [1986f]: *On the Plurality of Worlds*. Malden (Mass.): Blackwell
- [1986g]: *Philosophical Papers II*. New York, Oxford: Oxford University Press
- [1986h]: »Probabilities of Conditionals and Conditional Probabilities II«. *Philosophical Review*, 95: 581-589. In [Lewis 1998a]
- [1987]: »The Punishment that Leaves Something to Chance«. *Proceedings of the Russellian Society*, 12: 81-97. In [Lewis 2000b]
- [1988a]: »Ayer's First Empiricist Criterion of Meaning: Why Does It Fail?« *Analysis*, 48: 1-3. In [Lewis 1998a]
- [1988b]: »Desire as Belief«. *Mind*, 97: 323-332. In [Lewis 2000b]

- [1988c]: »Rearrangement of Particles: Reply to Lowe«. *Analysis*, 48: 65–72. In [Lewis 1999a]
- [1988d]: »Relevant Implication«. *Theoria*, 54: 161–174. In [Lewis 1998a]
- [1988e]: »Statements partly about observation«. *Philosophical Papers*, 17: 1–31. In [Lewis 1998a]
- [1988f]: »The Trap's Dilemma«. *Australasian Journal of Philosophy*, 66: 220–223. In [Lewis 2000b]
- [1988g]: »Vague Identity: Evans Misunderstood«. *Analysis*, 48: 128–130
- [1988h]: »What Experience Teaches«. *Proceedings of the Russellian Society*, 13: 29–57. In [Lewis 1999a]
- [1989a]: »Academic Appointments: Why Ignore the Advantage of Being Right«. In *Ormond Papers*, Melbourne: Ormond College, University of Melbourne. In [Lewis 2000b]
- [1989b]: »Dispositional Theories of Value«. *Proceedings of the Aristotelian Society*, Suppl. Vol. 63: 113–137. In [Lewis 2000b]
- [1989c]: »Finite Counterforce«. In Henry Shue (Hg.) *Nuclear Deterrence and Moral Restraint*, Cambridge: Cambridge University Press. Ausführliche Fassung von [Lewis 1986b]
- [1989d]: »Mill and Milquetoast«. *Australasian Journal of Philosophy*, 67: 152–171. In [Lewis 2000b]
- [1989e]: »Review of Bigelow, *The Reality of Numbers*«. *Australasian Journal of Philosophy*, 67: 487–489
- [1990]: »Noneism or Allism?« *Mind*, 99: 23–31. In [Lewis 1999a]
- [1991]: *Parts of Classes*. Oxford: Blackwell
- [1992a]: »Critical Notice of Armstrong, *A Combinatorial Theory of Possibility*«. *Australasian Journal of Philosophy*, 70: 211–224. In [Lewis 1999a] als »Armstrong on Combinatorial Possibility«
- [1992b]: »Meaning without Use: Reply to Hawthorne«. *Australasian Journal of Philosophy*, 70: 106–110. In [Lewis 2000b]
- [1993a]: »Counterpart Theory, Quantified Modal Logic, and Extra Argument Places«. *Analysis*, 53: 69–71
- [1993b]: »Evil for Freedom's Sake?« *Philosophical Papers*, 22: 149–172. In [Lewis 2000b]
- [1993c]: »Many, But Almost One«. In [Bacon et al. 1993]: 23–38, und in [Lewis 1999a]
- [1993d]: »Mathematics is Megethology«. *Philosophia Mathematica*, 3: 3–23. In [Lewis 1998a]
- [1994a]: »Humean Supervenience Debugged«. *Mind*, 103: 473–490. In [Lewis 1999a]
- [1994b]: »Reduction of Mind«. In Samuel Guttenplan (Hg.), *A Companion to the Philosophy of Mind*, Oxford: Blackwell, 412–431, und in [Lewis 1999a]
- [1995]: »Should a Materialist Believe in Qualia?« *Australasian Journal of Philosophy*, 73: 140–144. In [Lewis 1999a]
- [1996a]: »Desire as Belief II«. *Mind*, 105: 303–313. In [Lewis 2000b]
- [1996b]: »Elusive Knowledge«. *Australasian Journal of Philosophy*, 74: 549–567. In [Lewis 1999a]
- [1996c]: »Illusory Innocence?« *Eureka Street*, 5: 35–36. In [Lewis 2000b]

- [1996d]: »Maudlin on Modal Mystery«. *Australasian Journal of Philosophy*, 74: 683–684. In [Lewis 1999a]
- [1997a]: »Do We Believe in Penal Substitution?« *Philosophical Papers*, 26: 203–209. In [Lewis 2000b]
- [1997b]: »Finkish Dispositions«. *Philosophical Quarterly*, 47: 143–158. In [Lewis 1999a]
- [1997c]: »Naming the Colours«. *Australasian Journal of Philosophy*, 75: 325–342. In [Lewis 1999a]
- [1998a]: *Papers in Philosophical Logic*. Cambridge: Cambridge University Press
- [1998b]: »A World of Truthmakers?« *Times Literary Supplement*, 4950: 30. In [Lewis 1999a]
- [1999a]: *Papers in Metaphysics and Epistemology*. Cambridge: Cambridge University Press
- [1999b]: »Why Conditionalize?« In [Lewis 1999a], 403–407
- [1999c]: »Zimmerman and the Spinning Sphere«. *Australasian Journal of Philosophy*, 77: 209–212
- [2000a]: »Causation as Influence«. *Journal of Philosophy*, 97: 182–197. Gekürzte Fassung von [Lewis 2004a]
- [2000b]: *Papers in Ethics and Social Philosophy*. Cambridge: Cambridge University Press
- [2001a]: »Forget About the ›Correspondence Theory of Truth‹«. *Analysis*, 61: 275–280
- [2001b]: »Redefining ›Intrinsic‹«. *Philosophy and Phenomenological Research*, 63: 381–398
- [2001c]: »Sleeping Beauty: Reply to Elga«. *Analysis*, 61: 171–176
- [2001d]: »Truthmaking and Difference-Making«. *Noûs*, 35: 602–615
- [2002a]: »Tensing the Copula«. *Mind*, 111: 1–13
- [2002b]: »Tharp's Third Theorem«. *Analysis*, 62: 95–97
- [2003]: »Things qua Truthmakers«. Mit einem Postscript von David Lewis und Gideon Rosen. In Hallvard Lillehammer und Gonzalo Rodriguez-Pereyra (Hg.), *Real Metaphysics: Essays in Honour of D.H. Mellor*, London: Routledge, 25–38.
- [2004a]: »Causation as Influence«. In [Collins et al. 2004], 75–107. Ausführliche Fassung von [Lewis 2000a]
- [2004b]: »How Many Lives has Schrödinger's Cat? The Jack Smart Lecture, Canberra, 27 June 2001«. *Australasian Journal of Philosophy*, 82: 3–22
- [2004c]: »Tensed Quantifiers«. In [Zimmerman 2004], 3–14
- [2004d]: »Void and Object«. In [Collins et al. 2004], 277–291
- [2005]: »Quasi-Realism is Fictionalism«. In Eli Kalderon (Hg.) *Fictionalism in Metaphysics*, Oxford: Clarendon Press, 314–321
- [2008]: »Ramseyan Humility«. Manuskript

David Lewis und Wilfrid Hodges [1968]: »Finitude and Infinitude in the Atomic Calculus of Individuals«. *Noûs*, 2: 405–410. In [Lewis 1998a]

David Lewis und Rae Langton [1998]: »Defining ›Intrinsic‹«. *Philosophy and Phenomenological Research*, 58: 333–345. In [Lewis 1999a]

- [2001]: »Marshall and Parsons on ›Intrinsic‹«. *Philosophy and Phenomenological Research*, 63: 353–355

David Lewis und Stephanie Lewis [1970]: »Holes«. *Australasian Journal of Philosophy*, 48: 206–212. In [Lewis 1983e]

- [1975]: »Review of Olson and Paul: *Contemporary philosophy in Scandinavia*«. *Theoria*, 41: 39–60
- [1996]: »Casati and Varzi on Holes«. *Philosophical Review*, 105: 77–79. In [Lewis 1999a]

Sekundärliteratur

Robert M. Adams [1974]: »Theories of Actuality«. *Noûs*, 8: 211–231
David Z. Albert [1994]: *Quantum Mechanics and Experience*. Cambridge (Mass.): Harvard University Press
Maurice Allais [1953]: »Le comportement de l'homme rationnel devant le risque: Critique des postulates et axiomes de l'école americaine«. *Econometrica*, 21: 503–546
Torin Alter [1998]: »A Limited Defense of the Knowledge Argument«. *Philosophical Studies*, 90: 35–56
David M. Armstrong [1968]: *A Materialist Theory of the Mind*. London: Routledge
- [1973]: *Belief, Truth, and Knowledge*. Cambridge: Cambridge University Press
- [1978a]: *Universals and Scientific Realism I: Nominalism & Realism*. Cambridge: Cambridge University Press
- [1978b]: *Universals and Scientific Realism II: A Theory of Universals*. Cambridge: Cambridge University Press
- [1980]: »Identity Through Time«. In Peter van Inwagen (Hg.), *Time and Cause*, Dordrecht: Reidel
- [1983]: *What is a Law of Nature?*. Cambridge: Cambridge University Press
- [1986]: »The Nature of Possibility«. *Canadian Journal of Philosophy*, 16: 575–594
- [1989a]: *A Combinatorial Theory of Possibility*. Cambridge: Cambridge University Press
- [1989b]: *Universals: An Opinionated Introduction*. Boulder: Westview Press
- [1991]: »Classes are States of Affairs«. *Mind*, 100: 189–200
- [1993]: »Reply to Mellor«. In [Bacon et al. 1993]: 113–18
- [1997]: *A World of States of Affairs*. Cambridge: Cambridge University Press
- [2001]: »Going through the Open Door Again: Counterfactual versus Singularist Theories Of Causation«. In [Preyer und Siebelt 2001]: 163–176

Frank Arntzenius [2003]: »Some problems for conditionalization and reflection«. *Journal of Philosophy*, 100: 356–370
Frank Arntzenius und John Hawthorne [2005]: »Gunk and Continuous Variation«. *Monist*, 88: 441–465
John Bacon, Keith Campbell und Lloyd Reinhardt (Hg.) [1993]: *Ontology, Causality and Mind: Essays in Honour of D.M. Armstrong*. Cambridge: Cambridge University Press
Ansgar Beckermann [1997]: »Property Physicalism, Reduction and Realization«. In M. Carrier und P. Machamer (Hg.) *Mindscapes. Philsophy, Science, and the Mind*, Konstanz: Universitätsverlag, 303–321
Jonathan Bennett [1984]: »Counterfactuals and Temporal Direction«. *Philosophical Review*, 93: 57–91
- [1987]: »Event Causation: The Counterfactual Analysis«. *Philosophical Perspectives*, 1: 367–386

- [1988]: *Events and Their Names*. Oxford: Clarendon Press
- [2001]: »On Forward and Backward Counterfactual Conditionals«. In [Preyer und Siebelt 2001]: 177–202
- [2003]: *A Philosophical Guide to Conditionals*. New York: Oxford University Press

Allen R. Bernstein und Frank Wattenberg [1969]: »Non-standard Measure Theory«. In W. Luxemburg (Hg.) *Applications of Model Theory of Algebra, Analysis, and Probability*, Holt, Reinhart and Winston

John Bigelow [1976]: »Possible Worlds Foundations for Probability«. *Journal of Philosophical Logic*, 5: 299–320
- [1988]: *The Reality of Numbers: A Physicalist's Philosophy of Mathematics*. Oxford: Clarendon Press
- [1990]: »Sets are Universals«. In [Irvine 1990]: 291–305
- [1996]: »Presentism and Properties«. *Philosophical Perspectives*, 10: 35–52

John Bigelow und Robert Pargetter [1987]: »Beyond the Blank Stare«. *Theoria*, 53: 97–114
- [1990]: *Science and Necessity*. Cambridge: Cambridge University Press

Robert Black [1998]: »Chance, Credence and the Principal Principle«. *British Journal for the Philosophy of Science*, 49: 371–385
- [2000]: »Aggainst Quidditism«. *Australasian Journal of Philosophy*, 78: 87–104

Tim Black [2003]: »The Relevant Alternatives Theory and Missed Clues«. *Australasian Journal of Philosophy*, 81: 96–106

Simon Blackburn [1984]: *Spreading the Word*. Oxford: Clarendon Press

Ned Block [1978]: »Troubles with Functionalism«. In C.W. Savage (Hg.) *Perception and Cognition: Issues in the Foundations of Psychology*, Minneapolis: Minnesota University Press

Ned Block und Jerry A. Fodor [1972]: »What Psychological States Are Not«. *Philosophical Review*, 81: 159–181

Ned Block und Robert Stalnaker [1999]: »Conceptual Analysis, Dualism, and the Explanatory Gap«. *The Philosophical Review*, 108: 1–46

Paul Boghossian [1997]: »Analyticity«. In Bob Hale und Crispin Wright (Hg.) *Companion to the Philosophy of Language*, Oxford: Blackwell

George Boolos [1984]: »To Be is to Be a Value of a Variable (or to Be Some Values of Some Variables)«. *Journal of Philosophy*, 81: 430–449. In [Boolos 1998]
- [1985]: »Nominalist Platonism«. *Philosophical Review*, 94: 327–344. In [Boolos 1998]
- [1989]: »Iteration Again«. *Philosophical Topics*, 17: 5–21. In [Boolos 1998]
- [1998]: *Logic, Logic, and Logic*. Cambridge (Mass.): Harvard University Press

Andrea Bottani, Massimiliano Carrara und Pierdaniele Giaretta (Hg.) [2002]: *Individuals, Essence and Identity: Themes of Analytic Metaphysics*. Dordrecht, Boston, London: Kluwer Academic Publishers

David Braddon-Mitchell und Frank Jackson [1996]: *Philosophy of Mind and Cognition*. Oxford: Blackwell

David Braddon-Mitchell und Kirstie Miller [2006]: »The Physics of Extended Simples«. *Analysis*, 66: 222–225

David Braun und Theordore Sider [2007]: »Vague, so Untrue«. *Noûs*, 41: 133–156

Phillip Bricker [1991]: »Plentitude of Possible Structures«. *Journal of Philosophy*, 88: 607–619

- [2001]: »Island Universes and the Analysis of Modality«. In [Preyer und Siebelt 2001], 27–55
Stuart Brock [1993]: »Modal Fictionalism: A Response to Rosen«. *Mind*, 102: 147–150
Anthony Brueckner [2003]: »What Missed Clues Cases Show«. *Analysis*, 63: 303–305
Tylor Burge [1975]: »On Knowledge and Convention«. *Philosophical Review*, 84: 249–255
John P. Burgess [1994]: »Non-Classical Logic and Ontological Non-Commitment: Avoiding Abstract Objects through Modal Operators«. In Dag Prawitz, Brian Skyrms und Dag Westerståhl (Hg.), *Logic, Methodology and Philosophy of Science*, Bd. IX, Amsterdam: Elsevier
Michael Burke [1994]: »Preserving the Principle of One Object to a Place: A Novel Account of the Relations Among Objects, Sorts, Sortals, and Persistance Conditions«. *Philosophy and Phenomenological Research*, 54: 591–624
Linda C. Burns [1991]: *Vagueness: An Investigation into Natural Language and the Sorites Paradox*. Dordrecht: Kluwer
Ralf Busse [2007]: »Fundamentale Größen in einer Lewis'schen Eigenschaftstheorie«. Manuskript
Craig Callender [2001]: »Humean Supervenience and Rotating Homogeneous Matter«. *Mind*, 110: 25–44
Georg Cantor [1895]: »Beiträge zur Begründung der transfiniten Mengenlehre«. *Mathematische Annalen*, 49: 207–246
Rudolf Carnap [1947]: *Meaning and Necessity*. Chicago: University of Chicago Press
- [1963]: »Replies and Systematic Exposition«. In P.A. Schilpp (Hg.) *The Philosophy of Rudolf Carnap*, La Salle (Ill.): Open Court, 859–1016
John Carroll [1994]: *Laws of Nature*. Cambridge: Cambridge University Press
Richard Cartwright [1994]: »Speaking of Everything«. *Noûs*, 28: 1–20
David Chalmers [1996a]: *The Conscious Mind*. New York: Oxford University Press
- [1996b]: *The Conscious Mind*. New York: Oxford University Press
- [2002a]: »Consciousness and its Place in Nature«. In D. Chalmers (Hg.) *Philosophy of Mind. Classical and Contemporary Readings*, New York: Oxford University Press, 247–272
- [2002b]: »Does Conceivability Entail Possibility?« In [Gendler und Hawthorne 2002], 145–200
- [2005]: »The Two-Dimensional Argument Against Materialism«. Manuskript
- [2006a]: »The Foundations of Two-Dimensional Semantics«. In Manuel Garcia-Carpintero und Josep Macia (Hg.) *Two-Dimensional Semantics*, Oxford: Oxford University Press, 55–140
- [2006b]: »Propositions and Attitude Ascriptions: A Fregean Account«. Manuskript
- [2007]: »From the Aufbau to the Canberra Plan«. Vortrag gehalten im Juli 2007 auf dem AAP Kongress in Armidale
David Chalmers und Frank Jackson [2002]: »Conceptual Analysis and Reductive Explanation«. *Philosophical Review*, 110: 315–361
Roderick Chisholm [1967]: »Identity through Possible Worlds: Some Questions«. *Noûs*, 1: 1–8
- [1976]: *Person and Object: A Metaphysical Study*. La Salle (Ill.): Open Court
Noam Chomsky [1980]: *Rules and Representations*. New York: Columbia University Press

Lenny Clapp [2001]: »Disjunctive Properties: Multiple Realisations«. *Journal of Philosophy*, 98: 111–136
Stewart Cohen [1988]: »How to be a Fallibilist«. *Philosophical Perspectives*, 2: 91–123
John Collins [2000]: »Preemptive Prevention«. *Journal of Philosophy*, 97: 223–234
John Collins, Ned Hall und Laurie A. Paul (Hg.) [2004]: *Causation and Counterfactuals*. Cambridge (Mass.): MIT Press
Earl Conee [1985]: »Physicalism and Phenomenal Properties«. *Philosophical Quarterly*, 35: 296–302
Max J. Cresswell [1973]: *Logics and Languages*. London: Methuen
- [2004]: »Adequacy Conditions for Counterpart Theory«. *Australasian Journal of Philosophy*, 82: 28–41
Donald Davidson [1973]: »Radical Interpretation«. *Dialectica*, 27: 313–328
- [1975]: »Thought and Talk«. In Samuel Guttenplan (Hg.) *Mind and Language*, Oxford: Oxford University Press
Keith DeRose [1995]: »Solving the Skeptical Problem«. *Philosophical Review*, 104: 1–52
Michael Devitt und Kim Sterelny [1987]: *Language and Reality*. Cambridge (Mass.): MIT Press
John Divers und Joseph Melia [2002]: »The Analytic Limit of Genuine Modal Realism«. *Mind*, 111: 15–36
Phil Dowe [2000]: *Physical Causation*. Cambridge: Cambridge University Press
Fred I. Dretske [1977]: »Laws of Nature«. *Philosophy of Science*, 44: 248–268
- [1995]: *Naturalizing the Mind*. Cambridge (Mass.): MIT Press
Michael Dummett [1991]: *The Logical Basis of Metaphysics*. Cambridge (Mass.): Harvard University Press
John Earman [1984]: »Laws of Nature: The Empiricist Challenge«. In R. Bogdan (Hg.) *D. M. Armstrong*, D. Reidel
Andy Egan [2004]: »Second-Order Predication and the Metaphysics of Properties«. *Australasian Journal of Philosophy*, 82: 48–56
Adam Elga [2004]: »Infinitesimal Chances and the Laws of Nature«. In [Jackson und Priest 2004], 68–77
Brian Ellis und Caroline Lierse [1994]: »Dispositional Essentialism«. *Australasian Journal of Philosophy*, 72: 27–45
Daniel Ellsberg [1961]: »Risk, Ambiguity and the Savage Axioms«. *Quarterly Journal of Economics*, 75: 643–669
Lina Eriksson und Alan Hájek [2007]: »What are Degrees of Belief?« Erscheint in *Studia Logica*
Michael Fara und Timothy Williamson [2005]: »Counterparts and Actuality«. *Mind*, 114: 1–30
Hartry Field [1973]: »Theory Change and the Indeterminacy of Reference«. *Journal of Philosophy*, (70): 462–481
- [1980]: *Science without Numbers: A Defence of Nominalism*. Princeton: Princeton University Press
- [2003]: »Causation in a Physical World«. In [Loux und Zimmerman 2003], 435–460
Kit Fine [1975]: »Review of Lewis, *Counterfactuals*«. *Mind*, 84: 451–458
- [2003a]: »The Non-Identity of a Material Thing and Its Matter«. *Mind*, 112: 195–234

- [2003b]: »The Problem of Possibilia«. In [Loux und Zimmerman 2003], 161–179
Paul Fitzgerald [1976]: »Meaning in Science and Mathematics«. *PSA 1974*, 32: 235–269
Jerry A. Fodor [1980]: »Methodological Solipsism Considered as a Research Strategy in Cognitive Psychology«. *Behavioral and Brain Sciences*, 3: 63–109
- [1990]: »A Theory of Content I & II«. In *A Theory of Content and Other Essays*, Camridge (Mass.): MIT Press, 51–136
Graeme Forbes [1982]: »Canonical Counterpart Theory«. *Analysis*, 42: 33–37
Peter Forrest [1992]: »Universals and Universalisability«. *Australasian Journal of Philosophy*, 70: 93–98
Peter Forrest und David M. Armstrong [1984]: »An Argument against David Lewis' Theory of Possible Worlds«. *Australasian Journal of Philosophy*, 62: 164–168
Abraham Fraenkel, Yehoshua Bar-Hillel und Azriel Levy [1973]: *Foundations of Set Theory*. Amsterdam et.al.: Northern Holland, 2 Auflage
Gottlob Frege [1892]: »Über Begriff und Gegenstand«. *Vierteljahreszeitschrift für wissenschaftliche Philosophie*, 16: 192–205
- [1893–1903]: *Grundgesetze der Arithmetik*. Jena: Hermann Pohle
- [1895]: »Kritische Beleuchtung einiger Punkte in E. Schröders Vorlesungen über die Algebra der Logik«. *Archiv für Philosophie*, 1: 433–456
Haim Gaifman [2004]: »Reasoning with Limited Resources and Assigning Probabilities to Arithmetical Statements«. *Synthese*, 140: 97–119
Tamar Szabó Gendler und John Hawthorne (Hg.) [2002]: *Conceivability and Possibility*. Oxford: Oxford University Press
Edmund Gettier [1963]: »Is Justified True Belief Knowledge?« *Analysis*, 23: 121–123
Giancarlo Ghirardi [2002]: »Collapse Theories«. In E.N.Zalta (Hg.), *The Stanford Encyclopedia of Philosophy* (Frühjahr 2002), http://plato.stanford.edu/archives/spr2002/entries/qm-collapse/
Gerd Gigerenzer und Daniel Goldstein [1996]: »Reasoning the fast and frugal way: Models of bounded rationality«. *Psychological Review*, 103: 650–669
Margaret Gilbert [1992]: *On Social Facts*. Princeton: Princeton University Press
Richard E. Grandy [1977]: »Review of D. Lewis: *Convention*«. *Australasian Journal of Philosophy*, 74: 129–139
Paul Grice [1957]: »Meaning«. *Philosophical Review*, 66: 377–388
Keith Gunderson (Hg.) [1975]: *Language, Mind and Knowledge*, Band VII von *Minnesota Studies in the Philosophy of Science*. Minneapolis: University of Minnesota Press
Samuel Guttenplan (Hg.) [1994]: *A Companion to the Philosophy of Mind*. Oxford: Blackwell
Bob Hale und Crispin Wright [1997]: »Putnam's model-theoretic argument against metaphysical realism«. In Bob Hale und Crispin Wright (Hg.) *A Companion to the Philosophy of Language*, Oxford: Blackwell, 427–457
Ned Hall [1994]: »Correcting the Guide to Objective Chance«. *Mind*, 103: 505–517
- [2000]: »Causation and the Price of Transitivity«. *Journal of Philosophy*, 97: 198–222
- [2004]: »Two Concepts of Causation«. In [Collins et al. 2004], 225–276
Sally Haslanger [1989]: »Endurance and Temporary Intrinsics«. *Analysis*, 49: 119–125
- [1994]: »Humean Supervenience and Enduring Things«. *Australasian Journal of Philosophy*, 72: 339–359

Daniel M. Hausman [1998]: *Causal Asymmetries*. Cambridge: Cambridge University Press
John Hawthorne [2001]: »Causal Structuralism«. *Philosophical Perspectives*, 15: 361–378
- [2005]: »Chance and Counterfactuals«. *Philosophy and Phenomenological Research*: 396–405
- [2006]: »Quantitiesin Lewisian Metaphysics«. In *Metaphysical Essays*, Oxford: Oxford University Press
Allen P. Hazen [1976]: »Expressive Completeness in Modal Language«. *Journal of Philosophical Logic*, 5: 25–46
- [1979]: »Counterpart-Theoretic Semantics for Modal Logic«. *Journal of Philosophy*, 76: 319–338
- [1996]: »Actualism Again«. *Philosophical Studies*, 84: 155–181
Mark Heller [1990]: *The Ontology of Physical Objects*. Cambridge: Cambridge University Press
- [1996]: »Ersatz Worlds and Ontological Disagreement«. *Acta Analytica*, 40: 35–44
- [1998]: »Property Counterparts in Ersatz Worlds«. *Journal of Philosophy*, 95: 293–316
Frederik Herzberg [2007]: »Internal laws of probability, generalized likelihoods and infinitesimal chances – a response to Adam Elga«. *British Journal for the Philosophy of Science*, 58: 25–43
Chris Hill [1997]: »Imaginability, Conceivability, Possibility and the Mind-Body Problem«. *Philosophical Studies*, 87: 61–85
Mark Hinchliff [1996]: »The Puzzle of Change«. *Philosophical Perspectives*, 10: 119–136
Terence Horgan [1984]: »Jackson on Physical Information and Qualia«. *Philosophical Quarterly*, 34: 147–183
Paul Horwich [2000]: »Stipulation, Meaning, and Apriority«. In Paul Boghossian und Christopher Peacocke (Hg.) *New Essays on the A Priori*, Oxford: Clarendon Press, 150–169
I. L. Humberstone [1996]: »Intrinsic/Extrinsic«. *Synthese*, 108: 205–267
Andrew D. Irvine (Hg.) [1990]: *Physicalism in Mathematics*. Dordrecht: Kluwer
Frank Jackson [1977]: »Statements about Universals«. *Mind*, 86: 427–429
- [1982]: »Epiphenomenal Qualia«. *Philosophical Quarterly*, 32: 127–136. In [Jackson 1998b]
- [1989]: »Review of Lewis, *Philosophical Papers II*«. *Journal of Philosophy*, 86: 433–437
- [1994a]: »Armchair Metaphysics«. In John O'Leary Hawthorne und Michaelis Michael (Hg.), *Philosophy in Mind*, Dordrecht: Kluwer, 23–42, und in [Jackson 1998b]
- [1994b]: »Metaphysics by Possible Cases«. In [Jackson 1998b]
- [1998a]: *From Metaphysics to Ethics: A Defence of Conceptual Analysis*. Oxford: Clarendon Press
- [1998b]: *Mind, Method and Conditionals: Selected Essays*. London: Routledge
- [1998c]: »Postscript on Qualia«. In [Jackson 1998b], 76–80
- [1998d]: »Reference and Description Revisited«. *Philosophical Perspectives*, 12: 201–218
- [2004]: »Why We Need A-Intensions«. *Philosophical Studies*, 118: 257–277
- [2005a]: »The Case for A Priori Physicalism«. In Christian Nimtz und Ansgar Beckermann (Hg.) *Philosophy–Science–Scientific Philosophy. Main Lectures and Colloquia of GAP 5*, Paderborn: Mentis, 251–286

- [2005b]: »What are Proper Names For?« In J. C. Marek und M. E. Reicher (Hg.) *Experience and Analysis. Proceedings of the 27th International Wittgenstein Symposium*, Wien: hpt-öbv, 257-269

Frank Jackson und Philip Pettit [1988]: »Functionalism and Broad Content«. *Mind*, 97: 381-400
- [1990]: »In Defence of Folk Psychology«. *Philosophical Studies*, 59: 31-50

Frank Jackson und Graham Priest (Hg.) [2004]: *Lewisian Themes: The Philosophy of David K. Lewis*. Oxford: Oxford University Press

Richard Jeffrey [1965]: *The Logic of Decision*. New York: McGraw-Hill

Mark Johnston [1987]: »Is There a Problem About Persistence?« *Proceedings of the Aristotelian Society, Suppl. Vol.*, 61: 107-135

James Joyce [1999]: *The Foundations of Causal Decision Theory*. Cambridge: Cambridge University Press

Daniel Kahneman und Amos Tversky [1992]: »Advances in prospect theory: Cumulative representation of uncertainty«. *Journal of Risk and Uncertainty*, 5: 297-324

David Kaplan [1979]: »Trans-World Heir Lines«. In [Loux 1979], 88-109
- [1989]: »Demonstratives«. In Joseph Almog, John Perry und Howard Wettstein (Hg.) *Themes from Kaplan*, New York: Oxford University Press, 481-564

Rosanna Keefe [2000]: *Theories of Vagueness*. Cambridge: Cambridge University Press

Andreas Kemmerling [1976]: *Kommunikation und sprachliche Bedeutung*. Doktorarbeit, LMU München
- [1998]: »Eine Handvoll Bemerkungen zur begrifflichen Unübersichtlichkeit von ›Bewusstsein‹«. In F. Esken und H.-D. Heckmann (Hg.) *Bewusstsein und Repräsentation*, Paderborn: Mentis, 55-71

Jaegwon Kim [1973]: »Causes and Counterfactuals«. *Journal of Philosophy*, 70: 570-572
- [1974]: »Noncausal Connections«. *Noûs*, 8: 41-52. In [Kim 1993]
- [1976]: »Events as Property Exemplifications«. In Myles Brand und Douglas Walton (Hg.), *Action Theory*, Dordrecht: Reidel, 159-177, und in [Kim 1993]
- [1993]: *Supervenience and Mind: Selected Philosophical Essays*. Cambridge: Cambridge University Press
- [1996]: *Philosophy of Mind*. Boulder: Westview Press
- [1998]: *Mind in a Physical World*. Cambridge (Mass.): MIT Press

Boris Kment [2006]: »Counterfactuals and Explanation«. *Mind*, 458: 261-310

Saul A. Kripke [1979]: »A Puzzle About Believe«. In Avishai Margalit (Hg.), *Meaning and Use*, Dordrecht: Reidel
- [1980]: *Naming and Necessity*. Oxford: Blackwell

Igal Kvart [1991]: »Transitivity and Preemption of Causal Relevance«. *Philosophical Studies*, 64: 125-160
- [2001]: »Lewis' ›Causation as Influence‹«. *Australasian Journal of Philosophy*, 79: 409-421

Rae Langton [2004]: »Elusive Knowledge of Things in Themselves«. In [Jackson und Priest 2004], 130-136

Ernest Lepore und Barry Loewer [1989]: »More on Making Mind Matter«. *Philosophical Topics*, 17: 157-191

Brian Loar [1990]: »Phenomenal States (Revised Version)«. In N. Block, O. Flanagan und G. Güzeldere (Hg.) *The Nature of Consciousness: Philosophical Debates*, Cambridge (Mass.): MIT Press, 597–616
Barry Loewer [1976]: »Counterfactuals with Disjunctive Antecedents«. *Journal of Philosophy*, 73: 531–537
- [1997]: »Humean Supervenience«. *Philosophical Topics*, 24: 101–126
Michael J. Loux (Hg.) [1979]: *The Possible and the Actual: Readings in the Metaphysics of Modality*. Ithaca: Cornell University Press
Michael J. Loux und Dean W. Zimmerman (Hg.) [2003]: *The Oxford Handbook of Metaphysics*. New York: Oxford University Press
E.J. Lowe [1998]: *The Possibility of Metaphysics*. Oxford: Clarendon Press
William G. Lycan [1979]: »The Trouble with Possible Worlds«. In [Loux 1979]: 274–316
- [1988]: »Review of *On the Plurality of Worlds*«. *Journal of Philosophy*, 85: 42–47
- [1991a]: »Pot bites Kettle«. *Australasian Journal of Philosophy*, 69: 212–213
- [1991b]: »Two – No, Three – Concepts of Possible Worlds«. *Proceedings of the Aristotelian Society*, 91: 215–227
- [1995]: »Eine eingeschränkte Verteidigung phänomenaler Information«. In Thomas Metzinger (Hg.) *Bewußtsein: Beiträge aus der Gegenwartsphilosophie*, Paderborn: Schöningh, 283–303
- [1996]: *Consciousness and Experience*. Cambridge (Mass.): MIT Press
David Mackie [1995]: »Personal Identity and Dead People«. *Philosophical Studies*, 95: 219–242
Penelope Mackie [1992]: »Causing, Delaying, and Hastening: Do Rains Cause Fires?« *Mind*, 101: 483–500
Dan Marshall und Josh Parsons [2001]: »Langton and Lewis on ›Intrinsic‹«. *Philosophy and Phenomenological Research*, 63: 347–351
Charles B. Martin [1996]: »How It Is: Entities, Absences and Voids«. *Australasian Journal of Philosophy*, 74: 57–65
Kris McDaniel [2004]: »Modal Realism with Overlap«. *Australasian Journal of Philosophy*, 82: 137–152
Brian McLaughlin [2001]: »In Defense of New Wave Materialism«. In Barry Loewer (Hg.) *Physicalism and Its Discontents*, Cambridge: Cambridge University Press
Alan McMichael [1983]: »A Problem for Actualism about Possible Worlds«. *Philosophical Review*, 92: 49–66
Carolyn McMullen [1985]: »›Knowing what it's Like‹ and the Essential Indexical«. *Philosophical Studies*, 48: 211–233
Christopher Meacham [2007]: »Sleeping beauty and the dynamics of de se beliefs«. Erscheint in *Philosophical Studies*
Uwe Meixner [2006]: *David Lewis*. Paderborn: Mentis
David H. Mellor [1980]: »Necessities and universals in natural laws«. In David H. Mellor (Hg.) *Science, belief and behaviour*, Cambridge: Cambridge University Press
- [1995]: *The Facts of Causation*. London: Routledge
- [1998]: *Real Time II*. London, New York: Routledge
Peter Menzies [1989]: »Probabilistic Causation and Causal Processes«. *Philosophy of Science*, 56: 642–663

- [1996]: »Probabilistic Causation and the Pre-emption Problem«. *Mind*, 105: 85–117
Peter Menzies und Huw Price [2007]: »Is Semantics in the Plan?« Manuskript
John Stuart Mill [1843]: *A System of Logic*. London: Parker
Richard Montague [1970]: »Universal Grammar«. *Theoria*, 36: 373–398
George E. Moore [1903]: *Principia Ethica*. Cambridge: Cambridge University Press
- [1925]: »A Defense of Common Sense«. In J. H. Muirhead (Hg.) *Contemporary British Philosophy*, Band 2. London: Allen and Unwin, 193–223
Daniel Nolan [1996]: »Recombination Unbound«. *Philosophical Studies*, 84: 239–262
- [1997]: »Impossible Worlds: A Modest Approach«. *Notre Dame Journal of Formal Logic*, 38: 535–572
- [2001]: *Topics in the Philosophy of Possible Worlds*. New York, London: Routledge
- [2002]: »Modal Fictionalism«. In E.N.Zalta (Hg.), *Stanford Encyclopedia of Philosophy* (Sommer 2002), http://plato.stanford.edu/archives/sum2002/entries/fictionalism-modal/
- [2004]: »Individuals Enough For Classes«. Manuskript
Harold Noonan [1994]: »In Defence of the Letter of Fictionalism«. *Analysis*, 54: 133–139
Paul Noordhof [2001]: »In Defence of Influence?« *Analysis*, 61: 323–327
Alex Oliver [1992]: »The Metaphysics of Singletons«. *Mind*, 101: 129–140
Eric Olsen [1997]: *The Human Animal: Personal Identity without Psychology*. New York: Oxford University Press
Derek Parfit [1984]: *Reasons and Persons*. Oxford: Clarendon Press
Charles Parsons [1990]: »The Structuralist View of Mathematical Objects«. *Synthese*, 84: 303–346
Laurie A. Paul [2000]: »Aspect Causation«. *Journal of Philosophy*, 97: 235–256
John Perry [1977]: »Frege on Demonstratives«. *Philosophical Review*, 86: 474–497
- [2001]: *Knowledge, Possibility and Consciousness*. Cambridge (Mass.): MIT Press
Alvin Plantinga [1974]: *The Nature of Necessity*. Oxford: Oxford University Press
- [1976]: »Actualism and Possible Worlds«. *Theoria*, 42: 139–160. In [Loux 1979]
- [1987]: »Two Concepts of Modality: Modal Realism and Modal Reductionism«. *Philosophical Perspectives*, 1: 189–231
Gerhard Preyer und Frank Siebelt (Hg.) [2001]: *Reality and Humean Supervenience: Essays on the Philosophy of David Lewis*. Lanham: Rowman & Littlefield Publishers
Huw Price und John O'Leary Hawthorne [1996]: »How to Stand up for Non-Cognitivists«. *Australasian Journal of Philosophy*, 74: 75–292. Die Referenz im Text bezieht sich auf die Entwurffassung http://www.usyd.edu.au/philosophy/price/preprints/noncog1.html
Arthur N. Prior [1959]: »Thank Goodness That's Over«. *Philosophy*, 34: 12–17
- [1968]: »Egocentric Logic«. *Noûs*, 2: 191–207. In [Prior und Fine 1976]
- [1969]: *Past, Present and Future*. Oxford: Oxford University Press
- [2002]: *Papers on Time and Tense*. Oxford: Clarendon Press
Arthur N. Prior und Kit Fine [1976]: *Worlds, Times and Selves*. London: Duckworth
Hilary Putnam [1975]: »The Meaning of ›Meaning‹«. In [Gunderson 1975], 131–193
Steve Pyke [1995]: *Philosophers*. London: Zelda Cheatle Press
Willard van Orman Quine [1951]: »Ontology and Ideology«. *Philosophical Studies*, 2: 11–15

- [1953a]: *From a Logical Point of View*. Cambridge (Mass.): Harvard University Press
- [1953b]: »On what there is«. In [Quine 1953a], 1–19
- [1953c]: »Two Dogmas of Empiricism«. In [Quine 1953a], 20–46
- [1960a]: »Variables Explained Away«. *Proceedings of the American Philosophical Society*, 104: 343–347
- [1960b]: *Word and Object*. Cambridge (Mass.): MIT Press
- [1969a]: *Ontological Relativity and Other Essays*. New York: Columbia University Press
- [1969b]: »Propositional Objects«. In [Quine 1969a]: 139–160
- [1980]: »Soft Impeachment Disowned«. *Pacific Philosophical Quarterly*, 61: 450–451

Anthony Quinton [1973]: *The Nature of Things*. London: Routledge

Murali Ramachandran [1989]: »An Alternative Translation Scheme for Counterpart Theory«. *Analysis*, 49: 131–141

Frank P. Ramsey [1931]: »Theories«. In *The Foundations of Mathematics*, London: Routledge & Kegan Paul
- [1978]: »Universals of Law and of Fact«. In *Foundations*, London: Routledge & Kegan Paul

Nicholas Rescher [1973]: »The Ontology of the Possible«. In Milton Munitz (Hg.), *Logic and Ontology*, New York: New York University Press, und in [Loux 1979]

Michael D. Resnik [1988]: »Second-Order Logic Still Wild«. *Journal of Philosophy*, 85: 75–87

Mark Richard [1990]: *Propositional Attitudes: An essay on thoughts and how we ascribe them*. New York: Cambridge University Press

Tom Richards [1975]: »The Worlds of David Lewis«. *Australasian Journal of Philosophy*, 53: 105–118

Denis Robinson [1982]: »Re-Identifying Matter«. *The Philosophical Review*, 91: 317–341
- [1989]: »Matter, Motion, and Humean Supervenience«. *Australasian Journal of Philosophy*, 67: 394–409
- [1993]: »Epiphenomenalism, Laws & Properties«. *Philosophical Studies*, 69: 1–34

Gideon Rosen [1990]: »Modal Fictionalism«. *Mind*, 99: 327–354
- [1993]: »A Problem for Fictionalism About Possible Worlds«. *Analysis*, 53: 71–81
- [1995a]: »Armstrong on Classes as States of Affairs«. *Australasian Journal of Philosophy*, 73: 613–625
- [1995b]: »Modal Fictionalism Fixed«. *Analysis*, 55: 67–73
- [2002]: »A Study in Modal Deviance«. In [Gendler und Hawthorne 2002], 283–308

Gideon Rosen und Nicholas J. Smith [2004]: »Worldly Indeterminacy: A Rough Guide«. *Australasian Journal of Philosophy*, 82: 185–198

David M. Rosenthal [1990]: »A Theory of Consciousness«. In N. Block, O. Flanagan und G. Güzeldere (Hg.) *The Nature of Consciousness: Philosophical Debates*, Cambridge (Mass.): MIT press

Jonathan Schaffer [2000]: »Trumping Preemption«. *Journal of Philosophy*, 97: 165–181
- [2001a]: »Causation, Influence, and Effluence«. *Analysis*, 61: 11–19
- [2001b]: »Causes as Probability Raisers of Processes«. *Journal of Philosophy*, 98: 75–92
- [2001c]: »Knowledge, Relevant Alternatives and Missed Clues«. *Analysis*, 61: 202–208
- [2004]: »Quidditistic Knowledge«. In [Jackson und Priest 2004], 210–230

- [2005]: »What shifts? Thresholds, Standards, or Alternatives?« In G. Preyer und G. Peter (Hg.) *Contextualism in Philosophy: Knowledge, Meaning, and Truth*, Oxford: Clarendon Press, 115-130
Stephen R. Schiffer [1972]: *Meaning*. Oxford: Oxford University Press
Wolfgang Schwarz [2007]: »Modal Metaphysics and Conceptual Metaphysics«. In Helen Bohse und Sven Walter (Hg.) *Philosophie: Grundlagen und Anwendungen. Ausgewählte Beiträge aus den Sektionen der GAP 6*, Paderborn: Mentis, 520-528
Stewart Shapiro [1997]: *Philosophy of Mathematics: Structure and Ontology*. Oxford: Oxford University Press
Sydney Shoemaker [1980]: »Causality and Properties«. In Peter van Inwagen (Hg.), *Time and Cause: Essays Presented to Richard Taylor*, Dordrecht: Reidel, 109-145
- [1984]: *Identity, Cause, and Mind*. Cambridge: Cambridge University Press
Theodore Sider [1993]: »Intrinsic Properties«. *Philosophical Studies*, 83: 1-27
- [1996]: »All the World's a Stage«. *Australasian Journal of Philosophy*, 74: 433-453
- [2001a]: *Four-Dimensionalism*. Oxford: Clarendon Press
- [2001b]: »Maximality and Intrinsic Properties«. *Philosophy and Phenomenological Research*, 63: 357-364
- [2002]: »The Ersatz Pluriverse«. *Journal of Philosophy*, 99: 279-315
Peter Simons [2004]: »Extended Simples: A Third Way Between Atoms and Gunk«. *The Monist*, 87: 371-385
Brian Skyrms [1976]: »Possible Worlds, Physics and Metaphysics«. *Philosophical Studies*, 30: 323-332
- [1981]: »Tractarian Nominalism«. *Philosophical Studies*, 40: 199-206
- [1996]: *Evolution of the Social Contract*. Cambridge: Cambridge University Press
Ernest Sosa [2000]: »Review of Lewis, *Papers in Metaphysics and Epistemology*«. *Journal of Philosophy*, 97: 301-307
Robert C. Stalnaker [1968]: »A Theory of Conditionals«. In Nicholas Rescher (Hg.), *Studies in Logical Theory*, Oxford: Blackwell, 98-112
- [1976]: »Possible Worlds«. *Noûs*, 10: 65-75
- [1978]: »Assertion«. In P. Cole (Hg.), *Syntax and Semantics*, Bd. 9, New York: Academic Press, 315-332, und in [Stalnaker 1999a]
- [1981]: »Indexical Belief«. *Synthese*, 49. Und in [Stalnaker 1999a]
- [1984]: *Inquiry*. Cambridge (Mass.): MIT Press
- [1987a]: »Counterparts and Identity«. *Midwest Studies in Philosophy*, 11: 121-140. In [Stalnaker 2003]
- [1987b]: »Semantics for Belief«. *Philosophical Topics*, 15. In [Stalnaker 1999a]
- [1990]: »Mental Content and Linguistic Form«. *Philosophical Studies*, 58. In [Stalnaker 1999a]
- [1991]: »The Problem of Logical Omniscience I«. *Synthese*, 89. In [Stalnaker 1999a]
- [1996]: »On What Possible Worlds Could Not Be«. In Adam Morton und Stephen P. Stich (Hg.) *Benacerraf and his Critics*, Cambridge (Mass.): Blackwell. In [Stalnaker 2003]
- [1999a]: *Context and Content*. Oxford: Oxford University Press
- [1999b]: »The Problem of Logical Omniscience II«. In [Stalnaker 1999a], 255-273

- [2003]: *Ways a World Might Be. Metaphysical and Anti-Metaphysical Essays*. Oxford: Clarendon Press
- [2004a]: »Assertion Revisited: On the Interpretation of Two-Dimensional Modal Semantics«. *Philosophical Studies*, 118: 299–322
- [2004b]: »Lewis on Intentionality«. *Australasian Journal of Philosophy*, 82: 199–212

Jason Stanley und Timothy Williamson [2001]: »Knowing How«. *Journal of Philosophy*, 98: 411–444

Peter F. Strawson [1964]: »Intention and Convention in Speech Acts«. *Philosophical Review*, 73: 439–460

Chris Swoyer [1982]: »The Nature of Natural Laws«. *Australasian Journal of Philosophy*, 60: 203–223

Barry Taylor [1993]: »On Natural Properties in Metaphysics«. *Mind*, 102: 82–100

Paul Teller [2002]: »The Rotating Disk Argument and Humean Supervenience: Cutting the Gordian Knot«. *Analysis*, 62: 205–210

Michael Thau [1994]: »Undermining and Admissibility«. *Mind*, 103: 491–503

Michael Tooley [1977]: »The Nature of Laws«. *Canadian Journal of Philosophy*, 4: 667–698
- [1987]: *Causation: A Realist Approach*. Oxford: Oxford University Press
- [2003]: »Causation and Supervenience«. In [Loux und Zimmerman 2003]

Michael Tye [1986]: »The Subjective Qualities of Experience«. *Mind*, 95: 1–17
- [1995]: *Ten Problems of Consciousness: A Representational Theory of the Phenomenal Mind*. Cambridge (Mass.): MIT Press
- [2001]: »The Ability Hypothesis and the Knowledge Argument«. In [Preyer und Siebelt 2001]: 223–237

Gabriel Uzquiano [2005]: »The Price of Universality«. Erscheint in *Philosophical Studies*

Bas C. van Fraassen [1989]: *Laws and Symmetry*. Oxford: Clarendon Press

Peter van Inwagen [1980]: »Indexicality and Actuality«. *The Philosophical Review*, 89: 403–426. In [van Inwagen 2001]
- [1981]: »The Doctrine of Arbitrary Undetached Parts«. *Pacific Philosophical Quarterly*, 62: 123–137. In [van Inwagen 2001]
- [1985]: »Plantinga on Trans-World Identity«. In James Tomberlin und Peter van Inwagen (Hg.), *Alvin Plantinga: A Profile*, Dordrecht: Reidel
- [1986]: »Two Concepts of Possible Worlds«. *Midwest Studies in Philosophy*, 9. In [van Inwagen 2001]
- [1990a]: »Four-Dimensional Objects«. *Noûs*, 24: 245–256. In [van Inwagen 2001]
- [1990b]: *Material Beings*. Ithaca, London: Cornell University Press
- [1998]: »Modal Epistemology«. *Philosophical Studies*, 92: 67–84. In [van Inwagen 2001]
- [2000]: »Temporal Parts and Identity across Time«. *The Monist*, 83: 437–459. In [Bottani et al. 2002]
- [2001]: *Ontology, Identity, and Modality: Essays in Metaphysics*. Cambridge: Cambridge University Press

Kai von Fintel [2001]: »Counterfactuals in a Dynamic Context«. In M. Kenstowicz (Hg.) *Ken Hale: A Life in Language*, Cambridge (Mass.): MIT Press, 123–152

Eike von Savigny [1988]: *The Social Foundations of Meaning*. Berlin: Springer

Ryan Wasserman, John Hawthorne und Mark Scala [2004]: »Recombination, Causal Constraints and Humean Supervenience: An Argument for Temporal Parts?« In [Zimmerman 2004], 301–318
Brian Weatherson [2000]: »Stages, Worms, Slices and Lumps«. Manuskript. http://brian.weatherson.net/swsl.pdf
- [2003]: »What Good are Counterexamples?« *Philosophical Studies*, 115: 1–31
- [2006]: »Natural Quantities«. Manuskript
Paul Weirich [2004]: *Realistic Decision Theory: Rules for Nonideal Agents in Nonideal Circumstances*. New York: Oxford University Press
Ann Whittle [2006]: »On an Argument for Humility«. *Philosophical Studies*, 130: 461–497
David Wiggins [2001]: *Sameness and Substance Renewed*. Cambridge: Cambridge University Press
Donald C. Williams [1953]: »On the Elements of Being«. *Review of Metaphysics*, 7: 3–18, 171–192
Timothy Williamson [1994]: *Vagueness*. New York: Routledge
- [2007]: »How probable is an infinite sequence of heads?« *Analysis*, 67: 173–180
- [2008]: *The Philosophy of Philosophy*. Im Erscheinen
Edward N. Zalta [1987]: »On the Structural Similarities between Worlds and Times«. *Philosophical Studies*, 51: 213–239
Ernst Zermelo [1908]: »Untersuchungen über die Grundlagen der Mengenlehre, I«. *Mathematische Annalen*, 65: 261–281
Dean W. Zimmerman [1998]: »Temporal Parts and Supervenient Causation«. *Australasian Journal of Philosophy*, 76: 265–288
Dean W. Zimmerman (Hg.) [2004]: *Oxford Studies in Metaphysics*, Band 1. Oxford: Clarendon Press

PERSONENVERZEICHNIS

Adams, Robert 43
Albert, David 14
Allais, Maurice 167
Alter, Torin 157, 158
Armstrong, David 24, 37, 48, 71–73, 85, 94, 99, 100, 102, 104, 105, 113, 114, 117–119, 122, 123, 138, 152, 174, 227, 228
Arntzenius, Frank 32, 168

Bar-Hillel, Yehoshua 78
Beckermann, Ansgar 223
Bennett, Jonathan 55, 61, 133, 137, 138
Bernstein, Allen 116
Bigelow, John 19, 25, 68, 84, 114, 120, 229
Blackburn, Simon 61
Black, Robert 48, 71, 93, 105, 106, 125
Black, Tim 182
Block, Ned 18, 147, 221, 238
Boghossian, Paul 202
Boolos, George 78, 81
Braddon-Mitchell, David 32, 174
Braun, David 199
Bricker, Phillip 44, 48, 68, 69
Brock, Stuart 50
Brueckner, Anthony 182
Burgess, John 50, 82, 86, 227
Burge, Tylor 191
Burke, Michael 38
Burns, Linda 199
Busse, Ralf 103

Callender, Craig 113
Cantor, Georg 78
Carnap, Rudolph 21, 201, 212, 214
Carroll, John 114
Cartwright, Richard 24
Chalmers, David 18, 111, 151, 153, 155, 156, 159, 202, 206, 207, 232, 233, 236, 238
Chisholm, Roderick 38, 59
Chomsky, Noam 201
Clapp, Lenny 18
Cohen, Stewart 182
Collins, John 141, 142
Conee, Earl 158
Cresswell, Max 51, 205

Davidson, Donald 170, 197
DeRose, Keith 182
Devitt, Michael 215
Divers, John 64
Dretske, Fred 117, 154
Dummett, Michael 197

Earman, John 115
Egan, Andy 92
Elga, Adam 116
Ellis, Brian 110
Ellsberg, Daniel 167
Erikson, Lina 170

Fara, Michael 51
Field, Hartry 77, 137, 220
Fine, Kit 21, 53, 73
Fitzgerald, Paul 88
Fodor, Jerry 18, 174, 177
Forbes, Graeme 50
Forrest, Peter 48, 64
Fraenkel, Abraham 78
Frege, Gottlob 79, 200, 225

Gaifman, Haim 176
Gettier, Paul 143
Ghirardi, Giancarlo 14
Gigerenzer, Gerd 167
Gilbert, Margaret 192
Goldstein, Daniel 167
Grandy, Richard 191
Grice, Paul 196, 197

Hájek, Alan 170
Hale, Bob 202
Hall, Ned 127, 136, 138, 141
Haslanger, Sally 34, 35, 36, 113
Hausman, Daniel 137, 138
Hawthorne, John 19, 32, 37, 55, 102, 105
Hazen, Allen 50, 60, 61, 71, 82
Heller, Mark 60, 71, 72, 106, 199
Herzberg, Frederik 116
Hill, Chris 155, 159
Hinchliff, Mark 34

Horgan, Terence 157
Horwich, Paul 227
Humberstone, Lloyd 96
Hume, David 46

Jackson, Frank 19, 36, 74, 91, 111, 126, 149, 156, 157, 159, 174, 177, 206, 215, 232–235
Jeffrey, Richard 43, 69, 168
Johnston, Mark 35
Joyce, James 165
Kahneman, Daniel 167

Kaplan, David 171, 172, 205, 237
Keefe, Rosanna 199
Kemmerling, Andreas 191, 192, 196, 216
Kim, Jaegwon 131, 133, 150, 223
Kment, Boris 55
Kripke, Saul 45, 46, 57, 58, 60–62, 148, 159, 177, 208, 214, 215, 234
Kvart, Igal 136

Langton, Rae 96, 97, 98, 100, 107
Lepore, Ernest 223
Levy, Azriel 78
Lierse, Caroline 110
Loar, Brian 157, 158, 159
Loewer, Barry 55, 115, 117, 119, 121, 223
Lowe, E.J. 37
Lycan, William 41, 64, 67, 154, 157, 158

Mackie, John 33
Mackie, Penelope 136
Marshall, Dan 96
Martin, Charles B. 24, 228
McDaniel, Kris 61
McLaughlin, Brian 155, 159
McMichael, Alan 70
McMullen, Carolyn 157
Meacham, Christopher 168
Meixner, Uwe 21, 58, 94
Melia, Joseph 64
Mellor, David H. 34, 118, 133
Menzies, Peter 136, 138, 212, 225
Miller, Kirstie 32
Mill, John Stuart 115
Montague, Richard 205
Moore, George E. 15, 19

Nolan, Daniel 46–50, 64, 74, 87–89
Noonan, Harold 50
Noordhof, Paul 141

Oliver, Alex 85
Olsen, Eric 33

Parfit, Derek 33
Pargetter, Robert 19, 68, 114
Parsons, Charles 86
Parsons, Josh 96
Paul, Laurie 138, 141
Perry, John 157
Pettit, Philip 149, 177
Plantinga, Alvin 21, 41, 43, 60–62, 67, 69, 70, 238
Price, Huw 19, 212
Prior, Arthur 25, 26, 227, 228
Putnam, Hilary 148, 214

Quine, Williard v.O. 21, 24, 49, 71, 132, 172, 202, 213, 226–229
Quinton, Anthony 95

Ramachandran, Murali 50, 51
Ramsey, Frank 115, 212, 213
Reichenbach, Hans 115
Rescher, Nicholas 69
Resnik, Michael 81
Richards, Tom 43, 68
Robinson, Denis 59, 105, 113, 158
Rosen, Gideon 39, 50, 61, 73, 85, 87, 229
Rosenthal, David 154
Ryle, Gilbert 11

Scala, Mark 37
Schaffer, Jonathan 107, 135, 136, 141, 142, 182
Schiffer, Stephen 192, 197
Schwarz, Wolfgang 236
Shapiro, Stewart 86
Shoemaker, Sydney 106, 150
Sider, Ted 25, 34, 56, 60, 71–74, 96, 199, 203
Simons, Peter 32
Skyrms, Brian 71, 196, 238
Smart, Jack 11
Smith, Nicholas 39
Sosa, Ernest 102

Stalnaker, Robert 41, 43, 52, 53, 60, 63, 66, 69,
    168, 174, 178–180, 203, 205, 206, 221, 238
Stanley, Jason 158
Sterelny, Kim 215
Strawson, Peter 197
Swoyer, Chris 106

Taylor, Barry 95
Teller, Paul 113
Thau, Michael 126, 127
Tooley, Michael 114, 117, 137
Tversky, Amos 167
Tye, Michael 154, 157, 158

Uzquiano, Gabriel 29

van Fraassen, Bas 117, 121
van Inwagen, Peter 30, 31, 36, 37, 43, 44, 67, 69,
    81, 238
von Fintel, Kai 55
von Savigny, Eike 182, 191, 197

Wasserman, Ryan 37
Wattenberg, Frank 116
Weatherson, Brian 34, 103, 203
Weirich, Paul 167
Whittle, Ann 159
Wiggins, David 37
Williams, Donald 100
Williamson, Timothy 51, 53, 158, 166, 199
Wright, Crispin 202

Zalta, Ed 25
Zermelo, Ernst 80, 88
Zimmerman, Dean 113